国外交通行政管理体制

王先进　杨雪英　主编

人民交通出版社

图书在版编目(CIP)数据

国外交通行政管理体制 / 王先进,杨雪英主编. —北京:人民交通出版社,2008.5
ISBN 978 - 7 - 114 - 07130 - 0

I. 国… II. ①王…②杨… III. 交通运输管理 - 行政管理 - 管理体制 - 国外 IV. D523.3

中国版本图书馆 CIP 数据核字(2008)第 057436 号

书　　名: 国外交通行政管理体制
著 作 者: 王先进　杨雪英
责任编辑: 莫　飞
出版发行: 人民交通出版社
地　　址: (100011)北京市朝阳区安定门外外馆斜街 3 号
网　　址: http://www.ccpress.com.cn
销售电话: (010)85285838,85285995
总 经 销: 北京中交盛世书刊有限公司
经　　销: 各地新华书店
印　　刷: 北京鑫正大印刷有限公司
开　　本: 787 × 1092　1/16
印　　张: 15.25
字　　数: 390 千
版　　次: 2008 年 5 月第 1 版
印　　次: 2008 年 5 月第 1 次印刷
书　　号: ISBN 978-7-114-07130-0
印　　数: 0001 - 2000 册
定　　价: 40.00 元

国外交通行政管理体制
编　委　会

主　　编：王先进　杨雪英

编写人员：张宏波　梁晓杰　樊东方　陈　盈
张　亚　刘　洋　周紫君　宋　苏
曹园园　王晓静　尚文豪

序　言

党的十七大报告提出要加快行政管理体制改革，建设服务型政府。报告强调："行政管理体制改革是深化改革的重要环节。要抓紧制定行政管理体制改革总体方案，着力转变职能、理顺关系、优化结构、提高效能，形成权责一致、分工合理、决策科学、执行顺畅、监督有力的行政管理体制。"交通行政管理体制是我国行政管理体制的重要组成部分，审时度势，与时俱进，深化改革，建立健全不断适应我国交通事业发展要求的交通行政管理体制是深化我国行政管理体制改革的重要方面，是新世纪新阶段加快发展我国现代交通业的客观要求。

为适应我国交通运输行政管理体制改革的要求，2007 年底，我和人民交通出版社社长杨文银同志协商决定，由我们两个单位合作，组织编写了《国外交通行政管理体制》一书。重点介绍并分析了美国、日本、法国、英国、俄罗斯、澳大利亚和印度等国家交通行政管理体制的基本情况及其经济社会和交通运输发展背景，希望能够为深化我国交通行政管理体制改革提供有益的借鉴和参考。

本书同时也是交通部科学研究院开展国外交通跟踪研究的系列成果之一。长期以来，交通部科学研究院开展国外交通跟踪研究，得到了交通部综合规划司和交通部科技教育司的指导和支持，得到了交通行业专家学者和广大同仁的理解和鼓励，在此表示衷心感谢。

由于涉及国家较多，编写时间短促，未尽之意颇多，纰漏之处难免，诚望各位领导、各界专家和广大读者批评指正。

交通部科学研究院院长：李兴华

二〇〇八年三月二十八日

目　录

导 论

一、国外行政管理体制改革的总体趋势

近些年来,在市场驱动型社会管理模式的影响下,世界各国尤其是西方国家不断推进行政管理体制改革的进程,政府的公共管理和公共服务经历了由理念到实践的转型。

20 世纪后期,新公共管理的理念开始在西方盛行,并引领了政府的行政管理体制改革的趋势。新公共管理运动涉及的内容非常广泛,其核心是把市场化的动作机制和管理手段引入公共管理,主张以市场机制改造政府,提高公共服务品质。在新公共管理的基本内涵中,以核心价值为中心衍生出一系列新的政府治理理念,主要有服务型政府理念、协同政府理念、责任政府理念、有限政府理念和有效政府理念。

1. 服务型政府理念

服务型政府的概念是在 20 世纪 70 年代西方国家在政府再造过程中提出的,其目的旨在建立客户导向的公共服务部门,完成政府由"管理型"向"服务型"的转变。一般而言,服务型政府是指"在公民本位、社会本位理念指导下,在整个社会民主秩序的框架下,通过法定程序和民主公开的方式组建起来的以为公民服务为宗旨并承担服务责任的政府。"

服务型政府理念对政府职能转变、行政体制改革产生了广泛而深刻的影响。在服务型政府理念的影响下,各国围绕转变政府职能,最大限度地实现公众利益和社会利益,不断对政府的行政职能、行政体制、行政流程、行政手段等方面进行改革,将提供公共产品和公共服务作为政府的核心职能和基本特征。

2. 协同政府理念

协同政府的概念最早出现于英国政府 1999 年的《政府现代化白皮书》,协同政府的核心是"确保政策制定的高度协调和具有战略性"。高度协调即建立不同部门之间在决策过程中的制度化沟通和协商机制,克服公共决策的部门化,确保不同政策领域之间在政策上的高度一致性和整合性。

根据协同政府的理念,深化职能转变不仅意味着改革领域的扩展,更重要的是多项职能之间的合理平衡。这要求在行政管理体制改革的过程中,一方面,要对机构的职能进行清晰界定,避免出现职责不清的局面;另一方面,要强化各个职能机构之间的协调和统筹,避免出现各自为政的局面。因此,协同政府理念要求行政体制改革的设计和实施要突出系统性、整体性和前瞻性。

3. 有限政府理念

有限政府的理念意味着政府的权力不是无限膨胀的,而是有限制的,政府的立法权力、执法权力和行政自由裁量权都是有限度、有节制的;也意味着政府不是万能的,即政府的公

共理性是有限的，政府的决策也完全可能出现失误，因此应当接受社会的监督和其他机构的制约。

在协同政府理念下，由于政府的治理能力是有限的，所以政府应该从“全能政府”向“有限政府”转变，从原来的“包揽一切”转换到“做市场不能做的事情”，弥补市场机制的不足。另外，政府在管理的过程中，越来越注重政府管理的透明度和公开度，赋予公民适度的知情权，通过社会公众对政府的监督来规范政府的行为。

4. 有效政府理念

效率驱动模式是当代西方政府改革运动中最早出现的模式，也被称为撒切尔主义的政治经济学。该模式20世纪80年代初期、中期在西方政府治理理论中居于支配地位。高效率和高绩效意味着公共部门能够充分地利用各种资源实现管理目标，意味着公共部门和公共管理者要重视金钱的价值（符合经济的原则）、重视时间的价值（符合效率原则）、重视结果的价值（符合效能的原则）、重视服务的价值（公民满意原则）。

在有效政府理念下，推行政府绩效评估是规范行政行为、提高行政效能的一项重要制度和有效方法。近些年以来，西方国家逐渐形成相对成熟的政府绩效评估的理论和方法，从项目、部门、跨部门等层面开始了政府绩效评估的探索，建立了行之有效的政府绩效评估体系。

5. 结果导向理念

所谓“结果导向的责任政府”理念，就是政府主管部门向结果负责，权力获取与权力行使的目标和结果密切挂钩，权责一致。公共部门和公共管理者要及时回应公民的要求，捍卫并实现公共利益，在职能和职权的范围内行政，依照合法和合理的程序行事，并且要在公共服务的专业领域内追求卓越。

随着企业管理的技术和方法越来越多地被引入到政府管理中，各国政府在改革中更加强调政府对行政结果的责任，强调政府通过行政行为所产生的公共产品和公共服务的质量和水平。在此理念引导下，各国政府逐步加强对政府行为的结果进行衡量，注重对社会公众的回应，强化社会对政府行为的监督，并且加强对行政人员专业化的培训和提高。

二、国外交通运输管理体制的基本模式

交通行政管理体制与国家政治体制及行政体制密切相关，是政府行政管理体制的重要部分。在行政管理理念和模式不断创新的背景下，各国的交通行政管理体制也经历了频繁变革。从目前世界各国交通运输管理体制的基本模式来看，主要存在集中式管理和分散式管理两种模式。

1. 集中式管理模式

集中式管理模式是为推进政府事务综合管理与协调，归并和组合职能相近或相同的政府部门，组成管理幅度较宽的政府组织体制。集中式管理模式的优势是降低部门、机构之间的协调成本，从而最大程度地实现管理的综合效益。英国是发达国家中较早探索集中式管理模式的国家。20世纪60年代后期，英国开始在内阁中组建“大部门（giant department）”，扩大业务管辖范围，将多种内容和有联系的事务交由其管理。经过历届内阁的不断调整，到本届布朗内阁，核心机构共设置19个。从总体来看，集中式管理模式是各国行政管理体制改革中机构设

置尤其是一级行政机构设置的趋势和方向。

在集中式管理模式的影响下,各国的交通行政管理体制也逐渐向综合性、宽幅度发展。交通行政管理体制中的集中管理,是指将各种运输方式的规划、建设、运营、管理归口于一个政府主管部门,实行统一决策。目前世界上大多数国家实行的都是集中式管理。如美国、英国、法国、日本、俄罗斯等都设有运输部或者交通部(名称不一),全面负责公路、水路、铁路、民航、管道和城市交通,甚至还涵盖邮电、旅游等其他的政府职能。在这种集中式的政府架构下,中央或联邦政府运输部内部按照运输方式或重要职能设立若干业务管理部门,主管各种运输方式的建设与管理。各专业主管部门具有较大的独立性和自主权,代表政府行使行政管理职能,在地方设有相应的办事机构,作为执行中央政策、联系中央与地方的纽带。如美国运输部下设11个专业局,分别掌管着美国的公路、水路、铁路、民航、管道以及城市公共交通。日本国土资源省集合了国土规划和交通运输管理职能,在内部设置了航空、铁道、道路、道路运输、港湾局等专业机构。俄罗斯联邦交通运输部也是设立了航空、铁路、公路、海运以及交通运输监督、测绘与制图署。

为了适应综合运输的发展需要,世界各国对集中式交通机构设置进行了进一步的改革,如法国、澳大利亚等国家在原有基础上逐步扩大运输部(交通部)的职能,加入了环境、旅游等与运输相关的机构。运输机构设置的集约化越来越明显。

2. 分散式管理模式

分散式管理模式是指在对政府的若干职能进行定位的基础上,按照职能设置相对应的管理部门或机构,分别行使专项管理职能。分散式管理模式的优势是管理的专业化水平较高,不足之处是部门和机构间难以进行充分的沟通和配合,在涉及全局的管理事务中协调成本较高,综合效益不高。

交通运输的分散管理,即按照运输方式设立若干政府主管部门,对一种或多种运输方式分别实行管理。比如印度,在联邦层面上,设置民航部,铁道部,航运、公路和高速公路运输部,其中民航部和铁道部是实行联邦政府集中管理,在地方不设分支机构;水运和公路实行联邦和地方共同管理,各邦依照联邦模式分别设立相应的管理机构。

前苏联也是采取这种分散管理的模式,设置交通部(即铁道部)、海运部、民航部、石油部(管道)。随着国内政治经济体制的改革,这种分散的管理模式如今早已完成了历史使命。

分散式管理模式相对更适合于国家实力相对较弱、国内资源相对短缺的时期,实行分散管理,便于政府集中力量发展某一运输方式。随着经济的发展和国力的增强,这种分散管理模式的弊端也日益显露:不同运输方式间缺乏协调发展和综合规划,降低了运输体系的系统性,造成了社会资源的严重浪费,人为地割裂了各种运输方式间的互补性。目前这种分散式管理模式主要存在于经济欠发达或交通发展尚处于早期阶段的国家。

三、国外交通运输管理体制的演进趋势

西方经济学关于经济发展主要存在国家干预主义和经济自由主义两种思潮,前者主张政府对经济社会事务进行“适度的干预”,而后者则主张政府职能的边界应予严格限定。在世界各国发展历程中,也正是这两种主张此消彼长,决定着国家经济、产业的发展命运。

交通运输作为经济社会发展的基础产业,国家对其认知上也经历了不断深化的过程:从最初的为少部分上层阶级服务,逐渐扩大到为广大人民服务;从国家垄断控制行业逐渐转变为社

会基础服务行业。其相应的政府机构建设、行政职能以及组织架构也不断调整,以期适应这种转变。

1. 政府行政建设突出公共服务的职能

政府建设的初衷是为统治阶级服务的。在经历不同阶级间的权利争斗后,上层阶级在不损害自身利益的前提下不断追寻与其他利益体的和谐共生。政府的行政建设理念逐渐由“官本位”转向“服务型”。在行政架构、职能设置和绩效考核上,在对中央政府负责和为地方政府服务的同时,突出强调实现公众利益和企业利益。

从世界各国交通行政建设理念来看,各国政府逐渐强调公共服务职能的转变,强调政府自身的绩效管理,关注与自然、人类和谐共存的外部性目标。如美国运输部,坚持“职业化、团队协作、顾客至上”的价值观,将运输部摆在人民公仆的位置上,致力于为全国人民的服务。

从世界各国政府机构设置来看,各国在强调专业职能建设的同时,更加重视为公众服务职能的建设。如美国运输部突出对公众出行安全的考虑,在运输部下设了“国家公路交通安全管理局”,通过教育、研究和制定与安全有关的标准及强制实施活动,拯救生命,防止由于道路交通事故引起的伤亡和经济损失。

在世界各国政府调整职能设置的同时,强调通过绩效管理考核政府自身行为,体现出政府自我监督的建设导向。美国政府于 1993 年发布了《政府绩效和结果法》(The Government Performance and Results Act),要求所有联邦政府机构都要制订相互配套的五年计划、年度计划、绩效评估计划。该法案还对五年计划、年度计划、绩效评估计划之间的相互关系、具体内容、工作方法和报告要求等做了严格的规定。其中,五年计划是一个战略计划,年度计划是一个工作计划,绩效评估计划是一个考核工具。要求以五年战略计划为统领,以各联邦政府机构的整体目标为导向,以绩效评估计划为手段。从美国连续 10 年的 4 份运输部战略计划中可以看到,提高政府效率、优化政府组织是运输部历来坚持不动摇的战略目标之一,就是要把美国运输部建设成为“追求最优服务的领跑者”,要“为全国的纳税人和国家谋福利”。

从世界各国制定的发展战略、发展政策也可以看出,世界发达国家的交通发展目标已经转向交通运输发展的外部性,如提高交通运输的机动性和可达性;促进国民经济的增长和对外贸易的发展;保障客货运输安全,支持国家安全战略;减少交通事故伤亡人数和财产损失;减轻交通发展对生态的破坏和对环境的污染;降低交通发展对外部资源的占用与消耗,减轻交通运输对外来燃料的依赖程度,等等。这种目标指向的变化与这些国家大规模的交通基础设施已经完成,交通运输发展重点主要是提高运输服务质量有关。

例如,美国运输部在《美国运输部 2000 ~ 2005 年战略计划》中强调:“运输,就其本质而言,不仅仅是混凝土、沥青和钢筋,而更多地是为了人,为了满足人们上班、上学、探亲访友和旅游观光的需求。”其含意可理解为:**发展交通运输不是看修了多少路、架了多少桥、建了多少港,而是看为人们提供了什么样的交通运输服务,其成本和代价如何**。因此,该战略计划中基本上没有路网规模的扩展、技术质量的提高、等级结构的升级等方面指标,而是具体细化了在增进运输安全性、提高运输的机动性、促进经济增长、保护自然环境和保障国家安全等方面的目标。日本和欧盟有关战略或政策对此也有充分体现。

2. 政府职能设置强调决策、执行、监督的相对分开

行政职能设置是行政管理体制在完成层面设计后,深入设计并妥善处理部门间的相互关

系，是体制设计的更高要求。从世界各国政府行政职能演变来看，主要经历了职能由分散到集中，权力由专一集权向相互制约转变，减少对经济的微观干预，加强政府对社会的宏观管理。它的本质就是以决策、执行、监督的三者相互独立、相互协调、相互制约的原则来构建政府的组织结构，使这三种组织功能相对分化、相互协调和监督。

以美国运输部为例，在运输部成立之前，国家级交通运输的管理职能分散在商业部、财务部等一些部门和独立管理机构。这些部门各司一职，难以进行综合管理和横向协调，从而影响了国家交通宏观管理职能的有效发挥。为了使交通运输的管理从分散走向集中，以便更好地规划、协调和监督全国的交通运输管理事务，美国国会于 1966 年 10 月通过了组建运输部的法令，运输部于次年 4 月 1 日正式运转。运输部的成立把联邦政府中原来管理交通运输事务的八个部、委，三十多个局、处的业务纳入一个管理部门。

随着社会格局和内外形势的不断变化，美国日益重视国土安全，成立了国土安全部。成立该部同时也是落实决策、执行、监管的三权分立、互相制约原则，对原运输部的机构进行了调整，把“9.11”事件后成立的，原先隶属于运输部的运输安全管理局以及早就成立的具有海上综合执法职能的海岸警卫队于2003 年划归新成立的国土安全部，负责整个国家的所有海岸线上的警戒、巡逻、执法等任务。海岸警卫队的职能覆盖了相当于我国海军、公安边防武警、海监、海事、渔政、海关、环境保护等部门的部分业务。

通过实行决策与执行相对分离的纵向机构格局，保证了政府行政管理的公平与效率。这种组织结构的演变在其他国家也有突出表现。

如英国实行“大部制”改革后，政府行政管理体制的构架有了较大改变，主要体现在实行“决策与执行”相对分离的行政管理体制，将众多的行政执行、公共产品和房屋的提供等集体操作性事务转移到了“执行局”身上。从 1988 年开始，英国政府在各部之外陆续设立若干“执行局”，专司行政执行职能，负责向全社会提供高品质的服务。目前，英国环境、运输和地方事务部（即运输部）内部只保留一些核心部门，负责有关交通运输的政策制定、政策执行监督以及财政资助等事务。有关交通运输方面的具体事务，大多通过下面的“执行局”和非政府部门的“公共团体”来完成。英国运输部现有这类“执行局”和“公共团体”20 余个。

如德国作为联邦制的国家，联邦政府部门主要负责政策制定和政策实施，将行政执行、公共产品和服务的提供交给州政府和地方政府或民间协会来承担。

3. 政府组织结构设置注重提高行政效能

政府组织结构的演变是政府行政构架建设理念发展的表象。从世界各国交通行政组织结构演变来看，也是经历了职能的分分合合，组织结构设置更加注重提高行政效能。从形式上看，组织结构出现扁平化趋向；从效能上看，通过行政资源的有效整合和工作流程的科学设计，提高了工作效率、降低了行政成本。

日本的交通运输管理体制历经多次变革，总的变革趋势则体现了由分散管理、各自为政向集中统一和综合管理方向发展的改革取向。

在 1943 年运输通信省成立之前，日本的交通运输行政管理分散在多个政府机构，政出多门的弊端严重地妨碍了多种运输方式之间的有机联系和协调发展。1943 年成立的运输通信省相对集中了运输行政管理，下设铁道总局、海运总局、汽车局、航空局、港湾局等专业机构。这一格局后来在总体构架基本不变的情况下进行过多次内部调整，调整的目的是为了适应经济社会现实的变化和强化横向的综合协调。在 2001 年日本最新一次政府机构改革之前，运输省内设有铁道局、汽车交通局、海上交通局、海上技术安全局、港湾局和航空局。在这一架构之下,与交通运输有关的全部行业管理和大部分的规划管理、设施建设、政策法规管理和安全监督管理都由运输省负责,但公路的规划建设和公路交通管理则属于建设省的职责。

在2001年开始运行的新的政府机构架构之中,运输省与建设省、国土厅以及北海道开发厅合并成立国土交通省。其中:运输省的原运输政策局与建设省的建设经济局合并成立综合政策局;运输省的海上交通局与海上技术安全局合并成立海事局;海上保安厅和海上气象厅仍作为外部局,由国土交通省管辖。同时,地方支局也进行了合并:运输省的5个港湾局和建设省的8个地方建设局合并为8个地方整备局。因此,目前在国土交通省中,与交通运输行政有关的部门包括:综合政策局、道路局、铁道局、汽车交通局、海事局、港湾局、航空局以及船员劳动委员会、海上保安厅、海难审判厅等三个外局。人们期望通过这次改革,使原来一直成为协调难题的铁路与公路的立体交叉、高速公路与机场和港口的衔接等问题能够得到顺畅地解决。

英国自20世纪70年代末撒切尔内阁执政以来,推行了包括管理体制改革在内的一系列改革措施。其管理体制改革的主要内容包括:一是政府角色定位与职能优化。改革着眼于政府与社会的关系,目的是通过“卸载”实现重归小政府模式,改革的主要手段是非国有化。二是公共服务领域的市场机制。对那些不能推向社会的政府职能实行不同形式的社会化,如合同出租制、内部市场机制等。三是公共政策领域的改革。改革涉及到教育、医疗卫生、社会保障、环境保护、公共交通、就业等各个领域。从平等对待所有人到给不同的人以不同待遇;从普遍性的享有权到选择和公共服务的定额配置;服务提供者由公共机构的垄断到公私混合机制;从服务提供者的集中配置到某种形式的顾客选择;决策权从地方向中央集中,管理和财务权向地方下放;预算配置上引进竞争和结果取向。

在近年来的政府行政改革中,英国普遍实行了“大部门”的机构模式,将业务相近或相关性强的部门尽可能地进行合并,以利于部门间的协调和政府资源的有效利用。目前主管交通运输行政的环境、运输和地方事务部就是由以前的环境保护、交通运输管理以及地方事务三个部合并组成的。目前,英国环境、运输和地方事务部(即运输部)的主要运输管理机构按职能分为:驾驶、车辆与运营局,道路、区域与地区运输局,铁路、航空、物流、海运局,运输与安全局以及公路代理局。

实行“大部门”式的横向部门格局,实现组织结构的扁平化设置,有利于相近或相关业务部门之间的协调和政府资源合理有效地使用。一方面有利于政府关系的理顺,加强各部门之间的协调沟通、政府资源的有效利用、各部门政策的有效整合;另一方面,政府机构和人员更加精简,促进政府职能不断向社会转移、向地方下放。

国外交通发展历程充分体现了政府组织结构向“大部门”方向的演化,而且这种演化随着政府对其社会职能的认识的深化不断地扩大。更大规模的合并正在成为各国政府结构发展的趋向。

第一章　美国交通行政管理体制

美国交通运输发展历史是以机械化、信息化、智能化为标志的世界现代交通运输发展历史的一个缩影。优越的自然条件、雄厚的经济基础和先进的科学技术使得美国的水运、铁路、公路、航空和管道五种运输方式在200多年的时间里，先后都得到了充分发展并走向成熟，从而形成了世界上规模最大的现代交通运输系统。因此，美国交通行政管理体制对我国交通运输的管理和发展具有十分重要的借鉴意义。

第一节　美国经济社会及交通运输概况

一、美国经济社会发展概况

美国位于北美洲中部，领土还包括北美洲西北部的阿拉斯加和太平洋中部的夏威夷群岛。北与加拿大接壤，南靠墨西哥和墨西哥湾，西临太平洋，东濒大西洋。美国国土面积为962.909 1万平方公里，本土东西长4 500公里，南北宽2 700公里，海岸线长22 680公里，是一个幅员辽阔的国家。除东部有缓和的山地及西部的高山外，其余均为较利于交通建设的地形。

美国是一个联邦制国家，美国联邦宪法规定按三权分立原则组成政府机构，宪法的前三条分别规定了立法、行政和司法三大国家机关的权力：立法权归国会，行政权归总统，司法权属于"最高法院以及国会随时规定和设立的低级法院"。美国在从中央到州、地方各级政府都实行三权分立和制衡的基础上，同时实行中央和州两个层次之间的纵向分权。政府行政及相应财政等级分为联邦、州、地方三级，地方政府又大致分为县或郡、市、区、镇、村等不同等级类型。与中央集权国家不同，美国各级政府在财权、事权等方面具有明确的分工，尤其是地方政府承担更为重要的职能，对于一个区域和城市的发展布局具有决定性的权力和影响。美国联邦政府机构设置如图1-1所示。

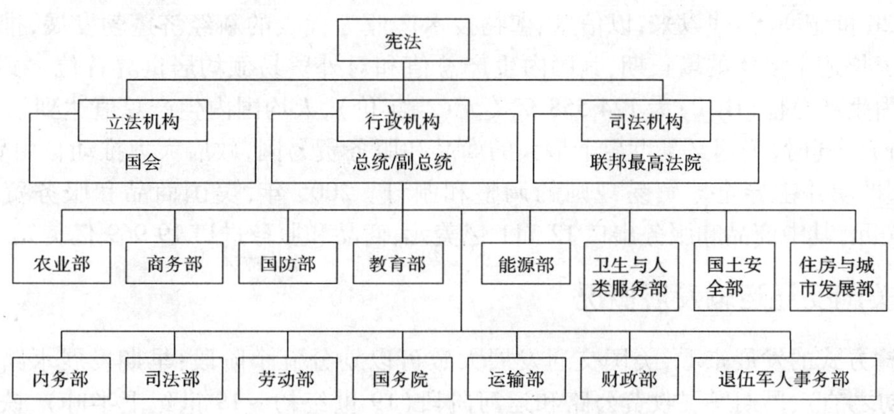

图1-1　美国政府行政组织构架图

从区域划分来讲，美国由新英格兰地区、中央地区、中大西洋地区、西南地区、阿巴拉契亚山地区、高山地区、东南地区、太平洋沿岸地区、大湖地区和阿拉斯加与夏威夷十大地区组成。联邦领地包括波多黎各自由联邦和北马里亚纳，海外领地包括关岛、美属萨摩亚群岛、美属维尔京群岛等。目前，全美有50个州、3 141个县。

以1776年《独立宣言》的发表为标志，美利坚合众国诞生。自此以后，年轻的美国在政治、经济、思想文化、领土开拓等各个领域取得了成功，从一个发展中国家一跃而成为世界第一工业化大国，并且由世界工业大国迅速发展为二战后的世界头号超级大国。在最近100多年来的发展中，美国的现代化和后现代化水平、科学技术水平、社会物质和文化生活现代化水平一直领先于世界各国。1894年，美国成为实力最强的工业大国，1916年，美国成为世界最大的债权国，20世纪20年代，美国成为汽车王国，第二次世界大战前夕的1938年，美国占资本主义世界工业的36%，二战后的1948年，其比例进一步提高到54.8%。美国迄今建国只有200多年的历史，但以其占全球5%的人口，享有30%的财富，消耗着1/3的资源，是世界上发展速度最快的大国。

尤其是美国在战后凭借其经济、政治和军事上的绝对优势地位，掌握了世界经济的领导权。第二次世界大战后，美国的经济实力骤然增长，在西方发达国家经济中占有全面的优势，在完成了由战时经济向和平时期转变之后，美国经济从20世纪50年代起，其优势地位进一步提高。从1955至1968年，美国的国民生产总值以年均4%的速度增长，该时期美国经济曾出现连续106个月的持续增长。美国的国民生产总值经过“黄金时代”的发展，从1961年的5 233亿美元上升到1971年的10 634亿美元；1965～1970年美国的工业生产以18%的速度增长。1970年美国拥有世界煤产量的25%，原油产量的21%，钢产量的25%。1970年美国农产品比1950年增长了2倍，一个农民能养活47.1人。1971年美国拥有汽车1.11亿辆，83%的家庭至少拥有一辆汽车。美国战后经济的迅速发展在很大程度上得益于美国联邦政府对经济的干预，政府对经济的干预主要运用财政和金融手段，其主要特点是不断地依靠增加国家预算中的财政支出，依靠军事定货和对垄断组织甚至中小私营企业实行优惠税率来刺激生产，增加社会固定资本投资。虽然美国经济体制为典型的资本主义私有制，但联邦政府在战后对许多新兴的工业部门、重大科研项目、现代化公共设施包括交通设施进行大量的投资。另外，冷战时期加强的国民经济军事化以及战后技术革命也推动了经济的迅速发展，而利用战后的经济优势地位，扩大商品输出和资本输出，充分利用国外的廉价资源，其中特别是石油资源，从而极大地获取高额利润，也是美国经济快速增长的主要原因。

而自20世纪90年代以来，以信息、生物技术产业为代表的新经济蓬勃发展，推动着美国经济经历了长达十多年的增长期，其国内生产总值和对外贸易额均居世界首位。到2005年，美国的国内生产总值(GDP)为124 558亿美元(当年价)，人均国内生产总值达到了42 079美元(当年价)。同时，美国又是世界上最大的商品和服务贸易国，政府大力推动自由贸易，拓展海外市场，推动并主导全球贸易规则的调整和制订。2005年，美国商品和服务贸易总额为32 680亿美元，其中商品和服务出口12 711亿美元，商品和服务进口19 969亿美元。

二、美国交通运输发展概况

从运输方式的发展来看，美国交通发展大致可以划分五个阶段：早期发展水路运输阶段(19世纪初之前)、早期发展收费公路和运河阶段(19世纪初～19世纪上半叶)、铁路蓬勃兴起阶段(19世纪30年代～20世纪30年代)、公路运输快速发展阶段(20世纪30年代～20世纪70年代末)和综合运输协调发展阶段(20世纪80年代以来)。

在这个国家里,最先发展起来的运输方式是水运,美洲大陆本身也是靠海运才发现的。由于美国东海岸有很多河流、海湾,通过借助欧洲先进的水运技术,美国水运自然地也就发展起来,在东海岸各居民点之间,以及在北美殖民地与欧洲之间形成了活跃的水运体系,并且在很长的时间里一直是主要的运输方式。但是,自从移民来到这块新大陆以后,北美殖民地的道路大多是印第安人的小路拓宽而成,陆上运输很不方便,并且在恶劣的天气中根本不能通行。

于是,从18世纪90年代开始,全美掀起了改善公路运输的高潮,尤其注重修建收费公路。修筑目的主要是连接新英格兰和中部、西大西洋各州的大城镇与农村定居点。在铁路建成以前,收费公路在一定的程度上改善了运输,曾是通往美国西部的主干道之一。

当蒸汽船技术进入商业化应用后,人们的注意力转向了修建运河,以便能够为国内市场的开发提供成本更低的交通运输方式。1825~1850年期间,运河在美国得到了空前的发展。运河大大降低了运输费用,导致了地区间贸易的巨大增长,推动了美国西部商品化农业和东部工业革命的发展。

铁路取代运河而成为主导地位,在美国经济发展中占据极为重要的位置。美国铁路的发展经历了四个阶段。第一阶段,从1828年开始最初的10年,只在人口稠密的地区修建短途铁路线,分布在东海岸各城市之间,主要是客运而不是货运。第二阶段,大约从1840年到1860年,主要特点是修建长距离的铁路线,在东部、中西部和南部修建了地区性的铁路网,使铁路成为最重要的运输方式。第三阶段,起于1865年,直到1873年,因铁路修筑过多、投资过大而产生大恐慌为止。这个阶段最杰出的成就就是建造了横贯北美大陆的铁路,此外还延长了从大西洋到芝加哥的四条干线。第四阶段,从19世纪70年代后期到1906年,铁路基本上连接了各个地区,形成了全国性的铁路网,到1914年,美国铁路的总长度已超过欧洲铁路总和,等于当时世界铁路总长度的1/3,成为世界上铁路线最长的国家。一直到20世纪50年代以后,美国的州际高速公路建成之前,铁路运输一直在美国交通运输系统中占据主导地位。铁路促使美国经济起飞,铁路降低了国内运输成本,促进了现代煤炭、钢铁和工程工业的发展。

产业革命之后,美国又经历了大力发展高速公路阶段,同时美国航空运输和管道运输也得到了快速发展。而由于经济扩张的需要,水运开始复苏并得到重点发展。

美国早期的公路建设也由政府资助,以刺激公路的发展,但直到小汽车的大量普及之前,各级政府没有拿出大量的资金用于公路的改善。直到1916年联邦政府建立联邦政府资助体系及各州开征汽油税,才有比较大量的资金用于改善公路。1916年的法案规定,公路归州所有,并且由州负责修建和维护,联邦政府根据各州的人口、面积和公路里程分配,提供建筑基金的50%。这种模式一直沿用至今。1919年提出了州对汽油征税的办法,使汽油税成为公路发展基金的主要来源,也确立了由使用者出钱修公路的原则。由于公路的条件得到改善,加上进入公路运输比较容易,第一次世界大战以后,个人从事公路客货运输发展迅速。20世纪30年代的大萧条时期,为了解决失业问题,联邦政府决定投资修公路,使公路系统得到迅速改善。第二次世界大战时期,由于对石油实施战时配给制度,公路运输受到很大影响,公路设施也没有得到有效的养护。战后,公路又得到了大规模的扩建,并且进入了这个国家的公路和汽车运输的最快发展时期。1956年,美国又开始实施修建州际高速公路系统,其主要投资来源于联邦汽油税、联邦公路牌照税等。州际高速公路连接美国几乎所有的大城市和各州首府,并且联接加拿大和墨西哥,总长41 000英里。该系统的投资中,联邦政府占90%,州或地方政府占10%。从此以后,美国全国公路网的主要干线基本形成。

而美国航空运输是从1903年怀特兄弟历史性的第一次飞行开始的。在第一次世界大战后,大量的空军飞行员及多余的飞机推动了人们对航空运输的兴趣,并促进其快速发展起来。由于第二次世界大战促进了航空技术的快速发展,同时也促进美国航空运输的快速发展,战后,美国航空旅客运输得到极大发展,航空公司利用战争中发展起来的技术提供了可靠的设备和航班。到20世纪50年代,民航的客运量已经超过其他运输方式,空中旅行成为很平常的事。随着大型客机的投入使用,高速、安全、舒适的航空旅客运输覆盖了美国的大小城市,成为美国商业客运的主要方式,航空货运也同步得到了快速发展。

同时,美国管道运输开始发展起来。美国的第一条管道铺设于1865年,一条2英寸口径的小管道为宾西法尼亚州的一个油田提供了低价的原油运输服务,而第一条110英里的长距离管道干线建成于1897年,但主要的用途也仅局限于地方性的原油运输。进入20世纪,随着大油田的发现,以及汽车和内燃机被广泛使用,对石油的需求也越来越大,石油工业得到快速发展,管道运输逐渐变得重要,其运输需求也越来越大,1930年,第一条成品油管道出现。之后,随着技术的发展,包括大口径输油管道技术的出现、腐蚀及泄漏等问题的解决和压力泵技术、控制调度技术等的发展使管道运输逐渐成为一种自动化程度很高的运输方式。

随着美国经济在国外的扩张,大量的石油等原材料需要进口,大量的工业品及满足国内需要而又有很大富余的农产品需要输往其他国家,美国水运开始复苏并开始快速发展起来。美国内河航道得到了大规模开发治理,同期,蒸汽机、柴油机作为船舶推进主机的应用,大大促进了内河水运的快速发展。而由于美国是一个主张国际经济贸易自由化的国家,国际贸易很大部分需要依赖海运。20世纪中期,美国充分利用了两次世界大战创造的有利时机,由航运大国而一跃成为首屈一指的航运强国,取代英国成为海上霸主。

但是,当时美国还处于公路为主导的交通发展时期。而随着美国公路的快速发展,交通拥堵、交通事故、交通污染以及占用大量土地和公共空间的矛盾开始愈演愈烈,由1956年法案带来的海量建设资金及其后期养护资金所建设和维持的公路系统并没有达到预期的效率,美国政府开始寻求交通发展方向的变革。1991年,美国通过了《综合系统地面运输效率法案》(ISTEA),1998年美国又在此基础上制定了美国《21世纪运输平等法案》(TEA-21)。这两部法案标志着美国对国家交通运输发展认识的革命性转变,美国交通发展开始从浓重的"汽车情结"中走出来,并深深地认识到只有充分发挥公路、铁路、水运、航空与管道多种运输方式的比较优势,并紧密衔接与配合大力发展公共交通系统,应用高科技提高现有交通运输系统效率,才能解决不断增长的交通运输需求与环境、能源、资源之间的矛盾,使交通运输发展走上各种运输方式协调且可持续发展的道路。

目前,美国拥有现代化且高度发达的海、陆、空立体化交通运输系统。铁路自二战以来虽然处于衰落状态,在客运中已不占重要地位,但在美国国内的货物运输中仍然占首要地位,2005年美国铁路总长18.96万公里;美国也拥有世界上最庞大的公路网,2005年公路总长643.02万公里,其中高速公路总里程8.87万公里,世界排名第一;美国也拥有发达的水运系统,包括内河、大湖区及远洋和沿海水运,2005年共有1 069.8万总注册吨位;此外,美国的很大部分船队是在巴拿马和利比里亚注册的,2005年,美国内河航道长41 842公里,其中19 312公里可用于商业航行;美国的航空运输高度发达,航空运输在交通运输中的比重逐年提高,目前美国国内客货空运约占世界总量的50%,2004年,美国共有机场14 893处,其中公用机场5 000多个,拥有包括美国航空、联合航空、德尔塔、西北、大陆航空等主要航空公司,拥有包括波音—麦道公司、洛克希德—马丁公司、联合技术公司等世界上主要的航空业制造公司,拥有芝加哥、亚特兰大、达拉斯、洛杉矶、旧金山、丹佛、底特律等世界著名航空港；美国也拥有规模庞大的管道运输网，主要运送石油天然气，2005 年，美国输油、天然气管道总长255.09 万公里（表 1-1）。

美国各种运输方式运输线路里程表（单位：公里）　表 1-1

年　份	1980	1990	2000	2005
公路	6 211 636	6 223 044	6 334 562	6 430 175
铁路	303 871.2	231 349.7	196 736.9	189 635.1
内河航道	41 841.8	41 841.8	41 841.8	41 841.8
管道	2 044 080	2 249 724	2 488 454	2 550 850

在美国各种运输方式完成的国内旅客周转量中，公路运输占有绝对优势。据统计，2004 年公路完成的旅客周转量占 88.75%，航空客运自“9.11”事件后，所占比重有所上升，占10.25%，而城市交通和铁路所占的比重仅为 1%（表 1-2）。而在美国国内货物周转量方面，近年来铁路一直保持占据首要地位，公路运输所占的比重也在逐步提高，而水路运输则不断下降。在 2004 年各种运输方式完成的国内货物周转量中，铁路占 42.08%，公路占 26.60%，输油管道占 15.18%，水运占 15.72%，航空所占比重最低，为 0.42%（表 1-3）。

1980～2004 年美国国内旅客周转量（单位：百万人·公里）　表 1-2

年　份	1980	1990	2000	2004
航空运输	352 556	577 550	855 091	897 841
公路运输	4 270 411	5 731 210	7 065 142	7 776 988
城市交通	64 139	66 213	76 711	78 975
铁路	7 247	9 748	8 848	8 869

1980～2004 年美国国内货物周转量（单位：百万吨·公里）　表 1-3

年　份	1980	1990	2000	2004
航空	6 611	13 233	21 874	24 019
公路	810 284	1 073 079	1 568 010	1 534 431
铁路	1 341 653	1 509 566	2 140 261	2 427 347
水运	1 345 855	1 216 951	942 849	906 891
输油管道	858 756	852 770	842 842	875 399

第二节　美国联邦政府运输机构及职能

美国联邦政府运输行政管理机构是经过多年演变而成的，反映了美国在解决交通运输问题上的立法过程，其发展是不平衡的。总的来说，交通运输管理的对象主要分为两部分：一是对交通运输基础设施开发建设的管理，包括提供资金和宏观调控，由各级政府主管部门负责；二是对使用这些设施的运输行业的管理，由独立管理机构负责。美国交通运输管理的依据是国家的有关法律，各管理部门、机构在法律的授权下负责行使自己的管理职能。美国交通运输方面的立法权在国会，具体由参、众两院的五个委员会负责。为了更好地规划、协调和监督全国的交通运输事务，美国交通运输的管理开始从分散走向集中。

1962 年，约翰. F. 肯尼迪总统，将美国处理运输问题的法律和法规描述为：“相互矛盾、时常陈旧和杂乱无章的拼凑物”。林德. B. 约翰逊总统认为“国家的运输设备只能适应美国建国初期的需要”,并要求国会设立“美国运输部”,以建立一个“协调发展的运输系统”。

鉴于运输在经济社会发展中的重要地位,为了整顿联邦运输政策和管理机构,使二者统一起来,采用综合和协调的运输决策程序,根据美国国会通过的《美国运输部法案》,在合并和整合 31 个相关机构和管理署的基础上,国会于 1966 年 10 月 15 日通过了组建运输部的法令,运输部于 1967 年 4 月 1 日正式运转。运输部的成立把联邦政府中原来管理交通运输事务的八个部、委,三个局、处的业务纳入一个管理部门。

根据国会的法令,成立运输部的目的为:

(1)本着以最小的投资建立高速、安全、有效和便利的运输系统为原则,制定国家的交通运输政策和计划,同时兼顾国家的其他利益和目标;

(2)保证联邦政府的运输计划得到协调、有效的管理;

(3)为各种方式的私人运输提供便利,使其得到最大限度的发展和完善;

(4)鼓励联邦、州和地方政府以及劳资双方和其他利益方之间的合作,共同实现国家的运输目标;

(5)促进运输业的技术进步;

(6)对发现和解决运输问题进行统一领导;

(7)根据国家的交通运输目标,负责制定联邦的运输政策和计划,并结合国防、运输业各方和社会各界的需要,对运输的大政方针和实施计划向总统和国会提出建议。

一、美国运输部的机构设置

美国运输部下设 13 个职能机构,即部长办公室、联邦航空管理局、联邦公路管理局、联邦汽车运输安全管理局、联邦铁路管理局、联邦公共通管理局、海运管理局、联邦公路交通安全管理局、监察办公室、管道和危险材品办公室、研究与科技创新管理局、圣劳伦斯河航道开发公司、地面运输委员会。美国运输部组织结构如图 1-2 所示。

运输部长是运输部的最高行政首长,负责规划、指导和管理运输部的全部活动。作为内阁成员,运输部部长是美国总统在联邦运输事务方面的首席顾问。运输部长的主要助手有副部长、部长助理、法律总顾问和监察长。

副部长协助部长管理运输部,可以代理部长并行使部长的权利。副部长在部长的领导下,负责监督和协调运输部的活动。

过去,运输部中还有一名运输次长,专门负责预算和计划、计划管理和运输规划指导等事务。现在这一职位已取消,其业务改由部长助理负责。

法律总顾问是运输部的首席法律官员,是部内法律问题的最高权威。他在法律诉讼中代表运输部,监督管理立法工作中有关法律方面的问题,并协调部法律资金的使用。监察办公室负责项目效果评价,审计计划管理的经济性和效率,调查浪费、舞弊、以权谋私等违法行为,协调与司法部和其他执法机构的活动,管理部热线投诉中心等。

运输部的各个专业行政管理机构, 分别管理或监督不同的运输专业领域, 其相关职责范围很广。但是, 它们承担的共同义务是完成国家的目标。同时, 运输部各种运输方式或专业领域管理机构, 都必须遵守运输部战略计划所确定的目标。运输部战略计划所确定的目标, 及实现这些目标的主要战略, 对运输部的各个专业领域的各项活动提供了一个框架。这些管理机构具有较大的独立性和自主性, 它们在各大区都设有办事机构, 作为与地方政府联系的纽带。由于各管理机构的工作性质不同，大区办事机构的任务也相差很大。有的为地方政府的运输基础设施建设提供资金，如道路和机场的建设等，有的只作为公共服务机构，如空中交通管制。

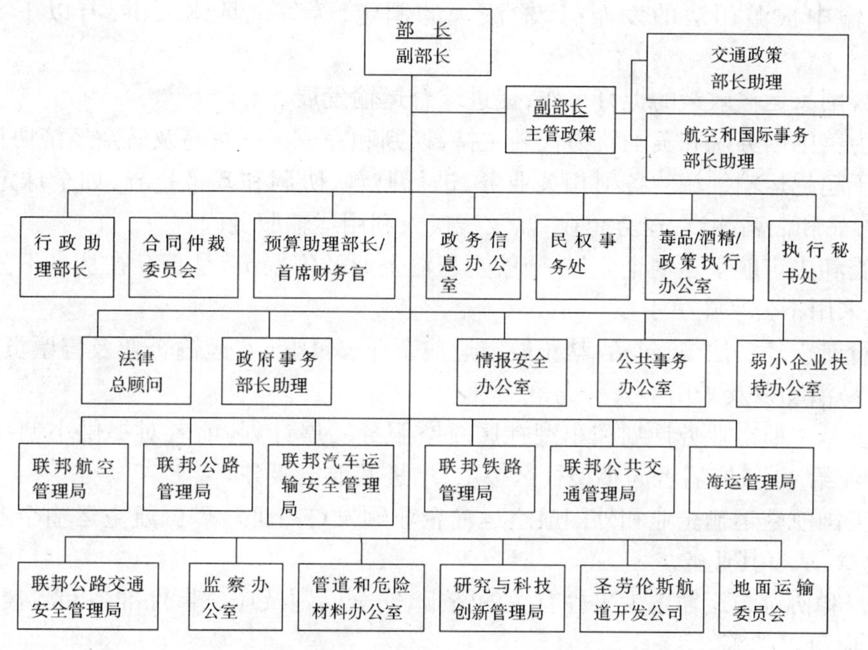

图 1-2　美国运输部组织结构图

另外，运输部在美国六个大区设立了部长代表处。这些代表处的任务是代表运输部和部长在下面的利益，保证联邦运输计划能够得到有效的管理。

二、运输部主要管理部门及其职能

（一）部长办公室

1. 组织结构

部长办公室的主要机构，包括：行政秘书处、人力资源办公室、财务管理办公室、审计办公室、听证办公室、信息服务办公室、安全管理办公室、公共交通及设施管理办公室、高级采购行政管理办公室、总部房产管理办公室等。如图 1-3 所示：

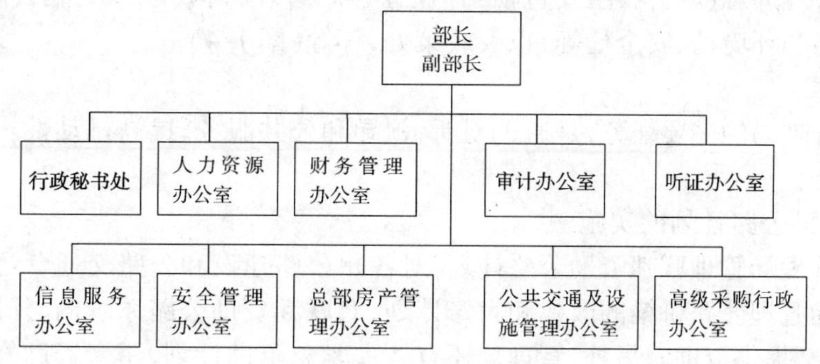

图 1-3　部长办公室组织结构图

2. 主要职责

部长办公室的主要职责是监管国家运输政策的制定工作并促进联合运输的发展。其他职责还包括:国际运输协议的谈判与执行;航线的合理布置;航空旅客保护法规的实施;防止酒精和药品在运输中被滥用法的发布;运输法规的制定,等等。具体来讲,有以下 10 方面的职责:

(1)监督国家运输政策的拟订工作,促进综合运输发展。

(2)作为美国国务院和美国贸易代表主持,谈判和完成国际贸易及航空经济协议。

(3)对于超越运输领域的各项相关业务,进行监督、协调和政策指导,如全球定位卫星系统,运输业毒品和酒精测试,弱势企业,以及残疾人利用运输服务问题等。

(4)调查和决定航空运输企业、外国航空运输企业及售票员,是否存在从事不公平或欺诈交易活动及采用不公平竞争手段。

(5)执行航空经济法规,包括:禁止航空运输企业、外国航空运输企业及售票员,从事不公平或欺诈交易活动以及采用不公平竞争手段。

(6)管理基本航空业务计划和小型社区航空服务发展计划,前者对提供小型社区服务的航空运输企业给予补贴,后者向小型社区拨款,增进其航空服务。

(7)向美国航空运输企业和外国航空运输企业颁发许可证。外国航空运输企业必须根据适用运输规章,从事其业务。

(8)监督和协调与运输重大事件有关的情报、安全问题及应急事件准备和救援工作,包括国家和地区应急事件等。

(9)参与增进其法定使命的国际活动和合作。

(10)参与有关运输安全和毒品控制问题的政府间的合作活动。

(二)联邦公路管理局(FHWA)

联邦公路管理局根据联邦有关法律管理联邦政府公路事务。在其近百年的发展过程中,它曾几度更改名称和隶属关系,职责范围亦发生很大变化。1893 年刚成立时叫“道路调查办公室”,属农业部;1918 年变成农业部的“公共道路局”;1939 年联邦政府改组后被并入联邦工程署,易名为“公共道路管理局”;1949 年联邦政府再次改组,被划归商业部领导,称“公共道路局”,1967 年运输部成立时又被转到运输部。从 1970 年开始,才更名为联邦公路管理局。联邦公路管理局的局长由总统任命,直接向运输部长报告工作。

1. 组织结构

联邦公路管理局总部机构,主要包括:各业务计划管理机构(联邦属地公路处、基础设施处、运营处、规划和环境处、安全处等)以及政策处,等等(图 1-4)。

2. 主要职责

联邦公路管理局的主要任务,是通过创新、领导和公共服务,提高机动性。联邦公路管理局的主要职责有:

(1)联邦资助公路计划的实施

联邦公路管理局管理联邦资助公路计划,对各州公路建设和公路交通营运效率的改善进行资助。管理局管理公路桥梁的改建和大修计划,对联邦资助公路系统内、外的桥梁的检测、分析、改造和更新提供资助。另外,管理局还有一项紧急资助计划,用来资助修复自然灾害造成的联邦资助的和某些联邦道路的严重损坏。

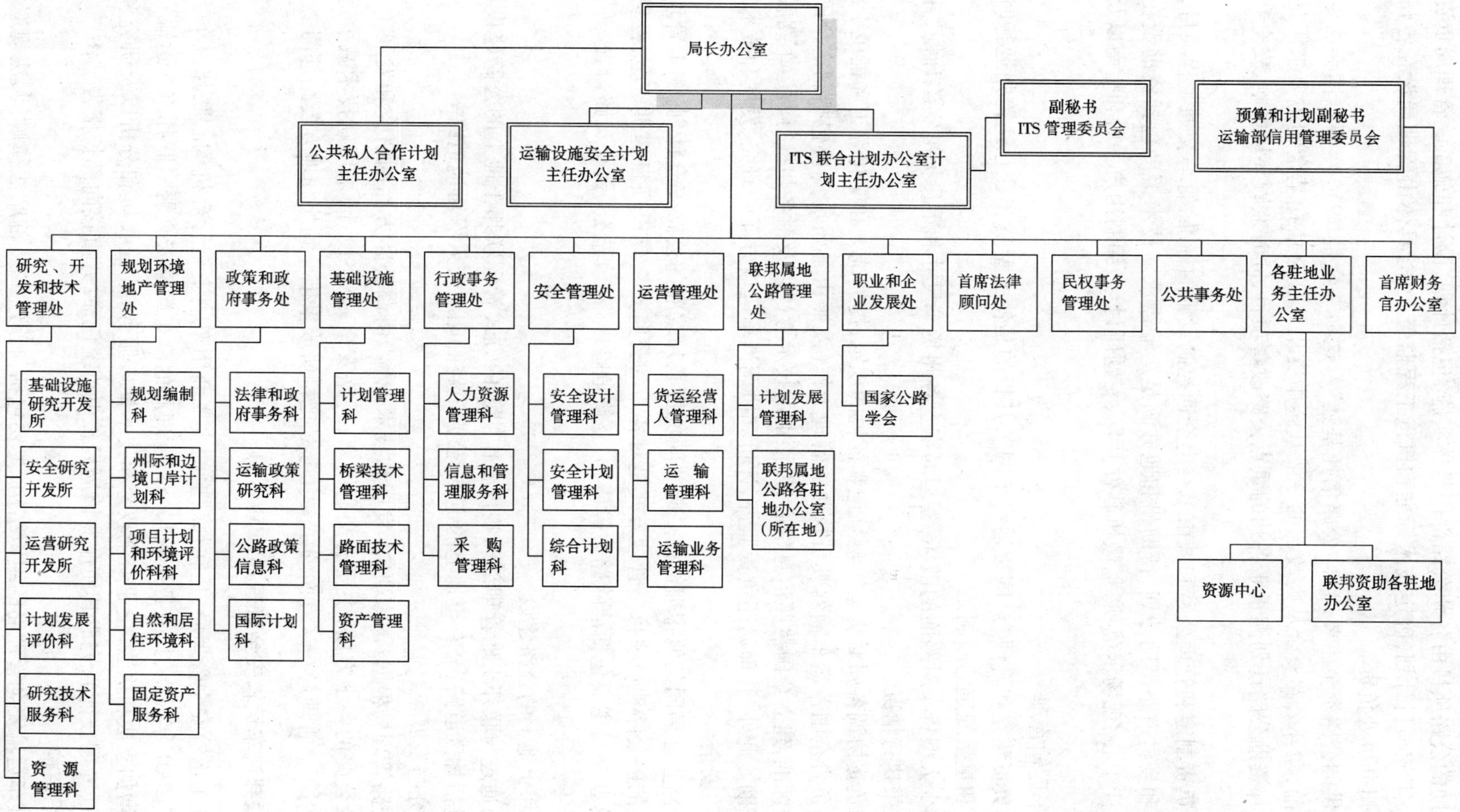

局长办公室

公共私人合作计划主任办公室

运输设施安全计划主任办公室

ITS 联合计划办公室计划主任办公室

副秘书 ITS 管理委员会

预算和计划副秘书 运输部信用管理委员会

- 研究、开发和技术管理处
  - 基础设施研究开发所
  - 安全研究开发所
  - 运营研究开发所
  - 计划发展评价科
  - 研究技术服务科
  - 资 源管理科
- 规划环境地产管理处
  - 规划编制科
  - 州际和边境口岸计划科
  - 项目计划和环境评价科科
  - 自然和居住环境科
  - 固定资产服务科
- 政策和政府事务处
  - 法律和政府事务科
  - 运输政策研究科
  - 公路政策信息科
  - 国际计划科
- 基础设施管理处
  - 计划管理科
  - 桥梁技术管理科
  - 路面技术管理科
  - 资产管理科
- 行政事务管理处
  - 人力资源管理科
  - 信息和管理服务科
  - 采 购管理科
- 安全管理处
  - 安全设计管理科
  - 安全计划管理科
  - 综合计划科
- 运营管理处
  - 货运经营人管理科
  - 运 输管理科
  - 运输业务管理科
- 联邦属地公路管理处
  - 计划发展管理科
  - 联邦属地公路各驻地办公室（所在地）
- 职业和企业发展处
  - 国家公路学会
- 首席法律顾问处
- 民权事务管理处
- 公共事务处
- 各驻地业务主任办公室
  - 资源中心
  - 联邦资助各驻地办公室
- 首席财务官办公室

图 1-4 联邦公路管理局组织结构图

联邦资助的公路项目由各州公路部门具体实施,包括计划、设计和施工。管理局负责监督资金的使用,审核项目计划,确定技术标准和执行工程监督工作,具体由管理局设在各州的大区办公室和州办事处负责。

联邦提供的公路资金主要出自"公路信托基金"。这项基金是1956年根据国会法令建立的。在此之前,联邦公路资金从财政部的一般基金中支出。公路信托基金的主要来源是汽车燃油税。联邦资助公路计划侧重于各州的重点公路改善项目,同时兼顾环境影响、安全和缓解交通拥挤。

管理局负责制定和管理公路和城市道路上交通控制设施的标准,管理交通工程项目,还管理技术转让和乡村道路援助计划,帮助州和地方满足运输需求。技术援助包括资助设在各大学的技术转让中心、现场示范项目、微机软件开发、专题研讨会、编制用户手册和指南以及专项调研。

(2)汽车运输管理

管理局负责建立和管理"全国货运汽车网",其目的是使大型货车在长途跨州运行时不受各州的尺寸和重量规定的限制。

为了减少大型货车对路面的破坏,管理局审查各州货车尺寸和重量标准实施计划,并要求各州每年上报执行情况。

管理局负责协调各州对货运车辆登记和征税的规定,提倡统一和简化登记和征税手续。

管理局负责全国营运车辆驾驶员执照的管理工作(发照由各州负责),包括制定全国统一执照的颁发标准,建立全国执照信息中心,发照前的技术考试以及对各州推行营运车驾驶员发照工作的资助。此外,管理局还负责监督、评价和协调汽车运输方面的研究、发展和技术转让。

(3)公路安全

联邦公路管理局同其他管理机构一起共同负责联邦政府的公路安全计划,侧重管理以增进安全为目的的公路建设项目。管理方式是对各州的公路安全建设项目提供资金,投资比例为90%。这些项目主要包括清除路边障碍物,整修危险地带,改造公、铁交叉路口,改善标志、标线和信号等。

(4)联邦土地上的公路建设

管理局通过与联邦土地管理部门签订合作协议的方式管理联邦土地上的公路建设计划。这项计划包括林区道路、公有土地上的道路、公园道路和印地安人保留地道路等。

(5)研究与发展

联邦公路管理局根据"国家研究、发展和技术计划"协调公路方面的研究和发展工作,研究领域涉及公路的各个方面,主要有交通堵塞,道路安全,公路设计,采用新技术减少道路建设,养护费用等。管理局在这方面的主要任务是把科研成果推广到州和地方公路部门。

(三)联邦汽车运输安全管理局(FMCSA)

联邦汽车运输安全管理局,是联邦政府的主要商用车辆安全管理机构。联邦汽车运输安全管理局于2001年成立,其前身是联邦公路管理局的汽车运输安全署。联邦汽车运输安全管理局,通过增加立法和执法,企业安全教育和技术推广服务,数据收集和分析以及研究和技术转让等手段(专门技能),完成其使命。该局局长由总统任命,并直接向部长报告工作。

1. 组织结构

联邦汽车运输安全管理局的组织结构,主要包括:行政秘书,首席法律顾问,法规巡视官,民权事务处，通信处，执法和诉讼处，法规事务处，一般法律处，立法事务处，助理局长与首席安全官等重要行政与业务机构（图1-5）。

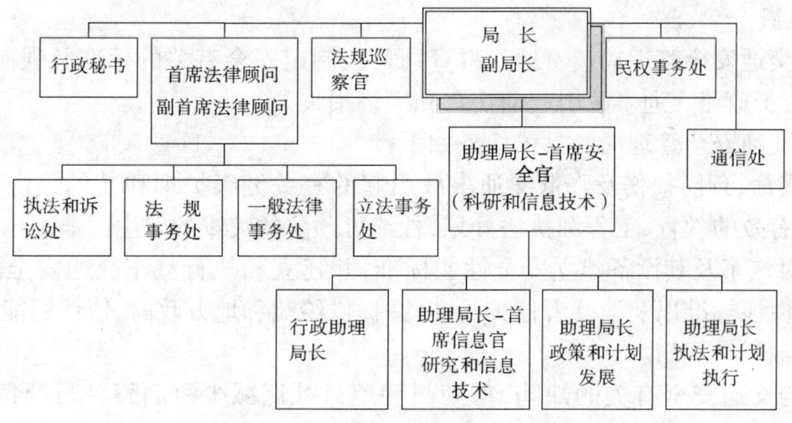

图1-5　联邦运输安全管理局组织结构图

2. 主要职责

作为联邦政府有关汽车运输安全的主管机构，联邦运输安全管理局的中心任务是：通过阻止和预防客车和公共汽车撞车事故，挽救生命和减少伤亡事故。实现联邦运输安全管理局有关安全的目标，确保国家运输系统的安全，是该机构的首要重点。对商用运输企业服务需求的扩大，及汽车运输行业性质的变化，要求联邦运输安全管理局关注解决问题的新方法及实现其安全目标的新途径。

联邦运输安全管理局的具体任务包括：

（1）通过阻止和预防客车和公共汽车撞车事故，挽救生命和减少伤亡事故。

（2）履行运输部的职责和权力，对汽车运输企业安全有关问题加以规定。

（3）管理相关计划和法规工作，包括管理汽车运输企业安全有关的法律，发布和执行汽车运输企业安全有关的规章。

（4）执行汽车运输企业注册登记，限制和管制家居货物运输许可证。

（5）制定改进商用汽车、驾驶员和运输企业安全的战略。

（6）检查商用汽车运输企业的档案和装备，调查汽车运输企业事故及安全违章记录。

（7）执行研究、开发和技术转让活动，促进汽车运输企业运输计划，加强汽车运行和装备的安全。

（8）向各州提供拨款，协商采用和执行与联邦规章相协调的商用汽车安全法和规章。

（四）联邦公路交通安全管理局（NHTSA）

联邦公路交通安全管理局，作为隶属于美国运输部一个独立机构，根据1970年的公路安全法，于1970年5月建立。联邦公路交通安全管理局的前身，是国家公路安全署。联邦公路交通安全管理局，按照1966年的国家交通和汽车安全法及1966年的公路安全法，执行各项安全计划。该局局长由总统任命，并直接向运输部长报告工作。

1. 组织结构

联邦公路交通安全管理局的组织机构，主要包括：首席法律顾问办公室，民权办公室，公众与顾客事务办公室，行政主任，州和社区事务助理局长，安全性能标准助理局长，交通安全计划助理局长,安全保险助理局长,后勤助理局长,研究开发助理局长,计划和政策助理局长等重要行政与业务机构(图1-6)。

2. 主要职责

联邦公路交通安全管理局负责通过教育、研究、制定安全有关的标准及强制实施活动,拯救生命,防止由于道路交通事故引起的伤亡和经济损失。

联邦公路交通安全管理局的具体任务如下:

(1)解救人命,预防损伤及降低交通事故引起的有关健康护理和其他经济成本;开发、促进和执行各类有效的教育、工程和执法计划,杜绝可预防的灾难的发生。

(2)负责对汽车及其设备建立安全性能标准,并建立和执行汽车交通安全法规,包括:车辆防撞与抗撞性能标准以及消费者保护标准,并提供给州和地方政府,使他们能够制定出有效的地方公路运输安全规划。

(3)调查与交通安全有关的缺陷,帮助州和地方社区减少酗酒驾驶员的危害,促进安全带、儿童安全座椅和安全气囊的使用,建立和实施汽车防盗法规,向公众提供汽车安全方面的信息。

(4)履行运输部的职责和权力,对公路交通安全的各方面加以规定,包括汽车驾驶员的条件,但不包括公路的交通安全设计。

(5)负责驾驶员行为和安全关系的研究工作,以找出最有效的改善安全的方法。

(五)联邦公共交通管理局(FTA)

美国联邦公共交通管理局成立于1968年7月1日,该局局长由总统任命,直接向部长报告工作。

1. 组织结构

联邦公共交通管理局的组织结构,主要包括:10个计划办公室、10个地区办公室、5个大城市办公室以及曼哈顿下行街区恢复办公室等。其具体组织结构如图1-7所示。

2. 主要职责

联邦公共交通管理局的使命是,通过领导工作、技术援助和财政资源,支持高品质的公共交通,确保个人的机动性及美国经济社会的活力。为了履行这一使命,联邦公共交通管理局提出了下述愿景,即:引导美国实现高品质的公共交通,确保个人的机动性和社区的可居住性。

联邦公共交通管理局的首要任务,是提高公共交通的完好状态,随时应对可能发生的恐怖袭击事件。它的主要职能是:帮助改善和开发城市公共交通的设施、设备、技术和方法;鼓励规划和建立投资少、效率高的区域性城市公共交通系统;资助州和地方政府建立公共交通系统;鼓励私人企业参与地方公共交通运输。

管理局根据1964年的《城市公共交通法》和1982年的《联邦公共运输法》开展工作,具体如下:

(1)基本建设拨款和贷款

管理局资助城市公共交通系统为基本建设、公交系统的设备及设施的购置和改善提供资金,投资比例为项目费用的75%。只有州、地区和地方政府部门和公共机构才有资格申请这种资金,私人公交企业可通过公共部门来获得此项资助。

此外,管理局还为有资格的公共部门提供低息基本建设贷款,为提前购置城市公交系统用地提供低息贷款。

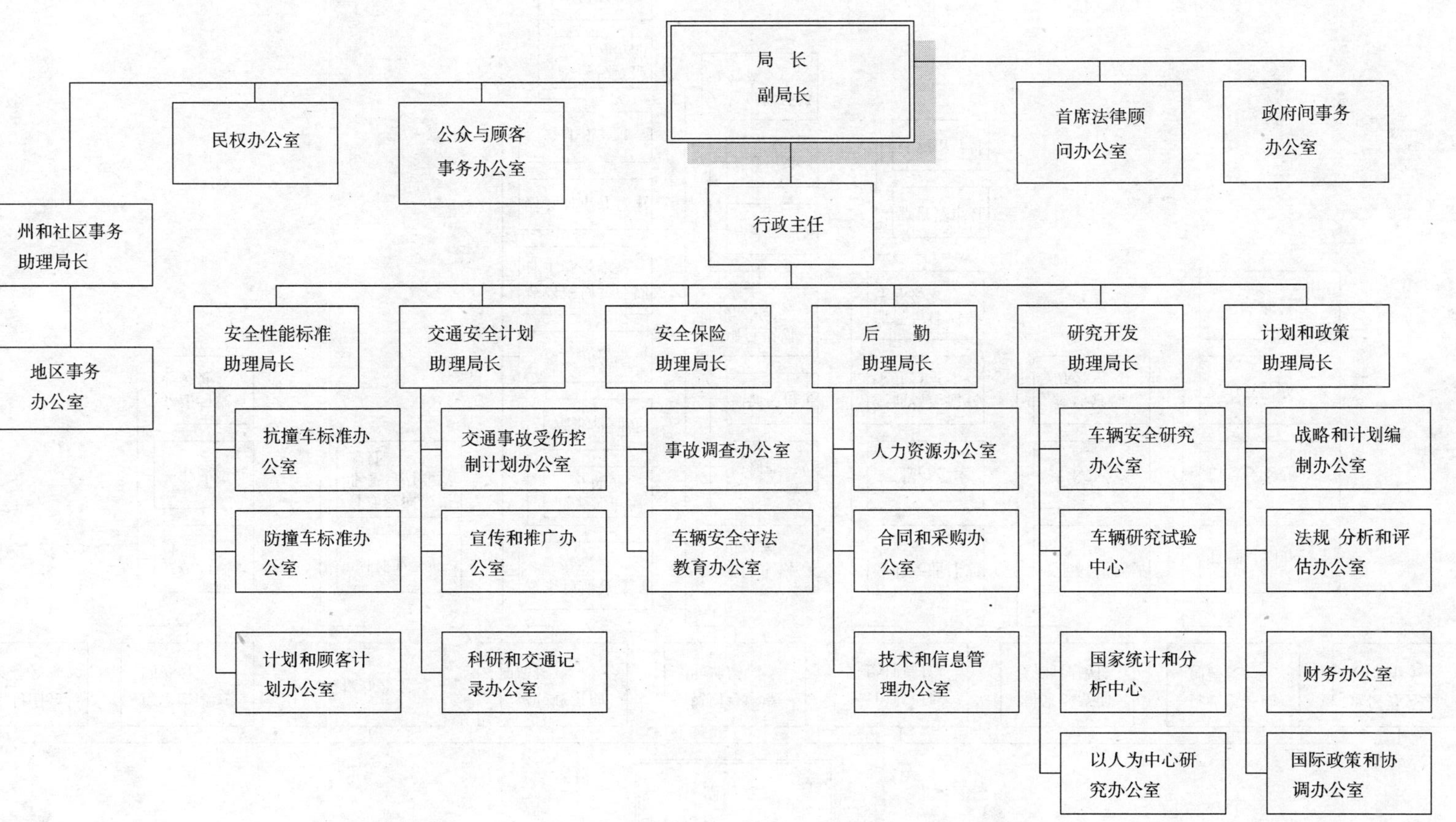

图 1-6　联邦公路交通安全管理局组织结构图

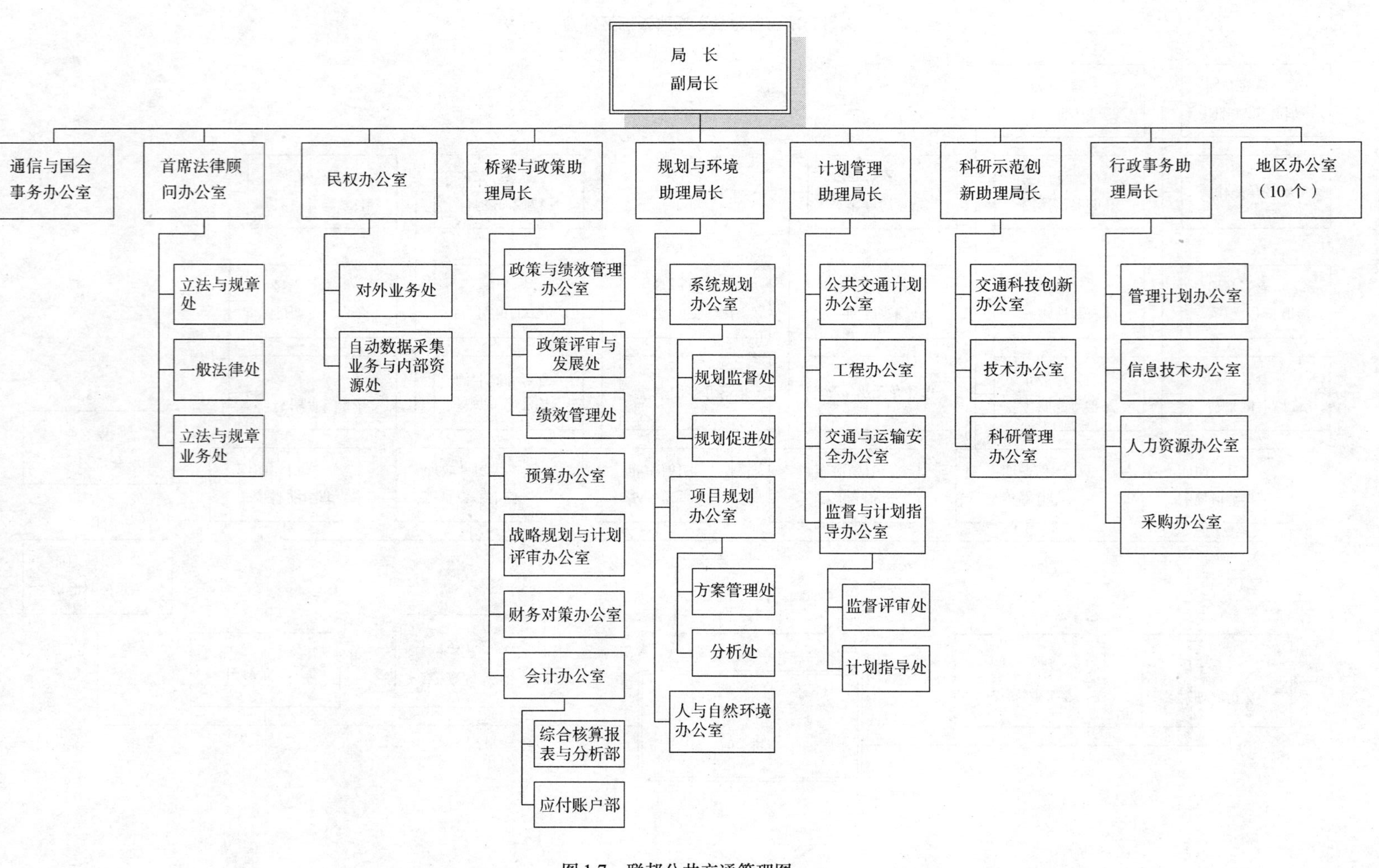

图 1-7　联邦公共交通管理图

(2)技术性资助

管理局为城市公交系统的技术开发和示范项目提供资金,这些项目大多承包给私人企业、公共机构(包括地方政府)和专家个人。

(3)科研与培训资助

管理局出资委托高等院校等单位开展公交系统方面的科研工作和培训这方面的人才,为在公交系统工作的技术、管理和其他专业人员提供奖学金,供他们在有关院校接受培训。

(六)联邦海运管理局(MARAD)

联邦海运管理局成立于1950年,当时隶属商业部,其前身是"美国航运委员会"。1981年8月,海运管理局划归运输部。该局局长由总统任命,直接向部长报告工作。

1. 组织结构

海运管理局的组织结构,主要包括:局长办公室,首席法律顾问办公室,国会与公共事务办公室,行政事务助理局长,管理与信息服务办公室,政策与国际贸易助理局长,财务核准与货运优惠助理局长,国家安全助理局长,造船助理局长,港口综合运输业务和环境保护助理局长等10个重要行政与业务机构以及5个地区办公室等。其组织结构如图1-8所示。

2. 主要职能

海运管理局的使命是,发展美国海运业,支持国家经济和安全需要。海运管理局促进和保持美国商船船队适当和均衡的发展,其载货能力除了满足美国对外贸易的大部分需要之外,还能适应本国国内水上贸易的要求。美国商船在战时或者在国家紧急状态下,还可以用做海军和军事备用船舶。此外,海运管理局还努力确保国家有足够的船舶建造和修理服务能力、高效率的港口、有效的水—陆综合运输系统以及国家船舶吨位总储备能力。

海运管理局的主要职能是通过对各种计划项目的管理来扶植美国商船队的发展和营运,并在紧急状态下组织和领导美国商船的活动。它主要开展以下几个方面的工作:

(1)通过"航运补助委员会"管理补助计划。该委员会由管理局局长、副局长和法律总顾问组成,负责联邦政府对商船运费差额和船舶建造费差额的补贴,即对在关键航线和航运服务项目上美国船与同其竞争的外国船在营运费上的差额,以及美国船厂与外国船厂在船舶建造费上的差额,联邦政府在法定限额内予以补贴。此外,管理局还为船舶的建造、改造和修理提供财政担保。

(2)负责建造和监督建造联邦政府的商船,实施港口、航运设施和多式联运发展计划,促进国内航运。

(3)开展研究和发展活动,改善商船的效率和效益。

海运管理局还负责在战时或者国家紧急事态下,协调商船队能够用于海军和军事方面的辅助服务。

(七)联邦铁路管理局

联邦铁路管理局(FRA)是由1966年交通运输法案(49U. S. C103 第3(E)(1)条)创立。成立联邦铁路管理局的目的是保证铁路安全条例颁布实施,提供铁路管理援助计划,支持改进国家铁路和铁路交通运输安全的研究和发展,准备恢复东北铁路客运通道,加强铁路运输服务的政府支持。

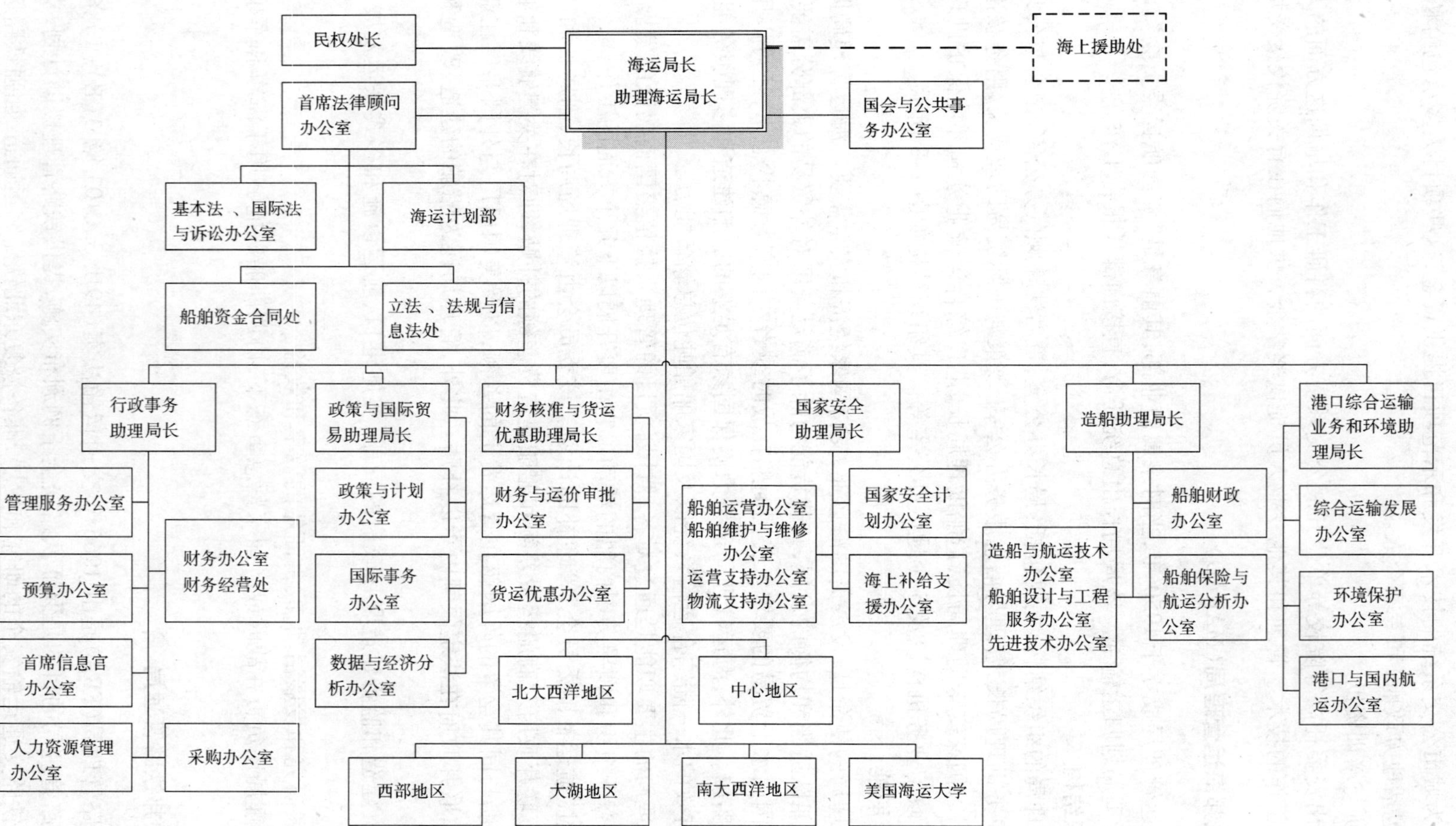

图 1-8　海运管理局组织结构图

1. 组织结构

联邦铁路管理局局长由总统任命,直接向部长报告工作。目前,FRA 是美国 10 个与多式联运有关的交通局之一,在正副局长下设有七个分部门/处:行政财务办公室,法律事务办公室,民事权利办公室,政策规划办公室,公共事务办公室,铁路发展办公室,铁路安全办公室。组织结构图如图 1-9 所示:

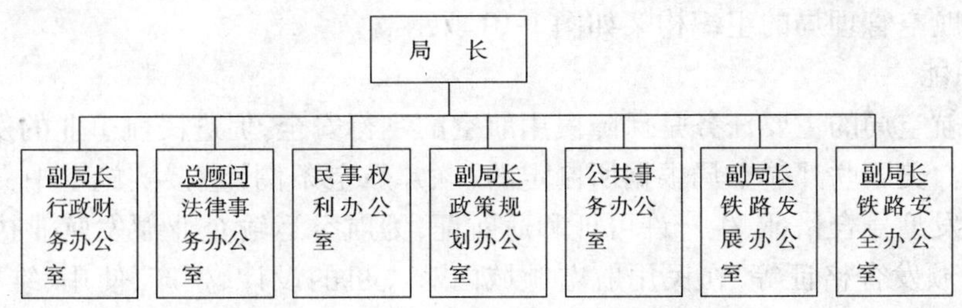

图 1-9 联邦铁路管理局组织结构图

2. 主要职能

联邦铁路管理局主要负责促进铁路运输安全和环境保护。为了确保铁路运输的安全性,联邦铁路管理局雇用了专业安全检查人员监测铁路营运,使之符合包括轨道维护、检验标准和运营操作等等强制性的联邦安全标准。管理局还负责研究和通过试验来评估一些提高铁路安全和铁路系统(作为一种国家运输资源)的项目。管理局还负责对公众进行铁路的安全性和危险性方面的教育工作。其主要职能是颁发和实施铁路安全条例,管理铁路资助计划,进行铁路安全和国家铁路运输政策方面的研究和发展工作,加强政府对铁路运输的支持。

(1)铁路安全监管

管理局管理和实施改善铁路安全方面的联邦法律和有关条例,管辖铁路安全的各个方面,如轨道养护、检验标准、设备标准和营运。

(2)研究和发展

管理局开展城间铁路运输和铁路安全方面的研究工作,并管理运输试验中心。

(3)政策

管理局负责铁路运输经济、财政、系统规划和营运方面的政策制定和修订,计划的执行和项目的实施,并从事调查、分析、试验、示范和评价等工作。

(4)客、货、运输

管理局管理联邦政府对全国、地区和地方铁路运输服务的资助计划,包括客、货运输服务资助,铁路服务连续性资助,州铁路规划资助等。

(八)联邦航空管理局

1. 组织机构

美国联邦航空局是美国监督和管理民用航空事业的政府机构,前身是成立于 1926 年的美国商务部航空司。1958 年 11 月单独成立美国联邦航空局,1967 年划归美国运输部领导。联邦航空局的机构设置分总部、地区机构和地方机构三级。总部设在华盛顿,是国家的行政立法机构,负责制定民用航空的政策、规划和颁布规章制度、处理国际民用航空事务、领导本系统各地区和地方机构的工作。地区机构是管理本地区民用航空业务的工作机构,负责审查、颁发本地区民用航空领域内各种合格证件和技术业务人员执照,对所辖地方机构实行技术指导和管理。在北美大陆的美国境内共划分为9个地区，各设地区办事处。地方机构则是各种不同类型的民航基层管理机构，如空中交通管制中心、飞行服务站、各种质量检查和标准审定办公室、航空保安机构等。它们直接担负空中交通管制任务，为飞行提供导航服务，接受各种合格证的申请，监督和检查安全质量，参与调查飞行事故和违章事件，进行飞行现场的保安管理等。

美国联邦航空管理局的组织构架如图1-10所示。

2. 主要职能

美国联邦航空局的主要任务是保障民用航空的飞行安全,促进民航事业的发展,但不直接经营民航企业。美国联邦航空局根据所制定的《联邦航空条例》直接实施空中交通管制,为民用航空产品颁发型号合格证、生产许可证和适航证,为航空运输企业颁发营业执照,为机场和各类航空设施颁发合格证等,在民用航空领域内对飞机的设计、生产、使用、维护以及空中运输、地面保障等进行全面的监督、控制和管理。

管理局的主要任务是:本着促进发展、增进安全和满足国防需要的原则管理空中运输;管理美国可飞行领空的军用和民用飞行;促进、鼓励和发展民用航空;研究、开发、配备和使用航空设施;建立和管理军用和民用飞机共同使用的统一空中交通管制系统;制定和实施控制民航噪声和其他环境影响的措施和规则。管理局的具体职责是:

(1)安全管理

联邦航空管理局负责颁布和实施飞机制造、操作和维护的规章、条例和最低标准,航空人员的定级和发证以及机场的发证。管理局还对国内和国外(如有要求)的航空设施进行飞行检查,并管理危险品的空运。

(2)领空和空中交通管理

安全、有效地利用可飞行空间是航空管理局的首要任务。为此,管理局对机场交通控制塔、航线交通控制中心和维修站进行统一管理,并制订空中交通规则和条例,分配空间的使用。为了满足国防需要,它还对空中交通实行安全管制。

(3)导航设施

管理局负责联邦所有的视觉和电子导航设备的定位、建造和安装、维护、使用和质量保证,控制和维护维修服务站、机场交通控制塔和航线交通控制中心的语言/数据通信设备、雷达设备、计算机系统和视觉显示设备。

(4)实验和鉴定

管理局负责对一些规定项目,包括航空系统、子系统、设备、装置、材料、理论和方法等的整个发展过程进行试验和鉴定。

(5)机场开发

管理局掌握全国机场需求计划,管理机场开发资金,评价机场开发的环境影响,制订机场规划、设计、安全和经营的标准,并提供技术指导。

美国的大多数机场都为地方政府所有。由于地方政府财力有限，机场建设的资金来源于各种渠道，包括联邦政府和州政府的资助、地方税收、借贷等。联邦政府为机场建设提供的资金来自各种税收，如机票税、国内货物运费税、航空燃料税、飞机登记税等。这些税收通过“机场与航空公司信托基金”管理。联邦航空管理局还负责系统与设备的研究和开发、飞机登记、对外事务管理、航空保险管理、发布航空公司和机场服务信息和出版技术刊物等。

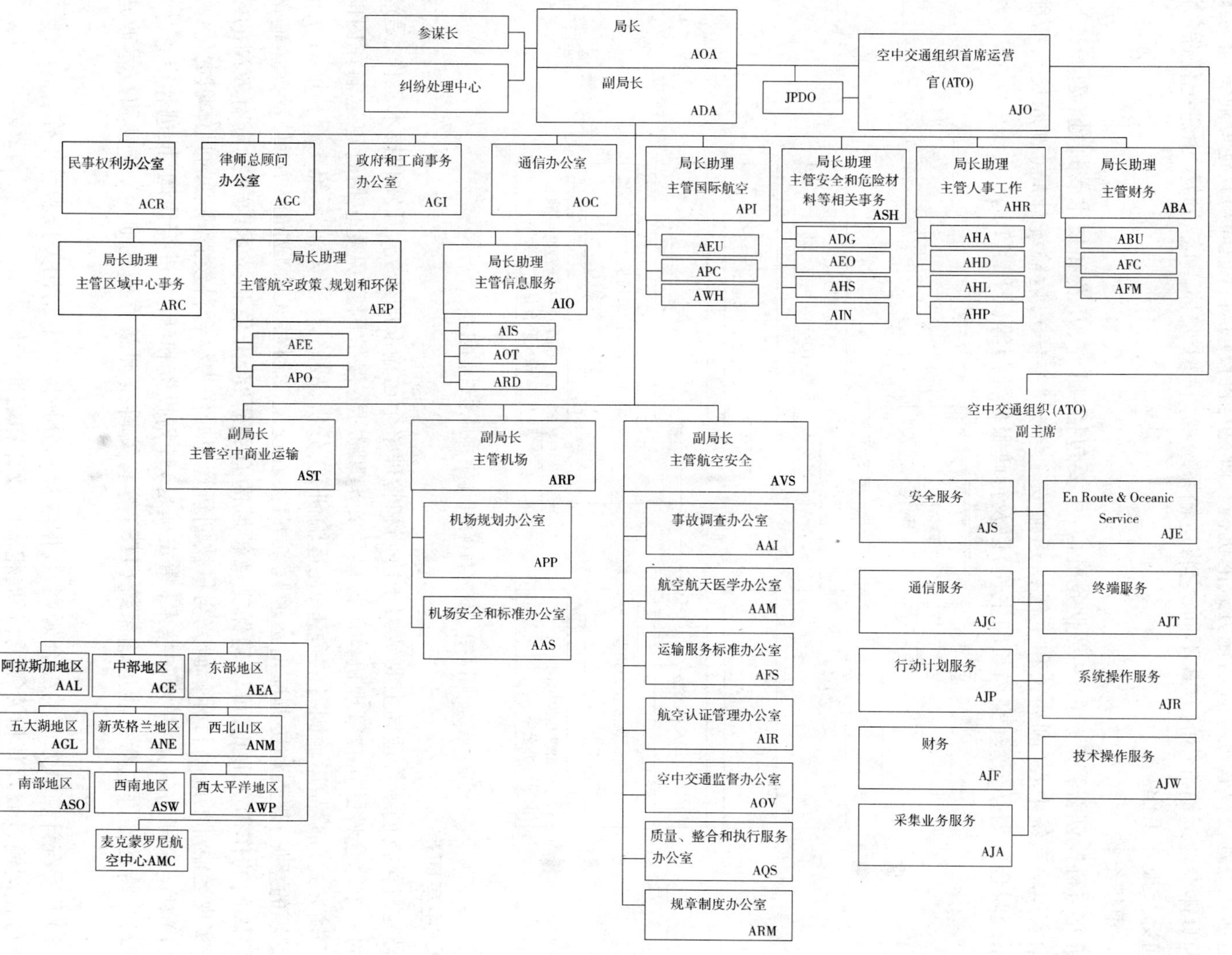

图 1-10　联邦航空管理局

(九)研究与科技创新管理局(RITA)

研究与科技创新管理局,根据2004年研究与专项改进法设立,前身是研究专项管理局。该局是唯一得到授权管理综合运输方式的机构。研究与科技创新管理局与其他专业管理局集中管理具体专业运输部门的方式不同,它将运输系统视为一个整体。该局局长由总统任命,并直接向部长报告工作。

1. 组织结构

研究与科技创新管理局的主要业务机构,主要包括:研究、开发和技术管理处(副局长),沃普国家运输系统中心(副局长和主任),运输安全学会(主任),运输统计局(副局长),智能运输系统联合计划办公室(副局长和主任)以及行政服务部门等(图1-11)。

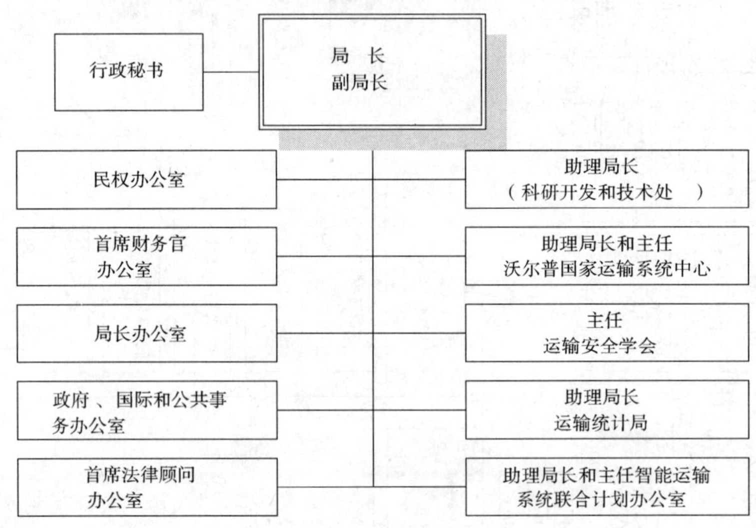

图1-11 研究与科技创新管理局组织结构图

2. 主要职责

研究与科技创新管理局主要致力于协调和管理整个运输部的研究、开发和技术工作,是运输部的一个综合性的科技管理机构。该局的关键职责是:保护国家免受包括管道运输在内的各种运输方式危险品运输固有的危害;在运输研究、分析、战略计划编制、系统工程和培训方面提供专家的意见;规划和协调应对运输紧急事件;在交叉学科技术领域问题方面,发挥运输部长主要顾问的作用。由此,可以确保交叉领域的有关研究、开发和技术改进投资有较高的效能,并实现运输部的战略目标。研究与科技创新管理局作为综合科技管理者的具体职责是:

(1)对运输部的研究、开发和技术(重点项目)计划投资和活动,进行协调、推进和审查。

(2)支持和推进包括智能运输系统(ITS)等有关科技创新方面的研究、开发和技术改进工作。

(3)开展统计领域方面的综合研究,数据收集和分析以及编制相关报表等工作。

(4)在运输领域及其相关领域,开展相应的教育和培训工作。

(5)执行沃普国家运输系统中心有关的各项任务等。

值得指出,运输统计局虽然于2005年合并到研究与科技创新管理局,但是,它仍然在运输事业和科技发展中发挥独特的作用。按照相关法律,该机构的统计工作职能,要求覆盖各种运输方式,收集和分析与运输部的战略目标有关的数据。其主要任务是:收集、编辑、分析和发布客观的运输统计数据;改进这些统计数据的可比性和质量;促进和改善运输数据在获取、传播和使用方面的效能。

运输统计局是运输部对研究、开发和技术工作进行管理的主要手段。运输统计局是确定运输研究需求、重点和投资决策的关键资源。运输部各个专业管理局将利用运输统计局的统计数据和分析结论,确定其研究、开发和技术需求,重点和投资政策。相关利益群体和部门也将依靠运输统计局的数据。这些统计数据是公开的,其收集、编辑和传播,遵循品质第一的原则。

研究与科技创新管理局的主要任务是,通过实施和促进交叉学科领域的研究计划和专项计划,使得运输更加一体化、更加有效和更加可靠。该局的具体任务包括:

(1)负责协调、推动和评审运输部的研究和开发计划及活动,向部长提出有关重大科学和技术问题的建议。

(2)协调包括智能运输系统等科技创新中的研究和开发活动。

(3)通过运输统计局开展综合性的运输统计研究、分析和编制报表工作。

(4)协调和执行运输方面和运输有关领域的教育和培训工作,包括对大学运输中心计划和运输安全学会进行管理。

(5)对沃尔普国家运输系统中心的具体业务活动进行监督。

(十)圣劳伦斯河水道开发公司

圣劳伦斯河水道开发公司是根据国会法令于 1954 年成立,原为联邦独立机构,但在业务上受商业部的指导和监督。1967 年运输部成立时划归运输部领导。

该公司是运输部的一个职能机构,同时又是一个国有企业,财政自理,其收入来自水道通行费。圣劳伦斯河水道开发公司负责五大湖和大西洋之间水道的开发、经营和维护工作,为商业和非商业船队建立一条安全、可靠和有效的通道。

该公司和加拿大圣劳伦斯河水道管理局合作,共同管理圣劳伦斯河水道的运输安全、船舶检验、交通管制、导航设施等。由于五大湖地区的经济发展处于十分重要的地位,所以该公司也负责为各港口之间、运输企业和客户之间以及该地区各行业之间的互惠互利活动而创造贸易机会。

(十一)美国地面运输委员会

地面运输委员会在运输部内是一个独立的调节和判决机构,它的前身是州际商务委员会(ICC)。州际商务委员会(ICC)是美国第一个在联邦政府的基础上建立的独立管制委员会。1887 年美国通过了《商业管制法案》,在此法案基础上成立了 ICC,从此,ICC 逐步对运输业的各种运输方式进行管制。由于管制很大程度上是对各种运输方式进行行业保护,缺乏技术进步动力,运输效率下降,行业之间缺乏竞争,因此为了限制垄断,有效管理竞争,从整体上发展运输业,提高运输方式之间的合作与竞争,到 1978 年和 1980 年分别放松了对航空、公路和铁路的管制。随后在 1990 年推出《推动美国进一步发展的运输政策和行动指南》,在 1991 年颁布了"综合系统地面运输效率法案",在 1995 年 12 月 31 日通过的《ICC 终结法案》,结束了 ICC 长达 108 年的管制历史,取而代之的是地面运输委员会(STB)。

地面运输委员会(STB)设立于美国运输部(DOT),但它是作为一个独立的管制机构而设立的,不受 DOT 的监督和管理。STB 的 3 个成员由总统任命,并且经参议院同意。它的主要职责是制定美国州际间地面运输的法规(主要在铁路运输方面),以保证提供有竞争力的、高效安全的运输服务来满足运输企业、客户和消费者的需要。该机构还负责在地面运输经济法规方面进行广泛、适当、有秩序的改革,并负责提供一个有效的论坛来解决争议。通过制定规则和案例分析,该委员会继续寻找分析典型和复杂问题的新的更好的办法,以便更迅速地做出公正的解决方案,减少由于失察所造成的损失,鼓励协商或其他更适合的办法来解决问题。其结构如图 1-12 所示。

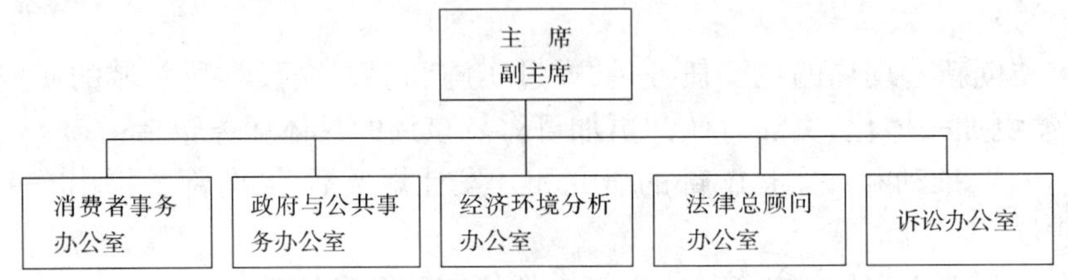

图 1-12 美国地面运输委员会组织结构

STB 拥有包括铁路和汽车承运人、汽车货运经销商、水运承运人、货运运送者和某些管道等对运输业的绝大部分进行着经济控制的职权,拥有对价格、分类、规定、路线、服务、设施、获得和取消的裁判权,但一些管道的费率和服务水平受美国联邦能源监管委员会的监管。与 ICC 相比,在承运人经济运营中的作用大大减小,大量减少了对各种运输方式的经济管制,STB 本着公正和效率原则对企业兼并、运输线路取得、运输线路结构等的管理。

第三节 美国联邦独立运输管理机构

美国联邦独立运输管理机构主要有 2 个,即"美国联邦海事委员会"和"美国交通运输安全委员会"。作为国会的权力机构,这些委员会负责对运输市场进行经济或安全管理,具有准立法权和准司法权,但对其裁决不服可以向法院上诉。这些委员会的委员由总统提名,国会认可,主席由总统在委员会中指定。

一、美国联邦海事委员会(FMC)

美国联邦海事委员会(Federal Maritime Commission, FMC)建立于 1961 年,直接隶属于国会,是一个相对独立的机构。委员会由 5 名委员组成(其中 1 人为主席),任期 5 年,由总统任命,参议院批准。5 人中不得有 3 名以上委员出自同一政党。委员会下设 6 个管理部门:秘书处、监察办公室、法律总顾问办公室、执行主任办公室、行政法官办公室、平等就业办公室(图 1-13)。2003 年委员会共设有 180 个全职岗位,拥有 1 659 万美元拨款。其职员主要任职于华盛顿特区,此外还在纽约、新奥尔良、洛杉矶、迈阿密、西雅图等五个城市设有地区代表。

美国联邦海事委员会作为独立的航运法律和法规的执行部门,在美国外贸运输管理上发挥了极为重要的作用。其具体职能由法律法规决定,这些法律法规主要是《1984 年航运法》、《1988 年外国航运实践法》(the Foreign Shipping Practices Act of 1988, FSPA)和《1920 年商船法》(the Merchant Marine Act, 1920)第 19 条(上述法律大部分被《1998 年航运改革法》所修改)等。

根据《1998 远洋航运改革法》修订的《1984 年航运法》,FMC 必须监督和评价公会合同、服务合同,确保其不滥用反垄断豁免,不违反法律规定的、合理的运输费用或提供不合要求的服务;FMC 还应协调承运人关系、协调解决有关行业与航运业间利益集团的争议,保证承运人方面能公正对待托运人及其他承运人,该法禁止承运人不负责任的歧视对待托运人和航运界同行。该法要求承运人向 FMC 报备运价,承运人只能使用向 FMC 报备过的合法费率和费用,但 FMC 无权干扰费率水平,除非"受控承运人"。该法还授权 FMC 可以进行正式或非正式的调查以体现其法律责任。FMC 举行听证会、举证和颁布决定、通告和补充规则。

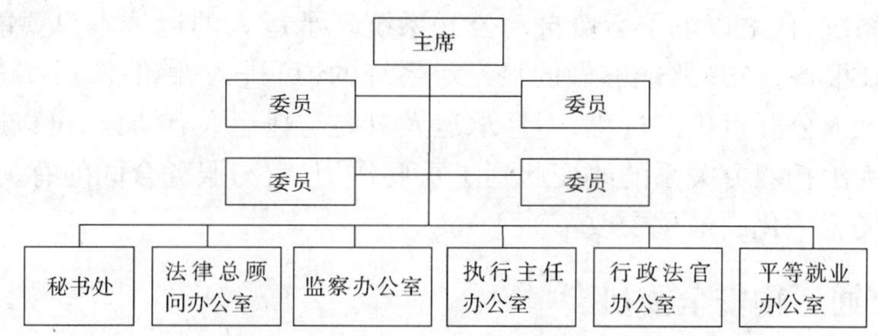

图 1-13　美国联邦海事委员会

根据《1988 年外国航运实践法》(该法的主要精神吸收进《1998 远洋航运改革法》第 11 章第 1 条)、《1920 年海商法》第 19 条及《1984 年航运法》13(b)(3)款授权 FMC 在确定外国承运人或其政府是造成对美国船公司在经营上有负面影响的原因时,可针对这一国家承运人采取必要和适当的行动,如限制进出口美国港口的航行或承运货物的数量和种类;全部或部分中止任何或全部运价本和服务合同;全部或部分中止远洋公共承运人按照在 FMC 登记的任何协议进行经营的权利;每次挂港征收不超过 110 万美元的费用(自 2000 年 8 月 15 日数额调至 117.5 万美元);针对影响美国外贸海运的不利情况,采取任何其他必要和适当的行动,以抵消上述情况所造成的负面影响。

综合以上法律的授权,FMC 执行以下主要职能:

(1)保护从事对外商业活动的美国托运人和承运人的利益,避免受限制性的、不公平的外国法律、法规和商业惯例的损害;

(2)审查包括承运人联合会协议,各联合会之间的协议,公共承运人、港口经营人和其他方之间工作协议等协议的法律效力,并监督协议项下活动的合法性,以确保这些协议不会造成过度的反竞争后果;

(3)审查并维持服务合同管理系统,通过该系统防止反竞争的行为和其他被禁止的不公平行为;

(4)保证公众能够在私营的电子系统中获得公共承运人的运费率和其他费用标准的信息;

(5)对政府承运人(government-owned)或受控承运人的费率、费用和规则实施管制,确保其公平、合理,避免对私营竞争者造成不公平的损害;

(6)执行有关旅客赔偿的法律条款,负责船东和船舶经营人财务责任证书的颁发,保证旅客的人身伤亡能够得到赔偿;

(7)负责审核和颁发远洋运输中介的营业许可证,对远洋运输中介实行许可制度,确保远洋运输中介人维持足够的财务担保,避免公众受到不合格、无偿付能力、不诚实公司的侵害;

(8)受理有关承运人、港口经营人、货运代理人等违反航运法规的投诉,对公共承运人、码头经营人和运输中介人在对外商业活动中实施的歧视性费率、费用、分类和行为进行调查,并对非正式投诉视情采取行政、司法或协调措施,对正式投诉可依法裁决。

FMC 同运输部在职能上有所不同:后者是促进性(promotional)的,主要职能是促进充足、高效的美国商船队的发展,而 FMC 的主要职能是管制性(regulatory)的,主要负责实施航运法律中的管制性条款。

美国最早在《1916 年航运法》中提出承运人报备运价的规定;《1984 年航运法》取消了 FMC 对运价审核合理性的规定,而进一步强化了对承运人的行为管理;《1998 年航运改革法》取消了运价报备系统,代之以电子运费自动公开系统。承运人的运价本只要能为公众获得即可,就无需向 FMC 报备,FMC 所能够做的只是对系统的"可进入性和准确性"进行监管。FMC 的作用是监督承运人公开运价的过程,而且承运人只要与托运人有协议,可以避开运价本的使用。这一项决定为承托双方关系的改变起到了重要作用,它与服务合同的有关规定一起,成为美国实现航运市场竞争化的最重要改革。

二、美国交通运输安全委员会

美国交通运输安全委员会(NATIONAL TRANSPORTATION SAFETY BOARD,以下简称 NTSB)座落在华盛顿特区,大约有 400 名雇员,负责美国交通安全事故及国际相关交通安全事故的调查。NTSB 成立于 1972 年,它是一个独立机构,但不是政府交通部的一个部门。NTSB 由五个委员负责,其中一个主席,一个副主席,这五个委员由国会直接任命,主席由总统直接任命,四年一届,国会每年下拨给 NTSB 的款项大约为 7 000 万美元。

(一)NTSB 的使命

调查事故,确定事故发生时的条件和环境,确定可能的事故原因,提出预防同类事故的建议,为美国各州的事故调查提供帮助。

(二)NTSB 组成机构(图 1-14)

1. NTSB 的调查范围和运作方式

NTSB 负责全美包括高速公路、航空、海运、铁路、管道事故、危险品事故等各类交通事故的事故调查。其中航空事故调查是国际性的。因为美国的企业和产品分布世界各国,由美国企业和美国公司的产品组成的系统所发生的事故可能发生在美国本土,也可能发生在其他国家。

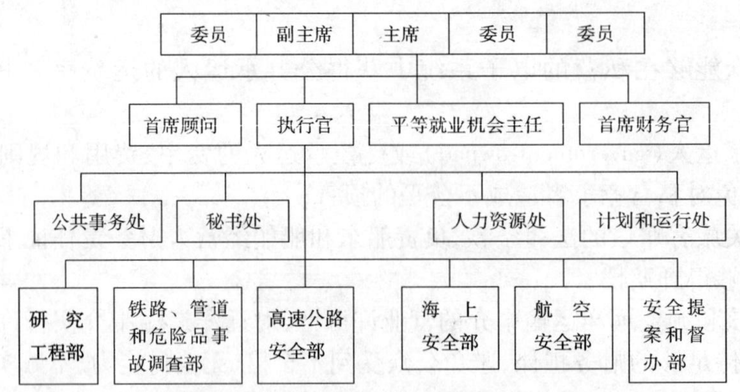

图 1-14　美国交通运输安全委员会组织结构图

NTSB 有一个称为"GO TEAM"的特殊队伍,即快速反应组,直接归总部领导。它由每个专业领域的专家代表组成,在接到事故通知2小时内赶赴事故现场。快速反应组根据气候条件、生态状况、机械伤害和事故现场情况做出发准备,并配备必要的旅行文件、鞋、工具、表格、现金及录音设备和装置等。“GO TEAM”组织最初的现场调查,必要时分派其他的工作,通知调查者事故危害程度及问题,随时处理问题,发现安全缺陷时通知监督官,定期与总部沟通。NTSB的委员充当现场发言人,但只能是一个人,负责与媒体、事故幸存者及联邦、州、地方政府进行沟通。

后续活动:将事故分解成若干单元,与相关各方进行充分的协商,进行空气动力学分析及工程模拟,进行材料分析和数据分析,必要时进行其他辅助调查。

2. 交通事故受害者援助机构——TDA

NTSB中有一个特殊机构——交通事故受害者援助机构(TDA),这个机构是1998年创建的,旨在协调联邦政府、州、市及航空公司之间的善后援助工作,充当受害者家庭成员和有关机构之间的联络官,向遇难者家庭公布事故情况,一直到事故处理完毕,都要一直跟踪遇难者家庭,及时解决问题。

由于这个机构的建立,大大地加快了事故处理速度,尤其是受害者赔偿问题的处理。事故发生后,这个机构负责联系肇事公司,了解事故情况:有多少乘客,多少人遇难,多少人失踪,乘客名单背景等,及时向家属发布信息。

3. 研究工程部

研究工程部是NTSB中一个非常重要的部门,它为各种类型的交通运输中的事故调查和安全研究提供科学技术支持,管理NTSB的科学技术建设和信息来源。它由六个部门组成,具有一系列的相关技术支持功能。

RE-10:安全研究和数据分析

RE-20:信息技术

RE-30:材料实验室

RE-40:车辆记录

RE-50:信息产品

RE-60:模拟和仿真室

(1)安全研究和数据分析室

安全研究和数据分析室与模拟调查室合作对各种类型的交通工具进行安全试验,对事故数据进行分析并总结出大的趋势和模式。

安全研究通过分析一系列的事故、事故趋势或技术变革从战略的角度研究长期存在的或刚刚出现的交通安全问题。

研究目的在于促进政府部门改进政策、程序以及职能,同时也促进交通系统科技水平的提高。

数据分析室是对美国民航事故进行官方调查的部门,该部门对调查数据进行分析并结合其他航空事故信息写出年度报告。

部门分析师建立模拟管理数据库(FARS,CASMAIN,etc.),监控事故趋势,支持事故研究,协助进行事故调查,准备公开报告。

(2)信息技术室

信息技术室在华盛顿特区的总部建立了一个计算机服务网络,局域网由英特尔服务器和一系列实验室专用计算机组成。

除此之外,其他九个地区办公室也有服务器和局域网,这些办公室的电脑通过中继技术利用广域网与华盛顿总部的电脑进行连接。

信息技术室为各政府机构设计特殊的程序并为他们建立数据库。

应用技术包括标签资料扫描和电子存储,事故数据搜集、存储、分析和分类,安全提案跟踪、邮件跟踪 FOIA 要求跟踪以及管理支持。

信息技术室还为其他政府部门的电脑系统提供技术支持,例如财政管理系统和与其他部门的网络连接建设。

计算机和网络服务组。该组成员包括网络工程师和设备分析师,他们的主要工作是管理和维护网络,为上网、打印和收发邮件等业务提供技术支持和问题解决方案。

技术支持人员的工作有:安装、更新和维护电脑;打印及网络服务;软件安装和更新。

(3)材料实验室

该部门采用一系列破坏性实验仪器对在交通事故调查现场搜集到的材料进行实验分析。这些仪器包括:双目镜显微镜、分解和测量工具、金相分析仪器及带有半波长 X 射线的电子显微镜。破坏性试验的每一个步骤都有图片记载。这一部门每年最多可提交 200 份实验报告。

(4)车辆记录室

该部门的工作主要是复原、验证和分析运输设备记录系统记录的信息,用于支持对各种交通运输事故的调查。

该部门的实验室定期调阅各种飞行记录,其调阅量比世界上任何其他同类机构都大。在 1999 年一年里这个实验室就调阅了 66 组飞行数据记录和 46 组驾驶舱声音记录。除了用于国内调查之外,该部门还会调阅国际航班事故的资料。

(5)信息产品室

该部门的主要工作是出版物的发行,互联网和企业内部网站的管理,制作图表和音像产品以及回复公众的咨询。

发行人员与其他地区的 NTSB 办公室的编辑和撰稿人一同工作,开发标准出版物,包括:事故报告、安全研究报告、特殊调查报告、年度报告、安全报告以及其他特殊出版物。

该部门的工作人员利用出版软件在电脑上进行出版物的设计,同时也将出版物的内容上传到 NTSB 的网站上。

该部门的图片组为网页和出版物提供各种图片,为会议和特殊的活动设计制作海报、小传单以及其他视觉信息产品。他们同时还参与新型硬件和软件产品的开发工作,实现以准确的以视觉方式传达复杂的想法的目的。

公众咨询组:回复各种非传媒机构的咨询和询问,发布包括事故报告、出版物和 VCD 等公众信息产品。

该部门也回复公众关于安全方面的咨询,同时协调回复公众依据信息自由法案提出的询问。该部门也进行事故信息记录,同时还负责其他信息产品如微缩软片、VCD 等的复制、运输和储藏。

(6)模拟和仿真室

事故模拟:事故中的车辆和人员。该部门的工作主要是通过雷达数据记录、录音实况、地面痕迹,车辆损毁情况和乘客受伤情况以及在试验中搜集的数据认定事故过程中车辆的轨迹方向以及人员的情况。

计算机仿真:车辆仿真科的工作人员在电脑上模拟车辆和乘客的活动,真实的重现事故现场的车辆、乘客和环境状况。这种模拟研究要求先进的计算机图像模拟程序和精确的事故环境数据。

雷达数据分析:该部门的工作是为 NTSB 接收、破译 FAA 及其他军事机构的雷达数据提供技术支持。这种技术支持要求有相应的计算机软件来提取、分析取得的雷达数据。该部门为事故调查人员提供专业的技术支持,破译各种雷达记录系统的数据。

其他功能:医疗服务,为事故调查提供医疗咨询;解读验尸报告、分析化验结果、检察病历、评估伤害机理、评价驾驶员是否称职、评价人的行为能力、根据需要写出事实或分析报告。

【专栏】 NTSB 水上交通事故调查

事故调查范围:调查美国领海上出现的任何重大海事事故(包括外国船只),有权调查美国船只在世界任何地方发生的事故,有权调查民用和公用船只的碰撞事故,有权调查其他重复发生的事故。

重大海上事故:有 6 人以上死亡的事故、自重在 100 吨以上的自带推进器的船只的事故、造成 50 万美元以上经济损失的事故、造成危险物品泄漏存在严重危险的事故。

事故调查的船只类型:客船、商用渔船、移动海上钻井平台、远洋补给船、境内客船、集装箱运输船、油轮、气垫船。

NTSB 调查的事故类型:碰撞事故、搁浅事故、火灾事故、爆炸事故以及调查沉船事故。当重大海事事故发生时,海岸警卫队通知 NTSB 进行预备调查,NTSB 按规定进行独立调查,或按照海岸警卫队的规定与海岸防卫开展联合调查,或授权海岸防卫队代表安全局进行调查。

一个典型海事事故的调查团队组成:调查组组长、商船技师组组长、人员行为调查组组长、逃生因素调查组组长、其他必须参与调查的小组组长、火灾、冶金专家等。

NTSB 实行一年 365 天每天 24 小时的值班制,在接到通知 2 小时内,NTSB 的"GO TEAM"调查组会出发赶赴现场。根据事故的严重性,安全委员会的成员也可能同调查小组一同出发。

下面是一个典型的事故调查过程:

调查组一到达事故现场,立即建立指挥部,召开工作会议,确定调查组成员,了解地方规则,进行分组,各组分头进行调查,每天晚上召开会议汇总调查进度。

确定调查组:各机构被命名为"组",因为他们拥有安全委员会开展调查所必需的各种专业知识或资源。每个组指派一名发言人,发言人不能是律师或保险公司的员工,并需拥有一定的技术职称。

NTSB 调查权限:下发传票,取证,可以进入事故发生地的任何建筑或地区,复印证明文件,申请对事故受害人进行验尸。

分组行动(在各小组组长的指挥下):记录事故现场,搜集证据,拍摄照片,与目击者谈话。

现场调查结束,各小组组长填写调查记录,全组成员在调查记录上签字认可记录的完整性和准确性,全组成员人手一本完整的调查记录的复印件,调查组发言人每人持有一套完整的调查记录。

公众听证会:调查组返回后 30 至 60 天之内,向安全委员会建议是否有必要召开听证会,征求各调查组意见,安全委员会在听证会上投票,做出公告。

事故报告:在进行现场调查之后召开听政会之前,各小组写出事实报告送交调查组发言人审核,技术人员进行进一步审核听取各调查组意见,将修改好的事实报告放入卷宗在听证会上公开给公众。

最终报告：各调查组审查完事实报告之后，举行完公众听政会之后，NTSB 工作人员写出最终报告，包括事实、分析、结论、事故原因以及建议。

第四节　美国地方交通行政管理体制

美国是联邦制国家，各个州都有自己独立的立法、司法和行政管理制度，州政府一级的交通运输管理都是根据州的有关法律规定的，因此，具体的做法各个州之间不尽相同。但是，基本原则是一致的，也就是说，各州州长必须负责执行联邦政府有关交通运输法律中提出的各州的规定要求，同时根据州的法律任命一名州运输部长，并为履行有关法律规定的运输部长的责任、权力和义务而组织必要的工作人员成立有关的机构。

在 1966 年以前，大多数州的交通运输基础设施的建设和发展都是由若干个部门来管理，管理机构主要是按运输方式设置，很少有横向协调。这与联邦运输部成立之前国家对交通运输的分散管理情况差不多。

1967 年联邦运输部成立后，各州按联邦政府的模式逐步建立了州运输部，管理州一级公路、城市公共交通、铁路、水运和民航事务。

州运输部对各种运输方式的管理是不平衡的。大多数州都以公路的建设和养护为主，很多州的运输部就是在州公路局的基础上成立的，因此对其他运输方式管得不多。有些运输部的公共交通、铁路和民航部门的工作仅限于向州政府提供咨询或作为联邦或州资金的转手或分配单位。由于各州的情况不尽相同，各部的管理任务相差很大。总的来讲，州运输部的主要职责是对各种运输方式的综合发展进行规划，管理联邦和州资金的使用，并具体负责计划、设计、施工、养护、安全、营运、以及车辆登记、驾驶员发照等工作。

各州运输部的机构设置主要有三种类型：

（1）按运输方式设置（图 1-15）；

（2）按功能设置（图 1-16）；

（3）混合设置（图 1-17）。

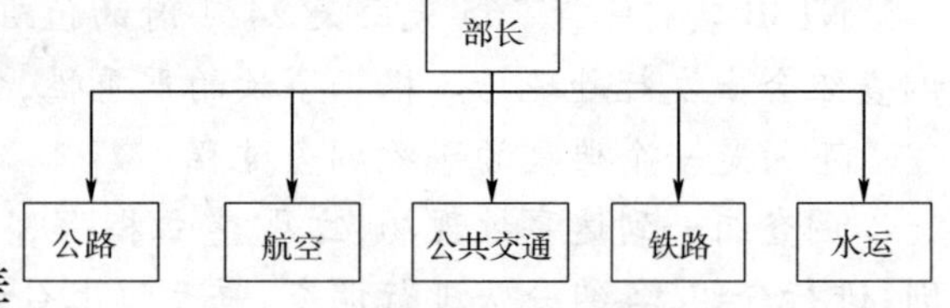

图 1-15　按运输方式设置

州以下的地方政府对交通运输的管理千差万别，没有统一的模式。在公路方面，几乎所有的大交通量道路都由州公路部门管理，地方政府只管理一些交通量小、标准低的地方道路。在机构上有的设正式的公路部门，有的由公共工程部门统管，相比之下，机场、港口和公共交通一般由地方政府而不是州政府管理。此类管理机构或者设在市政府内，或者单独设施，例如各种管理当局。

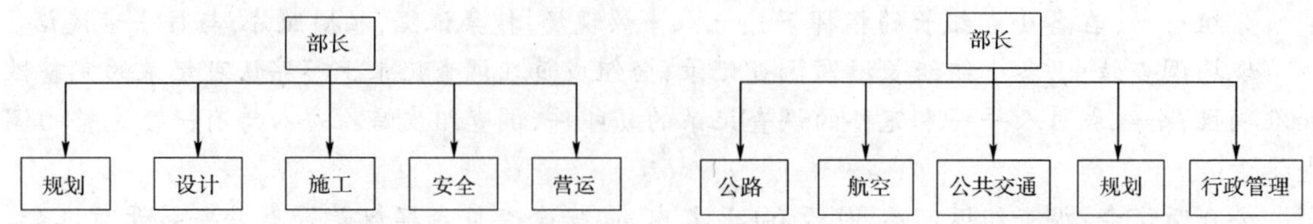

图 1-16　按功能设置　　图 1-17　混合设置

对在州内从事运输的企业经济管理因州而异，但一般是由独立的管理委员会负责。委员会的成员有的是选举产生，有的是州长任命。管理机构的名称也各有不同，如佐治亚州的叫公共服务委员会，伊利诺斯州的叫商务委员会，而德克萨斯州的叫铁路委员会等。

下面就弗吉尼亚州的情况，简要介绍美国地方的交通运输管理体制。

一、州一级交通行政管理体制

（一）州长及州运输部长的权利和责任

州长负有1966年联邦公路安全法规定的管理公路安全的责任，为执行联邦公路法及州公路法，州长可以雇佣必要的行政管理人员，确定他们的工资，其中一人为主要负责人，即州运输部长。州长指定的州运输部长必须经州议会多数通过确认，任期由州长决定，接受州长的指导和监督。指定由州运输部长负责的机构包括：州运输部、航空部、机动车辆部以及弗吉尼亚州酒精安全行动项目管理机构。这些机构的权力和责任如下：

根据州长或部长制定的政策，代表州长执行他们各自的权利和责任；根据要求协助州长或部长的工作；通过部长向州长提交所有的报告。除非州长将这样的权力保留给自己，运输部长有权解决由他负责管理的机构之间的行政、司法、运营、规划或政策方面的冲突；根据有关预算的法律规定，指导其管辖的有关机构的项目预算；要求各机构的负责人在履行他们各自的权利和责任过程中，对他们的行政、财务和项目行动负责；对制定卓有成效的政府工作所需要的目标、政策和规划给予指导；代表州长签署与所管机构工作有关的文件；雇佣为履行法律赋予部长的权利和职责所需要的咨询服务人员。

（二）州运输委员会

1. 组织概况

为了协调管理州内运输企业，美国弗吉尼亚州设立了州运输委员会（原称州公路和运输委员会），由16名成员组成，成员由州长提名，必须得到州议会的确认，州长可以在任期内根据情况取消成员的资格。委员会成员中必须有州的九个地区的代表各一人，其余的五人在州范围内选定，但其中至少两人必须是来自标准的大都市区，至少两人必须是来自农村地区。代表城市和农村的代表必须关心海港及海港使用者、机场及机场使用者、铁路及铁路使用者、公共交通及公共交通使用者。每个成员都必须从全州的利益出发考虑州的交通运输问题。

州运输委员会的所有成员在任职前要进行遵守职责的宣誓，并按照州长可能确定的为履行责任而规定的罚金交纳保证金，保证金从州财政部给州运输委员会的年度拨款中支付。

委员会每三个月至少开一次会议，在主席或大多数成员认为有必要的情况下应开会处理有关问题。处理所有问题的会议法定人数为六人，委员会会议应有详细记录。

运输委员会主席的正式头衔是运输部长，在任用时可以不是弗吉尼亚州人，但应是有经验的行政官员，长期在公路及其他运输方面能够指导运输部的工作。州运输专员是州运输部主持工作的官员，运输专员的报酬由州长确定，必须经运输委员会批准，除非州的拨款法中有这样的工资规定。

除了由法律授予州运输委员会的权力之外，州运输专员有权采取所有必要或便于建设、改进和维护州公路系统的行动，并在公共运输、铁路、海港及机场各方面进一步维护州的利益。作为运输部主持工作的负责人，运输专员特别负有执行运输委员会的所有指令及决策的责任，可以要求所有工作人员按规定执行他们的职责。

另外，根据州运输部总部办公室的书面要求，运输专员应提供有关使用公共资金进行征地交易的信息。这样的信息在征地交易之后60天内不应向与这样的交易有利害关系的方面透露。这方面的信息包括：

(1)接收征地款人的姓名；

(2)向该人征地的数量；

(3)向该人支付的征地金额,以及向该人所支付由于对其剩余财产所造成的损失的赔偿金额。

州运输专员可以雇一名总工程师、一名副专员以及其他工程师、文书、助理人员及其他所需要的雇员,并规定他们的责任,其工资按法律规定支付。总工程师在专员的指导下负责公路设计、建设和养护;副专员在专员的指导下负责公路和运输规划、项目规划和时间表、财务计划和总的行政管理。

2. 州运输委员会的权力和责任

(1)确定运输线路。

(2)确定州公路系统的线路。

(3)管理建设合同。

(4)对州公路系统的建设、改进和养护合同进行发包。

(5)制定交通规章。

(6)为保护交通和州公路的使用,不时地修订交通规章和规则,并保证与州法律不相冲突。

(7)给公路命名:给州公路以合适的名字,以及更改作为州公路一部分的公路的名字,已经由州议会命名的州公路除外。

(8)遵守联邦法规:完全遵守现在的或将来的联邦资助公路法。州运输委员会可以与联邦政府签订为全面执行国会现在或将来在运输领域的法规所必要的所有合同或协议。

(9)信息和统计:采集和整理有关运输的信息和统计,并在全州范围内传播。

(10)复查和批准运输部的政策和运输目标,协助制定运输政策和目标,监督运输政策的执行,并向州长报告有关执行的情况。

(11)与其他机构合作:与联邦政府、州公路和运输工作者协会以及其他与公路有关的组织合作,采取措施促进公路安全、研究活动、制定标准规范、试验公路材料以及其他与运输有关的项目。

(12)根据保证经济有效地发展,公共运输的计划与公路规划相协调的规定,在必要时批准运输部的有关行动;协调运输需要的资金规划,包括:公路、铁路、海港、机场以及公共交通的需要,并按照有关运输信托基金的规定留出资金;与为运输而成立的地方委员会、机构或其他实体签订有关合同。

(13)与其他州签订合同:与其他州签订合同适当协调运输系统的选址、建设、维护、改进所必要的合同,必要时要求美国国会批准这样的合同。

(三)机动车辆部的权力和职责

机动车辆部的管理工作由机动车辆专员负责。机动车辆专员关于运输安全的一般权力包括雇佣所要的人员;与联邦政府、其他州、州政府有关机构和部门签订为履行机动车辆部的责任所必要的合同和协议;接受联邦政府及其机构以及其他有关部门的资助。为此,机动车辆部有权力满足有关条件,执行必要的协议,为执行有关法律采取必要的行动。

机动车辆专员应有以下与运输安全有关的权力和责任：对当前在州内或经过州的所有运

输方式的经营者采用的安全措施进行评价，特别注意安全设备、方法及运作程序；从事目的在于提高州内及通过州的客货运输安全的培训和教育活动；在有关运输安全事务方面，与所有有关联邦政府的实体合作，发起和进行与运输安全有关的研究；对州政府的其他机构或实体的运输安全工作、实践和程序作出评价，并向运输部长、州长以及州议会就提高运输安全意识和改进运输安全事件提出建议；协助州政府及州的政治团体，改进保证运输安全所做的工作，包括传播有关材料和技术或其他咨询；收集、整理、进行相关分析和评价州政府各实体采集到的与运输经营、管理、事故有关的数据，特别是由机动车辆部、州警察以及州社团委员会采集的信息；开发、实施和复查与有关州及联邦实体共同为州进行的公路安全项目并向公众通告；协助州内镇、县及其他政治团体开发实施及检查作为州项目一部分的地方公路安全项目；复查州内各实体的公路安全活动、作用和对州公路安全项目所作的贡献，每年以书面的形式向州长及州议会报告州公路安全的现状、进展和前景；为使州客货运输尽可能地安全，向运输部长、州长、及州议会提出所需要的改进措施、政策、程序、规划及计划项目建议；为改进州公路安全设计、实施、管理、复查专项计划或项目；将公路安全活动纳入运输安全的总体框架内。

另外，在机动车辆部内设置了一个运输安全委员会，该委员会向机动车辆专员、运输部长、州长提供有关运输安全事务的咨询。委员会选举一名主席，负责召集会议以及州内所有运输方式的安全规划。此外对以下问题进行研究和报告：

(1)确定特定运输方式的安全需要；

(2)确定所有运输方式安全运输的共同要素；

(3)将某种运输方式行之有效的安全措施和技术应用到其他运输方式；

(4)确认本国的共同要素；

(5)分配运输部得到的补助资金。

运输安全委员会由11名成员组成，由州长提名，必须得到州议会确认。其中7名成员为州内由机动车辆部为管理车辆使用的由运输专员划定的7个地理区域的代表，其余的4人为航空、铁路、水路、公共交通安全方面的代表。委员会成员任期为4年，最多连任两期。

(四)公共运输处

在州运输部内设公共运输处，处长向州运输副专员报告。公共运输处处长的责任如下：

(1)确定现在及将来州内公共运输设施和服务的需要及经济上的可行性。

(2)制定和实施改进、发展和协调州内公共运输设施服务规划和计划项目。

(3)开发用于评价公共运输规划和计划项目的标准。

(4)对影响公共运输经济性及效率有关的问题进行调查研究。

(5)开发州有关公共运输经营活动统一的财务和运营情况的数据；通过公共运输经营者开发特定的方法来收集这些数据；通过财务审计定期地和系统地对这些数据进行核实，定期地检查营运层采集数据的方法；开发用于评价经营情况和提高经济和经营效率所要求的其他信息。

(6)保持与州、地方、区域及联邦机构或其他对公共运输项目负有责任的私有和公共实体的联络。

(7)按有关规定管理联邦政府城市公共运输署及其他机构为公共运输提供的补助资金。

(8)按有关规定管理州给公共运输提供的补助资金。

二、市、县地方一级的交通行政管理体制

(一)地方规划委员会

市县一级的交通运输管理组织为负责制定和实施包括道路在内的公共设施的地方规划委员会。地方规划委员会由不少于5名且不多于15名成员组成,成员必须是当地人,并具有社区发展问题决策方面的知识和经验,至少有一半是房地产拥有者。成员由地方政府管理委员会任命。委员会中有一人可以是市或县政府管理委员会的成员,一人可以是市或县行政管理部门的成员,这两个成员的任期与其行政职务任期相同。其余的首次任命的委员会成员任期分别为一年、两年、三年和四年,后来任命的任期为四年。委员会选举主席一人,副主席一人,任期一年。

地方规划委员会定期举行会议,至少每两个月召开一次会议,而对于人口少于7 500人的城市的地方规划委员会至少每年召开一次。

由地方政府管理委员会授权,规划委员会可以设立必要的办公机构,雇佣人员或将所要求的服务通过合同方式委托给咨询机构承担。规划委员会必要的开支由政府管理委员会提供。

地方规划委员会的职责:

(1)对其管理的事务进行监督及制定规章;

(2)制定与调查及听证有关的规则;

(3)按政府管理委员会制定的规则监督其财务和责任;

(4)完整地保存其活动的记录,并对其保管的文件负责;

(5)就有关规划委员会的运作及管辖区范围内规划的情况向政府管理委员会提交建议和年报;

(6)制作、出版、发行与其活动有关的报告、条令、及其他材料;

(7)按市或县政府管理委员会的规定的方式提交年预算;

(8)如果需要的话,成立咨询委员会。

规划委员会的综合规划:地方规划委员会要为其管辖地区制定和建议一个综合性的土地利用发展规划。在制定这个发展规划过程中要对现状、发展趋势及未来可能的需要进行仔细认真的调查研究。在综合规划中包括:

(1)各类公共及私有开发设施,例如居住、工业、农业、商业、娱乐、公共服务、防洪、排水及其他设施;

(2)运输设施,例如街道、公路、停车场、铁路、桥梁、水路、航空、港口、码头以及其他必要的设施;

(3)社区服务设施,例如公园、树林、学校、医院、污水排放等;

(4)历史遗址及环境保护;

(5)基本建设改善规划;

(6)住房建设和维护等。

在提出综合规划建议之前,规划委员会要向公众通告并举行公众听证会。按规定程序经过规划委员会批准规划建议后,将规划建议提交给政府管理委员会。政府管理委员会按规定举行听证会并对规划建议作出处理决定,即批准或不批准。在不批准的情况下,将规划建议附上不批准的书面理由退还给规划委员会重新考虑规划,经更改后再提交。规划一经批准,就具

有法律效力。对已经批准的规划每五年复查一次,以决定是否要进行修改。

(二)运输区域委员会

两个和两个以上的县(县为州以下最大的行政区)或城市可以按照一定的程序组织起一个运输区域,由参加的有关城市政府管理委员会发布条令宣布成立,给予命名,例如,称作"公共运输区"或"运输区"等等;划定运输区的界限;构成运输区的城市或部分城市的名称;为城市发展,为市民的舒适、方便、安全、需要改善运输,从而成立运输区域。

一个县或城市,如果周围的县或城市不想组合成为一个运输区域的情况下,也可以按照一定的程序成立一个运输区域。该运输区域成立之后,如果周围的县市希望加入,就可以按一定程序加入,从而形成一个扩大的运输区域。

运输区域委员会的成员在有关县市的运输委员会的成员中任命,数量由有关县市政府协商确定或由有关法律确定。州运输委员会主席或由他指定的人是运输区域委员会的当然成员,每个成员履行职责之前,应按照州司法部长规定的形式向州支付保证金。保证金数额按照州长规定的罚款确定,由被授权在福吉尼亚州经营的担保公司,并由州长批准作为担保人。保证金由委员会支付,由州审计保管。

委员会雇佣一名书记和司库(可以不是委员会成员)。委员会所有的收入、支出账本和记录应当完整地保存,按规定向州长及有关政府报告。委员会至少每月召开一次会议。

运输区域委员会的职责包括:

(1)按照规定的程序制定运输区域的运输规划;

(2)在规划被采纳之后,购买或租用运输规划中规定的运输设施;

(3)将运输设施通过协议或出租给私人企业经营,或者由委员会自己经营;

(4)与有关县市订立合同或协议,提供或要求提供有关运输设施;

(5)制订公共交通运输服务规划和规章;

(6)发放债券,等等。

(三)运输改善区域委员会

在人口多于50万人而且邻近县人口少于75 000人的县一级区域,可以按照一定程序包括举行公共听证会成立运输改善区域。运输改善区域委员会的成员由四名有关县监督委员会的成员组成。委员会选举一名主席、一名书记和司库。州运输委员会主席或由他指定的人是运输区域委员会的当然成员。

在运输改善区域委员会成立后30天内,应成立一个由12名成员组成的区域顾问委员会,其中3人由各参加县市的监督委员会指定,这3人是区域内的居民或拥有区域内的土地;3人在区域内拥有商业或工业土地,通过土地拥有者按面积或价值加权投票选举产生。在区域内拥有土地的公司可以推举其官员或雇员作为顾问委员会成员。顾问委员会成员任期为4年。

顾问委员会成员没有报酬,但区域运输委员会可以给顾问委员会提供开会所需要的设施及必要的开支经费,每年拨款不超过2万美元,以及准备年报所需要的经费(没有限制)。顾问委员会选举一名主席和一名书记,每年至少开一次会议。除了年报之外顾问委员会还根据运输委员会的要求提供有关运输事务的专题报告。

运输改善区域委员会的权力和责任:

(1)建设、重建、改善、扩建区域内的公共交通系统、区域内的主要公路;

（2）通过购买、租用、捐赠等方式获取公共交通或主要公路改善，以及按照规定程序包括举行公共听证会，以区域的最佳利益为出发点出售、出租、转让、或处置运输改善项目；

（3）就有关公共交通及主要运输设施问题与个人、公司、主管当局、州或联邦政府机构进行谈判或签订合同，包括但不限于；区域内运输改进项目集资、征地、建设、改善、扩建、维护等。这类合同的期限不超过30年；

（4）与公共运输有关的合同管理，等等。

第五节　不同运输方式的管理体制

一、美国公路行政管理体制

（一）行业管理

美国联邦政府的公路主管部门设在统管各种运输方式的运输部内，主要是美国联邦公路管理局、联邦公路安全管理局。美国各州的公路管理机构是州运输部或公路局。虽然州运输部还负责其他运输方式，但一般以公路管理为主。其基本任务是管理本州内联邦资助公路的建设和养护，以及地方公路的建设和养护。各市县设有交通局。

在美国，目前93%的公路由州及地方政府管辖，仅仅7%左右的国家公园、国家森林等联邦政府领地内的公路由联邦政府管辖、建设和养护，但联邦政府通过资助的方式对全国公路特别是干线公路的发展起着决定性的作用。美国联邦政府正是通过一系列连续的联邦资助公路的法令，虽不直接介入各州的公路建设、养护、路政管理等活动，但借助于资助金的方式，对各州的公路建设进行宏观调控和管理。这种管理模式是在公路行政管理层次划分的基础上，国家和地方政府对公路分级管理，进行公路规划、建设以及养护活动等。

（二）建设管理

美国公路的建设由美国的联邦和州政府共同建设，建成后交地方养护。州政府的职能是选定公路改善项目，并负责其计划、设计和建设实施；联邦政府的职能是借助联邦资金对这些项目进行审批。建设资金由联邦和州分摊，分摊比例因项目而异。美国联邦公路局主要通过“联邦资助公路计划”管理全国的公路建设。该计划的主要内容是对城乡公路进行建设和改造时，联邦政府拨款资助，州和地方政府具体实施。有资格使用联邦资助金的线路分为四个系统，即州际系统、主要系统、次要系统和城市系统。系统内的线路虽然主要由联邦出资建设和改造（联邦政府份额从75%～90%不等），但线路的管理和养护仍由所在州及地方负责，而且也并不是线路上的每一区段都要使用联邦资金。除了各系统内的项目外，联邦资助公路计划还包括资助具有全国意义的特别项目和具有推广意义的示范项目。

另外，美国联邦公路管理局下设9个大区办公室和52个州（地区）办事处。大区办公室根据管理局制定的政策、标准和条例，评定大区范围内各州及地方申请的联邦资助项目的可行性，并对州办事处提供业务指导。各州办事处与州及地方的公路管理机构直接对话，审定项目、监督工程项目的实施并给予技术指导。

（三）运营管理

美国的公路网的运营管理具体是由联邦各州公路局负责的，由各州负责制定公路的规划、设计和施工,并对公路进行管理、养护、服务区设施的改善、绿化、道路情报信息提供等,属地方区域的管理体制。公路养护管理方面,各州按地域划分,由各种技术人员及各大、中、小型相结合的成套机械设备组成养护组织,除了对所辖路段的常规养护、路面检查,同时兼管养护计划、技术、财务等项工作。

在收费公路的运营管理方面,各州没有一个固定的模式,但有很多共同之处。各州收费公路的建设都是在州议会通过立法程序后,单独成立一个收费公路委员会,委员会下设收费公路管理局。委员会人数一般为5~7人,主席由州长任命,任期4年左右。收费公路机构是一种公共、半公共机构,委员会的委员们一般每月工作2~3天,不在收费公路领取任何报酬。委员会只对收费公路的重大问题做出决策性意见,日常具体工作由执行主席或总经理主持。

(四)交通管理

美国的交通管理执行机构由国家交通安全委员会、运输部的三个内设机构、警察部门、非政府部门机动车管理协会,具体承担公路交通的相关职责。其职责分工特点是:国会制定公路交通安全法,道路交通管理部门负责经济技术领域的管理,警察部门负责现场执法。

按照州际公路的建设、维护和运行管理由各州分别负责的地方分权体制,美国各州运输部具体负责各地的道路交通安全管理。由国家有关部门立法,州公路警察执法,法庭和检察官司法。各州制定了“公路安全计划管理”程序,各部门分工协作完成高速公路的交通管理工作。美国中西部、南部等面积较大的20多个州建立了公路巡逻队,有的属州警察局领导,有的属州运输部领导。交通警察在高速公路上执法的主要职能包括交通指挥和控制、求援服务、交通事故调查、执行交通法规、事故处理。

因此,从交通运输部门与警察部门在交通安全管理方面的职责分工来看,是由交通运输管理部门制定有关标准和规章制度,美国公路的交通安全设施也一概由公路部门设置并管理。由交通警察按照交通法规执行现场管理、特别是交通执法责任总体来看,交通运输部门在公路交通安全的改善方面起着主导作用。

二、美国港航行政管理体制

美国港口与航运行政管理体制可以简单归结为三个特点:

(1)它是法制国家,法律制度完备清晰,政府依法管理港口与航运;

(2)其管理体制是国家安全第一的国防战备性管理体制,五大兵种中两大兵种在管水运,这两大兵种战时是军队,平时是管理机关,还是事故灾难等救助队伍;

(3)港口作为公共基础设施,由州或郡的政府拥有并管理,但具体经营却是码头运营商进行。政府的运输管理部门、环境保护部门、国会、行业协会以及军队和海关等六类机关和组织协同工作。

在美国,除了联邦海运管理局、联邦海事委员会以外,其他管理机构如军事交通管理司令部、海岸警备队、陆军工程兵团、地方港务局、美国环境保护署以及相关行业协会和海关等机构也在港航管理中承担着不同的管理责任。

(一)军事交通管理司令部

美军的军事交通管理司令部在美国交通战备工作中起着举足轻重的作用,负责为各级决策部门提供交通战备和战时交通运输保障方面的参谋咨询、方案计划和辅助决策支持。该司令部平时协同有关部门制定和实施各种交通战备计划,战时在联邦紧急管理局的领导下,协同运输部、能源部、地面运输委员会、民用航空委员会、海运管理局、联邦铁路管理局、联邦勤务总署、美国海岸警卫队、美国铁路委员会、美国卡车运输协会、美国液罐卡车运输公司、美国专业运输公司和索具协会、美国飞机租赁公司、世界航空公司和弹药运输者协会等单位,共同组成联邦应急反应领导小组,具体组织实施国家交通运输方面的各项应急反应计划。

(二)海岸警卫队

在1967年至2003年期间,海岸警卫队隶属于美国交通部,2003年以后,转而隶属于美国国土安全部。其职责分为五个方面,分别是海事安全、海事畅通、海事保障、国家防卫、自然资源保护。海事安全的具体职责包括禁毒、外国移民禁止、专属经济区和海洋生物资源、海洋法的实施、法律/公约的实施。海事畅通的具体职责包括航行帮助、破冰服务、船舶交通/水路管理、桥梁管理。海事保障的具体职责包括搜救、海洋安全、游船安全、国际冰海巡逻。国家防卫的具体职责包括一般防卫义务(General Defense Duties)、国土安全、港口和水路保安(Port and Waterways Security)。自然资源保护方面的具体职责包括海洋防污教育、污染防止、反应计划实施、外国船舶检查、海洋生物资源保护、海洋和环境科学。

美国海岸警卫队管理所有种类的船舶:商船(包括悬挂方便旗的商船)、渔船、较大型(大于20米)的游艇以及军用船舶,对不同类型的船舶采取不同的管理措施。

对于一般的运输船舶,主要采用提前报港的方式加强安全管理。根据规定,所有到达美国七大港的大船都得提前报港,而对于到达弗罗里达港的船舶则不论大小都要提前报港。这些船舶应当在到达港口96小时前,通过电话、电脑、电传等方式报给美国海岸警卫队一份完整的船舶和载运货物信息,航行时间较短的船舶则必须在到港24小时前进行报港。美国海岸警卫队在收到报港信息后,认为船舶方已经提供了足够的信息,并且在船舶载运货物足以保证安全的情况下同意船舶进港。必要时,海岸警卫队会选择登船检查。

运输危险货物的船舶进港时,除必须提供足够的报港信息之外,美国海岸警卫队在辖区水域内要对船舶进行全程护送和监督,直至船舶安全抵达目的港。

而对于那些小型船舶,尤其是私人游艇,安全管理责任主要在船舶自身。美国海岸警卫队会采取到港口与小型船舶船主交谈的方式,进行安全教育,在美国的有些学校也会开展小型船舶安全方面的教育。

安全管理是一项系统性的工程,对于流动性很强的水上运输安全管理,美国海岸警卫队在采取上述管理措施之外,更加注重日常动态的监管,其中日常的海域巡逻是其保证300万海里海域船舶航行安全的最主要举措之一。美国海域辽阔,为此,美国海岸警卫队配备了40 000多名工作人员,三种性能各异的直升机,大量的大、中、小型巡逻艇,以保证对海域巡逻的全覆盖。为便于有效开展管理工作,美国海岸警卫队内部也作了相应的分工,一部分负责国内海洋安全,一部分负责近海执法,主要是缉毒缉私和防止非法移民,还有一部分负责港口的安全。

海岸警卫队加强海域巡逻,一方面可以发现安全隐患(9.11之后,对于国家安全更加关注),及时予以纠正,同时可以对违法活动进行执法。另一方面重要的作用是给船舶航行提供服务和协助。这些服务和协助包括对辖区内50 000多座浮标、灯塔等导航设施的管理,对航道水域情况实时监测,航道范围内桥梁净空高度的实时监测,冬季海面破冰以及交通管制等。为船舶提供及时准确的数据信息,保障船舶航行安全和海事畅通,保护本国10万多条捕鱼船的航行和作业安全。

美国海岸警卫队在管理过程中不断提升管理手段,尤其是提高管理的科技含量。比如推广应用全球卫星定位系统,监控船舶方位,便于调度船舶和事故应急反应,同时也有利于船舶及时了解港口、航道以及其他船舶的信息,提高航行效率,避免碰撞事故,甚至还有助于船舶及时调整航行路径和航行速度。

对于港口的安全,美国海岸警卫队也肩负着管理职责,包括港口设施的安全以及港口装卸作业过程的安全。美国海岸警卫队在这一领域主要是通过派驻工作人员到港口现场监督生产的方式进行安全监督和管理。

(三)陆军工程兵团

美国陆军工程兵团隶属于国防部,不仅是军队的组成部分,也包括许多民事方面的职能。美国陆军工程兵团主要管理美国内河的运输,其主要职责包括:

(1)水资源的开发与保护;

(2)生态环境的管理、恢复与保护;

(3)基础设施管理:内河部分用于军事和民用的水运和水资源方面的基础设施的管理和保护,包括防洪堤、船闸、疏浚、海岸建设、内河导航等,但不负责新建和运营码头;

(4)灾难的应急与反应。

美国一年内在内河运输的货量5.5亿吨,陆军工程兵团在全国设有8个地区管理部,38个分部,对这些货物的运输进行管理。它管理国内11 000英里的内河航路,其中主要是密西西比河上游、俄亥俄河。管理276个船闸,4 400个水库,其中383个大型水库。对300个深水港进行导航,其中吞吐量超过1 000万吨的有50个。

美国工程兵团注意收集并整理内河航道、船闸、水库、通过的船舶等详细信息,并将采集其内河交通的信息视之为国际责任。这样做的目的,既方便商品流通、货物流转,又有利于战时或紧急情况下对内河交通动脉的控制与把握。因此,它的信息采集时很详细,比如航道疏浚,收集的资料包括船舶名、挖泥能力、时间及工程量等。对在内河航道内通行的商业船舶,收集的信息包括船东、承运人、船的技术指标、规模、性质、运载的货物、航次、航线、经过的船闸等情况。

【专栏】 密西西比河流域的管理

密西西比河流域有明确的开发与管理机构,即成立于1879年的密西西比河委员会。它是一个具有一定权力的实体机构,拥有较为独立的自主管理权。其主要目的是研究密西西比河的开发治理规划,制定防洪措施,解决修整河道计划,保护堤岸和改善航运等问题。1927年的大洪水发生后,1928年制定的《防洪法》规定,由成立于1824年的美国陆军工程兵团(简称COE)负责全国的防洪和航道整治管理。COE不是一个虚设机构,其总部隶属于五角大楼的陆军部(图1-18)。它专门负责“调查、发展和改进国家的水资源综合利用以及与水有关的土地资源利用”,是全美河流开发建设的主要管理机构,对密西西比河水系航道开发进行统一规划、设计、施工、运行管理及维护。河流开发规划须经美国国会批准,并通过立法确定开发标准和程序,建设资金须经国会批准后统一由联邦政府财政(含内河基金)拨付。正是由于一套完整、标准、高效的建设、管理及约束体制,经过100多年的努力,密西西比河水系河流开发建设才有了今天的成就,内河航道系统才有了目前的局面。

密西西比河水系河流实行多目标开发,综合利用水资源,十分注重发挥综合和长远效益。根据干支流河道特性及具体情况,拟定河流开发目标,一般以防洪为主,但始终把航运放在相当重要的地位，并兼顾水力发电、城市和工业用水、农田灌溉和环境保护等。干流中下游航道建设以疏浚、炸礁、裁弯为主，中上游则主要进行渠化。支流上游修筑高坝，用以蓄洪、拦沙、发电及调节航运用水，中下游开发以航运为主，低坝渠化，兼顾发电、供水、灌溉和环保。整个航道开发过程基本做到了干流和支流并重，上游和下游兼顾，标准统一。为更加有效地利用航运资源，还开挖了人工运河，沟通五大湖及其他水系，形成了干支直达、水系沟通、江海相连的标准深水航道网。

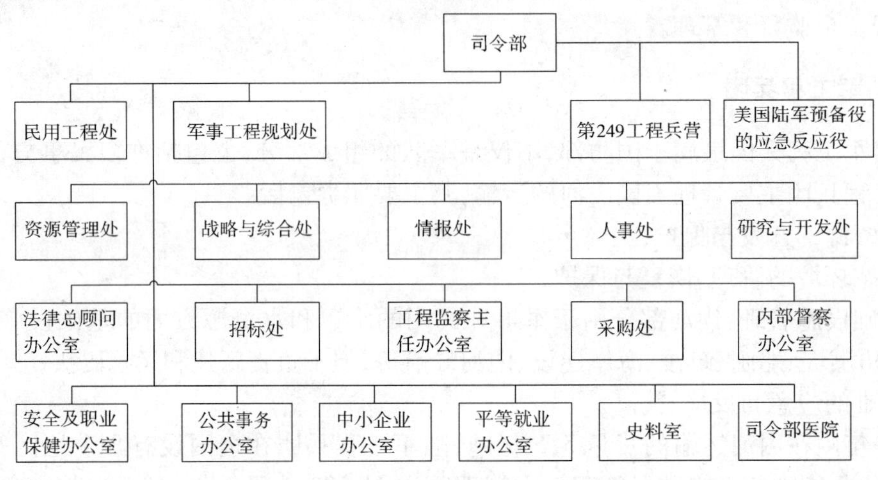

图1-18 美国陆军工程兵团组织结构图

(四)港务局

美国是土地私有化的国家，但海岸线的土地资源属于联邦政府，由联邦政府交由州政府发展港口。州政府成立港务局统一管理和经营港口，或下放给下边的郡、市管理。联邦政府并不直接参与港口的经营，在港口管理方面，美国的联邦政府主要负责以下几个方面：航道的建设与维护，由陆军工程兵负责；港口保安，由运输部海运管理局、海岸警备队、运输保安部负责；港口安全，由职业安全与健康部、海岸警备队负责；制定规章，由海岸警备队、陆军工程兵、运输保安部、运输部海运管理局负责；环境保护，由联邦环境保护署、国家海洋地理及大气管理部以及其他相关部门负责。

在美国，港口实行属地管理。联邦政府没有全国统一的港口规划和管理，这些工作由各地方(州、郡、市)港口管理部门负责。州(郡、市)政府成立港务局统一管理和经营港口。港务局是代表州政府或市、郡的政府对属于联邦政府，用于建设港口的岸线资源和州政府在港口资产进行管理的机构。管理委员会作为港务局的领导机构，其使命主要是操作港口、发展经济及促进就业，最终达到增加税收和消费。港务局一般由港口委员会管理，委员会的成员有的由选民选出，有的由相应级别的政府机构任命。例如长滩港口委员会，其五名成员由市长任命，市政委员会确认。委员会每届任期6年，每位委员可任职1~2届。委员会行政长官领导港务局这个350人的机构，贯彻港口政策，管理港口发展。委员会对港口的发展与经营有最终决定权，联邦和州一般不介入港务局内部的运作与管理。

港务局隶属于州政府的运输部，州运输部负责各种运输方式的管理，包括港口、公路、航空等(如巴尔的摩港)。港务局自身的职能也在不断扩展，超出了传统意义上的港口管理范畴，发展到航空、转运、渔业等领域。

（五）美国环境保护署

美国负责水域环保工作的部门是美国环境保护署和美国海岸警卫队，但两者又有分工。太平洋和大西洋两岸、大湖区、密西西比河等区域的溢油事故由美国海岸警备队负责处理，美国联邦环境保护署负责其他河区、河流、夏威夷以及阿拉斯加海域等水域的油污事故处理。

在美国，船舶要进行石油和危险化学品运输，必须在建造时符合国际标准，同时按照美国环境保护署的要求制定相应的应急反应计划。

为了应对油污（包括危险化学品）事故，美国环境保护署将具体工作分成两个阶段，一是预防、准备阶段，二是响应阶段。

预防、准备阶段包含两项重要的计划：其一，地区溢油计划。美国环境保护署根据石油运输、装卸、存储的地区分布特点，将美国分成十个大地区，根据各地区的特点制定相应的十个地区溢油计划；其二，设施应急反应计划。相关储油设施和运输设备都要制定各自的设施应急反应计划，包括采油作业及运油作业等。

响应阶段。这是关于油污事故或化学品事故发生后，美国联邦政府和州政府各职能部门、事故所在地的管理部门以及事故当事人如何在最短时间内启动应急计划，对溢油事故作出快速反应的责任分工和运作机制。不同程度的油污事故，有不同的反应机制。美国相关管理部门，分工明确、层级清楚，所以在事故发生后，各部门都能快速反应，共同协作，有效控制油污扩大，消除油污的影响和危害。

美国对水域环境非常重视，一方面是基于经济发展到一定阶段对保持生态平衡、改善生存环境的要求，另一方面则是基于艾克桑（EXXON）公司所发生的 1 100 万加仑特大溢油事故的教训。这一事故使美国各界充分认识到保证油品（包括危险化学品）作业安全的重要性，由此美国环境保护署要求无论在任何时候发生多大规模的溢油事故，当事人也要立即向联邦政府报告，以便及时做出有效地反应和处理。

法律规定，清除油污是事故当事方的义务，美国环境保护署和美国海岸警卫队只负责比较大的溢油事故的组织处理。但由于经常会遇到造成溢油事故的当事人逃逸，或者根本无法追查施害方，或者当事人根本没有能力和财力清除油污等情形，这就促使美国建立了联邦油污基金，在上述情况发生的时候，美国环境保护署和美国海岸警卫队可以动用联邦油污基金组织清除工作。

（六）行业协会

美国运输行业有许多民间社团组织，在行业中起着企业（经营者）与政府、国会之间的桥梁作用。它们按照不同特点组建，互不通属。在反映本组织成员情况和意见，特别是在制定和贯彻有关政策、法律、规章方面，协会发挥着重要的作用。同时，它在本行业中，从不同角度沟通情况，协调关系，提供信息和情报等。这些协会，企业依靠它，政府离不开它，客观上形成行业管理体系中的一个重要环节。例如，美国卡车运输协会，成立于1933 年，是在一些已成立的协会基础上联合组建的，作为运输企业的代表与政府对话，迄今已半个多世纪，是美国汽车运输业发展的最重要的见证人之一。

（七）海关

“9.11”之前，美国海关着重对进出口商业贸易进行管理。“9.11”后，其管理理念转变为，国家安全第一,商业管理第二。

美国正在实行的海关管理计划包括几项。第一个计划是 CTPAT,C 代表海关,T 代表贸易,P 代表合作伙伴,A 代表反对,T 代表恐怖主义,合起来的意思是“海关贸易合作伙伴反对恐怖主义”(customs trade partnership against terrorism)。海关要求商家自己监督自己的供应链,从生产、装船到仓储等各个环节。对自我监督好的企业,予以奖励,少进行检验。

第二个计划是提前 24 小时滚动报港。海关要求船公司在装船前 24 小时将货物清单等电传给美国海关审核,海关认为不能装船的货物,即通知船东不得装船。

第三项计划是海关要求船方及货主将有关信息、单证通报海关,以决定检验的程度。货物到港后,3% 的货柜需开箱检查,15% 将通过 X 光机检查。所有的货物都将经过放射性检测,即用特殊的机器接收放射性物质的射线,以检测运输货物中是否含有核武器、脏弹等。

三、美国铁路行政管理体制

美国铁路网由大小不等的 700 条铁路构成,目前共计有 265 000 名雇员服务于铁路。有 130 万辆货车、2 000 台货运机车、8 900 列客运机车车辆及动车组。20 世纪 80 年代中期至本世纪初,美国铁路货运收入呈一直上升趋势,而每吨英里的雇员数量却大幅下降。北美铁路网由许多私人赢利性公司组成,有 7 大 I 级铁路公司和数百个 II 组区域性铁路公司和 III 级短途铁路公司定期给美国政府交纳地产税。美国铁路 50% 的机车是运营公司所有,各大公司具有自己的车辆和线路,其货物运输往往由 2 个或 2 个以上运营公司联合完成。

在美国,联邦铁路管理局作为国家管理铁路系统的机构,其最主要职责就是铁路系统的安全监管,安全处负责具体的安全监察业务,下设 8 个地区安全监察部,共有 750 名安全监察员(其中总部 250 名),分联邦一级和州一级。FRA 的安全监管工作对象是铁路运营公司。除了对铁路运营公司提出安全建议并与其签约外,主要依靠分布于各地的工作人员遵照技术法规和现场工作人员工作手册对铁路运营公司以及设备进行现场检查。采用日常抽查和轨检车检测方式,检查项目包括设备的状态和铁路运营公司安全项目管理手册的执行情况,对铁路机车车辆、线路、信号、桥梁等设施设备及列车运营状况,对危险货物运输的安全保障情况进行检查并参与事故调查,对大桥的安全也有专人监管。检查人员可随时按照现场工作人员工作手册进行检查,如有违反规定的,按照法规开罚单,罚款进入财政部通用项;如遇紧急情况检查人员有权停止运行。

但是 FRA 不直接管理铁路企业,铁路企业成立相应的行业协会,依照技术法规和标准自主管理,约束各企业的行为。与 FRA 有关的协会主要有三个:美国铁路协会(AAR)、美国铁路小运输公司协会(ASR—RA)和美国公共运输协会(APTA)。其中,美国铁路协会(AAR)发挥着重要的作用。

美国铁路协会(AAR)成立于 1934 年。它的主要任务是建立有关运营、安全、轨道和基础设施、全部车辆和数据系统的标准规范,签发质量保证证明,另外还要负责铁路联运和账目清算等方面的所有工作。同时 AAR 还肩负着在政府委员会、各种规范和管理机构以及法庭上代表铁路行业的任务。

在北美,墨西哥和加拿大的主要铁路公司也是美国铁路协会的成员。在美国、加拿大和墨西哥运行的货运车厢超过 1 600 万,美国铁路协会一直负责为安全有效的运营工作制定和维持一整套的行业规则和标准,并与美国联邦铁路管理局、加拿大交通部和墨西哥交通管理局保持密切合作。

AAR 有两个独立的分支,对车辆管理起着重要作用:

(1)交通技术中心有限公司:位于科罗拉多州的普韦布洛,负责管理铁路行业的测试中心,也参与制定和维持技术标准的工作。

(2)RAILINC 公司:RAILINC 是负责管理车辆交换系统的公司,这是一家完全归 AAR 所有的子公司。它负责集中计算机信息、账目结算以及处理 AAR 成员之间的所有跨公司商业交易等工作。

另外,美国地面运输委员会(STB) 承担着美国政府对铁路的经济监管职责,主要涉及以下内容:负责审批铁路公司的联合、兼并等事宜;运价监管,如核定铁路公司的运价是否合理,受理有关运价问题的投诉等;监督各铁路公司枢纽、线路及相关设施的公平开放;审批铁路公司提出的新建或废弃线路申请。1980 年以后,随着美国政府对铁路管制的放松,经济监管的范围和重点也相应发生了变化,与以前的州际商务委员会相比,目前 STB 监管的重点是垄断性的铁路货运运价。而对于铁路公司之间的兼并,STB 更加注重兼并是否能够有效促进企业劳动生产率的提高、运输服务质量的提高和企业成本的降低,而非仅仅是规模上。

四、美国航空行政管理体制

(一)航空运输市场管理

美国对航空运输市场的管理职能由运输部和司法部共同承担。运输部有对涉及美国利益的全球联盟给予反托拉斯法豁免的权利;司法部则对航空运输市场的竞争行为进行规范。

运输部要求美国与外国航空公司间所有联盟都要报批,并在有效期满之前提交续展申请(通常情况有效期为 1 年)。美国运输部于 1994 年 11 月专门设立了航空与国际事务管理的专业部门,其一项重要的职能是负责分析美国的航空公司及其联盟伙伴提交的报表和数据,在确信航空联盟不会有损于美国的航空运输业和消费者之后,做出批准航空联盟的续展申请。

司法部则从界定相关市场(考虑到不经停航班与直达航班、城市对与中枢航线网络、商务旅客与休闲旅客等因素),分析航空联盟对竞争的负面影响等入手,考虑双边航空市场是否开放(特别是天空开放)的条件,从正反两方面加以分析,对航空运输市场的有关商业行为逐案审查。

美国政府对航空运输市场的管理主要依据其庞大的反托拉斯法体系(包括《谢尔曼法》、《克莱顿法》、《哈斯勒反托拉斯修正法案》等一整套法律法规以及大量法院判例)、《联邦航空法(1958)》、《航空公司放松管制法(1978)》以及运输部颁布的各项政策(如 1998 年 4 月 10 日颁布的《关于航空运输业不公平竞争和独占行为的执法政策》,主要从价格和运力两个角度规范航空公司设置市场进入障碍的问题),逐案审查航空联盟,确保航空联盟符合美国的国家利益。根据美国的法律,司法部和有关的航空公司都可以对航空联盟成员以企图垄断或共谋限制航空运输为由提起诉讼,除非该联盟事先获得美国运输部的反托拉斯法豁免权。事实上,如果没有美国运输部授予的反托拉斯法豁免,任何一个航空联盟都可能因为其开展的商业合作关系而受到司法部的质疑。

(二)公共运输机场管理

美国对公共运输机场的定位是公益性基础设施,机场建设投资以政府投入为主,由地方政府管理。因此,在美国绝大多数航空运输机场分别归属于当地州、市、县政府,由政府组织公用事业性质的机场管理局对机场实施管理。机场日常实际运营的决策管理机构为由地方商业和社会团体领导人组成的董事会或机场管理委员会。在有些地区,这种管理机构有时会被当地市政当局赋予更大的运营管理权限,运营管理范围除了机场,还包括港口、公路、桥梁等其他共用设施。例如纽约新泽西港务局就是纽约州和新泽西州联合设立,并赋予了广泛的综合规划职能、相当规模的基础设施资源控制能力和跨区域机场协调职能的组织机构。它不仅具有纽约州和新泽西州主要机场的跨区域管辖权,还拥有或运营着纽约大都市中许多公路、桥梁、隧道等公共基础设施,所以纽约新泽西港务局在管理中有很强的能力把这些设施整合到两地的机场规划中去。

在公共运输机场的管理中,美国一方面依靠其强大经济实力保持政府对机场的补贴,通过经济、行政、法律等手段实施有效控制;另一方面,又通过机场非核心业务尽可能私有化来提高机场运营的效率、灵活性和竞争力,这就是美国机场管理体制的特殊性。在这种体制下,航空公司,尤其是基地航空公司和机场形成了相互关联、相互渗透的利益相关体和战略同盟。特别是20世纪80年代以来,随着美国“放松管制”政策的实施,各航空公司在市场、航线准入和票价制定方面获得了更大的自主权,是否进入或者是否退出某个市场取决于航空公司的发展战略和市场判断,机场业务量增长在很大程度上取决于航空公司是否愿意以该机场作为基地机场及航空公司的发展战略。机场发展需要更多地围绕航空公司的发展战略,而不是机场本身的规划。

具体来讲,美国公共运输机场的管理体制有以下三方面的特点:

(1)对多机场系统的管理是通过设立跨区域的多州市组织协调管理机构来实现的,但不涉及机场产权关系转移。政府通过签订协议方式对该机构的职能和履行义务进行界定,通过该机构来对跨区域多机场系统和其他基础设施实施运营管理。

(2)各级政府通过协议赋予该组织机构足够的运营管理权限和跨州市管辖权,使其有能力对区域内基础设施运营统一进行规划。通过对其他地面交通方式的整合,将机场纳入都市区公共交通,特别是地铁和城际轨道交通服务体系,扩大各机场的服务范围,充分发挥其优势条件,同时也使区域范围内不同城市的旅客有更多的选择机会。

(3)在公共运输机场的管理过程中,美国机场管理机构对各机场的发展战略和发展目标实施灵活的指导方针,根据不同时期国家关于航空运输发展的政策环境、机场实际条件以及航空公司的发展战略对机场发展战略进行动态调整。同时,积极运用价格、需求控制等手段,对运量在各机场间的分配实施动态调节,保证各机场资源得到最大程度利用。

五、美国交通行政管理体制特点

(一)实行综合管理体制,相关管理机构各司其责

美国的交通运输行政管理体制,从总体来说,是一种集中统一的管理体制。美国将铁路、公路、水运、航空、管道等五种运输方式统一归口,实行综合管理。这种综合管理模式,对不同运输方式之间的衔接起到了有效的协调作用,促进了美国多式联运和物流业的发展。从横向来说,美国的运输管理机构分六部分,这些机构相互依存,相互配合,共同构成一个有机的整体。一是隶属于政府的联邦运输部;二是隶属于国会的联邦海事委员会(FMC)和交通安全管理委员会等机构;三是民间组织,即各种类型的协会、联合会等,他们在行业管理中发挥着积极有效的作用。此外,从战备管理的角度,有海岸警卫队和陆军工程兵团;从环境保护的角度,有

美国联邦环境署;而从征收关税的角度,有美国海关参与运输管理。

(二)实行中央和地方的分级管理

从纵向来讲,美国交通运输实行中央和地方的分级管理。美国国会关于运输部的法令中明确指出,设立运输部的目的是为了把联邦政府对于水、陆、空交通的管理职能由过去的分散管理转为统一管理,以保证政府对各种运输方式的发展进行统一规划、组织、协调和强化管理效能。其主要工作是制订运输政策、确保运输安全及负责对各种运输方式的扶持计划。虽然各州也按美国运输部的模式成了州运输部或交通管理委员会,统一管理州一级的公路、城市公共交通、铁路、水运和航空事务。但由于美国是联邦制国家,各州有很大的权力,尤其是立法权,州、市地方交通主管部门享有充分的自主权,他们可以根据本地的实际情况,制定相应的政策。运输部门上下级之间没有隶属关系,也不要求设置对应的内设机构,州、县运输主管部门与联邦运输部独立平行,各级交通主管部门职责明晰,各自按法律赋予的权利履行职责。当各州制定的运输规则出现矛盾时,由联邦政府和各州通过对话协商解决。

(三)政企分开,行使行业管理职能

由于美国崇尚自由市场经济,交通管理部门不能直接管理交通企业或干预交通企业的经营行为,因此,美国交通管理机构主要起到对行业的引导、协调和监督等作用。在美国交通行政管理体制下,交通管理部门的主要职能是创造良好的市场竞争环境及维护公平竞争,他们更多的是关注运输业本身产生的影响(如环境、安全等)。例如美国联邦铁路管理局不直接管理铁路企业,其主要职责是引导和安全监督,而铁路企业的管理则由其成立相应的行业协会依照技术法规和标准自主管理,约束其经营行为。

第二章 日本交通行政管理体制

日本是我国一衣带水的近邻,有着悠久的历史,在思想文化、历史传统等方面与我国既有相似之处,也存在许多差别。同时,日本又是一个发达的资本主义国家,在国家和社会发展的过程中融入了诸多西方发达国家的元素。因此,研究其交通行政管理体制的历史、现状和及其改革理念具有十分必要的借鉴意义。

第一节 日本经济社会及交通运输概况

日本是一个东西方文化交融的国家,虽然在地理位置上属于东方国家,并且深受中国儒家文化的影响,但在政治体制和经济发展模式上却又融合了西方资本主义国家的诸多元素,体现出鲜明的东西方相结合的特征。

一、日本的基本国情

日本位于太平洋西岸、欧亚大陆东部,是一个由东北向西南延伸、四面环海的弧形岛国。国土东临太平洋,西隔东海、黄海、朝鲜海峡、日本海与中国、朝鲜、韩国和俄罗斯相望,北部隔鄂霍次克海与俄罗斯为邻,南跨太平洋与菲律宾、印度尼西亚等东南亚各国为伴。日本陆地面积约37.78万平方公里,约为我国的1/26,其中北海道、本州、四国、九州四大岛的面积占国土面积的99.37%。日本总人口为1.2775亿,在全世界排行第十,约为我国1/10,但人口密度较大,为343人/平方公里,是我国的2.5倍。全国80%的人口居住于城市或大城镇,26%以上的人口居住在大东京地区(首都圈),49%以上的人口集中在东京都、大坂府及神奈川县①。日语为日本的通用语言,北海道地区有少量人会阿伊努语。主要宗教为神道教和佛教,信仰人口分别占全部宗教人口的49.6%和44.8%。

日本领土由北海道、本州、四国、九州4个大岛和其他7 000个左右的小岛屿组成,故日本又称"千岛之国"。海岸线长3万多公里,略长于中国,境内多海湾和良港,横滨、神户、东京、大阪、北九州、名古屋是重要港口。

日本是一个多山的国家,山地和丘陵约占日本总面积的75%,将日本国土分为清晰的太平洋一侧,形成迥然不同的气候特征。太平洋一侧夏季多雨,空气湿润,气候温暖;日本海一侧冬季多雪,气候寒冷。日本地处温带,气候温和、四季分明。日本是一个自然灾害频繁的国家,每年发生有感地震约1 000多次,是世界上地震最多的国家,全球10%的地震均发生在日本及其周边地区。另外,日本境内有200多座火山,其中活火山约占1/3,因此日本又有"火山地震之邦"的称号。

日本是一个经济强国,为仅次于美国的全球第二大经济体。二战后,日本奉行"重经济、轻军备"路线,国民经济和科学技术与前联邦德国一样迅速发展,政府在较低的军事预算比例

---

① 资料来源:《平成17年国势调查》(2005年10月),日本总务省统计局

(占 GDP 的 1%)下,将绝大部分资金运用到工业复兴与企业发展上,使日本经济飞速发展,成为当今科技发达程度仅次于美国的经济体,并成为世界上第二大经济和技术强国。2006 年,日本 GDP 总量 4.59 万亿美元,世界第二,人均 GDP 为 3.64 万美元,世界第十,并且是世界最大债权国,外汇储备近 9 000 亿美元,仅次于中国①。

日本是高度发达的工业化国家,工业是日本的经济支柱,现代化水平很高。由于自身资源匮乏,绝大部分原材料和能源都要依赖于进口。日本的工业水平世界领先,主要以加工制造业为主。日本的农业和渔业也很发达,基本实现了现代化生产,农业所占国民经济的比例较低,主要依赖政府的补助与保护。日本是全球最大的渔业国家之一,捕鱼量占全球总捕鱼量的近 15%。矿产资源贫乏,除煤、锌有一定储量外,绝大部分依赖进口。进入新世纪以来,服务业在国民经济中所占比重越来越大,其发展速度惊人。另外,日本还是传统的旅游业大国,每年来自世界各地的游客为日本带来了丰厚的旅游收入。

二、日本交通运输发展概况

目前,日本的交通运输业十分发达,在全国范围内建立了以海运为主的海陆空密切结合的现代化交通运输体系。客运主要以铁路和公路为主,货运主要以公路和海运为主。但日本交通运输业的发展也经历了曲折的过程,总体来看,日本的交通运输经历了以下三个发展阶段:

(一)二战后复兴到高速增长期(1945 ~ 1975 年)

二战期间,日本的交通运输体系遭受严重破坏,海运舰船全军覆没,铁路运输几乎瘫痪。为了尽快恢复生产、安定社会,日本以铁路运输为重点,进行了十年左右的恢复和重建。其间,由于美国的支持和帮助以及朝鲜战争的发迹,日本经济也得到较好的恢复的发展,到 1955 年各项社会经济指标达到并超过了战前的总体水平。在此基础上继而出现了从 50 年代中期到 70 年代中后期,持续长达 20 多年的快速发展阶段。其特点表现为:一是以钢铁、石化等原材料为重点的重化工业以及以汽车、造船、家用电器为特点的加工工业的迅速成长;二是地区空间布局不断变化,形成东京、横滨、名古屋、大阪、神户等太平洋"沿海型"工业地带。该地区土地面积仅占全国的 16%,但人口却占全国的 43% 以上,工业产值和国民收入占全国的 70%;三是对国际市场依存度的增强,对外贸易快速增长;四是随着人口大量转移,城市化进程大大加快,城市特别是大城市的人口数量不断膨胀。1975 年日本国民生产总值达到了 4 906 亿美元,一跃成为全球继美国之后的第二大经济体。

随着社会经济的迅速发展、产业结构和地区布局的调整,日本综合运输体系的总体规模和内部结构都发生了重大变化,主要体现在以下四个方面:

(1)公路运输快速发展

由于汽车工业和公路网的建设,特别是机械工业和轻加工工业向城市周边和内陆地区的转移,公路运输在综合运输体系中的作用和地位日益提高。在国内货物周转量中的市场份额由 1955 年的 11.7% 增加到 1975 年的 36%;旅客周转量由 16.6% 增加到 50.8%。

(2)铁路竞争能力降低

随着以四大工业地带为中心沿太平洋工业带的形成,以及海运业运输工具从帆船向汽船的发展,国内货运分担率第一的铁路让位于海运。而且与公路运输相反,铁路运输特别是国内

① 杨逸淇:"中日关系:不可或缺的'铜镜'",《文汇报》,2007 年 4 月 2 日。

货物运输领域的作用不断降低。1955 年铁路货物周转量为 432.5 亿吨公里，占国内货物周转量的 52.9%；1975 年为 473.5 亿吨公里，仅占国内货物周转量的 13.1%。这种趋势一直延续到 90 年代末期。

(3)海洋运输的整体水平大大提高

随着全国特别是沿海地区经济的快速发展以及对外贸易的迅速扩大，内航海运和远洋运输量大大提升，集装箱运输和滚装船得到快速发展。船舶大型化、专用化的发展进程不断加快。

(4)航空运输体系逐步形成

1960 年日本航空客运量只有 110 万人次(国内客运量为 100 万人次，国际客运量为 10 万人次)，到 1980 年发展到 4 260 万人次(国内客运量为 4 000 万人次，国际客运量为 260 万人次)，年平均增长 20% 左右，在全国旅客运输中的作用日益提高。与此同时以东京、大阪为中心的航空运输体系逐步形成，为 80 年代以后的更大发展奠定了基础。

值得一提的是，在这一时期，日本已经开始了综合交通运输体系的探索。在 1955 年制定经济发展计划时，日本已经运用"综合交通体系"这一概念。此后对综合交通体系和政策进行了大规模的研究。1971 年在经济计划厅综合计划局内设立了"综合运输问题研究会"。该研究会在其 1994 年发表的一份有关综合运输问题的研究报告中指出："所谓综合运输体系，就是为了使当前的运输体系向理想化的方向发展，而对各种运输方式所做的分工"。此后，日本更加重视实施综合交通政策对保持经济长期稳定增长的必要性。

(二)平稳增长到经济调整期(1975～2000 年)

进入 80 年代以后日本社会经济发生了一些明显变化，一是由于石油危机以及其他因素的影响，发展速度大大降低；二是产业结构高度化的进程加快，第二产业向加工工业倾斜，加工工业向精加工工业倾斜，第三产业比重不断增大；三是随着经济全球化，国际依存度进一步增加。与此同时这段时期引发的有关问题日益明显，具体表现为：人口和产业过度转向城市，地区空间结构失衡；能源、环境、空间对社会经济发展的制约进一步增强。

在交通运输方面，由于高速增长期间需求增长很快，造成交通基础设施发展相对滞后，及城市间干线能力不足；由于人口和产业向城市的大量集中以及私人轿车的飞速发展，造成城市内部特别是大城市交通拥堵日益严重、事故频发、环境污染加重；由于发展不平衡，导致边远地区交通需求不足，经营困难。铁路运输，特别是原国有铁路的困局不断加重，形势进一步恶化。另外由于人民收入增加，生活水平提高，自由时间增大，需求观念逐步发生变化。

为了提高运输效率，满足社会经济发展对交通运输数量增长服务质量的提高，拓展发展空间，谋求国土均衡开发，为创建节能、环保和宜居环境创造基础条件，1980 年日本交通部提出了《基于长期展望下的综合交通政策的基本方向》，其基本思路是在进一步发展的过程中，重点提高质量。1999 年日本交通部发布的《日本运输经济报告》，该报告提出成立国土运输省，针对 21 世纪新时代的要求及日本未来经济和社会的变化，对交通运输政策进行调整和制定，调整的重点及效果主要体现在以下四个方面：

(1)构建城市间高速干线运输体系

作为全国国土综合开发的基本骨架，在六、七十年代的基础上，日本形成了由高速铁路、高速公路和航空运输组成的城市间高速干线运输体系，并且通过扩大网络覆盖范围，提高运输能力、加强相互间的协调，让尽可能多的国民享用高速化的权益。截至 2000 年底，日本高速铁路、高速公路的通车里程分别达到了21 545公里和6 600公里。总体上讲,遍布全国、运作高效的高速干线运输体系已经基本建成。

(2)发展和充实城市快速运输体系

随着城市化水平的提高,如何解决城市交通特别是大城市的客运交通一直是日本综合运输体系建设中非常重视的一个重大问题。为此,一是将大城市的生产功能尽量向地方或中小城市转移;二是在充分发挥各种运输方式的同时,构建以城市铁路(地下铁、地上铁)为骨干和主体的快速公共运输体系,抑制汽车特别是大量私人汽车的使用范围,降低其对道路交通带来的负面影响。

(3)提升和完善现代物流体系

80年代以前高速增长期间物流政策的重点是量的扩大,从而适应物流量快速增长的需要,1980年底以后则是以效率、节能和环保为重点的质的提升,从而构建高效率、能耗低、环境协调的新型现代物流体系。总而言之,即适应物流需求细分化和综合化的发展趋势,加快物流从业者从市场追随型向市场开发型转化,充分发挥信息化的现代物流体系中的作用。

(4)强化对外交通体系

适应经济全球化情况下的客货航空机向大型化、专用化、快速化方向发展的要求,进一步扩大以东京、大阪等为重点的大型国际机场的综合通过能力,充实和完善其服务设施,增辟地方中心机场的国际功能;适应外贸进出口货物的增加和临海产业结构的调整,加快建设沿海重点港口大型专用码头,完善港口服务功能,强化陆海联运系统,加强与其他运输方式间的协调。

(三)新世纪以来(2000年至今)

进入新世纪日本经济呈现了后工业化、知识经济的特点,产业结构进一步高级化,开始由加工工业向高新技术产业转化,由一般基础产业、一般加工工业向国外转移,资本和技术输出以及服务贸易的比重不断增大,现代服务业以及新型第三产业在社会经济中的作用进一步增大。在经济全球化的大背景下,确保经济和社会的安全,进一步提升社会和国民经济的综合实力,进一步改善生活质量和环境质量,谋求区域之间以及社会各环节之间的和谐发展,成为新形势下日本社会经济发展的基本衡量标准。

随着社会的发展和进步,在这一时期,日本已经基本形成了现代化综合运输体系并逐步步入成熟阶段。人口老龄化与出生率的降低以及远程办公、电子商务、信息技术的快速发展,使得社会对交通需求的增长大大减缓,数量上供给不足不再是主要问题,除了个别大都市圈以外,交通瓶颈已经不复存在。

根据新世纪,特别是新世纪之初日本社会经济面临的形势和发展趋势,2000年10月,日本国土交通省以移动的便捷性、运送的效率性、环境的和谐性以及出行的安全性等作为新时期日本交通发展的施策重点提出了《21世纪初日本综合交通政策的基本方向》,其核心内容主要包括以下四个部分:

(1)以机动性的革命促进经济社会的变革

随着经济社会结构的变化,交通对于经济社会中其他部门的影响越来越大。在确保交通机动性的前提下,重视交通运输质量方面的提高,不仅考虑到交通运输对于经济社会发展的影响,同时还应对交通以外的领域有积极的影响。这一目标在日本称之为"经济社会变革下的机动性革新"。随着经济全球化规模的扩大,日本政府认为有必要建设与之相适应的交通运输网络,整合和建设交通运输设施,提高运输服务水平,建立跨越陆海空三种运输方式的综合交通运输体系,加强各项交通运输事业间的相互合作。为此,2001 年年初对相关政府机构进行的重大改革,将原日本运输省、建设省、国土厅、北海道开发厅合并整合后成立了"国土交通省",以密切和加强交通运输与其他行业和部门的关系。

(2)摆脱对汽车社会的过度依赖和不利影响

20 世纪七八十年代以来道路交通特别是自家用车的飞速发展,一方面以其机动性和方便性有力地促进了日本社会经济的发展,另一方面也不可避免的带来了环境污染、噪声污染等环境、能源安全问题以及交通事故、道路拥挤等不少负面影响。因此,在继续发挥道路运输有利条件的同时,从确保环境质量和资源特别是能源安全的角度提出了逐步摆脱对汽车社会的过度依赖,大力克服其不利影响的重要施策。为此,一是进一步强化大量性交通,用加强和发展包括地铁和公共汽车在内的公共交通设施的办法,来缓解私人轿车日益增多而带来的一系列问题;二是合理规制汽车特别是自家用车的使用范围;三是进一步开发新技术,提高机动车的节能环保性能和安全性能,研究和逐步推广电动汽车、混合动力车和生物乙醇车;四是提升道路交通的服务管理水平,大力提高道路交通的效率和服务质量。

(3)应用信息技术促进交通运输系统高级化

新兴的电子信息通信和互联网等技术被越来越广泛地应用于交通领域,为交通运输向方便、安全、迅速方向发展提供强有力的支持。2000 年日本政府提出了《21 世纪交通运输技术战略》。其基本思路是:以进一步提高交通运输的安全性、构筑循环型经济社会所需要的交通运输体系、适应交通运输多样化和高级化、提高交通运输部门的经济效益、推进交通应用技术的国际标准和以提高国际竞争力为着力点,大力发展系统化、网络化和信息技术,促进和提高交通运输系统高级化和智能化。

(4)既有交通基础设施的完善与活用

经过上世纪几十年的建设和发展,日本的交通基础设施已经相当完善。为了使其在新形势下更好的发挥作用,一是应对传统的筹资方式进行经验总结,在细分基础设施种类的基础上研究新型筹资方式;二是适应新的需要并进一步充实完善交通运输体系建设,主要围绕城市交通、跨地区交通、国际交通、现代物流系统以及国际型基础设施、环保与安全性基础设施、生活便利型基础设施有选择有重点地进行战略性投入和维护更新;三是在提高科学管理和技术进步的基础上用好、用活既有交通基础设施,使其发挥更大效用。

第二节 日本交通行政管理体制

日本的交通行政管理体制与日本的政体及行政体制密切相关,是日本政府行政体制的重要组成部分。由于日本行政体制历经多次变革,加上应自身交通运输形势要求而进行的自身变革,日本的交通行政管理体制框架也经过了多次调整,最终确定为 2001 年改革之后由国土交通省统管公路、水路、铁路、民航、国土等多个行业的体制格局。

一、日本政府行政管理体制

(一)日本行政管理体制的沿革

日本行政管理体制历经多次改革,内阁下属各部经过多次重新组合,最终形成目前 1 府 12 省(厅)的格局。在 1996 年桥本内阁提出的六大改革政策中,行政改革就被列为重要的改革项目之一。1998 年主要以“行政改革会议最终报告”为基础的“中央省厅(等)改革法”在国会审议通过,这一法律不仅为全方位的行政制度改革的展开提供了法律依据,而且明确规定了行政改革的基本原则和具体的改革措施,是一部指导行政改革的重要文件。在这一法律的指导下,日本政府相继发布了一系列文件,稳步扎实地推进了以中央政府的机构改组为主要内容的行政制度改革。

2001 年,日本中央政府正式实施以大部门体制为重点的行政改革,主要目标是为了克服“部门主义”,核心内容是重组原有的 22 个省厅。重组原则包括依政策课题、施政目标与任务,重新按相同或相近职能组合部门,并重视部门的统一性与整体性;利益相反与性质不同(如经济发展与环境保护)的业务要尽量放在不同部门;部门之间在规模和权限方面要尽量保持均衡。

按照这个原则,中央政府核心机构大幅削减为 1 府 12 个省厅。原有职能重复或互补性较高的 11 个省厅,统合改组为 4 个省,原邮政省、自治省、总务厅合并为总务省,文部省、科学技术厅合并为文部科学省;厚生省、劳动省合并为厚生劳动省;运输省、建设省、北海道开发厅、国土厅等合并为国土交通省;环境厅升格为环境省;其他七个省厅则根据任务需要,重新调整职能和负责的业务。

这次改革是战后日本首次对其政府行政机构设置进行重大调整,将中央省厅数量几乎精简了一半,尤其是在日本内阁中处于特别重要地位的大藏省(成立 100 多年),被改组为财务省。目前典型的大部门有经济产业省、国土交通省等。其中国土交通省由原运输省、建设省、北海道开发厅和国土厅合并而成,在 12 个省中规模最大。

此外,与上述省厅部门的重组相配合,日本还建立了三个层次的中央省厅间的协调机制:一是在首相的直接领导下,由内阁官房(相当于我国的国务院办公厅)主导的部门协调,为最高协调机制;二是由首相就特定政策问题任命的“特命内阁大臣”主持召开相关阁僚联合会议,协调省厅间的问题;三是省厅部门间的直接协调机制,一般特定政策问题由该政策的主要负责部门拥有协调权,其他部门参与配合。

在规划和实施大部门体制改革的过程中,日本政府专门成立了由首相直接领导的“行政改革会议”,吸收专家和社会有识人士参与,充分研讨,独立形成改革建议,政府对建议给予最大限度的尊重。同时,在部署改革过程中,坚持立法先行,到 2001 年改革正式实施,共提交立法机关审议通过了数十部相关法律,保证了改革的规范性和严肃性。在 2001 年中央政府改革的基础上,近年日本的地方政府也积极推行大部门体制改革。

(二)中央一级行政管理体制

日本是君主立宪制国家,天皇是日本国家和国民总体的象征,但无权参与国政,也无权借用国家权力来诉诸武力解决国际争端。日本国家的统治机构分别设立法部门、行政部门、司法部门,即国会、内阁和法院,采用三权分立的体制模式,避免行政权力的集中化。

国会作为立法机关,是国家最高权力机关,也是唯一的立法部门,由众议院和参议院和参议院两院组成。两院分别由选举产生的议员所组成。国会的权限如下:提名内阁总理大臣,对内阁不信任的决议,议决法律草案,决定预算,承认条约,对法官司的弹劾审判,提议修改宪法等。

内阁是日本的中央政府,统揽国家的行政权,是国家的最高行政机关。根据《日本国宪法》规定,内阁总揽全国行政大权,一切重要的政策均由内阁制定和执行,所有的国家行政机关都在内阁的统一指挥、监督下工作。内阁由内阁总理大臣及其他国务大臣所组成,内阁行使的有关行政权对国会负有共同责任。内阁除了处理一般行政事务以外,还要执行法律、处理外交关系、缔结条约、编制预算、制定政令。为了分担这些事务,专门设立了以国务大臣为首的1府12个省厅(图2-1)。内阁总理大臣享有国务大臣的任免权,以保持内阁的统一。

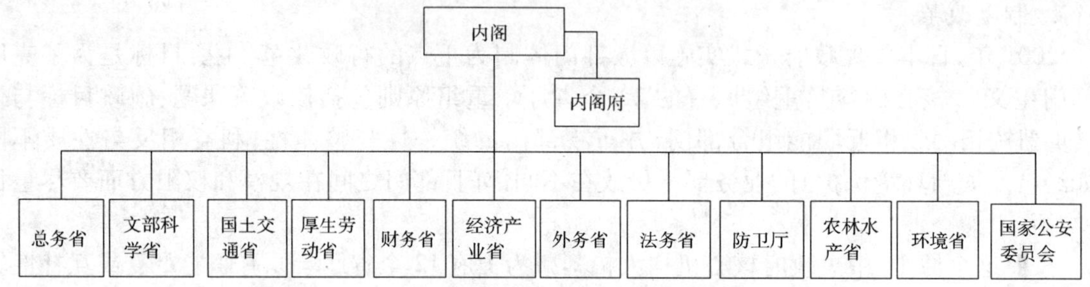

图2-1 日本内阁下设机构示意图

日本的司法部门是法院,法院由最高法院及下级法院(高等法院、地方法院、家庭法院、简易法院)(简易法院指审理小案,手续简便的法院)组成。所有的法官都独立行使职权,只受宪法和法律的约束。最高法院院长根据内阁的提名由天皇任命,其他法官都由内阁任命。法院有权认定一切法律、法令是否符合宪法。

(三)地方行政管理体制

现在日本实行的地方行政区制度,是随着明治政府于1871年实施的废藩置县政策而建立的。日本的行政区划分为国家、都道府县、市町村三级。都道府县和市町村都叫地方公共团体,实行地方自治,即按照居民意愿,根据民主原则,实施地方的政治和行政。市町村是与居民关系最密切的基层地方公共团体,都道府县是包括市町村的广域地方公共团体。从理论上讲,市町村与都道府县只有执行事务范围的不同,并无上下级之区别。但现阶段日本的地方自治是不完全的,国家通过各种途径,除法律规定者外,主要通过财政手段,对县和市町村进行干预。所以,都道府县事实上是市町村的上级机关。

在中央政府的管理下,日本的都、道、府、县是平行的一级行政区,属于地方最高行政机构,其行政首长称为知事,直属中央政府,但各都、道、府、县都拥有自治权。日本全国分为1都(东京都:Tokyo)、1道(北海道:Hokkaido)、2府(大阪府:Osaka、京都府:Kyoto)和43个县(省),因此,日本的行政区划一共有47个。除了北海道,都府县以下分成2个系统:一个是城市系统,有市—町(街)—丁目(段)—番地(号);另一个是农村系统,有郡(地区)—町(相当于中国的镇)—村。因此,日本的县比市大。北海道没有县,只有区和市。

都、道、府、县下设市、町、村。其办事机构称为“厅”,即“都厅”、“道厅”、“府厅”、“县厅”,行政长官称为“知事”。每个都、道、府、县下设若干个市、町(镇)、村。其办事机构称“役所”,即“市役所”、“町役所”、“村役所”,行政长官称为“市长”、“町长”、“村长”。

(四)日本政府管理体制的特色

日本具有悠久的历史背景,其国家行政管理体制在学习中国古代行政区划体制的基础上,又在近代较多的吸纳了西方资本主义国家行政管理的经验和做法,融合了西方发达国家的地方自治管理体制,创建了适合日本国情的行政区划体制和行政管理体制,推进了日本的经济社

会的现代化发展。总体来看,日本行政管理体制具有以下三个特征:

(1)中央集权与地方自治有机统一

日本行政区划体制和行政管理体制,既融合了中国封建社会的中央集权制度,又吸收了西方地方自治制度的元素,使得中央集权与地方自治制度在日本得到了有效的统一。古代的日本行政区划和行政管理体制深受中国影响,明治维新时期,日本在行政改革中设置府县制,由中央直接统辖,进一步加强了中央集权制度;但同时日本在近代吸收西方行政区划制度,尤其在市制方面,引进西方自治制度,逐步扩大地方政府的自治权利,使得地方政府在处理地方性事务时能够发挥更多的积极性和灵活性,而且地方政府能够在中央政府的宏观执导监督下,灵活自主地处理地方事务,促进地方经济繁荣与整个国家的经济发展。

(2)管理层级较少,管理幅度较大

受日本领土治辖范围的约束,明治维新改革后的日本行政区划层级明显减少,行政构架长期以来保持着层级少、幅度大的体制特征。在两级区划体制基础上,日本中央政府与地方自治政府是国家行政体制的两大中心主体。二战后日本地方自治制度得到加强,扩大了地方自治的权力。而地方政府在法律规定的范围内,实行自治的情况下,要接受中央政府的监督与指导。这样,中央政府与地方政府的关系,实质上仍然是行政体制中的监督与被监督、指挥与被指挥的关系。日本将全国地方自治的事务统一到中央级职能行政省建制对其进行控制管理,很大程度上活跃了地方自治的能动性而同时更好地控制了地方政府、减轻了中央政府的负担,这样还简化了行政机构的层次,在涉及到中央和地方的问题或事务上提高了行政效率。

在地方行政体制上,日本的地方政权实行"都道府县—市町村"两级制,中央政府直辖47个都道府县,平均每个都道府县管辖69个市町村。这种行政管理层次少,管理幅度大的体制,便于管理者深入基层、联系群众、了解情况、及时解决问题,也便于充分发挥基层政府和居民的积极性、创造性,因地制宜地搞好各项工作。

(3)行政区划和管理体制长期稳定存在

日本的一级政区和管理体制长期保持稳定。明治维新以后日本于1888和1890年分别颁布了《市制、町村制》和《府县制、郡制》两项法规,将全国的府县合并为3府、1道、43县,在町村之间设立了府县派出机构——郡,确立了日本近现代行政区划的基础。1943年将东京府改为东京都。自此,日本的一级政区便保持1都、1道、2府、43县的稳定结构。1888年日本对行政区划进行了合并和调整,全国变为3府43县,并通过了《市町村制案》。1923年废止"郡制案",减少了"郡"这一管理层级,保留了稳定的都道府县和市町村二级层级结构①。在此后的很长时间里,日本的一级政区保持了1都、1道、2府、43县的稳定结构。二战后为了适应经济高速发展,日本市町村这一级政区有较大变化,主要进行了大规模的合并,使市的数量在不断增加,町村数量减少,但都道府县一级政区的名称及所辖区域基本没有变化。

二、日本的交通行政管理体制

日本的交通运输管理体制历经多次变革,总的变革趋势体现了由分散管理、各自为政向集中统一和综合管理的方向发展的改革取向。目前,日本交通运输实行纵横结合、以横为主的管理体制,从总体上加强对全国交通运输的规划、建设和管理。

二战以前很长一段时期里,日本的交通运输行政管理从中央到地方分散在多个政府职能

① 吕帅,王凯等,《日本行政区划体制的形成与改革及其对中国的启示》,《中国人口、资源与环境》,2007年第1期。

部门，政出多门、多头管理的弊端严重妨碍了不同运输方式之间的有机联系和协调发展。

1943年，日本成立运输通信省，下设铁道总局、海运总局、汽车局、航空局、港湾局等专业机构，按照职能归类的思路将不同运输方式集中在一个部门进行管理，相对集中了交通运输行政管理，但不同运输方式之间的统一协作和综合协调等方面并没有真正实现统一管理。1945年，运输通信省又改组为运输省，但基本框架变化不大。

从1943年到2001年，在运输通信省总体框架基本不变的情况下，日本的交通运输管理体制也进行过多次内部调整，调整的目的是为了适应经济社会现实的变化和强化横向的综合协调。在2001年成立国土交通省之前，运输通信省内设有铁道局、汽车交通局、海上交通局、海上技术安全局、港湾局和航空局。在这一架构之下，与交通运输有关的全部行业管理和大部分的规划管理、设施建设、政策法规管理和安全监督管理都由运输省负责，但公路的规划建设和公路交通管理则属于建设省的职责。

自1943年成立运输通信省以来，日本交通运输管理体制改革的方向基本已经确定为建立不同运输方式有机衔接和综合协作的综合运输体系。1981年，日本运输政策审议会特别强调了实施综合交通政策对保持经济长期稳定增长的必要性。

2001年，日本开始新一轮的政府机构改革，在开始运行的政府机构架构之中，运输省与建设省、国土厅以及北海道开发厅合并成立国土交通省。其中运输通信省的原运输政策局与建设省的建设经济局合并成立综合政策局；运输通信省的海上交通局与海上技术安全局合并成立海事局；海上保安厅和海上气象厅仍作为外部局，由国土交通省管辖。同时，地方支局也进行了合并：运输省的5个港湾局和建设省的8个地方建设局合并为8个地方整备局。因此目前在国土交通省中，与交通运输行政有关的部门包括：综合政策局、道路局、铁道局、汽车交通局、海事局、港湾局、航空局以及船员劳动委员会、海上保安厅、海难审判厅等三个外局。此次改革的目的在于通过畅通交通管理体制，使长期以来成为协调难题的铁路与公路的立体交叉、高速公路与机场和港口的衔接等问题能够得到顺畅的解决。

目前，国土交通省（Ministry of Land, Infrastructure and Transport）为日本统管交通运输的中央部门，统一对全国的公路、水路、铁路、民航等进行综合管理。

国土交通省是在2001年政府机构改革中由原运输省、建设省、北海道开发厅和国土厅合并而成，在内阁12个省中规模最为庞大，主要负责国家有关土木、建筑、国内外海陆空运输事务管理、国土整治、开发和利用等。

日本国土交通省包括本省和外局。本省下设内部部局、施设等机关、特别机关和地方分支部局，外局设立船员劳动委员会、海上保安厅、海难审判厅、气象厅等部门（图2-2）。

内部部局是本省中的核心部门，由13个职能部门组成（图2-3）。施设等机关包括国土交通政策研究所、国土技术政策综合研究所、国土交通大学校、航空保安大学校；特别机关下设国土地理院和小笠原综合事务所；地方分支部局有4个，分别为地方整备局、北海道开发局、地方运输局、地方航空局、航空交通管制部。

目前，国土交通省中行使行政管理职能的部局主要有本省内部部局下设的13个部门和外局下设的4个部门，其主要职能如下：

（一）综合政策局

综合政策局负责制定综合基本政策，协调其他相关局的政策，保持政策统一。综合政策局的主要职责如下：

1. 制定国土交通省的综合基本政策

从有利于行政管理改革的角度出发,制定综合一致的政策,促进政策统一协调。

2. 解决环境保护问题

综合政策局负责研究解决以下一些环境问题,如:全球变暖、自然环境和生态系统的保护、公路交通环境、海洋污染。负责改善建筑工地环境条件,促进建筑副产品和汽车的循环利用,研究汽车、环保住宅和基础设施建设的发展和管理。

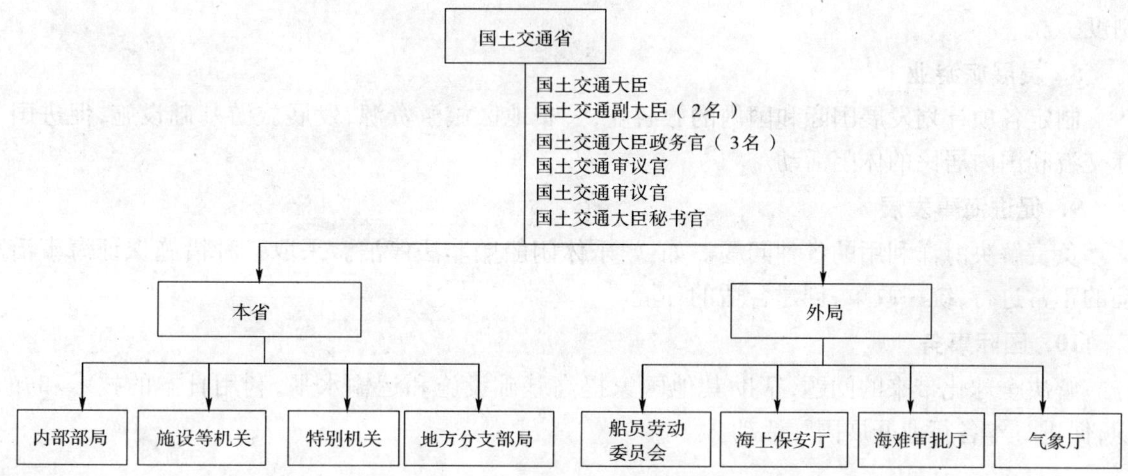

图 2-2 日本国土交通省组织机构图

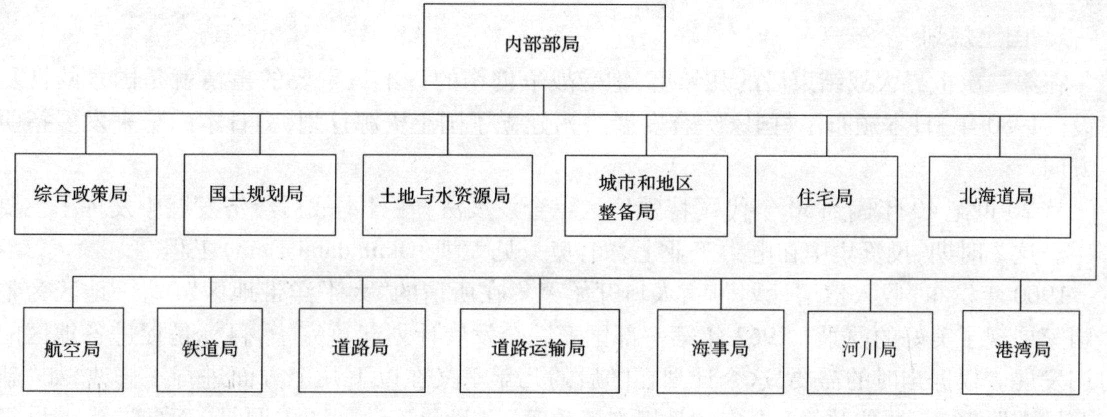

图 2-3 日本国土资源省本省中的内部部局

3. 促进信息技术革命

负责建设世界上最先进的信息系统;负责促进在公共管理领域及其他公共部门内信息技术的利用。

4. 解决出生率降低,人口老龄化和残疾人带来的问题

负责生活环境和公共运输系统的畅通,建立一个儿童安全成长的环境。

5. 城市运输措施(交通需求管理)

为了使城市运输环境以人为本,采取各种措施提高公共运输系统的便利性,促进交通需求管理(TDM)。

6. 在职权范围内支持各产业发展

建筑行业:促进建筑行业结构调整,策划并引导竞争;增强投标程序透明度;减少有缺陷和不合格的建筑产品。

不动产行业:保证不动产交易正常进行,促进不动产抵押。

运输行业:在运输行业中内进行改革,培养小型企业,扶助合资企业,为解决劳动问题提供帮助,振兴运输行业并提高消费者的便利性。

7. 促进居民住宅的供应

采取定期租赁、征税等多种措施,提供舒适的居住空间,改善相关的公共设施,改善审批制度。

8. 发展旅游业

制定各项计划发展国际和国内的旅游业,公布地区旅游资源,发展旅游基础设施,促进国际交流和国内居民的休闲活动。

9. 促进海事发展

负责解决海洋利用的各种问题。如:娱乐休闲船舶非法停泊。采取各种措施保证海事活动的正常进行,统一政策,创建合适的环境。

10. 国际事务

解决全球化带来的问题,帮助其他国家提高基础设施和运输水平,利用日本的技术和知识,促进日本各行业开展国际活动。

(二)国土规划局

1. 国土规划

在第二次世界大战结束后的几年里,饱受战争创伤的日本最重要的事情就是国家的恢复建设。1950 年,日本颁布了《国家综合发展法》,建立了国土资源计划,为日本的未来发展指明了方向。

从 20 世纪 40 年代到 50 年代,《特殊地区综合发展法》在日本战后经济发展中发挥了主要作用。这一时期,投资集中在电力工业上,如:奥只见大坝(Okutadami Dam)工程。

1960 年发布"收入倍增计划"后,人口开始聚集在所谓的"太平洋带地区",这一地区为整个国家展现了美好的前景。1962 年第一部国家综合发展计划起草完毕,目标是促进各地区的协调发展。根据当时的需要,这个计划在随后的几年里又在以下几个方面进行了修改,如"新工业城市"、"统一居住政策"、"统一互相支持政策"。目前该计划的主题是"面向二十一世纪的伟大设计"。

国家和地区规划局不仅负责国家规划,也要负责城市规划如东京、近畿、中部以及从东北到九州的地方发展规划。

2. 重新安排资金使用计划

此种计划用于东京的一些国家资金被重新安排使用是十分重要的,因为它不仅有助于减少资金在东京的过分集中,提高日本更强的抵御灾害的能力,而且有助于国家的政治改革。根据 1999 年议会呈现送的关于饮食协会和其他组织重新安排资金使用计划的报告,饮食协会目前正慎重商议政策走向问题。通过与饮食协会的积极协作,国土交通部也在主持如议会报告中指出的资金重新安排使用规划的商讨会议,并进行了各种形式的公共关系活动。

（三）土地与水资源局

1. 有效利用土地

在经济泡沫破灭之后的连续10年内，土地价格持续不跌，所谓的“土地价格永远增长的神话”破灭了。土地市场正向着理性需求方面转变。该局负责改善土地市场条件，满足不断变化的需求。

负责促进未使用土地和使用状况不佳土地的利用，如在城市化地区保存的农业公司土地。通过界定每片土地的边界，促进基础设施和不动产交易。

2. 实施综合利用水资源措施，思考水的循环使用

为了保证水的稳定供应，建一个抗旱能力强大的社会，必须建立一个良好的水资源系统。

采用特殊措施，包括：执行一项新的水资源发展计划，目标是综合发展和利用水资源；利用非饮用水；限制地下水的开采，防止土地塌陷；实施水资源公共公司开发工程。

为了保护和恢复水库地区，实施水库地区发展特殊措施法，建立（恢复）水库地区、社区的生活，统一内河流域的管理。

（四）城市和地区整备局

目前，随着信息技术国际化，出生率降低和人口老龄化等发生剧烈变化，人们正追求一种更高的生活质量而不仅仅是物质财富。因此，建立一个提高生活质量并能达到每个目标的社会是十分必要的。

通过行政改革合并原来三个局后组建的城市与地区整备局的主要职责如下：

1. 重建充满生机活力的城市

由于交通时间延长，缺少道路和空间，还有长期的交通阻塞，日本的城市缺乏了吸引力。为了建设享受生活充满生机活力的城市，各社区都制定了许多政策，如改善街道、公园、地下污水排放设施；支持正确执行城市发展规划，促进其他系统发展。

2. 建设多样化的社区

从国家和系统的观点看，土地利用是十分重要的。在执行计划时，要充分考虑地区和各社区的特点。

组织城市和乡村之间交流计划和专题讨论，充分利用各社区的个性来制定政策。

（五）河川局

虽然自古以来日本就受到大自然的庇护，但日本还是与洪水和山崩等自然灾害进行了大量的斗争。

从明治时期开始，日本进入了城市化时代，日本采用了系统化的措施控制洪水泛滥，并积极利用河水，用于饮用、农业、工业和水力发电。最近几年，公众的要求已变成为建设富于吸引力的水域环境和丰富多彩的自然环境。

为了保证人们的生活，确保水资源的稳定供应，建立一个丰富的生活环境，实施综合措施时要考虑变化的社会经济条件。

1. 制定实施洪水控制和水资源利用措施，适合城市化的各阶段

改善基础设施建设时要保证安全舒适的生活。拓宽河道时要考虑生态系统的保护和河水流域的陆地景观；建设堤岸时，要防止洪水风暴的损坏。最近几年，建设了一批高标准的堤岸，这些堤岸很坚固,可以在上面建造住宅。

近年来,由于用水量的增加使日本很多地区出现了干旱。为了保证全年用水供应,日本建设了一系列水利工程:堤坝、跨地区水渠等。

2. 保护和恢复内河环境的风景和自然风貌

在改善当地居住环境,使当地社会生活令人满意方面,水树连成一片的河岸地带起到了重用作用。

随着公众对大自然的丰富性、风景、历史和文化遗产的兴趣提高,对新的治理内河的方案的希望也在不断提高。为了追求人与自然和谐共存的可能性,采取下列措施:保护和恢复丰富多样的自然环境,不与人类活动发生冲突;创建环保的河流,以适合野生动物和鱼类栖息。

3. 防止沉积危害

日本每年都会发生一些如泥石流、山崩、山体滑坡等危害,为了阻止危害发生,日本在高危险地区建设了一批工程:控制冲积沉淀的堤坝;防止山崩的地下排水工程和建筑工程,为保持陡坡稳定建造了网格保护工程和防护墙工程。

除了建筑措施外,非建筑措施采用如下:调整并公布冲积危害地区;与志愿者合作改善警报和疏散系统;发展智能基础设施。

(六)道路局

1. 建设主干道网络

道路局负责规划并建设主干道网络,高标准高速公路干道是面向21世纪经济和社会的基础。该局负责有效利用土地,引导地区间的竞争,提高物流效率。

2. 建设信息社会的基础

为了奠定信息时代社会的基石,必须为道路维护和房屋建筑留出安设纤维可视光缆的空间。道路局负责发展和实施智能运输系统;负责电子收费系统的实施;负责国家和地区高速公路先进巡航辅助系统的实验等。

3. 重建城市

为了建立安全的合乎需要的城市环境,为了减少交通阻塞,应重建城市,实施交通需求管理措施。如,建设环线公路,重构城市结构或重建城市,建设分级交叉公路;实施停服务行驶规划。

4. 建设一个畅通无阻的社会

为了适应低出生率,老龄化社会的来临,保证安全的生活和旅行环境,并且为了给步行和自行车提供充足的空间,实施无障碍措施如:拆除人行道上的障碍物,将电力电缆和通信光缆理入地下。

5. 促进联合运输

组建国土交通省使公、水、空等运输系统联合成为可能,采取以下一些措施改善各种运输方式:用公路将机场和海港直接连接起来;建设火车站广场和地铁站的通道。通过道路管理部门和铁道管理部门的协作,减少公路交叉的瓶颈。

(七)住宅局

住宅局的职责是管理住宅和其他建筑。

1. 住宅

满足多样化需求，提高生活质量，业务范围包含以下几个方面：

(1)提供公共住宅。除了为有购买能力的居民提供住宅外，还要为中等收入和老年人提供租赁用房；提供低租金住房(通过与城市发展公司)提供家庭型租用住宅。

(2)提供购买住宅帮助。从住房货款公司获得长期固定低息贷款和优惠税收政策，增强居民的购买住房的能力，建设高质量住宅。

(3)保证住宅质量。建立住宅功能指标体系，保持和提高住宅质量。促进能源保护和解决室内空气污染有关的问题。

(4)改善居住环境。采取措施改善居住环境，如广泛有效地利用使用不佳和未被使用的土地；减少居住地区的建筑密度。

2. 建筑

提高建设质量，确保安全和舒适的居住环境

在建筑管理领域，建筑最低标准已被纳入建筑标准法的相关法律法规的框架体系内。负责保证建筑最低标准的实施。

负责各项建筑适合老人和残疾人的使用，节约能源，检查现有房屋的抗震情况。

(八)铁道局

1. 高速铁路

铁道局负责完成已列入计划正在建造的新干线(Shinkasen)的研究与建设工作，把传统的铁道路改造成高速铁路；负责磁悬浮列车和摆式列车的研究发展工作并把这些技术推向市场。

2. 发展城市铁路

采取措施减轻城市铁路拥阻。比如建新的铁路线，建设复线铁路，增加列车的车箱数量，增加列车服务频率。为了减轻城市道路交通拥堵和减少环境的问题，正在建设轻轨公共交通系统。

3. 减少运输障碍，提高客户利益

促进铁路车站内换车的通顺，安装电梯、自动梯等设施，实施无障碍运输。

(九)道路运输局

1. 建立一个安全、环保和有吸引力的运输系统

鼓励人们放弃私家轿车，采用公共汽车或其他公共交通运输工具；建设更有吸引力的公共交通系统。如实施“居民、城镇和环保汽车”计划确保地区运输。为老年人建造无台阶汽车，对汽车站实施无障碍工程。利用信息技术提升公共运输系统，提高物流效率。

2. 解决环保问题

为了减少大城市二氧化氮和颗粒物造成的空气污染，还有汽车排放二氧化碳引起的全球变暖，研究发展燃油更经济，排放更低的汽车，制定更严格的排放法规，研制低污染汽车(如压缩天然气汽车)，大力促进汽车的回收利用。

3. 提高安全性

2000 年日本交通事故数超过了 116 000 件，是历史上最糟的记录。为了改善这种情况，制定了更为严格的重载汽车安全法规。例如新条例要求安装车辆速度限制器，当车辆超过 90 公里/小时速度行驶时,它会自动使汽车减速。为了促进使用安全的汽车,采用车辆评估计划来比较和公布不同车辆的碰撞安全性。促进智能运输系统的发展,通过信息技术使车辆智能化。

(十)海事局

1. 发展海洋运输,保证基本生活

在国际海洋运输领域内,日本海事局负责建立一个自由而公平的市场,提高日本有关行业在市场中的竞争力。为了加强日本港口在全球竞争的能力,海事局负责改善港口装卸效率和服务质量。对于沿海货物运输,负责转变卡车运输为船舶运输以形成更环保的运输系统,负责复兴国内海洋运输。在旅客运输方面,维护和发展海运生命线。

2. 世界级船舶建造和海洋运输地区工业

鼓励日本发展占世界40%左右市场的船舶建造和船舶机械业,支持新技术发展,鼓励娱乐艇业发展。

建立严格的船舶建造标准,加强营动船舶的检查,保证海洋运输的安全性和保护海洋环境。

此外,海事局还监管摩托艇的各种比赛活动。

3. 培养海事人才,支持海洋事业

海事局负责处理与海员管理有关的各种政策:海员是海事行业的重要人力基础,努力促进他们的就业;改善他们的工作环境,防止劳动事故发生。

建立教育体系培养有竞争力的团队,适应海洋的发展变化。此外,通过各种方式提高海员的业务技能和引航员的服务水平,支持船舶运输,提高安全性。

(十一)港湾局

日本日常生活和工业需要的90%的能源和68%的食品依靠进口。99%以上的进口需要通过海港完成。为了保证日本社会稳定和经济发展,必须建立一个以港口为基础的物流网络,并在成本和便捷性方面保持全球竞争力。

1. 建立一个有全球竞争力的物流网络

须组建一个海洋运输效率和船舶交通安全并重的"海上高速公路网络"。为了实现国内运输网的高效运转,建设国内贸易终端站,满足多式联运的需要。

2. 建设保护生活环境的港口

为了建设再循环社会,加强对公共运输设施的建设,建设广泛的再循环中心,将废物处理设施、循环利用设施、废品回收设施、船运码头等综合在一起。

3. 创建一个环保的港口地带

港口地区的发展破坏了港口和社区建设的平衡,港湾局负责建设一个充满活力并与人友善的港口地带,满足商业和居住的需要。

4. 创建一个安全的生活环境

为了保证生命财产免遭自然灾害的破坏,大量已经陈旧的沿海保护设施需要重建,特别是在人口和财富集中的地区,要特别重视防震设施的建设。这样,才能保证建设一个安全的生活环境。

（十二）民用航空局

1. 航空运输基础设施

日本共有94个机场，每天运送国内旅客251 000人次，国际旅客135 000人次。机场建设需要很长时间，需要系统规划。

为了确保机场建设系统有效地发展，民用航空局在第7个七年机场发展计划里安排建设了许多工程（1996～2002年共投资36 000亿日元）。为了完成新东京国际机场和东京国际机场的改建计划，民用航空局正进行三个新工程：关西国际机场（Kansai International Airport）的二期工程；策划并建设名古屋中部国际机场（Nagoya Chubu Centrair International Airport）；第三大都市机场。这些工程是要最优先保证完成的工程，其他机场也要改善提高现有设施的质量。

2. 保证航空交通安全

负责检查飞机、飞机设备。检查航空公司的运营和维修系统，确保航空安全。保证飞行驾驶员、机械师及其他从业人员拥有相应的技术水平和知识能力，负责管理技术考试工作。飞行员只能由民用航空学院产生，这个学院是独立行政机构。

在交通管理方面，民航局负责空中交通管制，还负责规划、实施、维护飞行安全需要的空中航行系统。2003年作为实验ICAO CNSIATM系统的重要一步，将发射一颗名为MTSAT的多功能运输卫星。

3. 提高旅客便利和航空运输服务

航空运输对国际和国内旅行都是一种普遍的方式。为了创建一个增加旅客便利性的环境，采取各种措施保证航空运输服务的适当、合理。

从2000年2月开始，在国内航空运输方面，各航空公司可以自己制定日常管理规定和运费，而从前是由政府规定的。此外，采取如下措施来保持公平竞争环境：建立在市场机制和自律规则下的竞争法规；对由于过度竞争航空公司被迫放弃的偏远航线给予扶助。

（十三）北海道局

1. 北海道局的职责

北海道是一个广阔、发展潜力巨大的地区，作为农作物生产潜力巨大、旅游和疗养胜地，北海道为日本美好的未来做出了积极的贡献。

北海道局承担以下职责：

（1）制定和实施北海道综合发展规划；

（2）制定发展北海道项目预算；

（3）监管日本发展银行；

（4）促进邻近北方地区发展，保证当地居民生活；

（5）宣传北海道传统和文化。

2. 实施发展北海道的综合措施

北海道的特征是多雪、天气寒冷、人烟稀少。发展历史较短。在基础设施发展的许多领域，北海道走在了日本其他地区的后面，北海道的经济状况也比较落后。考虑到这些因素，为满足人民需要并振兴北海道，采取各种措施：如发展基础设施建设满足急紧需要；利用北海道优势发展新的工业；促进旅游发展，这是北海道重要的产业；促进户处运动发展。

采取措施稳步有效地推进一些满足人们基本生活需要和促进工业发展的特殊工程建设，

如公路、航道、海港、机场等。从北海道综合发展的立场出发,协调并完成各项工程建设。目前正在进行的项目有:环境与再循环工程,如乡村社区发展与废品处理设施工程;冬季乌托邦工程,旨在冬季创建一个舒适的生活环境;新乡村工程,旨在创建个性化的充满格调和生机的乡村社区。

(十四)海上保安厅

1. 维持秩序

日本枪支出毒品走私等海上犯罪案件数量不断上升,错综复杂。为了维护日本的和平,秩序和安全,需要对海洋进行监管。海岸警卫队职责是防止走私等其他犯罪活动,鼓励遵纪守法,维护海上秩序。

2. 维护海洋安全

日本的许多沿海水域,停泊着众多舰艇。为了船舶航运安全,必须采取缜密的安全措施,提供准确的航海信息并适当安装航标。海岸卫队已建立了一个海岸交通信息系统,采取了多种安全措施,防止沉船事故发生,防止海上休闲事故发生,保证人们安全地享受海洋的乐趣。

3. 海难事故救助

在海难事故发生时,必须争分夺秒,实施救助。为防止沉船和海洋事故的安全,海岸警卫队日夜巡逻,飞机随时待命。如发生海难事故,需要从倾覆、失火、沉没的船上救人时,经过特别训练的救援队伍将立即作出反应。

4. 防止海洋灾难,保护海洋环境

如果陆地上的公路被地震和洪水毁坏,那么从海上实施救助就将是十分重要的。海岸警卫队对自然灾害时刻保持警戒,监督管理海洋污染,也负责增强人们对海洋环境重要性的认识。

5. 国内与国际协作

防止国际海上犯罪和东南亚水域的海盗,实施大范围的搜救,保护全球海洋环境等诸多职责,如果没有日本和国外其他组织的合作是不可能完成的。为了完成全球范围内的海岸警卫任务,海岸警卫队负责培养其他国家的人才,也派专家去其他国家进行技术交流。

(十五)气象厅

日本气象厅负责日夜观测台风、暴雨、地震、海啸和火山活动等自然现象。负责用天气预报和警告等适时方式防止灾害,保证交通安全,促进社会和经济活动。向相关政府部门,当地公众团体和新闻媒体等提供地震,海啸和火山活动等信息。

1. 提供准确可靠的恶劣天气警告

负责从气象卫星(GMS)、自动气象数据采集系统和天气雷达系统收集数据,并以此为基础监测大气状况。如果预计出现台风、暴雨等自然灾害时,发布一系列气象信息,包括建议和警告。

2. 适时有效提供关于地震、海啸、火山活动等方面信息

负责用地震仪网络和其他安装在全国各地的测试仪来监测地震活动。在地震期间,负责迅速发布地震强度、海啸天气预报信息。气象厅也监测日本的火山活动,发布火山信息,防止灾害并减少损失。

3. 解决环境问题

根据世界气象组织颁布的全球气候观测和监测计划,气象厅负责对温室和大气层的气象观测。作为温室气体世界数据中心,气象厅负责积累提供解决全球环境问题的大量相关数据。负责研究全球变暖机制,预测气候变化,提供相关信息。

(十六)海员劳动委员会

海员劳动委员会由中央委员会和11个地方委员会组成,负责处理海员劳动关系。委员会成员由雇主、雇员和公共利益的代表组成。

1. 检查与调停

海员劳动委员会根据行业工会法检查行业工会组织的资格,检查不公正劳动关系的成立与解除,根据行业工会法发布解除令。根据劳动关系调整法,委员会负责劳动争议的和解、调停和仲裁。

2. 建议

根据国土交通部或其他政府机构大臣的要求,委员会负责调查商议一些重要事项,如修改海员海;根据最低佣金法确定船员最低佣金;在实施海员雇佣保障法有关重大问题方面做出决议;根据防止灾害海员法,在起草防止海员灾难方面的主要规划时做出决定。如确有必要,在上述有关重大事项方面,委员会提出建议。

(十七)海难审判厅

海难审判厅为专门处理海难事故的法律审判机构。海难审判厅由高等海难审判厅、八个地方海难审判厅、海难审判事务所和八个地方海难审判事务所组成。

海难审判厅的目的是通过法律审判澄清海难事故的原因,防止海难事故发生。

1. 海难审判程序

接受海难事故案件的委员负责调查事实,收集证据,申请审判。然后在有关各方面出席的情况下,由法官在公开的审判庭上主持审判。

审判结束后,下达事故原因和事实的审判书,对有关海员实施惩戒行为。

审判方式采用二审制。一审由地方海难审判厅进行,二审由高等海难审判厅进行。

2. 改善海难审判进程

考虑到日本和国外不断变化的海事运输条件,海难审判厅负责改善调查和审判体系,使程序合理化,以便在更短的时间内查清事故的原因。

三、日本交通行政管理体制的特点

交通行政管理体制是一个国家实施交通管理活动的组织方式和运作制度,是一种载体和先决条件,没有一个良好的体制就没有成功有效的管理。交通行政管理体制极大地依赖于各国现有的政治经济体制、政府管理体制、市场运作机制以及社会文化特点等因素。自20世纪70年代初以来,为了解决日益严重和复杂的各种交通建设和管理问题,许多国家都相继建立了专门从事交通管理的中央政府机构。纵观世界各国交通管理体制,其总体上的机构设置和一般性的职能都大同小异,但就环境管理体制的组成形式和结构,特别是职能划分和运作方式及机制而言,各国差异较大。

日本交通运输行政管理体制与日本的政府管理体制密切相关,是政府管理理念和方法在交通运输层面的具体体现。通过对比分析可以看出，日本交通运输行政管理体制具有以下三个特征：

（一）中央层面组织规模较大，业务范围较广

日本国土交通省由旧运输省、建设省、国土厅、北海道开发厅四省厅合并而成，组织规模较为庞大，管辖范围较为广泛，所辖业务从住宅、土地、水利、铁公路、海港、机场、海上保安到气象服务、观光旅游等诸多方面。如在水资源管理方面，国土交通省负责水资源长期供需方面的基础性、综合性政策及规划的策划、立项及推行（由内设的水资源部具体负责），河流管理、治水工程、河流综合开发工程的组织实施（由内设的河川局具体负责），以及下水道相关政策的立项、组织实施及指导监督等工作（由内设的下水道部负责）。

另外，除了国土及交通基础设施硬件建设和规划以外，国土交通省还承担了交通及旅游、防灾对策研究等方面的政策研究并及时发布的职能。因此，国土交通省业务量和资金额非常巨大，占日本公共事业预算的八成，执照权限 2 550 项。庞大的组织规模和业务量使得国土交通省牵涉到的利益群体也比较大。

（二）对不同运输方式实施统一管理，注重相互衔接与协调

在成立运输通信省之前，日本的交通运输管理由政府的各个部门分管，没有一个统一的政府部门主管交通运输事务，政府难以对各种方式的运输进行综合管理和协调，从而影响了国家宏观调控效能的发挥。为此，日本于 1943 年成立了运输通信省，使中央政府对交通运输的管理从分散走向集中，以保证政府统一协调和管理各种方式的运输。在这一阶段，日本完成了对不同运输方式在管理体制上的统一管理，但此时并没有真正解决不同运输方式之间的有效衔接以及综合协调等问题。

为真正实现不同运输方式之间的协作与衔接，在 2001 年日本新一轮政府机构改革框架中，对运输省组织架构进行了较大幅度的重组与整合，与建设省、国土厅以及北海道开发厅合并成立国土交通省，将运输省的部分职能局与建设省的相关职能局以及运输省内部局进行了大规模的合并。至此，日本交通运输建立起比较畅通的交通管理体制，使长期以来成为协调难题的铁路与公路的立体交叉、高速公路与机场和港口的衔接等问题能够得到很大程度的解决。

（三）地方管理权限较大，拥有较大的自主权

日本的交通管理体制与其政体密切相关，由于日本是君主立宪制国家，中央到地方的管理层级较少，管理幅度较大，地方行政机关拥有较大的自主权。日本的都、道、府、县是地方最高行政机构，其行政首长称为知事，直属中央政府，但各都、道、府、县都拥有自治权。因此，地方交通管理部门也相应拥有较大的管理权限。

近年来，为了抑制国土交通省的权力过大，特别设立了被称作地方优先机关的地方整备局，这是为了符合行政改革中地方分权的大方向，将道路与河川的管理尽可能移交给地方自治，国土交通省将以往地方建设局与地方港湾建设局整合成为地方整备局，设置在全国八个地方（东北、关东、北陆、中部、近畿、中国、四国、九州岛）。地方整备局的权限很大，凡是所辖地方的预算、事业计划、执照许可都是独立判断，不受国土交通省干涉，在有关交通运输政策的制定上，以地方整备局的决定优先。

总体来看,日本将交通、国土、建设、水利、旅游、气象等诸多业务职能集中放置在国土交通省统一行使,在很大程度上解决了业务交叉而纠缠不清的问题,降低了行政成本,大大提高了行政效率。但是,国土交通省毕竟是在不长的时间内进行了较大幅度的变革,属于激进型变革的类型,体制改革所必备的监督机制、配套政策无法在短时间内建立并完善。因此,日本的交通管理体制的改革模式也存在很多亟待解决的问题。如对重组后各部门利益的协调与平衡问题,在改革以前,建设省在汽车税的征收上是以"汽车重量税"作为道路特定财源,但运输省却希望废止重量税,而改以燃料费为基准的"绿化税",当这两省合并后,国土交通省既要对各省的观点重新考量,又要解决资金的问题。诸如此类各省局不协调的问题很多,所以谋求政策的一致性是日本畅通交通管理体制的关键,国土交通省必须要将各省局纳入国家整体的全盘考量、规划,这在很大程度上占用了国土交通省的行政资源,影响了部门协作的效率和效益。

第三节　不同运输方式的管理体制

第二次世界大战以后日本经济迅速腾飞,交通基础设施建设也相应得到快速发展,20 世纪七八十年代已经基本完成了贯穿南北、连接都市和各经济区域的高速公路与高速铁路干线的建设工作,如今已经基本形成较为完善的交通运输网络,步入典型的后工业化时期。在中央体制框架下,日本在公路、水路、铁道、民航等运输方式的管理上,既有相同的方面,又具有各自鲜明的特色。

一、日本公路建设和管理体制

日本的公路运输发展迅速,截至 2005 年 3 月底,全国公路通车里程已达 121 万公里。其中高等级干线公路达 1.2 万公里,高速公路达 2 480 公里,一般公路约 120 万公里(主要包括辅助国道约 5.4 万公里、都道府县道路约 13 万公里,市镇村道路约 97 万公里)[①]。目前已成为世界上公路密度最大,拥有最先进综合交通系统的国家之一。日本国内公路建设与管理实行的是国土交通省、公路局、道路公团三级垂直管理体制,如图 2-4 所示。

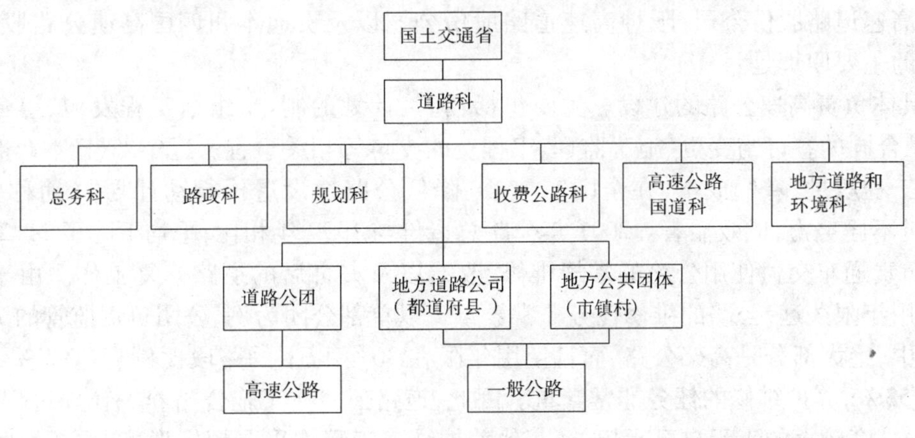

图 2-4　日本公路交通管理体制

① 叶军,尹贻林,张颖:"日本公路建设与管理体制特点",《综合运输》,2007 年第 4 期。

(一)中央一级管理机构设置及职能

日本公路交通管理机构系按政府级别分级设置,主要分为中央政府管理机构和地方政府管理机构。中央政府管理机构即国土交通省,具体承担公路交通管理和建设职能的部门是道路局。道路局下设8个科,即总务科、路政科、道路交通管理科、规划科、收费道路科、高速公路国道科、一般国道科及地方道路和环境科。

在国土交通省中,道路局作为国家道路管理的职能部门,其主要职责就是制定政策、法规、检查监督,并协调各都道府县和道路公团管理国家公路。近年来,道路局为了提高对公路建设与管理的监控力度,在全国又下设了八个地方建设局,并在建设局之下组建了众多的相关事务所及办事处。后来为扩大地方自治权力,日本又将地方建设局与地方港湾建设局合并为地方整备局,但有关公路建设和管理的职能不变。

(二)地方公路建设与管理体制

日本公路按照《道路法》的规定分为三个类别,分别是高速公路(高规格的干线国道、地域性高规格公路、都市高速公路)、都道府县公路、市镇村公路。在日本不同类别的公路承建主体不同,其中承建高速公路的是道路公团,是由按照地域划分的7大股份公司组成。都道府县公路、市镇村公路则分别由都道府县、市镇村级的地方道路公司或地方公共团体承建和管理。

1. 道路公团

日本道路公团是高速公路交通的主管单位,警视厅和属地警察是参加交通管理的单位。日本汽车联盟、属地消防急救队受道路公团委托也参与交通管理,提供有偿服务。日本的道路公团始建于20世纪50年代,是目前全面负责日本高速公路建设与管理的法人机构。道路公团在发展的初期,是由日本政府出资组建的国有性质机构。近年来,伴随着道路公团民营化进程的加快,已全部改为隶属政府(国土交通省)的"半官半民"性质的财团法人。

目前,日本已将原道路公团按地域组建为东日本高速道路株式会社、中日本高速道路株式会社和西日本高速道路株式会社。将首都高速、阪神高速、本州四国联络团等3家道路公团改建为首都高速道路股份公司、阪神高速道路股份公司以及贯通本州四国高速公路股份公司。道路公团的主要职责是:

(1)具体负责高速公路的建设。主要包括:施工计划的制定、组织工程发包、组建审标委员会、施工合同的签订与变更、施工监理、工程费的支付等相关事宜。近年来,日本政府为了进一步提高工程质量、降低成本,在全国实施了"降低公路建设造价行动计划"(简称"行动计划"),经过不懈努力,成效显著。2001年公路总造价与1999年相比,平均下降了11.25%。

(2)负责通车交付使用公路的常规维修、改造以及灾害后的道路修复工作。由于日本多数公路使用年限久远,公路的维修任务非常繁重。以首都公团为例,公团负责监管的264公里高速道路中,绝大部分是高架公路,而且使用年限在30年以上的路段比例高达27%,超过20年的也占53%,养护维修的任务非常繁重。因此,道路公团在实施公路养护管理过程中,除技术含量高、难度较大的工程自己承担外,其他养护维修工程均采取招标形式,委托民间私营公司完成。

(3)承担与高速公路相关的辅助设施的建设与管理。主要包括:长途汽车站、收费停车场、高速公路服务区内基础设施等。

2. 都道府县级道路公司

都道府县道路建设公司是承担本辖区内除高速公路外的所有公路建设与管理工作。主要职责是全面负责省级一般收费公路的建设与管理(具体管理职责与道路公团相同),涉及国家级公路管理的相关事宜,须由地方行政长官与建设省大臣协商批准后方可进行。这类地方道路公司主要由各都道府县级行政机构管理,相当于我国的省级。

3. 市镇村级公共团体

市镇村公共团体是专门负责都道府县道路、市村镇内部一般公路以及收费道桥、渡口等设施的建设与管理的地方性机构。这类地方公共团体主要由市镇村级行政机构管理,相当于我国的县级管理。

(三)公路交通管理机构的职能

1. 中央政府管理机构的职能

中央政府管理机构即国土交通省,其中与公路交通基础设施资产管理有关的具体职能部门为道路局。

道路局的职能是全面负责日本公路的规划、建设和养护管理,重点是干线公路网的规划、建设和养护管理。具体职能由下设的各部门负责。总务科负责制定道路改善五年计划及其他长期计划;制定道路基金计划,管理中央道路资金;监督道路公团。路政科负责起草道路相关法案;管理和监督道路;规划高速公路国道、一般国道、主要地方道路和北海道开发道路等公路网;设计上述公路。道路交通管理科负责规划和协调道路交通安全管理;调查研究道路安全;监管道路交通信息中心。规划科负责规划重要的道路(高速公路国道除外);调查和统计道路;制定技术结构;制定道路工程技术标准;规划道路交通安全系统;安排大规模经营工程项目,进行工程项目评估;制定道路灾害应急对策。收费道路科负责规划和调查收费道路系统;审批收费道路的建设;依据《道路运输法》审批汽车专用公路的建设。高速公路国道科负责实施高速公路国道建设条款;调查和统计高速公路国道。一般国道科负责新建和改建一般国道;修缮一般国道中规定直接管理的部分;改善多雪和严寒地区的一般国道。地方道路和环境科负责对地方道路进行技术监督和指导;对多雪和严寒地区的道路进行技术监督和指导;建设、重建和修缮北海道开发道路;改善北海道多雪和严寒地区的道路。

2. 地方政府管理机构的职能

地方政府管理机构主要指都道府县一级的管理机构,一般为这一级政府中的公共工程局、国土开发局或基础设施局,其主要职能是负责域内道路的规划、建设、养护和管理。具体工作由下设的各部门负责,一般包括规划科、征地科、路政科、道路建设科和道路养护科等部门。

3. 道路公团的职能

道路公团主要指日本道路公团、首都高速道路公团、阪神高速道路公团和本州四国联络桥公团。日本道路公团是日本收费道路的综合管理机构,负责全国收费道路包括城间高速公路和一般收费公路的新建、改建、维护、修缮、收费及其他方面的管理。首都高速道路公团负责东京都及周围地区收费道路(包括高速道路和汽车专用公路)的新建、改建、维护、修缮收费及其他方面的管理。阪神高速道路公团负责大阪、神户和周围地区收费道路(包括高速道路和汽车专用公路)的新建、改建、维护、修缮、收费及其他方面的管理。本州四国联络桥公团负责本州－四国联络道路和联络桥(公路铁路两用桥)的建设、改造、维护、收费和管理。此外,各都道府县的地方道路建设公社主要负责地方干线公路的整治工作,主要是收费道路的建设和管理。

(四)日本公路交通相关法律法规体系

日本公路的建设与管理完善化的一个重要标志,就是具备体系完善、措施得力、责任严明、操作性强的法律法规体系。日本国内与公路建设与管理相关的法律法规体系大体分为两个层次:

第一类是由国会通过的至高无上的法律条文。主要有:公路法(1952 年法律第 180 号)、《公路建设紧急促措施法》(1958 年法律第 34 号)、《公路建设特别措施法》(1956 年法律第 7 号)、《日本道路公团法》(1956 年第 6 号)等。

第二类是由政府或中央各省部颁布的政府令或省令。这类政府令或省令,都是以国家颁布的法律为依据,将国会通过的相关法律条文细化,制定一系列责权利明确、具有较强操作性的法律法规实施细则或施行令等。目前主要有:《公路构造令》、《公路构造令实施规则》、《公路建设特别措施法施行令》、《公路建设特别措施法实施规则》、《公路法施行法》、《公路法实施规定》、《关于公路维修法实施政令》等。在上述诸多的法律法规与政省令中,《公路法》是基本法,《公路构造令》是最为重要的政省令,这两项在日本公路的建设与管理中发挥着至关重要的作用。

【专栏】 日本的高速公路管理体制

1. 日本高速公路管理机构与主要职能

日本高速公路的交通管理机构由公团各管理局和警察部门等构成。由于收费高速公路上行驶速度高,出入受到限制,所以及时提供堵塞、交通障碍、气象条件等公路交通,以及对交通事故和车辆故障提供援助,对确保公路交通的安全、快速和舒适十分重要。日本道路公团提出,为使收费高速公司的服务水平适应社会需要,从交通管理的角度来说,最重要的是满足紧急性和适应性的要求。

在日本道路公团属下的高速公路上,交通控制业务通过各管理局下设的交通控制室来执行;由各管理所配置的交通管理队和属于当地政府(都、道、府、县)的高速公路交通警察队上路巡逻、收集信息和执行现场处理工作;另外,还有消防、急救机构和日本汽车联盟(JAF)以及民间救险组织等协作单位组成的现场救护体制。

日本道路公团各管理局从事交通管理的主要部门有:交通技术科、交通管理科等。交通技术科根据交通事故的统计分析结果制定事故处理对策,交通管理科与警察、消防部门协调交通管理和交通安全的对策。各局还设有交通控制室,有 2 ~4 名工作人员 24 小时值班,处理紧急事故并提供交通信息。

管理事务所为交通安全的实施机构,除日常的道路养护外,还进行交通安全设施的整修和道路改良工作。

日本警察厅交通局有高速道路科,各管区设道路管理室,在各都、道、府、县,随着高速公路新建里程的增加从 1983 年起相继建立了高速公路警察队。至 1989 年初,在 7 个警察管区设 12 个高速道路管理室和 4 个分室,在 43 个县设有高速公路警察队,队员总数 3 300 多人,管理 5 123公里高速公路。

2. 日本高速公路管理机构的职能分工

日本高速公路的交通管理由公团和警察部门分工协作进行。一旦发生交通事故,还有地方消防组,医疗单位,日本汽车联合会,民间求援车组织参加处理事故。日本汽车联合会也有高速公路巡逻车,以便帮助抛锚的汽车解决难题。日本道路公团还配备人员和设施,建立了两个专门的急救基地。为了推进交通安全教育活动,有35个都、道、府、县成立了"高速公路交通安全协议会"。

从公路部门(道路公团)与警察在交通管理方面的职责分工来看,道路公团设立交通管理队从事路上巡逻,同时2~5人24小时值班,以便处理突发的交通事故。交通管理队的主要任务包括:

(1)排除路障,消除事故隐患;

(2)疏导临时发生故障的车辆;

(3)交通阻塞时在路上设置警戒线;

(4)与控制室有无线电话联系,报告气象和路面状况;

(5)与警察、消防部门共同处理交通事故;

(6)限制管理通过立交桥的车重、轴重和车高。

另一方面,交通警察部门(日本警察厅交通局高速道路科)的主要职责是:

(1)调查规划高速道路交通警察的活动;

(2)制定高速道路交通事故防治对策;

(3)执行交通法规;

(4)处理和调查交通事故及违法行为;

(5)管理整治有关的交通安全设施;

(6)规划指导交通安全研究课题;

(7)管理高速道路交通警察队。

各都、道、府、县的高速道路交通警察队是一支维护高速公路治安(日本有许多利用高速公路杀人、拐骗、搞恐怖活动的案件)和执行道路交通法规的队伍。高速道路交通警察队以县为界进行管理(目前无高速道路的县则未设高速队),因此,一条高速道路经常由不同的县高速交通警队负责。如东名线分别由爱知(88公里)、静冈(185.8公里)和神奈川(72.9公里)县高速交通队管理。又如全长37.3公里的濑户大桥,分别由四国管区局的香川(15.7公里)和中国管区局的罔山(21.6公里)高速交警队负责。

高速交警队执行交通法规,维护交通安全设施;交通巡视员用巡逻车执勤,通过无线通信和应急电话处理交通事故,还负责向控制中心提供交通情报。

在交通监控和交通安全设施方面,除公团设有交通控制中心外,警察部门还在74个都市设控制中心。在一些管区,公团和警察在同一控制中心工作。

1970年由建设省和警察厅批准设立日本公路交通信息中心,其主要业务是接受、处理并向驾驶员传递道路交通信息。

交通安全设施分别由道路公团和警察部门管理维修。

属于警察部门管理的有:信号装置、路标路牌、指示标志、人行道、自行车道、人行桥和地下通道、照明、护栏、标线、道路情报板和路测通信系统等。

安全设施费用分别由警察和道路部门按各自的预算渠道拨给。

日本的交通管理法规主要是《交通小六法》,包括《道路交通法》、《交通安全对策基本法》、《道路法》等。

3. 日本高速公路防灾应急管理的对策措施

日本非常重视高速公路的防灾应急能力的提高,在防灾意识和应急对策方面,主要注意做好以下几个方面的工作：

（1）在规划建设阶段就注意避开地震等灾害的影响。由于日本列岛位于太平洋地震带，因此，日本的桥梁建设中普遍采用免震构造。高速公路在建设规划之时，就非常重视防灾避难的设计。抗震性和安全性是日本建设公路、铁路等城市基础设施的重点，第二东名高速公路建设也避开了六级以上地震带。

（2）保持高速公路处于一种良好的养护状态。日本高速公路的防灾意识和防灾措施也体现在高速公路良好的养护上，日本的高速公路少见坑槽和裂缝，平整度好。日本全国7 000多公里高速公路.全由道路公团统一管理。从1999年开始，道路公团规定在新建道路上全部使用排水路面结构。改建道路也要求采用排水结构。到目前为止，全日本50%以上的道路采用排水路面结构。从实施效果来看，排水路面具有减噪、防溅水、防滑、防眩光等效果，从而可降低交通事故发生率。

（3）不断提高防灾应急的意识水平和重视程度。日本是世界著名的地震多发国，全世界震级在里氏6级以上的地震中，20%以上就发生在日本。20世纪60年代以后，日本积极推动各种对抗灾害的政策，并特别强调灾害防范面的努力，除了各种相关法规不断推出外，基本的灾对法亦随时加以修订，自20世纪30年代以来，平均每一年半即修正一次。日本在灾害防救投入的努力大致有：防灾的科技研发，防灾系统、设施与设备的强化，营造计划设计规范的严格要求，紧急应急及复原运作，落实信息及通信系统等方面，年预算达到200亿美元以上。另外，日本还重视高速公路上的防灾应急的演习，以此加强人们对灾害应急反应的意识和能力，如日本经常在阪神高速公路上进行的地震防灾演习，训练救援队员使用云梯救火车将被困在高速公路上的人员救出的能力。

（4）提高相关设施的技术水平和信息化能力。由于台风及雨雾管等恶劣天气较多。因此日本公路的防灾设施及灾害对策也比较完备，如1958年日本就在世界上首次设置了高速公路隧道防灾设备。日本在高速公路建设施工中积极采用新技术、新材料、新工艺，如铺筑高机能路面，对路面碾压施工采用GPS卫星监测，在施工中采用各种先进的设备机具等。另外，日本还大力推进立体交通，提高高速公路相关设备信息化水平，保证各单位、部门在信息工作方面能够密切配合，如道路公团监控中心、警视厅交通监控管制系统、VICS系统等联网进行数据的交换和处理，做到了资源共享，确保在危机事件发生时的通信能力。

（5）设置可行的防灾预警方案。日本高速公路的管理单位即道路公团都有防灾预警方案，一旦出现灾害，预警方案立即按部就班的启动，各种抢险救灾物资会迅速到位，并保证受阻道路的尽快修复。

（6）注重对生态环境的保护。日本十分重视对高速公路沿线生态环境的保护，如建设施工时尽量减少对自然生态的破坏，公路沿线树木、河流、自然植被保持良好，施工废料100%进行再生利用等。

二、日本水路交通管理体制

日本是狭长的岛国，资源缺乏，是贸易立国的典型国家，国际贸易是其生命线，国家经济对外依赖性极强，因此必须维持海运生命线和港口对外窗口的特殊地位。由于日本的特殊地理位置，其境内港口较多，沿海运输十分发达，内贸吞吐量占到总吞吐量的2/3，近海货物周转量占到总量的40%～50%。因此，海运和港口对日本经济的发展尤其重要，是世界上最大的海运大国，其34 400公里的海岸线上拥有近1 100个港口，共吞吐量约占世界总海港吞吐量的四分之一。

（一）水路交通管理机构设置及职能

在国土交通省中，涉及水路管理职能的机构和部门主要有综合政策局、河川局、海事局、港湾局和船员劳动委员会、海上保安厅、海难审判厅等三个外局。日本水路交通运输管理体制如图 2-5 所示：

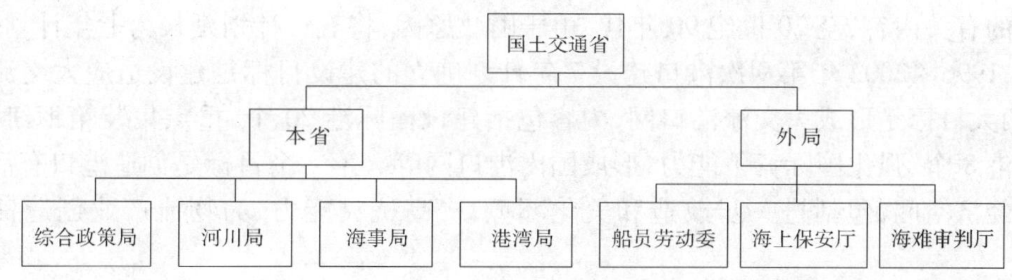

图 2-5　日本水路交通管理体制

在涉及水路管理的部门和机构中，综合政策局涉及整个交通运输行业的政策制定、规划等；港湾局主要负责港口的建设、利用、维护和管理等事务；与航运相关的管理几乎涉及河川局、海事局、港湾局、海上保安厅等部门；海上保安厅是管理与控制海洋、统一负责水上交通执法的专门机构。各部门和机构的主要职能见表 2-1。

日本水路交通管理部门及职能　表 2-1

部　门	主　要　职　能
综合政策局	监管国家运输政策制定，促进综合运输的发展；国际运输协议谈判与执行；合理布置航线；实施航空旅客保护法规；防止酒精和药品在运输中被滥用法的发布；运输法的制定
河川局	制定实施洪水控制和水资源利用措施；保护和恢复内河环境的风景和自然风貌；防止沉积危害
海事局	发展海洋运输，保证基本生活；建立严格的船舶建造标准，加强营动船舶的检查；培养海事人才，支持海洋事业。发展海洋运输，保证基本生活；建立严格的船舶建造标准，加强营运船舶的检查；培养海事人才，支持海洋事业
港湾局	港口的建设、利用、维护和管理等。建立有全球竞争力的物流网络；建设保护生活环境的港口；创建一个环保的港口地带；创建一个安全的生活环境
海上保安厅	维护海上治安，维护海上交通安全，海上防灾救灾和海洋环境保护

（二）日本港口行政管理体制

日本是世界上最大的海运大国，其 34 400 公里的海岸线上拥有近 1 100 个港口，共吞吐量约占世界总海港吞吐量的四分之一。日本的港口按照其重要性分成特定重要港口和重要港口，1 000 多个港口中特定重要港 20 个，重要港口 120 个，地方港口 800 多个。日本的港口设施建设和管理的主体不统一，建设主体为国家、港口管理者、地方公团、集装箱码头公司等，管理主体多为地方港口管理当局。

1. 机构设置和政府职能

日本把港口行政系分成两种行政行为，其一是建设行政；其二是管理行政。前者行政职能是主管港口的开发利用及管理等方面的设施建设行政，其国家主管主体是国土交通省和经济企划厅。港口管理行政又可分为设施管理行政和港口经营行政。前者管理港口设施,后者则管理港口装卸搬运及码头经营活动,行政管理部门既涉及到运输省,劳动省、大藏省、农村省、福生省和法务省等,又涉到地方机构和地方自治体,相对而言很复杂,但其管理主体是地方港口管理者。

直接管理港口的部分是国土交通省,内设港湾局。就港口而言,每个五年计划都要制定港口的开发,利用、维护以及航道开发维护的基本方针。其内容除上所述外,还包括港口配置、功能及能力的有关内容,至20世纪90年代,由于财政原因,将五年计划延长为七年计划。

例如,1996~2002年第9次港口建设7年计划确立的建设目标是建设适应大交流时代的港口,其两大目标是形成大交流港口网,内容包括建设国际港20个,重点集装箱枢纽港4个,一般枢纽港8个,强化国际竞争能力,形成国内港口网等。第二个目标是创造港口有活力而稳定的社会经济空间,包括进一步改造和美化环境,提高抗灾能力、为物流产业创造良好的基地等。

五年计划(或七年计划)的基本项目确立后,各港口先自己根据国家的基本方针及总体规划,制定本港的计划,通过地方港湾审议会审查答辩后交运输省审查,国土交通省还需通过国家港口审议会的审查,最后由运输者批准。根据港口整体紧急措施法的规定,港口五年计划最后由内阁批准,其建设目标和投资量须由运输省需征得经济企划厅及国土厅领导的同意。

国家对港口的投资分两部分,其一为负担金,例如特别重要港口,港口的水域设施(航道、锚地)和外廓设施(防波堤、防潮堤、导流堤)工程国家负担百分之百,系船设施负担75%。其二为补助金,如特定重要港口的临港交通设施国家补助75%。各港口在制定港口建设和改造计划时,按照固定格式将详细的工程项目内容及经费预算上报运输省,最后由运输出省审批后列入国家投资计划后逐年下拨。

综上所述,国土交通省除了制定港口开发,利用、维护基本方针和主管各个五年(七年)建港规划时,还是各港口资金投入的主要审批管理机构。

2. 港口设施建设主体和设施管理

除了民间私人机构建设的项目归私有外(极少),日本港口建设的主体有国家、港口管理者、地方公团、集装箱码头公司等。其设施管理者多是港口管理当局,其中只有集装箱码头公司的设施由公司管理,公团投资的设施由公团管理,航道辅助设施由国家(海上保安厅)管理。

日本的港口设施管理者根据1950年的《港湾法》都下放给了地方,中央政府不参与设施管理。在1000多个海港中,都、道、府、县管理港口600多个,其中特定重要港口8个,重要港口83个,共余是地方港口。市、町(镇)、村管理港口390多个,其中特定重要港口7个,重要港口20个,其余是地方港口。联合事务局管理港口5个,其中特定重要港口3个,重要港口2个。由上可知日本的特定重要港口管理都是归市、町、村管理的地区行政级别施工工程,但可以管理国家的特定重要港口。

按照港口法的规定,港口管理当局在港口设施管理方面的职责是:

(1)制定港口建设计划,其中包括设施项目及所需投资的申报;

(2)使港区内及所管理的设施维持在良好的状态(包括清除港内漂流物,废船及其他碍航物,水域清扫及防污染);

(3)负责港口开发、利用、维护以及临港地区的必要港口设施的建设和改造工程;

(4)港口区内及临港地区内水面填筑、整地等造地和建设工程。

三、日本铁路交通管理体制

在铁路运输方面，日本铁路全长为46 000多公里，其中电气化高速铁路2 000公里，主要铁路干线多分布在沿海一带。在结构上，日本的铁路交通网由纵横全国的国营铁路、大中城市之间的私营铁路和城市内的地铁构成。在管理体制上，日本经过国铁民营化改革之后，政府逐步放开了对铁路的垄断经营和管理。

（一）日本铁路的历史演进与体制变革

1. 全国铁路网的形成

日本铁路于1872年开通，比英国铁路晚了将近50年，采用的是窄轨（轨距为1 067mm）方式。窄轨铁路虽然对于经济发展和形成路网是比较有效的，但其运输能力不足并且提速困难。即便如此，日本铁路作为国内的中心交通工具从其开通时就发挥了极其重要的作用，它的地位直到汽车社会和喷气式飞机的20世纪60年代中期为止都无法被动摇。

20世纪50年代末以来，日本的高速经济成长使国家的人口及产业进一步地沿着东京—福冈的太平洋海岸和懒户内海海岸的地域集中。由于当时铁路线上旅客列车和货物列车混跑，公路建设也未到位，因此交通设施的输送能力成为阻碍经济增长的瓶颈。

在这种形势下，日本对铁路进行了电气化改造，不仅对城市近郊的线路，而且对远距离的列车也采用了长大编组的电动车组，使之能高速运行。大城市地区的人口增加和郊区化居住，使城市旅客运输急剧地增加。因此需要长大编组的列车、运行间隔的缩短、运行线路的增加、车站规模的扩大以及配备先进的信号设备来满足人们出行的需求。经济的增长带来了巨大的运输需求。远距离干线铁路的运输能力超过了设计能力，特别是作为旅客运输和货物运输大动脉的东海道铁路线，其开行的单方向列车已超过200列/日，运输能力基本达到了饱和，因而在列车的速度、安全保证等方面产生了各种各样的不适应。为了增强运输能力，当时采取并实施了强化线路、增设车场的待避线、扩大编组场、改进信号安全设备等设施，使运输能力得到了一定提高。

2. 建设新干线铁路

由于运输能力不能满足经济增长的需要，日本在1930年末所做的修建高速铁路的构想和规划的基础上，重新提出了在东京—大阪间的太平洋海岸地带修建新的高速铁路的设想。这是一条采用标准轨距的干线铁路。当时以美国为首的世界工业国家，铁路的地位正在被航空和汽车所代替，即使作为产业来说也属于“夕阳西下”。投入巨大的资金来修建新的铁路，在日本国内引起了强烈的批评，被认为是极具时代错误的工程。

新干线被人们称为“理想的超级特快”，安全、快捷。目前的新干线包括4条线路，即东京至大阪东海道线；新大阪至博德线；东京至盛冈线；大宫至新泻线。各条线路上设有站站停的特快和仅停大站的超特快。从1987年开始，新干线的行驶车辆全面更换，时速从210公里提高到250公里，连接日本各大城市和景点。

以1964年开始运营的“东海道新干线”为例，从前东京至大阪约550公里的距离需要3小时10分钟，现在仅需2小时30分钟的时间。1970年之后，从东京向北延伸的东北新干线、向日本海沿岸地区延伸的上越新干线以及与日本内陆地区连结的北陆新干线的建设相继开通运营。现在，新干线铁路的旅客运输量达到了70亿人次，相当于每个日本人乘坐新干线铁路50次以上，获取了巨大的社会效益。

(二)日本国铁民营化体制变革

新干线铁路开通运营的1964年前后,日本的汽车化社会和航空运输正处于急剧的发展时期,远距离的运输需求大幅度地被航空运输、近距离的被汽车运输所取代。但是,作为日本国营企业的铁路却在经营上缺乏柔韧性,劳动生产率也比较低下,完全不能适应交通市场的变化。因此,产生了巨大的经营赤字。1987年,日本政府只好将20兆日元以上的累计债务以搁置方式把国有铁路按地区进行了分割并使其民营化。日本铁路民营化的成功也给欧洲各国铁路产生了深刻的影响,许多国家也开始将国家铁路向民营化的方向进行体制改革。

日本铁路改革的模式是以组建区域性运输公司为主,组建6个区域性客运公司、1个全国性货运公司。通过对日本铁路改革的分析,可以发现日本的铁路体制改革主要集中在四个方面:

(1)重新界定政府与铁路的关系:明确政府在铁路基础设施建设投资、补贴公益性服务等方面的职责,逐步取消对非公益性运营亏损的补贴。

(2)实行市场化经营:以市场为导向,对运输企业实行公司化改造,改革运价制度和财务制度。

(3)推进铁路投资主体多元化:对铁路企业实施改组上市、兼并重组、股权转让、特许经营等多种方式,引入社会资本,拓宽铁路融资渠道,改变主要由国家投资建设和经营铁路的局面。

(4)实施基础性改革,为体制变革创造条件。日本的铁路改革采取的是渐进式改革的方式,在民营化改革前,先后5次实施内部改革,通过整合遍组站、实行货运集中化,提高了运输效率。基础性改革,为铁路体制性变革奠定了基础。

【专栏】 日本国铁民营化以后整备新干线的投融资体制

在1987年日本国有铁路民营化以后,原则上分割后的日本国铁各公司应自主经营,并承担铁路基础设施的全部费用。但是整备新干线是按照国土均衡开发、促进国民经济振兴为目标进行的规划,不仅需要投入大量的建设基金,而且施工周期、投资回收期均比较长,特别是整备新干线与已经建成的新干线明显不同,需要经过人口密度低、工业生产相对不十分集中的地区,因此最初运量一般不大,完全由分割后的日本铁路公司承担或各公司承担其全部费用或大部分费用,不仅难以筹集到足够的建设资金,而且也将不利于日本铁路整个公司今后的发展。然而由日本政府承担过高的整备新干线的建设费用,又违反了国铁民营化的改革方针,甚至可能导致第二个国有铁路,因此日本铁路各公司必须承担一定比例的整备新干线的建设费用。

1989年1月,日本政府正式确定了整备新干线建设费用分摊办法,即全部建设费用应由原日本国铁分割后的公司及国家和地方共同负担。关于日本铁路公司负担的比例,是在不影响原日本国铁分割后各公司经营状况的前提下,考虑到民营后日本铁路的性质、国家给予铁路支持等因素,确定为日本铁路公司负担50%的整备新干线建设费用,其中由经营已建成的新干线的日本铁路各公司共同负担30%,另外20%则由经营整备新干线的日本铁路公司在新干线运营以后以偿还租赁费的方式承担。

国家和地方共同负担整备新干线其余50%的部分,又根据工程建设项目具体分为两种情况:一是在以线路为主的整备新干线建设项目中,由国家承担其中40%的建设费用,其余10%由地方负担;二是在车站与地方发展密切相关的整备新干线建设项目中,由国家和地方分别承担其中的25%。日本铁路公司整备新干线建设资金的来源主要是开业后整备新干线的租赁费,及既有新干线转让收入的一部分(特定财源);国家建设资金负担部分为既有新干线转让收入的一部分(特定财源)和有关的公共事业费,包括日本政府通过利用出售日本电报电话株式会社(NTT)股票的收入,充当整备新干线建设的无息贷款;另外,各地方承担的建设费用是按所在地区的整备新干线的建设项目承担进行计算的,并且可以允许利用发行地方债券的方式筹集其负担的90%。

以1989年正式动工修建的整备新干线中的北陆新干线的高崎—轻井泽间为例,1989年投入建设资金为127亿日元,其中日本铁路公司集团筹集约63亿日元,日本政府出资50亿日元,地方承担了约13亿日元。目前,正在施工的新干线为4线5区间,其建设费为22 000亿日元(以1994年4月价格计算),建设费用的分配以施工顺序决定。

由此可见,日本铁路民营化以后,整备新干线的建设资金来源遵守了1989年初所达成的日本铁路公司及国家和地方按规定比例分担的原则。

因此,日本铁路民营化之前,高速铁路的建设资金主要来源于各种贷款、自有或自筹资金,日本的东海道、山阳新干线几乎完全是由本国国营铁路自筹资金或利用各种贷款进行投资建设的。随着日本第一条高速铁路的成功运营及产生的巨大影响,使得东北、上越新干线的建设资金来自国家财政投资贷款、其他融通资金和发行债券外,获得了政府不同程度的支持。民营化以后,日本政府正式确定了整备新干线的建设费用按照公司、国家和地方共同分担的原则,并逐步加大了地方承担的比例,从而极大地促进了铁路的建设,同时也带动了地方经济和国民经济的发展。

四、日本民航管理体制

航空运输产业涉及国民生计和国家安全,其发展必然受到不同程度的政府管制,这一点在日本表现得尤为明显。战后的日本航空业起步于一片废墟,但却在短短的二三十年内就跻身于世界大航空业之列,很大程度上得益于政府的扶植和支持。目前,日本的航空业经过50余年的发展,如今已成为航线覆盖全球、立方体式管理、多元化经营的高度现代化的交通运输产业。它起步较晚,但发展迅速。定期航班的运输总周转量在1965年即排名世界第8位,到了1968年又上升到了第5位①。在国际航空运输协会(IATA)公布的全球航空公司2002年国际客运排名中,日本航空位居第六②。

(一)二战后日本航空业的发展与管理体制的探索

战后美军对日本的航空业采取了严厉的抑制政策,致使日本的航空史上出现了一段"空白期"。随着对日媾和的全面展开,抑制的政策发生了变化,日本航空业终于踏上了重建的道路。为迅速摆脱落后局面,日本政府对航空采取了积极的保护政策。虽经历了各种曲折,但日本的航空业终于翻开了新的一页。

二战后,为彻底根除日本的军事能力、军事产业及控制其扩张经济能力,以美国为首的盟国军队对日本实施了非军事化策略。战前的日本民航活动是在旧军部的指导、扶植下进行的,对战争负有不可推卸的责任。因而抑制日本的航空业的政策很快便被确定了下来。1945年8月起日本所有的飞机被禁飞,9月依据"投降初期对日管理方针",在以后的3个月中,日本的军用及民用飞机就被彻底毁掉了。11月GHQ(盟国总司令部)发表了"关于废除民间航空的

---

① 中国民航总局计划司编:《从统计看民航》,中国民航出版社,1999年版,第274页。

② "全球十大航空公司座次排定",《交通企业管理》,2003年第10期,第49页。

备忘录”。备忘录中明令禁止日本人有驾驶、拥有、开发、制造、修理飞机等行为，与航空相关的学术研究及资料收集等活动也被纳入禁止范围。战前的国策公司大日本航空株式会社（1938年成立）、运输省航空局及各大学中的航空研究所均被解散。

然而日本的国际航空运输并没有因为民航的遭禁而完全停止。继1947年7月美国西北航空公司承揽日本的航运业务后，其他盟国的航空公司也先后进入。到1950年初，美、英、加等国航空公司在羽田机场月平均有170架飞机起降，约有2 000人进出日军。机场被全面接管后，出于自身的需要，美军对机场做了很多必要的建设。如美军在1945年11月将羽田机场扩充为原来的3.5倍。

在行政管理上，为替代被废除的航空局，战后初期日本在递信省下设置了航空保安部，以进行日常简单的航空保安及设备维护、管理工作。随着时局的变化保安部的地位也在不断地提高，1949年6月，航空保安部被升为航空保安厅，1950年12月，航空保安厅又转移到运输省下成为航空厅，并于两年后成为运输省内局（日本中央部门直接受大臣、次官管辖的局、直属局）。2001年在新一轮政府机构改革中，日本成立国土交通省，由航空局主管航空运输各项事务。这样，航空行政机构的基础被不断加强，成为日本民航业重建的重要基础。

（二）“70,72”管理体制的形成与终结

建立适当的运营和管理体制是发展航空运输业的关键，日本的航空业自起步以来，从分区制到国家主导下进行的航空公司重组，经过不断摸索、改进，航空体制的国家干预和公司垄断色彩日益浓重。

日本的国内航空市场，可以讲是在政府的政策指导下形成的。运输省通过路线许可、航班数分配等方式来调整航线运输力。进入20世纪70年代，为进一步减少由于喷气化引起的竞争、加强对航空业的培育，政府对航空企业的存在形式做出了更为细致的规定。这就是包含国内航空定期航运三家公司制以及对各家公司具体事业领域做出规定的“70，72体制”。它成为了以后日本航空政策的支柱。在此框架下日本的航空企业一直走到了20世纪80年代中期。

在“70，72体制”的框架下，JAL、ANA与日本国内航空3家公司避免了相互间过度竞争，使各自得以顺利发展。JAL独家经营国际线，并与其余2家公司共同经营国内线，各公司都形成了各自较为理想的航空网络，规模不断扩大。但“70，72体制”对企业保护、培育的性质也使得航空企业对政策依赖过多，企业的经营策略多放在政策权益的获取上，企业应有的活力降低，并且容易缺乏进取心、安于现状。尤其是国际航空领域，在温和环境中成长起来的企业缺少在国际竞争条件下应变机制。这成为“70，72体制”的不足之处，但总的来讲“70，72体制”还是功大于过的。

进入20世纪80年代，在矛盾的累积下，日本航空业不得不开始了变革。束缚企业行动的日航法最终被废除，日本航空史上著名的“航空宪法”完成了历史使命，放松管制走到了历史的前台。航空业在战后首次转换到了竞争时代。在新的航空体制下，各企业积极开发新航线、开拓事业领域，并为应对竞争、加强自身实力大规模更新机材设备，研发新的经营策略。

1985年12月17日，运输大臣下山在内阁对议案做出了说明。这样，1970年的内阁决议与1972年的运输大臣指示被废除了。一直以来以保护、规制为主导方向的航空政策直到了尽头，“70，72体制”退出了历史的舞台。

废除日航法在11月18日得到实施。与此同时，政府所持的JAL股票向民间发售，在12

月17日销售完毕后，日航成为了完全民营企业。

（三）美国放松管制与日本民航竞争体制的出台

1. 美国政府对航空业的放松管制

美国国内航线的管制始于1938年的《民用航空法》（1958年发展为“联邦航空法”）。卡特总统在任时，为缩减联邦政府财政规模，实施小政府策略，对航空业采取了大胆的放松管制政策，以加强美国航空企业的国际竞争力并促进国内市场的竞争。1978年美国制定《航空业放松管制法》（Air Deregulation Act），从此一系列的航空管制条例被废除，航空公司可以自行大幅编制路线、制定价格战略、整顿航空机材、开发电子预约系统以及制定新的飞行计划等等。

在经营上，以大公司为中心、以信息化、网络化为主导的经营战略成为一大特色。大公司利用座位预约系统（Computer Reservation System：CRS）对旅客乘机的期间、时间段及航班利用率进行细化分析，采取普通运价与折扣运价相结合的形式来将一个航班的收入最大化。这种引入折扣运价、不降低普通运价、提高座位利用率的方式确保了航空公司收入的稳定。同时，CRS终端还设置了优先显示本公司信息的程序，使拥有CRS的公司在销售上处于有利地位。航空公司间有无CRS，在经营上便形成了决定性的差异。另外，航空公司又把CRS与顾客的管理信息联系到一起，开发了“频繁旅行者计划”（Frequent Flyer Program）的全新经营管理方法。具体为：电脑记录乘客每次乘坐本公司航班时的距离，当达累积的距离到一定标准时，可凭此换取免费机票或更换为高级别舱位等。这种策略的最大好处即在于能使乘客尤其是获益高的普通运价乘客专门利用本公司航班好效果。

美国的放松管制对亚洲航空业产生了重要影响，尤其是当美国以“天空开放”（Open Sky Policy）为原则进行太平洋线路的放松管制时，日本政府便强烈地意识到本国航空业的政策已到了从“保护培养”到“促进竞争”的转换时期了。

2. 新竞争体制下的日本民航业

放松管制为日本航空业注入了新的活力。三大航空公司积极开拓着各自新的经营领域，JAL与东亚国内航空积极开辟国内线路，ANA全力进军国际线。为了强化经营、应对竞争，各公司还加速进行设备更新、采用新的经营方式。

放松管制终于让ANA如愿以偿地进入国际线。1986年3月开辟了东京—关岛航线并以此为开端，陆续开通了洛杉矶、华盛顿、北京、香港、悉尼等线路。国际线的多家公司经营大大提高了企业的竞争能力。如1983年7月，由于ANA进入东京—香港线，该线路的日本企业的旅客运输在1986年是54万人次，而1988年则达到71万人次，增加了31.48%。

就国内线同一线路多家经营，运输省在1986年6月10日对其标准做出了规定：由2家公司运营的线路为年需求量在70万人次以上的线路以及干线枢纽机场（如札幌、东京（羽田、成田）、大阪、福冈、那霸）和名古屋、鹿儿岛之间的年需求量在30万人次以上的线路。ANA经营的东京—广岛线、东京—松山、大阪—松山三条线路，及鹿儿岛—福冈（东亚国内航空）、名古屋—札幌、名古屋—福冈（ANA）成为了实行2家公司运营的对象。实行3家公司运营的线路需是年需求量在100万人次以上的。在当时，有这样业绩的线路只有ANA旗下的东京—小松线。

标准明确后，各公司开始了国内线新事业领域的开拓。1985年1月，JAL继单独开通札幌—冲绳线后，又于1986年7月开通了东京—鹿儿岛线，每日一班，采用波音747SR-SUD飞机。这是JAL在地方机场最初开通的定期线路，也是时隔35年在国内开辟的新线路。之后，

JAL 开通的新线路有东京—小松、名古屋—福冈(1986 年 10 月通航)、名古屋—札幌(1987 年 7 月通航)、东京—函馆(1989 年 7 月通航),这些线路原来都是 ANA 开辟的,现在开始改由 2 家公司共同经营。

日本式的放松管制是在日本政治、经济条件的共同作用下形成的,虽没有出现像美国那样的巨大变化,但它毕竟给日本的航空业带来了竞争机制,使消费者得到了一定的实惠。首先在运价上,折扣票价的出现为消费者节约了大量出行费用;其次,通过 HUB 机场换机,使同一航空公司的班机在时间上衔接得更为紧凑,乘机迟到或行李丢失现象减少;第三,在低密度线路上,小型飞机企业灵活增减航班,从而提高了便利性。

但同时放松管制也留下不尽如人意之处,如航空企业在推动机场枢纽(HUB)化的过程中由于没有引入机场的市场化管理,机场混乱、航班晚点的现象时有发生;带来了企业经营不安定、职工劳动条件恶化等负面结果;公司间的合并变得更为容易,垄断进一步加深。

然而,放松管制在经济上带来的是正面的效应是不容忽视的,它毕竟为日本的航空业引入了竞争,从此日本的航空业开始了一个新时代。

第三章　法国交通行政管理体制

第一节　法国经济社会及交通运输概况

一、法国概况

（一）法国的基本国情

法国全称为法兰西共和国（The Republic of France, La République Française），位于欧洲西部，西北隔拉芒什海峡与英国相望，西部紧靠大西洋比斯开湾，港口连接西非及南、北美各国；东部临地中海，与北非及南欧的水上交通非常便利。陆界的三面自东北至西南共与八个国家接壤：比利时、卢森堡、德国、瑞士、意大利、摩纳哥、西班牙和安道尔。法国地处世界陆地的中心地带，因此，在世界航空事业中起着枢纽作用。

法国国土面积为551 602平方公里，是西欧面积最大的国家。地势东南高西北低，中南部有中央高原，西北部是北法平原，主要山脉有阿尔卑斯山脉、比利牛斯山脉、汝拉山脉等，其中平原占总面积的三分之二。濒临四大海域：北海、英吉利海峡、大西洋和地中海。法国边境线总长度为5 695公里，其中海岸线为2 700公里，陆地线为2 800公里，内河线为195公里。境内河流纵横交错，水道四通八达，可通航河流总长度达8 500多公里，形成遍布全国的水路交通网。法国主要河流有：卢瓦尔河、罗纳河、莱茵河、加龙河、马恩河、塞纳河。法国还有一些湖泊，较大的有莱蒙湖、布尔热湖、卡尔康湖等。

法国西部属海洋性温带阔叶林气候，南部属亚热带地中海式气候，中部和东部属大陆性气候。1月平均气温北部1～7℃，南部6～8℃；7月北部16～18℃，南部20～23℃。森林面积约1 630万公顷，覆盖率30%，为欧洲首位。

法国民族以法兰西人最多，约占总人口的90%，其他少数民族有布列塔尼人，巴斯克人，科西嘉人、日耳曼人等。法国人口为6 340万（截至2007年1月），包括400多万外国侨民。通用语言为法语，居民中62%的人信奉天主教，6%信奉穆斯林以及少数新教、犹太教、佛教、东正教徒，26%的人自称无宗教信仰。

法语是其官方语言，货币是欧元，《马赛曲》为国歌。国旗是长方形，红蓝白三种颜色，国庆日在7月14日。首都巴黎，市区人口1 129万，有着3 000多年的历史，是法国政治，经济和文化的中心。其他著名的大城市还有里昂、马赛、里尔、波尔多、坎佩尔、南特、尼斯、布列斯特等。

法国是最发达的工业国家之一，2006年国内生产总值15 810亿欧元，仅次于美、日、德、中、英，居世界第六位。主要工业部门有钢铁、汽车制造、造船、机械、纺织、化学、电器、日常消费品、食品加工和建筑业等，其中钢铁、汽车和建筑业为三大工业支柱。有色金属储量很少，几乎全部依赖进口。能源主要依靠核能，水力和地热资源的开发利用比较充分。法国是欧盟最大的农业生产国，也是世界主要农产品和农业食品出口国，农业食品加工业出口额仅次于美国，居世界第二，占世界市场的11%。同时也是旅游大国，2006年接待游客人次居世界首位，旅游外汇收入颇高，服务业在国民经济和社会生活中占有举足轻重的作用。政府财政收入的主要来源是税收①。

（二）法国国家行政体制

法国新一届政府于2007年6月19日组成，总统是尼古拉·萨科齐，政府现有成员33名，除总理外，包括15名部长、16名国务秘书和1名高级专员。遵守1958年9月公民投票通过的第五共和国宪法，实行国民议会和参议院两院制，议会拥有制定法律、监督政府、通过预算、批准宣战等权力。

法国行政区划总体上分为大区、省和市镇三级。根据法国行政区划，法本土划为26个大区（Régions administratives）、100个地方省市（department）和下级区县，即326个专区（arrondissement）、3 827个县（canton）和36 433个市镇（commune）。其中大区由省组成，省由专区组成，专区由县组成，县由市镇组成，市镇是法国最小的行政单位。具体行政架构见图3-1。

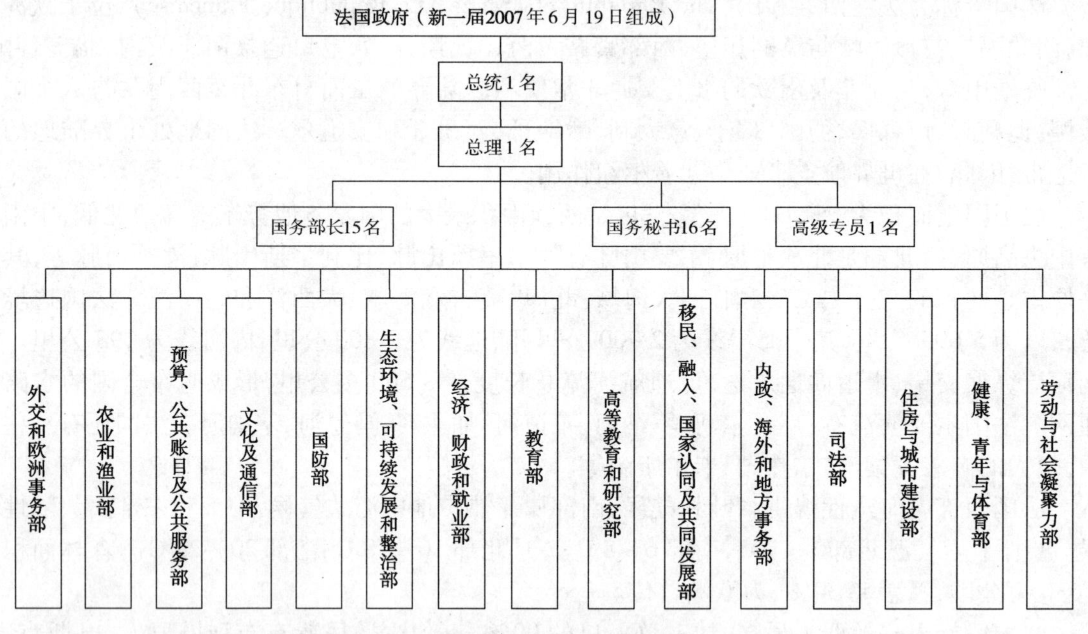

图3-1　法国国家行政架构

二、法国交通运输发展概况

法国的交通运输业十分发达，水、陆、空运输非常便利。

（一）公路

法国的公路网是世界最密集、欧盟国家中最长的，总长度为1 009 948公里，其中高速公路10 843公里，国家级公路27 893公里，省级公路362 033公里。2005年共有车辆3 429.6万辆，其中私家车2 870万辆，其他车辆559.6万辆。2005年公路客运量为7 713亿人公里，其中私家车为7 274亿人公里，公共汽车为439亿人公里。公路货运量为2 997亿吨公里。

---

① 资料来源于商务部网站。

(二)铁路

在法国本土,国家铁路网通往除科西嘉岛以外的各个地方,商业运营总长 29 203 公里,其中,电气化铁路 14 778 公里,高速铁路 1 550 公里,双线或多线铁路 16104 公里。法国在发展高速火车方面居世界领先地位,1981 年 9 月,巴黎—里昂铁路线上的高速火车正式投入使用;1989 年 12 月,法国研制出最新高速火车,时速达 482.4 公里 。

2005 年铁路客运量为 890 亿人公里,货物发送量为 407 亿吨公里,同比下降 12.2%。运输量居欧洲第二位。2005 年 6 月 13 日,法国首趟私人运输列车投入运营,往返于法国的默兹省和德国的萨尔州,主要运送生石灰。

(三)空运

法国建有 494 个机场,其中 153 个为民用,通达 134 个国家和地区的 529 个城市。法国原有三大航空公司:法国航空公司、联合航空公司和国内航空公司。其中法航的客运量居世界第三位。为增强竞争力,国内航空公司和联合航空公司于 1991 年决定并入法航。主要机场为巴黎的戴高乐机场和奥利机场。2005 年航空旅客周转量近 1.4 亿人次,其中本土 1.3 亿人次,货运量 213.17 万吨。

(四)水运

法国内河航运主要由国家经营,内河航道总长 8 500 公里,其中可通行 1 500 吨级以上船舶的航道约 1 900 公里。巴黎是主要的内河港口。2004 年内河运输船总计 1 505 艘。2005 年货运量为 79 亿吨公里。有远洋船只 212 艘,总吨位 508 万吨,2005 年货运量为 1.106 亿吨,世界排名第 29 位,75% 的进口物资和 20% 的出口物资需要通过海运。主要港口有马赛港、勒阿弗尔和敦刻尔克港。2005 年法国本土海港总吞吐量 3.7 亿吨,同比增长 2.1%,创历史新高①。

第二节　法国交通行政管理体制

如前所述,法国的行政组织划分为中央、大区和地方省市区县三级,同等级别的地方政府无权干涉对方的管理决策,其职能根据法律严格划分,但并不限制多样化的合作方式。因此法国按照行政区划来管理法国交通,形成国家级、大区和省级以及下级区县的交通管理体制。国家在大区设置相应的机构来行使行业管理的职能,另外,中央也同各省市政府设立的相关业务机构进行合作来履行自己的职能。各省设有交通局,在省内行使交通管理职能。到市一级以后,不再专设交通局,具体事务由市长及其助手实施。法国的交通管理部门除了行政管理的职能外,技术方面的管理也是其主要职能之一,包括制定和颁布交通方面相应的政策、法规、条例及技术规范和管理标准等,而交通执法则由警察实施。

一、整治部的主要职能及行政架构

(一)主要职能

法国交通管理体制采取“大交通”的管理形式,截至 2007 年 5 月 31 日,法国公路、铁路、航

① 资料来源于外交部网站。

空、水运等统一由法国运输、装备、旅游和海洋部来管理。2007 年尼古拉·萨尔科奇(Nicolas Sarkozy)总统任职之后,于 6 月 1 日成立了法国生态、可持续发展和整治部(http://www.medad.gouv.fr/ 以下简称整治部),让·路易·博尔洛(Jean - Louis Borloo)任整治部部长,科修斯柯·莫里塞(Nathalie Kosiusko Morizet)任部国务秘书,主管生态环境方面的事务,多米尼克·布斯洛(Dominique Bussereau)任部国务秘书,主管交通事务。

生态、可持续发展和整治部是法国国家级的交通主管部门,按照行政区划同时联合其他相关部门合作管理法国交通,其主要职能包括:

1. 生态多样性及自然资源的管理

为了生存、出行、工作,人类改变了赖以生存的领域,创建了交通基础设施,建设了城市,发展了工业、农业,以及将自然景观和当代城市景观建设相融合等等。景观的发展和公共政策之间的联系非常紧密,例如有关水污染、垃圾处理、能源消耗、基础设施建设、旅行、自然区域政策等的制定都是影响生活环境质量的重要因素。因此,人类必须有效地管理自然资源,包括水资源,空间利用等;保护生物的多样性;通过制定与之相适应的保护、恢复和改善的相关政策达到保护自然环境的目标,在保证人类生活质量并且满足住房需求的前提下制定相关政策,例如控制城市化和限制"城市蔓延";促进区域经济的可持续发展,维持其可竞争性,加强社会区域的可凝聚力,例如发展新的工程项目,解决就业问题、发展生物种群的多样性、致力于人类所关注领域的规划和治理。这些项目涉及环境、经济和社会各个领域,同时需要与当地社区联合实施。

2. 遏制气候变化及能源政策的制定

根据专家的评估报告,地球的温度到 21 世纪末变暖 1.1 ~ 6.4℃,这将造成天气的不稳定性,增加天气骤变的频率,加剧气候恶劣程度以及延长恶劣气候的持续时间。因此,气候变化严重影响着人类的活动、环境生态系统和社会经济。为了控制这种现象,在大气中减少温室气体排放是非常重要的。温室气体的排放与能源的使用又密切相关,例如工业、交通运输、住宅规划、农业等等。可是,随着人口和经济的增长,能源的消耗、发展和增长问题突显,因而,制定相关的能源政策和可持续发展政策成为协调这两方面的基础性工作。既要满足能源需求,又要保护环境和自然资源,因而必须采取稀缺资源节约管理措施,限制温室气体排放(包括采暖、交通运输……),改变过度浪费的行为,合理规划住房建设,增加可再生能源的利用,减少温室气体的排放,刺激新技术的革新。期望实现到 2010 年 10% 的能源需求来自于可再生能源。

3. 空间的可持续性规划

生产的消耗模式必须符合人类和自然环境的发展,让地球上所有人都满足对食物、居住、衣物、教育、就业和健康的生存环境的最基本的需求。可持续发展要求人人都做出实际行动的改变,包括市民消费群体、当地和地区政府以及国际研究机构,同时也要求这些机构对生存的星球和人类本身产生的危险做出回应,例如社会不平等现象、工业化带来的危险以及危害健康的行为,气候变化,生物多样化的丧失等等。

4. 自然危害、技术危险以及卫生安全的预防

自然危害、技术危险以及卫生安全都会危及到日常生活和经济发展,破坏建筑,改变生态平衡。空气和水的质量与人类的健康息息相关,每年大约有 30 000 人死于城市空气污染,7% ~20% 的癌症可能是由于环境问题引起的。几乎 100 万的工人在有害物质中工作。因此,要随时警惕卫生安全、环境和突发危险所带来的伤害。因此,为了阻止类似危险的发生,确保工业、交通、航空等安全,必须采取应对措施,包括应用专业知识了解自然危害、技术危险以及卫生安全;评估这些危害带来的后果;随时监控;制定危害应对措施,把危害造成的损失降低到最低;制定必要的危害预防法规;宣传安全知识。

5. 交通、运输方式和基础设施建设

交通在经济社会中充当着重要的角色,但是也造成了潜在的公害,例如,27%的温室气体的产生与交通有关。既要满足交通运输又要把对环境的影响降到最低,因此,必须制定许多相关措施,主要包括:促进"软"交通的利用,减少对环境造成的影响,例如在大量长途货物运输时,减少道路运输,增加海运和内河运输;发展联合运输,例如组织多种方式的运输,特别是铁路和水路运输,提高道路货物运输的效率;发展可持续交通运输,改善公共交通,鼓励合伙搭车和自行车的使用,限制私人小车的使用;把交通运输作为土地规划与管理的一部分,城市和住宅规划必须根据城市区域和经济中心空间范围来制定。

(二)整治部的行政架构

法国生态、可持续发展和整治部设一名部长和两名国务秘书,下分四类机构,包括:横向组织机构,直属司局,各部委间协调机构和运营管理机构。

1. 横向组织机构

道路桥梁总署(CGPC),环境监查署(GOI),高级安全防卫部(SDS),生态环境与交通运输总秘书处,行政总局(DGA),行政及人事总局(DGPA),交通运输产业监查署(IGTT),海洋及陆地运输事故调查署(BEA),民事航空调研分析署(BEA)。

2. 直属司局

经济研究及环境测评局(D4E),水利局(DE),污染及灾害防卫局(DPPR),自然及人工景致局(DNP),可持续发展代表处(DDD),能源及原材料总局(DGEMP),企业总局(DGE),城市化建设总局(DGUHC),道路交通总局(DGR),海洋及公共交通总局(DGMT),民事航空局(DGAC),道路运输及安全总部(DSCR),国家海洋伤残机构局(DENIM)。

3. 各部委间协调机构

海洋总秘书处,可持续发展协理处,道路安全协理处(DISR),国土竞争及规划协理处(DI-ACT),温室效应协理处。

4. 运营管理机构

大区环境办公室(DIREN),大区工业、研究与环境办公室(DRIRE),大区装备办公室(DRE),省装备局(DDE)(包括8个省级装备与农业机构DDEA和2个海外地方行政区DE),省际公路局(DIR),民航局(DAC)包括四家海外民航机构SAC,空中航线控制中心(CRNA),航空机构(SNA),航空基地服务处SSBA,大区海事机构(DRAM),省级和省际海事局DDAM、DIDAM,海上航行机构SI、SM,技术装备研究中心(CETE),大区劳动交通局(DRTT)。具体架构图详见图3-2。

此外,整治部除了通过自己下设的机构行使职能,还联合很多相关的研究、管理机构协调行使该部职能,具体机构详见图3-3。

图 3-2　生态、可持续发展和整治部行政架构图

国内管辖机构

1- 运输、城镇规划、公共建筑及路网研究中心(CERTU)
2- 海上及内河研究中心(CETMEF)
3- 隧道研究中心(CETU)
4- 国家桥梁养护维修中心(CNPS)
5- 法国环境研究院(IFEN)
6- 道路与公路技术研究院(SETRA)
7- 国家机场工程单位(SNIA)
8- 运输及起重指导技术机构(STRMTG)
9- 民事航空技术机构(STAC)
10- 电力及大坝技术机构(STEEGB)

面向公众机构

1- 海上防御区域专门机构(AAMP)
2- 水利机构
3- 法国交通运输基础设施融资机构 (AFITF)
4- 劳动与环境健康安全保障机构 (AFSSET)
5- 国家辐射污染治理机构(ANDRA)
6- 地质与矿产研究局(BRGM)
7- 海岸和湖岸空间资源的保护(CELRL)
8- 法国建筑科学技术中心(CSTB)
9- 铁路安全公共研究院(EPSF)
10- 法国海洋开发研究院(IFREMER)
11- 国家地理研究院(IGN)
12- 国家工业环境风险研究院(INERIS)
13- 国家交通运输安全研究院(INRETS)
14- 国家道路安全研究院(INSERR)
15- 国家防辐射与核安全研究院(IRSN)
16- 国家道路桥梁研究中心(LCPC)
17- 法国地铁
18- 自治港
19- 法国地铁公司 RATP
20- 法国国家铁路公司 SNCF
21- 法国可航运水道协会(VNF)

共计 33 个

学校及培训机构

1- 法国国立桥路大学(ENPC)
2- 法国国立民航大学(ENAC)
3- 国家土木工程学校 国立公共工程学院(ENTPE)
4- 国家商船学校(ENMM)
5- 海运技术学院(CETM)
-海事学校
-海产培训学校
6- 环境培训研究院(IFE)
7- 飞行培训机构(SEFA)

共计 14 个

图 3-3 与整治部相关的机构

二、主要交通部门的职能和行政架构

(一)道路交通总局(DGR)

道路交通总局于2007年2月26日重新调整了组织机构,道路交通总局属于生态、可持续发展和整治部的一级机构,下设1个总秘书处和5个分局,5个分局分别是高速公路管理处、道路预算和服务分局、道路政策和发展分局、道路投资分局和国家公路网管理分局。

1. 主要职能

道路交通总局负责管理国家公路网,即高速公路和国道的管理。道路交通总局有权利将某条道路委任给特许经营公司。特许经营机构在获得道路的特许经营权后,在一定时期内负责该条公路的融资、建设、养护和运营,在合同期内可以对道路进行收费。在这种情况下,道路交通总局负责特许权合同的采购和管理。同时,道路交通总局还有监督特许权获取者履行合同的义务。

道路交通总局有权利为道路、交通基础设施等的设计、建设的技术发展需求提供技术支持。此外,道路交通总局还具有审查和国际事务处理的职能。

审查职能是代表局长、咨询顾问行使审计职能,监控交通领域行业技术标准和道路规范的执行情况,监管生产管理和有助于国家道路网建设的服务。代替管理层监控路网的质量管理和项目中所涉及的公共服务。负责向局长提供有关道路建设项目的设计和执行的建议。同时,致力于改进先进技术,并推动它们的研发与发展。

国际事务处理职能是通过联合经济事务总局和国际经济处,贯彻执行整治部制定的有关交通基础设施方面的国际政策,不包括欧洲和其他国家的跨边界问题。负责协调同其他多国和国际机构,例如世界道路协会(PIARC)的关系。协助国际技术机构服务于本地区的国家和地方的道路,具体包括:和其他国家的经验交流;加强促进法国和国外技术和专业技能的交流与交易;发起合作性活动。

2. 机构设置

道路交通总局的行政架构如图3-4所示:

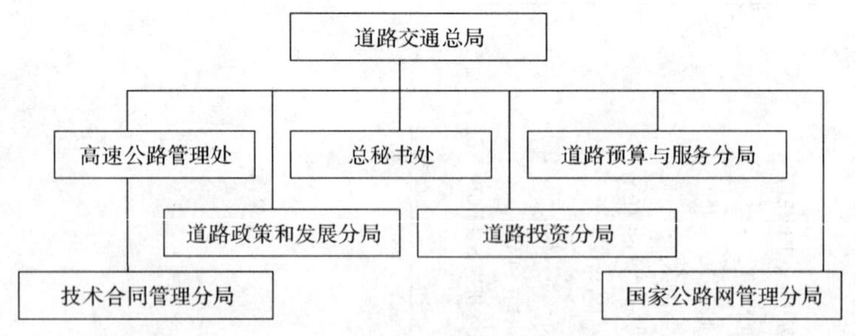

图3-4　道路交通总局行政架构

(1)高速公路管理处

高速公路管理处负责监管国家公路网的合同签订者或者合伙者履行职能的情况。该处负责新合同和协议合同的授权或者商业规划,还负责监管合同签订者执行合同的情况,包括道路建设、养护、运营以及对客户的服务,还有他们所负责的道路收费情况。并参与国际道路工程政府间的协商以及制定相关的技术政策。

高速公路管理处下设技术合同管理分局,负责监督合同签约者履行的职责。评估投资政策的适用性,养护情况以及为道路使用者提供的服务,还包括评估由分局实施的质量系统的评估和审计。联合合同管理局和合同中负责路网发展、质量和性能监管部门一同评估路网发展的可行性和实用性;负责所授权的道路使用者管理系统的维护;协助道路安全管理部门完成相关职能。

(2)道路预算和服务分局

负责国家道路网工程项目的资金筹备和使用。联合法国各省涉及海洋及公共交通事务的机构和负责交通基础设施融资监查的部长行使分局的职能。同时确保工程项目中职员的合理分配以及省级道路运营的方式。该局还设立和管理项目管理控制系统,负责为其他管理单位的公共采购领域提供援助,包括大区机构 DIR 和 SMO。

(3)道路政策和发展分局

负责制定国家道路网发展的策略和模式,对整治部所制定的交通运输政策进行补充;负责制定道路技术发展政策;负责制定和完成确保法国整个道路网的一致性和保持效率的执行措施。

(4)道路投资分局

负责完成整个国家道路网的发展和规划,不包括由合营公司命名和属于合营公司运营管理的道路。负责道路投资分局所管理和控制的技术和融资项目的运营,直到这些项目对客户投入使用;参与行业竞争领域技术政策制定的准备工作。

道路投资分局下设一个项目办公室和两个办事处,这两个办事处负责监管不属于政府授权的经营公司所管理的道路的行驶情况,以及在这两个办事处管辖范围之内的国家机构和委托机构管理下的道路项目的执行程序。

(5)国家公路网管理分局

国家公路网管理分局对未转让的国家道路网进行管理。制定公路网管理、养护、耐久性和使用寿命的政策;制定道路网的规划,目的是改善道路安全和对道路使用者的服务;根据指定的政策对资金预算实施管理;解决有争议的道路问题,协助其他管理部门相关的法律事务;制定交通领域内的技术政策;联合国防部门,确保国家道路的设计和运营的安全和防卫。

3. 大区交通行政管理机构

2007 年秋天,道路交通总局在法国各大区的装备部新设立了 21 个服务订约局(SMO)和 11 个省际道路局(DIR),取代了原来在各大区装备部(DDE)设立的相应机构,行使交通管理的职能。

机构重组的原因在于原来服务于装备部的道路机构存在很多管理缺陷,例如,原来由 DDE 负责管理的 3 900 公里道路,包括 300 公里的国道和高速公路以及 3 600 公里的一般道路,因为这些道路属于不同的级别并存在于不同的区域,所以在管理这些道路时会遇到管理协调上的困难,但是在这些道路分权管理和私有化之后,分别归属于不同机构来管理,仅仅剩余 120 公里的国道交由专门的技术服务部门管理,分权管理很好的解决了管理协调不畅的问题。事实证明,机构重组后,为道路使用者提供了更专业的交通运输服务,特别是在运营方面和通过国家路网管理提供主要路线的实时信息方面。实际上,每个 DIR 的管理范围是根据逻辑上的路线确定的,克服了以前管理体制框架下的管理协调障碍。例如,DIR 的 Massif Central 机构和 Midwest 机构分别负责南北道路,A75 道路(Clermont - Ferrand - Beziers)和 20 道路的管理,因而他们也能够制定这些干线道路的养护和运营政策,还能够更好的规划养护范围,调遣距离养护区域最近的养护人员，同时还可以制定获取实时信息的政策等等。另外，每一个 DIR 都归属于单独的"道路警察局长"机构，协助他们行使职能。

21 个大区订约授权机构（SMO）还负责大区新的国道项目。11 个省际道路局（DIR）负责管理除干线道路以外的道路，同时也负责这些道路在冬季的养护，一般的日常维护，例如除草、交通标志等，对道路的监控，整个道路系统维护，包括道路、隧道、桥梁等，另外还包括交通运输管理和道路使用者信息的管理。同时，11 个 DIR 也代表 SMO 从事新项目的技术研究，并且监管项目的正确实施。然而，市政道路和省道不属于 SMO 和 DIR 的管理范围。

4. 下级区县交通管理体制

省级政府以下的下级区县政府不再设立专门的交通部门，一般由市长或助理主管交通事务。

（二）海洋及公共交通总局（DGMT）

DGMT 最初成立于 2005 年 5 月，作为法国生态、可持续发展和国土整治部重组后的一部分，由下属的一个总秘书处和三个局组成。三个局分别是铁路与公共交通局，海上、道路和内河运输局，海事局，均由总局和总秘书处直接领导。总局有职工 500 余人，分两处办公（La Grande Arche in La Défense and Place Fontenoy in Paris）。日常工作主要是规范、贯彻执行、监管除航空以外的各种运输方式的行为。

1. 主要职能

DGMT 围绕五个业务领域组建内部机构：

（1）致力于通过对铁路、公共交通、内河及港口基础设施建设的规划及融资来进行空间规划；

（2）参与改善提高所有陆上和海上运输的安全保障和安全性；

（3）致力于达到各种运输方式之间的平衡；

（4）努力发展除公路以外的其他运输方式；

（5）确保在行业内遵循技术、经济和社会准则，并通过起草法规和调控运输产业来解除欧洲范围内对行业的约束。

DGMT 还通过与其管辖下的一些大型国企合作来履行自己的某些职责，如修建和管理基础设施的法国铁路网公司（RFF）和水路公司，提供运输服务的法国地铁公司（RATP）和法国国家铁路公司（SNCF）等。

2. 机构设置

总局的行政架构如图 3-5 所示：

（1）总秘书处

总秘书处的职能从以下三个方面体现：

①安全和防御：精心制定并实施陆上及海上运输和基础设施的安全政策，扮演被选举和委派的陆上及海上运输审计者的角色；

②危险材料运输：针对除航空以外的各种运输方式起草并应用危险材料运输法规；

③智能交通：管理陆上和海上客货运输的创新工程项目，以促进法规的应用与实施、信息共享、电子支付手段的开发，同时监管这些领域。

总秘书处下设两个分局，每一分局下设一定数量的办公室，此外，还具备一些特殊职能，具体架构如图 3-6 所示：

(2)铁路与公共交通局(DTFC)

铁路与公共交通局负责起草铁路基础设施、公共交通、铁路运输的安保与安全、机械化起重方面的法规,并对整个运输系统给与指导。同时,负责规划主要铁路基建项目工程(如高速铁路线),决定项目的融资方式,也参与制定支持公共交通的出行政策。这些使命的完成都需基于对当地政策的分析和对“机动性调查”(刊物名)所提供的数据的分析。

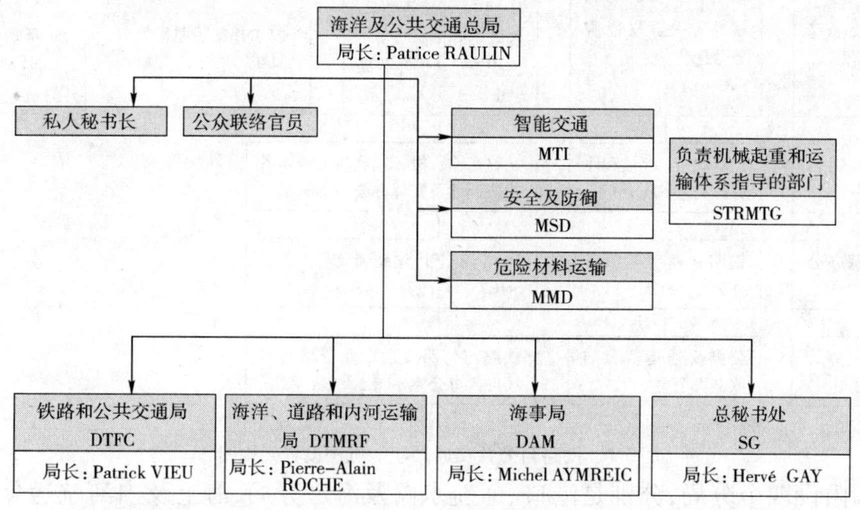

图 3-5　法国海洋及公共交通总局行政架构

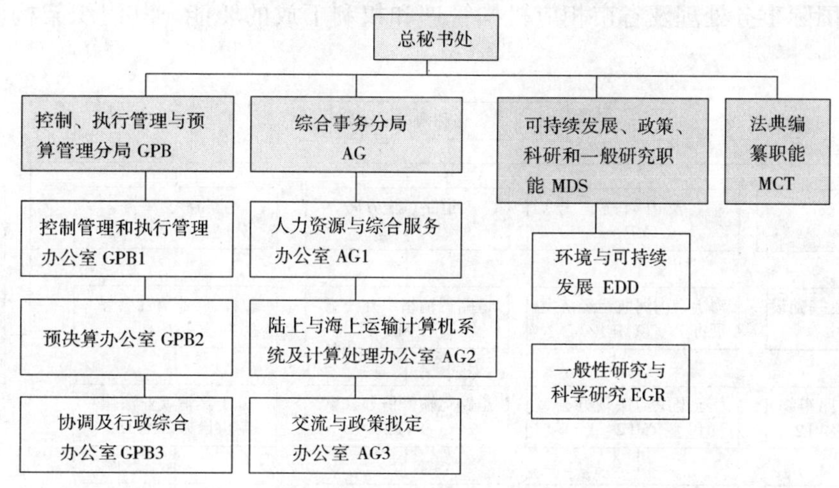

图 3-6　法国海洋及公共交通总局总秘书处行政架构

DTFC 下设三个分局,分别是铁路和公共交通基础设施分局,铁路和公共交通服务分局,铁路与公共交通中的欧洲和国际事务、组织、安全保障分局。并且也具有打击与铁路和公共交通相关的违法犯罪行为和对基础设施融资的职能。DTFC 的具体架构如图 3-7 所示:

(3)海上、道路和内河运输局

海上、道路和内河运输局(DTMRF)负责起草国家货物运输政策,提出适当的对货运业的干预模式,例如,是对其加以规范约束还是给与激励等,同时也参与制定货物运输安全政策。DTMRF 建立起了海上、道路和内河运输活动的法规和经济法规(津贴和缴税等)机制,并制订具体的规章来管辖运输活动及和运输有关的职业(如道路货运、内河运输承运和港口警察等),为内河运输领域制定了安全措施。它也负责针对陆上运输领域企业雇员实施具体的社会法规。DTMRF 也针对公共河流、海洋和港口物业及自然公共财产制定法规和规章。

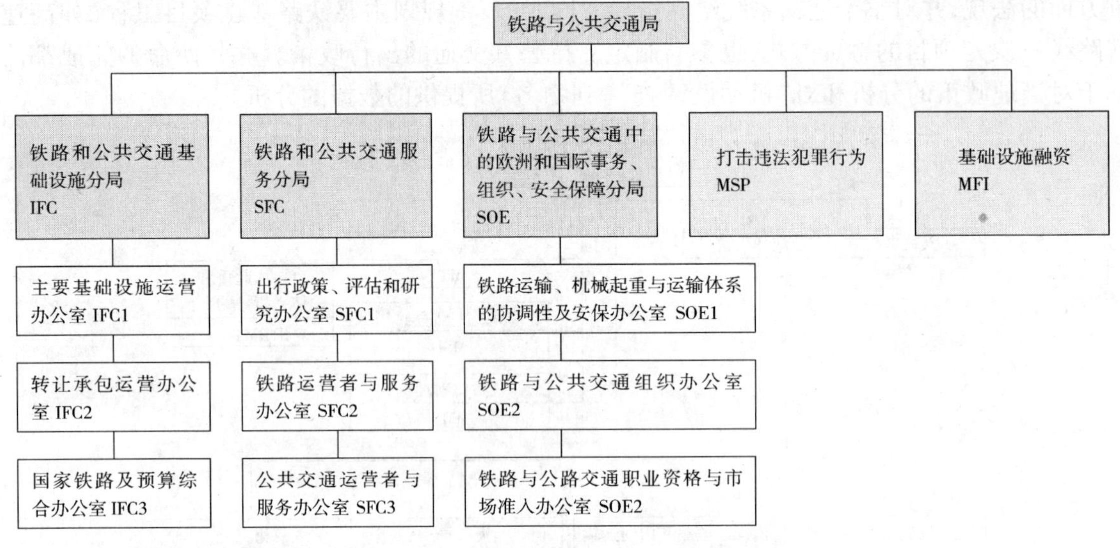

图 3-7 铁路与公共交通局职能机构设置架构图

DTMRF 内设四个分局,分别是港口、通航水路及海岸分局,海上及内河航运分局,道路运输分局,就业与社会事务分局。每一分局下设 3 ~4 个办公室,除上述机构外,还兼有联合货物运输、欧洲及国际事务处理及省市相应机构管理和权利下放的职能。其组织架构职能框架如图 3-8 所示。

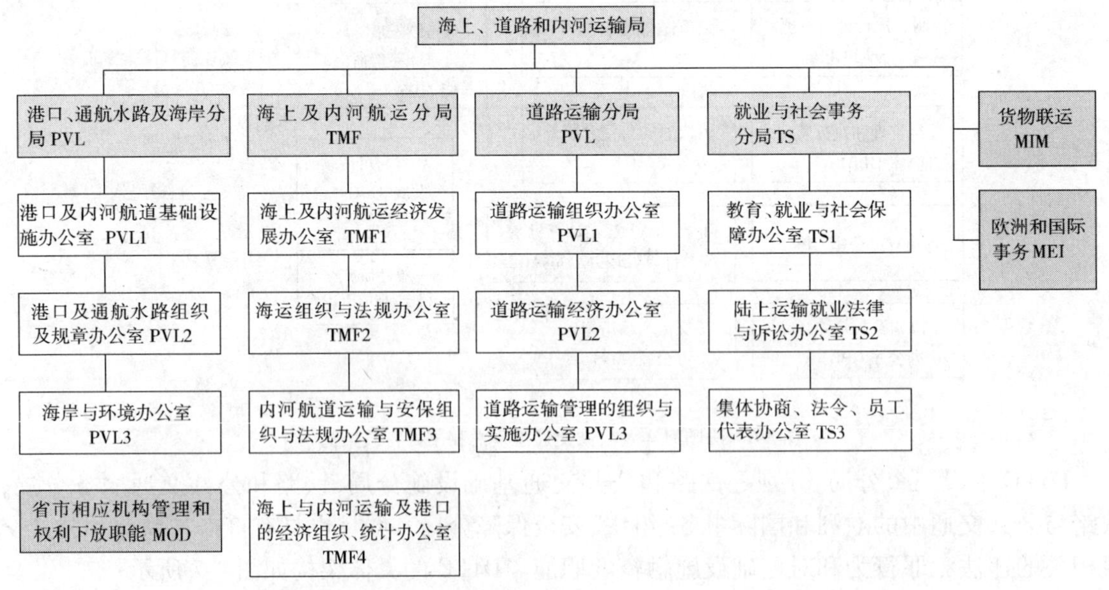

图 3-8 海上、道路和内河运输局职能机构设置架构图

DTMRF 有促进道路运输之外的其他运输方式的责任,尤其是通过如“高速铁路”和“水上快速通道”等创新项目提升其他运输方式,促进联合运输,并参与对行业定价、生产成本等的经济监管。DTMRF 在港口和内河安全管理方面遵守国际准则,参与提高所有陆上运输部门的

职业培训,并负责监督陆上运输的集体协议和集体协商事务。通过履行以上职责,为促进环境友好型、节约型沿海发展做出贡献。

DTRMF 在货物运输方面,参与实施由领土发展内阁委员会(CIADT)制定的关于用主要内河和海上基础设施来装备领土的决议,以此将货物运输同国家有关政策相匹配。它也对内河、港口及国家/大区规划合同中的联合运输部分的基础设施经营权转让进行管理。同时负有发展道路运输方式之外的货运的使命,尤其通过发展高速铁路和水上高速等创新项目工程来完成这一使命。

DTRMF 负责管理一些行业内的国有企业和公共机构,确保机构的运行能够遵循如内河管理等在内的具体的法规。

(4)海事局

法国海洋及公共交通总局下属的海事局有法定的、对以下三大领域的主要职能:海上安保与安全;针对海员的一些社会政策,包括海员培训、教育、海上作业、就业、职业风险预防、健康和工事检查等;船运和航海活动。同时还负责监督海上活动和参与国家对海运领域的指导和干预,制定详细的措施保护海运环境,促进海上捕鱼管辖、航海管辖和特殊管辖等与环境的可持续发展。

海事局内设四个分局,分别是海上安全保障分局、海员和海事教育分局、沿海与海上行动分局、海事信息系统分局。并设有海事顾问、国际事务、乐趣航海和船员娱乐、海员健康服务、学校/海事培训和综合文献中心等岗位和职能部门(图 3-9)。

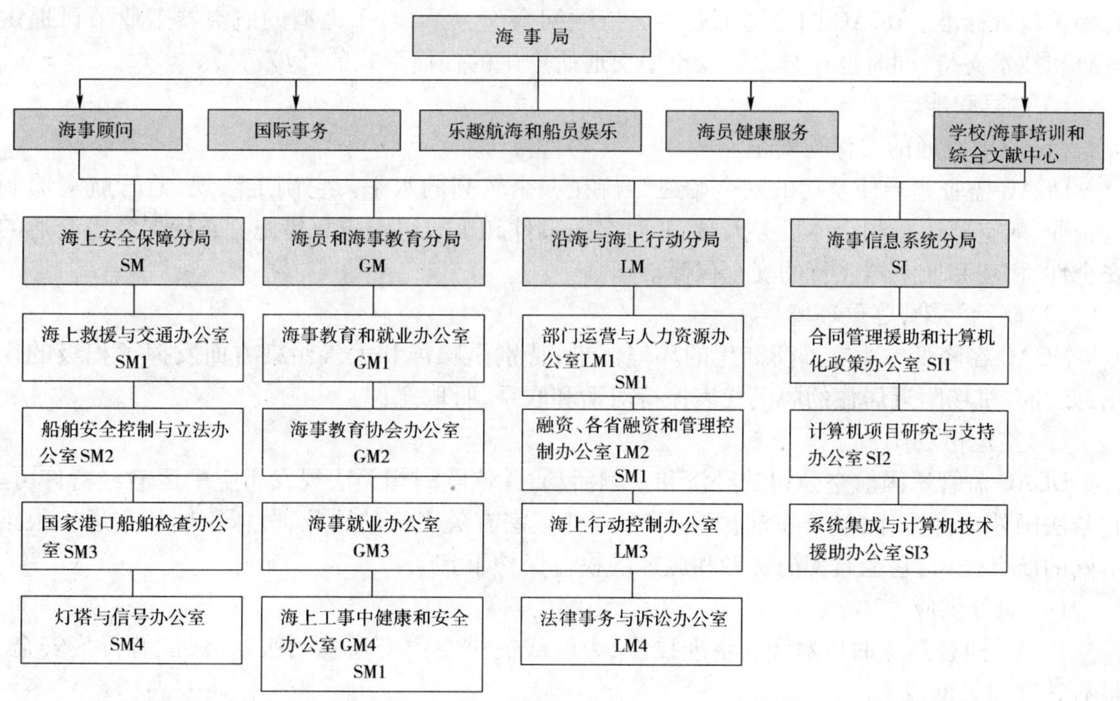

图 3-9　海事局职能机构设置架构图

DAM 遵守国际准则管辖海上安保和船舶安全,主要通过船舶安全中心发放船舶安保认证,并批准船舶的安保计划。它通过灯塔与信号部门实施海上信号系统的构建。船运方面,它掌管一些航运行政手续和船舶许可证的办理,以及相应的安保标准的应用。海员方面,它组织培训课程和专业协会活动,发放职业资格认证,并监察职业法的施行情况,同时构建一些国际国内必须的、可靠的信息系统。

与航海监测有关的 DAM 专业机构——大区运营监测和救援中心(CROSS),同海事各类官员合作,处理各方面的相关问题。为使雇员愿意投身海运事业,它还指导现代化的海事培训并配以各类宣传手段,以扩大水手的招募范围。它奉行联合协作、集体协商的原则,同社会参与者和政府机构人员联合。

除了 CROSS 和船舶安全中心的现场监管外,DAM 还负责在海运安全保障方面监督一些以国家名义存在的组织机构的行为。通常,它控制并引导海运行为,并特别为农业部执行对捕捞业的控制。

3. 地方行政架构

DGMT 在大区级的行政管理主要依赖于其和各省市的紧密联系,如大区基础设施与海事局、省市基础设施局中的海运部门等等。DGMT 要遵循欧洲和国际上的相关规定,公平对待所有运输方式。

(三)民事航空局(DGAC)

DGAC 在法国空运业占据核心主导地位,它的职能用一句话概括就是"让空中更安全"。它负责确保空中交通的安全性及安全保障工作,为航线提供服务,也管理空中交通,制定并强制法国机场及航线贯彻执行相关法律法规。尊重旅客的权益,同时兼顾遵守土地规划和开发的相关政策标准。DGAC 同法国工业界保持顾问合作关系,对于大型的航空器工业项目提供科研和技术支持,同时也在努力降低空中交通所产生的任何形式的环境污染。

1. 主要职能

(1)空中交通的安保与安全

DGAC 监督指导使空运的安全始终维持在一个较高的水平。它制定法规,监管航空器制造企业、航空器运行和全体机务人员,并对突发事件和事故组织应急措施。它确保空中交通的安全性、机场和航空器飞行的安全保障。

(2)防治污染,尊重环境

DGAC 在降低空中交通所产生的环境污染,特别是噪声和大气污染方面发挥了积极的作用,并和在机场附近居住的居民代表保持对话和联系,听取意见。

(3)空运市场调节

DGAC 监管法国航空公司的经济和金融活动,并依欧洲相关法规发布空中运输经营许可。它与法国外交部合作,签署了法国同 EEC 以外国家有关飞行的协议,分派不同的交通权限给不同的航空公司,它也监管消费者和旅客的权益保护事宜。

(4)服务供应

DGAC 拥有熟练的技术和高水准技能,为航线提供空中交通管制服务,保证航行最安全、最有秩序和最低成本。

(5)保证从业人员培训质量

DGAC 负责监管与民航有关的职业培训的质量,官方批准一些培训学校的成立及指定其结业考试的考官,国家民航大学(ENAC)是培养空管人才、工程师、飞行员和飞行技师等的顶尖学府(6 个领先专业),DGAC 还特别有一个关于培训资本的部门(SEFA)。

(6)与相关产业和运营商的合作

DGAC 与所有的航空器制造商、引擎制造商、设备制造商和机场管理机构合作，并且帮助法国航空产业赢得了国际合同，以及国家间和地域间关于航空运输方面的合作。

2. 机构设置

民航总局下属十余个机构，包括大区内设立的职能行使机构，分别是总指挥局、空运警察机构、通信部、机组人员资质认定机构、战略与技术事务部 DAST、经济法规部 DRE、航空计划与合作部 DPAC、检查与安全部 DCS（下设民事航空技术部 STAC）、航空服务部 DSNA、总秘书处（分管飞行培训部和国家民航大学）、大区民事航空办公室、民航海外办公室及其他相关部门等。具体行政架构见图 3-10。

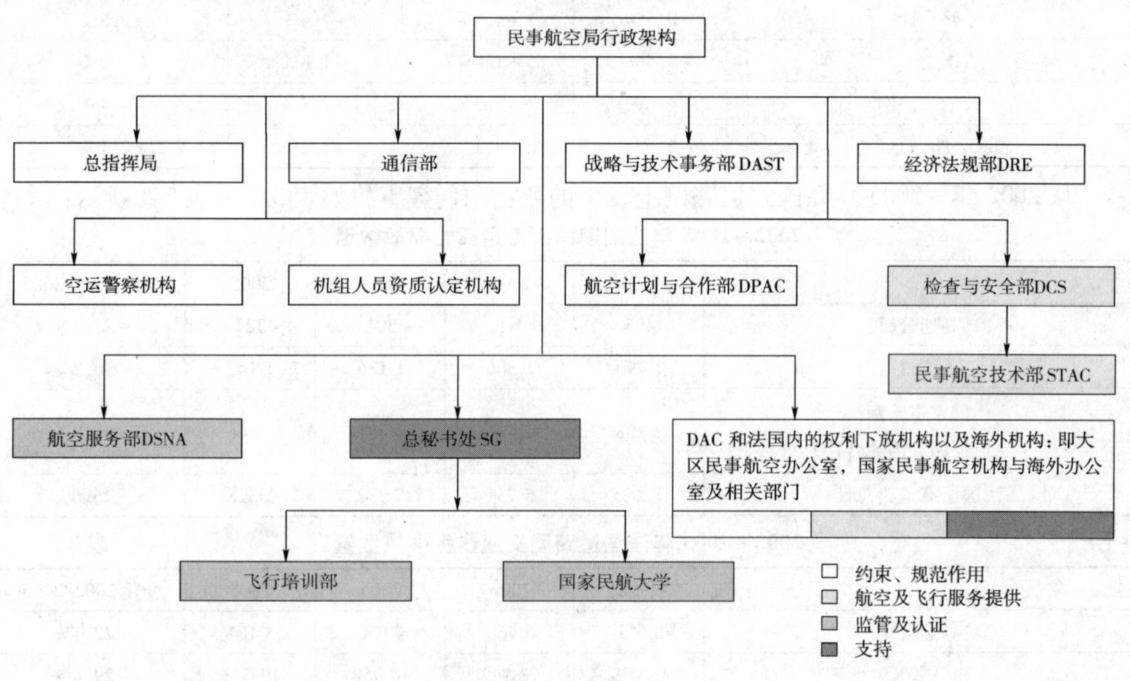

图 3-10　民事航空局行政架构图

3. 地方行政机构

DGAC 大区组织机构由 7 家大区民事航空办公室（DAC）、5 家海外服务机构、5 家路线导航中心和 11 家领域空中航行服务机构提供技术支持。职能主要有土地开发、机场规划和管理、减少各种形式的污染、DACs 和海外服务机构是地方决策单位，他们直接同航空公司、机场管理机构、大区和国家的行政机构联系。

第三节　不同运输方式的管理体制

一、法国公路行政管理体制

（一）国家公路网概述

国家公路网包括国道、高速公路（特许经营高速公路和非特许经营高速公路），是由国家负责管理的。国道和一般性道路在使用和特征上都具有很大的相似性。在道路分权管理的末期，大约有20 000公里国家道路网，11 000公里高速公路和9 000公路国道。国家道路网的总公里数是法国道路总长度的2%，它支撑着法国30%的交通量。重型货车在国道上的交通量接近15%。国家道路网的运输情况变化如表3-1所示：

法国公路交通量变化情况 表3-1

	1985～1990 年均变化	1990～1995 年均变化	1995～2000 年均变化	2000～2005 年均变化
特许经营的高速公路	+10.5%	+5.0%	+4.0%	+3.5%
未特许经营的高速公路	+5.5%	+4.9%	+5.1%	+1.9%
公路小计	+8.5%	+4.9%	+4.4%	+2.8%
国道	+3.5%	+1.4%	+1.8%	+1.2%
特许经营的公路网小计	+4.0%	+2.3%	+2.8%	+1.4%
国家公路网总计	+5.6%	+3.1%	+3.2%	+2.1%

从2002年～2005年在国家道路网上发生的死亡和伤害事故如表3-2和表3-3所示：

2002～2005年法国道路网交通死亡事故数量 表3-2

	2002	2003	2004	2005	变化2002/2005
高速公路	493	415	301	324	-34.3%
国道	1 790	1 306	1 186	1 142	-36.2%
国家道路网（高速公路和国道合计）	2 283	1 721	1 487	1 466	-35.8%
法国所有道路总计	7 242	5 731	5 232	5 318	-26.6%

2002～2005年法国道路网交通伤害事故数量 表3-3

	2002	2003	2004	2005	变化2002/2005
高速公路	6 651	5 460	4 650	5 181	-22.1%
国道	15 009	12 142	10 958	10 541	-29.8%
国家道路网（高速公路和国道合计）	21 660	17 602	15 608	15 722	-27.4%
法国所有道路总计	105 470	90 220	85 390	84 525	-19.9%

法国道路归属不同的机构管理后，这些机构有权对道路命名。例如，RN7，D162，A7……这些只取首字母的缩写的道路名称代表了不同类型的道路和归属于不同的机构管理。社区道路(tracks communal)属于市政管理，由市政决定这些道路的建设、养护和运营等。有时也会把这些道路分配给市政的社区或者城市聚集地来管理。道路(the roads)是以D开头命名的道路，如D1，D980等，在道路图上以黄色标记，归属各省管理。由国会来判定哪些道路属于各省管理的范围，国道(National roads)在道路图上以红色作为标志，以N字母开头命名，如N7，N21等，归属于国家整治部来管理。在道路交通总局的管理下，DIR和SMO负责国道的管理和新国道项目的研究与建设。非特许经营的高速公路(motoways not conceded)是免费公路，归属于国家整治部来管理。在道路交通总局的管理下，DIR和SMO负责国道的管理和新国道项目的研究与建设。特许经营的公路(the highways conceded)是收费高速公路，属于国家，但是在一定时期内，国家授权特许经营公司负责这些道路的融资、建设、养护和运营，特许经营公司在此期间可以对道路进行收费。道路交通总局负责合同的招标和管理，并且监督特许经营公司履

行合同职责。目前,大约有14个高速公路特许经营公司负责法国近8200公里的高速公路的建设、养护和运营。

在2006年9月期间转让了近18 000公里的国家道路,据来自公路部门的调查,在过去30年来形成的高速公路和主要干道网中,许多国家道路已经失去了过境运输的功能。目前运营的高速公路接近于11 000公里,然而道路总长度比1970年却减少了1 000公里。国家道路则转让给可以获得利益的当地部门管理和运营。

面对适应多种运输模式的困难,法国政府在2002年决定制定新的运输政策。2003年年初,道路桥梁局和法国监察署负责完成了审计工作,并且向公众公布。同时做出了关于铁路、公路和水运规划的技术上可行性分析、时间和预计成本。

2003年春天,国会讨论了交通运输总政策,并且国家代表制定了发展联合运输政策和适应欧洲形势与可持续发展需求的运输政策。议员们也认为运输政策应该对各自分离的道路、铁路、内河和海运这些不同形式的运输起到重新平衡的作用。

基于对以上问题的考虑,政府已经于2003年12月18日制定了新的运输政策。多种运输机构的模式已经在2005年6月被废除了。立法机关的意愿是对国家公路网履行国家的责任,因为国家公路网的构成对国家经济发展是非常重要的。国家公路网包括高速公路和长途运输的道路,这些道路覆盖了主要市镇以及主要经济中心城市。

(二)主要管理机构及职能

1. 道路交通技术机构

道路交通总局下设相关的道路科学和技术机构,这些机构和当地机构共同协商制定道路发展规划,并且这些规划都遵循于整治部制定的政策和最新道路领域的科学技术。主要的道路交通技术机构包括道路与公路技术研究院(SETRA)、隧道研究中心(CETU)和国家桥梁养护维护中心(CNPS)。其他相关的技术机构还包括国家道路桥梁研究中心(LCPC)、路网、运输、城镇规划和公共建筑研究中心(CERTU)、国家交通运输安全研究院(INRETS)和技术装备研究中心(CETE)。

(1)道路与公路技术研究局(SETRA)

道路与公路技术研究院的职能主要是制定和发布法国道路技术标准规范,包括城市郊区道路和隧道的规定;负责整个城际道路的结构和相关的建筑物(不包括隧道)的管理,包括基础设施的设计和规划、道路网、交通工程设备、运营和养护、路侧的不安全因素和环境问题;负责监控评估技术发展带来的交通变革,引进符合道路网特征和特别需求的最新技术;负责汇集最新的研究、调查、试验和革新技术,合成这些技术知识,最终实现技术的实践应用;维护最新技术、SETRA产品推荐、方法指南和技术、软件与培训资料的所有者的正当权利,并且负责技术知识、信息和培训的宣传工作。

另外,SETRA和装备部的科学技术部门共同协作,成立了技术装备研究中心(CETE),通过多个特别机构行使职能。涉及的机构领域包括生态可持续发展、健康卫生领域、法国铁路网、标准机构、研究机构和大学等。

SETRA还和很多股东协作,包括省政府、当地机构、高速公路特许经营公司、商业、私人研究机构等,他们共同的目的就是应用和共享道路领域的最新技术。

(2)隧道研究中心(CETU)

隧道研究中心成立于1970年12月31日,归属于道路交通总局管理,是负责道路隧道技术的部门。主要负责隧道方面的设计、建设、养护、运营和安全的技术方法的发展。主要的职能包括3方面：

①优质工程的开发和应用:法律规定的准备,技术文档,推荐和指南文档的管理,城市工程领域的应用性研究,工程设备管理,隧道安全和运营等。

②技术规范化的应用程序:工程项目中的技术、标准和安全推荐等。

③提供服务:提供国家隧道图,帮助客户等服务。

(3)国家桥梁养护维修中心(CNPS)

国家桥梁养护维修中心(CNPS)负责土地的维护和临时建设,负责在水路遭到意外事故、灾难或工程造成的中断时的恢复。国家桥梁养护中心主要负责法国大都市和法国海外的一些事务,有时也会涉及国外的相关事务。

2. 道路基础设施融资机制

国家道路(高速公路和国道)项目是由以下3种方式融资建设的:

(1)传统的财政预算(eg contracts state - region);

(2)特许经营的方式(只针对公路);

(3)合同合作方式。

在这3种融资方式中,国家通过法国交通基础设施机构(AFITF)获得资金。由于一部分国家道路实行分权管理,因此国家集中投资建设国家公路网。

法国交通基础设施融资机构(AFITF):法国交通基础设施融资机构是于2004年12月26日成立的公共研究院,主要职能是资助国家交通基础建设项目。该机构既不向客户,也不向业主或公路网经理募集资金,而是采取赠予或投资回报的方式筹集资金。这个机构的资金主要来源于以下3种方式的税收和收费:

(1)来源于高速公路特许经营公司道路收费的部分收入;

(2)来源于高速公路特许经营公司土地使用费的税收;

(3)来源于由自动监控系统监测到的罚款总额的40%。

除了以上3种资金来源,在2006年初,由高速公路特许经营公司购买特许经营合同所支付的4亿欧元。

3. 道路安全机构

国家公路网的公路安全政策的执行由每一个省的专门行政官员负责,即由公路安全项目经理或者局长负责。每个地方政府也具有行使道路安全的职能,地方政府会指定专门的人员和专门技术局负责所管辖的区域的道路安全。道路安全局协同道路安全项目负责人准备、执行和监督本省的道路安全政策。省当地政府是负责道路安全的重要部门。省政府负责所管辖省和市县的道路安全的技术方面。地区政府也负责一部分道路安全的基础设施建设、职业培训和土地使用规划。当地的行政机构(大区、市镇、自治区)由行政官员指定相应的道路安全负责人——"道路安全大使"。"道路安全大使"是国家机构的关键人物,他(她)确保了道路安全和所负责的地区的交通安全信息的传播。另外,一些社会性组织机构和协会也具有道路安全的职能,例如驾驶学校、商业机构、CRAM、卫生机构等。

(1)道路安全机构的组成及职能

道路安全是地区组织的一项重要责任,主要负责道路交通安全和交通犯罪行为的预防。道路交通安全局由防卫局、当地安全与犯罪防卫局和安全保障分局组成。

防卫局(the department of prevention)局长由警察局局长兼任,副局长由总理事会(the general council)主席和公共检察官担任。防卫局把当地公众、当地权威机构、政府部门、协会和社会组织联合起来行使道路安全的职能。防卫局促进当地交通安全行动,批准道路安全总指南文件(the general guidanci document ,DGO)和大区道路安全法案规划生效,并且评估其结果。

当地安全与犯罪防卫局(the local security and crime prevention)局长由社区区长兼任。该局的职能主要是监督管理社区的安全与犯罪行为。

安全保障分局(the conference divisional security)局长由警察局局长和检察长兼任,两位长官配合管理国家道路安全的犯罪行为。

此外,还设有道路安全技术知识部和事故调查部。

道路安全技术知识部(poles technical knowledge of road safety)是通过省装备部逐渐建立起来的,目的是为了建立一个道路安全监督部门,加强道路安全分析和宣传,并且对道路安全行动评估。

事故调查部(acccident investigation)是由不同地区的不同学科的专家队组成并执行相关职能,包括交通基础设施、车辆、国家和道路使用者行为、救济和关注方面的专家。他们负责处理交通死亡事故和重大交通事故,由警察局长直接领导,获得调查报告,并且把调查结果下发给当地的机构。

(2)道路安全相关事宜

①道路安全部门的道路安全规划(PDASR)

PDASR 每年由法国巴黎的警察局长负责修订。PDASR 在本省范围内起作用,可以作为股东之间项目协商和合作的一种工具。PDASR 的商议和执行的准备工作以及结果评估由城市保障委员会负责。PDASR 包含 3 个主要职能:道路交通基础设施、教育—培训—保障—通信、监督和制裁。市政需要为 PDASR 预留准备资金,同时也要为支持合作伙伴预留一定的资金,其中包括协会。其他的合伙者,例如当地行政机构或参与 PDASR 融资的当地合作者。

此外,省和当地政府协商签订合同的具体事项以及所关注的道路交通安全问题,最终作为 PDASR 法案的一部分。

②道路安全知识宣传

当地道路安全管理首先取决于伤害事故分析手册(ballots analysis injury ,BAAC),再根据法律执行机构的条款进行事故分析。除此之外,还会进行有助于每一个部门的对关键问题认定的研究,例如商务旅行、两轮车、路侧障碍、年轻人等交通事故鉴定。

③综合指南文件(the general guidelines document,DGO)

允许省、总理事会、主要市镇和自治市合作,在今后 5 年(2004 ~ 2008)共同或分别完成道路安全政策的制定。该道路安全政策的制定是道路安全部门(PDASR)的一项部分规划。

④当地道路安全宣传活动

新的道路安全活动"道路安全行动"在 2004 年 10 月发起,代替了以前的 REACT 项目,为当地道路安全机构提供了参与由省或当地政府规定的安全保障行为。这个项目是由省来领导执行的,包括道路安全合作伙伴。

"道路安全家庭"也是一项新的宣传活动,是通过各个行政区逐渐建立起来的,作为当地合作者的一部分职能,特别是通过省和当地机构来行使职能。该项目的目的是确保接待交通事故种的受害者和家庭,通知市民,保证当地行动的资源供给,为自愿者协会、研究院和专业机构提供交流论坛。

⑤国家公路网的安全政策

保证道路使用者的安全是国家公路网的国家服务经理的首要责任。在2002年和2005年,在国家道路网上因交通事故死亡人数已经下降了34%。为了进一步改善道路使用者的安全,公共工程部门在最近几年已经加强了道路安全工作,目的是达到两个目标:一是减少事故数量,二是降低事故严重程度。为了达到这两个目标,交通基础设施的安全政策主要遵循3个原则。

a. 新修建的道路必须符合最新技术标准规范;

b. 定期养护道路,及时修复老旧道路;

c. 采取特殊措施改善道路安全服务。

4. 道路养护和运营机制

国家公路网的养护和运营政策是在20世纪90年代由道路交通总局负责制定的。目的是一方面为道路使用者提供满意、安全的公路服务,包括满意标准评价、通告设备和安全,另一方面,保护具有文化遗产的道路,其中包括道路、桥梁、隧道、古城墙等。

(三)高速公路管理机制

1. 法国高速公路概况

经过50年的发展,法国目前已经形成了以首都巴黎为中心、以高速路为主干线、国道、省道、县乡道路相联结的四通八达的现代化交通网,并且法国已经拥有一个能为用户提供高质量服务的高速公路网。法国高速公路分为特许经营高速公路和非特许经营高速公路,总长达11 000公里,其中特许经营高速公路为8 200公里,非特许经营高速公路为2 800公里。

非特许经营高速公路由国家管理,即由生态、可持续性和整治部直属的一级机构——道路交通总局管理(DGR)管理,DGR负责高速公路的建设和养护,或者由政府委托专业公司进行养护,费用由国家财政支出。

特许经营的公路(the highways conceded)是收费高速公路,他们属于国家所有,但是在一定时期内,国家授权特许经营公司负责这些道路的融资、建设、养护和运营,特许经营公司在此期间可以对道路进行收费。道路交通总局负责合同的招标和管理并且监督特许经营公司履行合同职责。法国的高速公路中四分之三是通过特许经营方式运营管理的。高速公路的管理机构及职能见表3-4。

法国高速公路管理机构及职能 表3-4

	归属方	决策机构	建设和管理机构
特许经营高速公路	国家	整治部(道路交通总局)	特许经营公司
非特许经营高速公路	国家	整治部(道路交通总局)	DIR和SMO

2. 法国高速公路融资建设的发展

法国的高速公路建设资金总体上依靠四种方式来筹集。一是向国内外发行长期建设债券。二是借贷集资。利用这两种方式筹集来的资金,通过项目建成后收取车辆通行费进行偿还。从1956年开始到1986年的30年间,法国修建了约5 000公里的高速公路,其建设资金的50%来自国外15家银行的借贷,贷款总额达580亿法郎。三是政府资金补助,但比例不大。四是私人资本(特许经营公司)。法国的高速公路建设开始并不顺利,到1970年成立了专营公司,私营企业开始参与高速公路的建设,私人资本可以灵活使用,才使法国的高速公路得到迅速发展。一种真正的法国模式的高速公路管理就是实行特许经营制度。

(1)特许经营的起步阶段(收费高速公路的国有国营阶段)

为满足建设高速公路的迫切需要，法国于 1955 年 4 月 18 日颁布了旨在建立收费公路体制的“高速公路法”。根据该法，可将高速公路的特许经营权授予一些半公半私的混合型经济公司，由这些公司通过长期借贷方式筹资建设高速公路；国家则用有偿预付款、保证金和参与合作经营等方式对其借贷给予支持。高速公路特许经营公司利用收取通行费偿还贷款和预付款。该法规定，在特许经营公司建立之初，公共机构必须持有公司多数股份。

1955 年至 1963 年间，政府向 5 家公司授予了高速公路特许经营权。这些公司均为混合型经济公司，资本不多并归地方政府所有，主要由高速公路项目所在地区的合作经营企业、当地公共机构和“储蓄与委托银行”集团组成。公司的作用只限于收取通行费和管理财务，公路建设和养护实际仍由国家负责。在 1963 年国家建立了国家高速公路基金，目的就是为了给不同的国营高速公路公司提供贷款。在 1955 年至 1970 年间，法国共修建了约 1 000km 的高速公路，使高速公路总里程达到 1 125 公里。在此期间，国家负责这个公路网的管理，包括公路网的建设，决定收取的通行费和公路网的运营。因此，国营是这一时期高速公路特许经营制度的主要特征。在 20 世纪 60 年代末，1500 公里的高速公路，其中 1000 公里的高速公路是由特许经营公司负责管理的。

(2)特许经营的发展阶段(收费高速公路的国有民营阶段)

1969 年末，法国对 1955 年的“高速公路法”进行了修订。规定政府可向任何被授予高速公路特许经营权的公司提供担保，而不论公共机构是否在其中持多数股份。修订该法的目的是吸引更多的民间资本，特别是私人资本，以加快高速公路建设。这次修订带来了三个重大变化：

①在建设和管理高速公路方面给予特许经营公司以真正的权力，各公司都建立了自己的经营管理机构，有自己的施工队伍。国家专门负责高速公路建设的规划；当确定建设项目之后，由特许经营公司在国家控制之下，负责执行工程前期工作、工程施工、运营管理和养护。

②新的特许经营合同项目可跨越若干年，从而跳出政府年度预算的局限，有助于在良好的经济条件下完成工程。

③通过吸引私人资本和发行非国家担保债券，开辟高速公路建设资金的新来源。在这种条件下，又组成了 4 家利用私人资本的高速公路公司，即科菲集团(COFIROUTE)、罗纳—阿尔卑斯高速公路公司(AREA)、巴黎东洛林高速公路公司(APEL)和巴斯克海岸高速公路公司(ACOBA)。

在这个阶段，虽然国家在公路网管理机制中仍然是无处不在的，但是却给予了特许经营公司更多的自主权。例如道路收费是根据当初签订的合同由公司自行决定，而减少了国家的干预。在 70 年代末，法国拥有了 5 000 公里的高速公路，其中 3 700 公里的高速公路由特许经营公司负责。

(3)特许经营的成熟阶段

在特许经营机制下建立的筹资方式在很大程度上帮助法国改变了高速公路建设的落后状况。但是，这些特许经营公司同时也承受着巨额债务负担。此外，分散的特许公司体制自 1973 年起还受到不利经济形势的影响，建设费用和负债率的成倍增长，运营管理费用的迅速增加，交通量增长速度下降以及收费标准的下降，使私营特许经营公司的债务状况开始恶化，而且越是新建项目的特许经营公司，其财务状况的恶化越严重。为此，法国政府在 1982 年决定，改革采取特许经营方式的高速公路融资和管理制度，包括：

①收购发生亏损的私营特许公司的股权，将其转变为半国有公司，即利用国家担保解除其

财务危机。由此,原来的私营高速公路公司中,只有科菲集团(COFIROU TE)由于财务状况较好,仍然得以保持完全的私营性质;

②建立一个公共性组织,即"法国高速公路机构",由它统一持有各个半国有特许经营公司的国有股权,以利于实现资金在这些公司之间的平等分配;

③逐步推进收费标准在全国的统一。在全国范围内,除特殊困难地段外,实行单一收费标准。

在1994年,高速公路网达到了8500公里,其中近6000公里由特许经营公司负责管理。

(4)持续的调整改革阶段

在1994~2000年之间,国家赋予国有特许经营公司更多的资源和自主权利。

首先,对最大的半公半私特许经营公司进行大的资金调整。同时,对三个不再同一地域的公司进行整改,ESCOTA,SAPN和AREA分别隶属于ASF,SANEF和APRR这三个法国主要的特许经营公司。这三个公司资金的98%来源于国家政府。

第二,加强特许经营公司的自主权。国家和高速公路特许经营公司签订了五年规划的补充合同,包括工程项目、价格政策、管理目标、道路服务者的使用等。

自从2000年,法国就加强了特许经营公司的私有化,中期目标是为了达到改善半公半私公司的竞争力,同时确保公有和私营公司的平等竞争,前提是保证公共融资的原则,实现高速公路收费的完全透明。此外,为联合运输公司的运营提供有利条件。在欧盟组织的资助下,特许经营期限允许根据经济条件的变化延长期限,这些特许经营公司的到期日是在2028~2032年之间。另外,还进行了一项改革,半公半私的特许经营公司和普通法律公司具有了相似的金融和法律地位,但是必须给他们的股东分红,特别是要向国家上缴资金。国家逐渐开放了这些特许经营公司的部分资金的筹集,即允许向私人投资者募集资金。例如在2001年、2004年和2006年ASF、APRR和SANEF三个公司均向私人募集资金。

法国在2005年完成由国家控股的3个特许经营公司的完全私有化。高度的私有化是国家控制特许经营公司制度的根本改变。以前签订的特许经营合同需要重新起草,以适应目前国家和特许经营公司的关系。

3. 法国高速公路的运营管理

生态、可持续发展和整治部是法国国家级的交通主管部门,下设道路交通总局行使法国公路交通管理的职能。高速公路管理处是道路交通总局下设的分局,负责监管国家公路网的合同签订者或者合伙者的职能履行情况。该局负责新合同和协议合同的授权或者商业规划。还负责监管合同签约者执行合同的情况,包括道路建设、养护、运营以及对客户的服务,还有他们所负责的道路收费情况。并参与国际道路工程政府间的协商以及制定相关的技术政策。高速公路管理处下设技术合同管理分局,负责监督合同签约者履行的职责。评估投资政策的适用性,养护情况以及为道路使用者提供的服务,还包括评估由分局实施的质量系统的评估和审计。联合合同管理局和合同中负责路网发展、质量和性能监管部门一同评估路网发展的可行性和实用性。负责所授权的道路使用者管理系统的维护,协助道路安全管理部门完成相关职能。

法国高速公路分为特许经营的高速公路和非特许经营的高速公路。特许经营的高速公路属于国家所有,是收费高速公路,在一定时期内,国家授权特许经营公司负责这些道路的融资、建设、养护和运营,特许经营公司在此期间可以对道路进行收费。道路交通总局负责合同的招标和管理，并且监督特许经营公司履行合同职责。目前，大约有 14 个高速公路特许经营公司负责法国近 8 200 公里的高速公路的建设、养护和运营。

非特许经营高速公路属于国家所有，并由国家相关机构直接管理，既生态、可持续性和整治部的一级机构——道路交通总局、高速公路管理处，技术合同管理分局，以及 DIR 和 SMO 共同负责高速公路的建设和养护。

在高速公路的运营管理方面，政府有着绝对的监管职能。比如法国北部与东部高速公路公司 SANEF，在合同范围内负责融资、建设、和运营管理由政府指定给它的高速公路段——A1、A2 、A4 、A16、A26、A29 号高速公路，总里程约 1 400km（01 年 6 月统计），总计日交通量 50 000 辆/天，为确保所管辖公路网的养护和交通安全，SANEF 雇佣了 2700 名职工，一周 24 小时不间断对公众开放，为确保高速公路安全、畅通，为驾驶人员提供快速、优质的信息服务，同时为高速公路配置了先进的通信、监控系统，可以快速、准确地监测道路交通状况，并通过可变情报板、交通信息电台及因特网实时发布交通信息。从而达到对恶劣天气的实时记录、实时发布，以最优化的方式处理气候变化危机或其他突发事件，达到风险控制与管理的目的。由此可见，法国是通过为高速公路配备先进的仪器装置来达到更好的监管所辖范围高速公路交通运行情况的目的，高科技的手段是运营管理中不可或缺的因素之一。

对道路的冬季运营管理是所有特许经营公司面临的一大挑战，因为在冬季，常常会遇到暴风雪的天气。虽然通过天气预报的实时监控系统，交通控制中心可以随时了解天气情况，但是设备的预测也不可能每次都那么精准，即使预测到本地有雨雪，但是因为技术限制，也不可能知道雨雪确切来临的时间，而且也不知道不同市镇降雨雪的程度有多大的不同。因此，道路交通管理部门有时也会因恶劣天气的突然袭击，来不及向公众发布路况信息，导致道路使用者被困在高速公路上的情况。一旦发生类似事件，紧急事件援助队协同省政府立即对受困用户提供援助。特许经营公司的养护人员也根据需要协同紧急事件援助队和省政府一同提供援助，同时为已经到达高速公路收费区的道路使用者提供帮助，为他们提供食物和水等物资，必要的话，还可以将驾驶员带领到风雪避难棚。高速公路服务区的商业机构也作为避难所为受困人员提供服务。

当遇到强烈暴风雪的情况时，特许经营公司会及时通知省政府作出关闭高速公路的决定，省政府是唯一可以关闭高速公路的权威机构。之所以做出关闭高速公路的决定是因为，五分之一的交通事故是因为恶劣天气的因素造成的，特别是重型车在结了一薄层冰雪的道路上行驶时，在紧急刹车的时候非常容易打滑，横在道路中间，造成事故，使大量车辆拥堵在公路上不能前行，而且这样对紧急事件的援助队的工作也带来更多的麻烦。而及早关闭高速公路可以尽快制定应对暴风雪的措施，移除高速公路上的冰雪，并且避免在高速公路上形成拥堵。

省政府在接到特许经营公司的通知后，一般先评估封闭高速公路后对道路网和周边省后勤机构造成的影响，例如会考虑到物资的供应情况，然后通知特许经营公司道路封闭的决定。在此期间，高速公路仍然开放。当特许经营公司正式接到省政府封闭道路的通知后，一般需要 1 小时在高速公路入口设立道路封闭标记，并且引导重型货车驶离高速公路，将重型车辆集体护送或停靠在指定的安全区域（高速公路服务区或路边），所以仅限于轻型车辆通行。具体的规则包含在暴风雪应急规划中。

当然，也不能一开始降雪，就封闭公路，因为，一般的降雪对道路影响不会那么严重，仍然可以保持道路通行的流畅。因此，需要经过一段时间的观察，分析降雪的程度，做出是否关闭高速公路的正确决策。

4. 法国高速公路的养护机制

法国高速公路养护体制比较简单,非特许经营的高速公路由政府委托专业公司进行养护,费用由财政支出,特许经营高速公路则由特许公司负责日常养护和小修,大中修则由合作企业或专业公司承担,费用从通行费收入中列支。

法国高速公路养护方式主要依据车流量大小来确定,在建设初期就对养护方式进行分析,一种是采用日常性的养护方式,另一种则根据路面寿命采用周期性的养护方式。法国柔性路面寿命一般为8年,即8年对路面进行整体修复,其总体费用要比前一种方式节省,因而周期性养护方式是法国目前所采用的方式。养护技术标准和质量标准(1994年制定、1997年修订)由法国公路和高速公路科研部制定。养护大、中修的基本原则是,面层摩擦系数达不到要求,加铺面层;结构层损坏,分析原因补强处理后,加铺面层。

法国高速公路大多数为沥青路面,沥青采用改性沥青(塑料或橡胶),典型的路面结构类型有:柔性结构、半刚性结构、混合型结构和刚性结构。面层一般采用5~6cm的沥青混凝土,骨料采用连续级配,有些路段使用排水沥青面层,以减少雨水对路面摩擦系数的影响,排水沥青面层骨料采用间断级配,面层与基层加一层封水连接层,防止雨水渗入基层。目前法国高速公路基本上不采用水泥混凝土路面,钢筋混凝土主要用于补强。1959年建设的A13号高速公路,是法国最早的水泥混凝土路面高速公路,目前处理的方法是:如果结构层损坏,则破碎后,加铺13~15cm沥青混凝土;如果结构层没损坏,则在伸缩缝之间打人两个半圆钢管后,在钢管之间灌入填缝料,同时加铺2.5cm沥青混凝土面层,解决路面摩擦系数减小和噪声问题。

高速公路养护施工现场管理规范,安全标志设置齐全,各类养护机械设备应有尽有,机械化程度非常高,各类养护工序流水作业,真正实现了养护机械化。大、中、小型养护机械没备的使用既提高了养护作业的工作效率,也保证了工程质量。

二、法国水路行政管理体制

法国水运由海上、道路和内河运输局(DTMRF)及海事局(DAM)共同归口管理。

(一)内河航运

法国的通航河道网主要由天然大河和运河构成。最大最重要的有:北部的塞纳河通航河流,南部的罗纳河通航河流,西部的卢瓦尔河及支流歇尔河、埃纳河和加隆河。法国的运河长度约占通河航道的2/3。主要的大运河有马恩-莱茵运河、罗纳-莱茵运河南方大运河、南特-布勒斯特运河和奥尔良运河。在天然河道和运河沿岸有许多重要港口,其中最重要的有巴黎自治港和斯特拉斯堡自治港。由DTMRF下设的港口、通航水路及海岸分局PVL管辖港口及内河航道基础设施的政策制定及规划,海岸环境,港口及通航水路组织等,海上及内河运输分局管辖内河运输经济发展、安保组织、运输法规与经济统计等相关适宜。

DTMRF有促进道路运输之外的其他运输方式的责任,尤其是通过如“高速铁路”和“水上快速通道”等创新项目提升其他运输方式,促进联合运输。并参与对行业定价、生产成本等的经济监管。DTMRF在港口和内河安全管理方面遵守国际准则,参与提高所有陆上运输部门的职业培训,并负责监督陆上运输的集体协议和集体协商事务。通过以上,为促进环境友好型、节约型沿海发展做出贡献。

DTRMF在货物运输方面,参与实施由领土发展内阁委员会(CIADT)制定的关于用主要内河和海上基础设施来装备领土的决议,以此将货物运输同国家有关政策相匹配。它也对内河、港口及国家/大区规划合同中的联合运输部分的基础设施经营权转让进行管理。同时负有发展道路运输方式之外的货运的使命，尤其通过发展高速铁路和水上高速等创新项目工程来完成这一使命。

DTRMF 负责管理一些行业内的国有企业和公共机构，确保机构的运行能够遵循如内河管理等在内的具体的法规。

(二)海上运输

法国海运业由国家和私人共同经营。国家级的运输管理机构为海上、道路和内河运输局下设的海上及内河运输分局和海事局。

法国现有航运公司 55 家。其中拥有船舶 30 万总吨以上的大公司有两家。拥有船舶 20 万~30 万总吨以上的公司有 7 家，其余都是小公司。法国全境港口吞吐量为 172 亿吨。有商船 311 艘，总吨位 58.3 万吨。法国共有 72 个海港，受国家控制的自治港有：马赛自治港，法国第一大港，欧洲第二大港。石油在全港吞吐量中占 85% 以上；勒阿佛尔自治港，法国第二大港，欧洲第三大港，是法国最大的集装箱港；鲁昂自治港，法国第四大港，是谷物输出第一大港；敦刻尔克自治港，法国最大的矿物进口港，也是法国最大的冶金产品出口港；南特－圣纳泽港，管辖三个港区；波尔多－勒韦尔东自治港，是法国第三大集装箱运输中心。

海事局 DAM 遵守国际准则管辖海上安保和船舶安全，主要通过船舶安全中心发放船舶安保认证，并批准船舶的安保计划。它通过灯塔与信号部门实施海上信号系统的构建。船运方面，它掌管一些航运行政手续和船舶许可证的办理，以及相应的安保标准的应用。海员方面，它组织培训课程和专业协会活动，发放职业资格认证，并监察职业法的施行情况，同时构建一些国际国内必须的、可靠的信息系统。

与航海监测有关的 DAM 专业机构——大区运营监测和救援中心(CROSS)，同海事各类官员合作，处理个方面的相关问题。为使雇员愿意投身海运事业，它还指导现代化的海事培训并配以各类宣传手段，以扩大水手的招募范围。它奉行联合协作、集体协商的原则，同社会参与者和政府机构人员联合。

除了 CROSS 和船舶安全中心的现场监管外，DAM 还负责在海运安全保障方面监督一些以国家名义存在的组织机构的行为。通常，它控制并引导海运行为，并特别为农业部执行对捕捞业的控制。

(三)莱茵河流域管理

莱茵河是欧洲的大河，流域面积达 18.5 万平方公里，河流总长 1 320 公里。流域内有瑞士、德国、法国、比利时、荷兰、意大利、列支敦士登、卢森堡、奥地利等 9 个欧洲国家(表 3-5)。

莱茵河流域面积在各国的分布情况 表 3-5

国家	流域面积(平方公里)	比例(%)
德国	105 478	55.6
瑞士	27 963	14.74
荷兰	24 500	12.91
法国	23 556	12.42
比利时	3 039	1.60

续上表

国家	流域面积(平方公里)	比例(%)
卢森堡	2 513	1.32
奥地利	2 501	1.32
列支敦士登	106	0.06
意大利	51	0.03

莱茵河是国际河流,沿岸各国有航行与经营自由权,但按规定各国共同建设共同管理,管理机构是莱茵河航行中央委员会(CCR)。CCR 成员由莱茵河流域的国家、州、地方等代表组成,包括瑞士、法国、德国、荷兰、英国和比利时。根据 1861 年的曼海姆 - 莱茵航道公约制订 CCR 的组织法。CCR 组织结构图如图 3-11 所示。

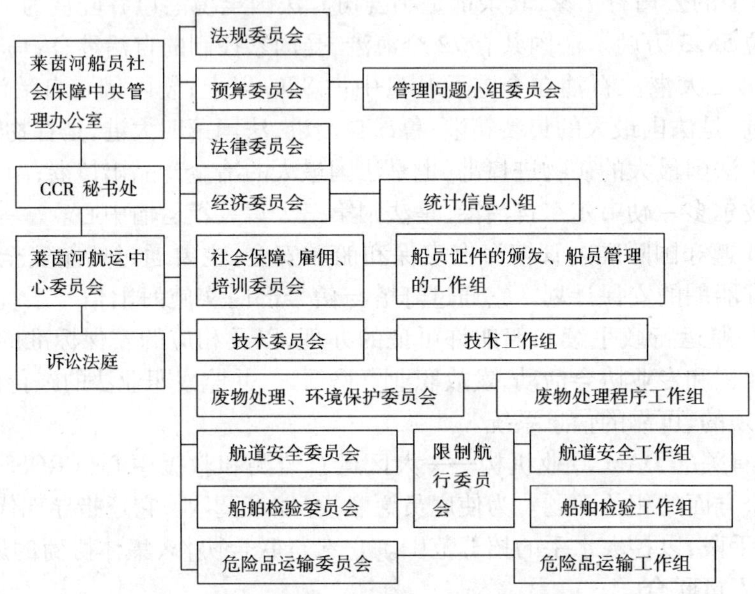

图 3-11 莱茵河中央航行委员会组织结构图

中央委员会是由成员国委员会的代表组成,每一个成员国的代表团是由 4 个代表(委员会)和 2 个非委员会的代表组成。委员会主席任期两年,是按着成员国名字字母排列的顺序轮流担任。CCR 成员一年安排两次常务会议(春天和秋天),会议由被指定任期两年的委员会主席主持,会议在成员国中轮流召开。委员会讨论议题主要包括三个方面:提出为莱茵河航行繁荣的建议和提议;考虑到船舶的安全,调整在技术上、管理上制订了一系列制度,也包括修正的法案;解决在曼海姆法案实施的过程中出现的争端。对于在莱茵河上航行出现的问题将由本国代表团或内河航运国际组织在 CCR 大会上提出,CCR 大会将决定是否自己解决或者把问题提交给一个更专业的委员会决定(根据需要决定),在专家的帮助下找出解决办法。

CCR 是负责协调莱茵河管理工作的机构,主要对航行于莱茵河的船型尺度、航行要求、技术要求、建造质量以及航道规划等方面提出规范性建议;为保证河流正常通航,规定了莱茵河的航道水深、航宽和航道最小曲率半径,跨河桥梁最小净空高度、沿河、跨河建筑物不得侵害通航界线,沿岸国家建设沿河或建筑物必须报经委员会批准才能施工;沿岸国家主要负责本国河段的养护和疏浚,保证规定的通航尺度,保证船舶畅行无阻;规定船舶航行条件、船员技术标准等;委员会对莱茵河的管理是以航运为主的,规定在保证航运畅通并符合欧洲水资源使用法规定的前提下，不妨碍沿岸国对水资源的综合利用，沿岸国家可以自由引水灌溉或建设发电站等；委员会还负责制订、实施和修改莱茵河的规章条例，参与缔结有关莱茵河航运的国际协定。具体的协商解决方式如图 3-12 所示。

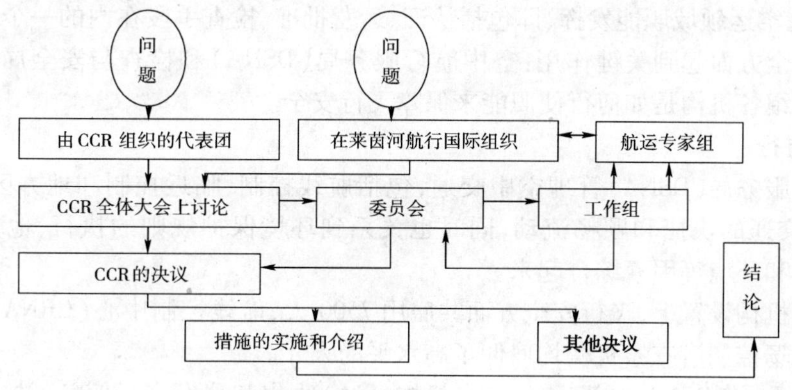

图 3-12　莱茵河中央航行委员会工作流程图

三、法国铁路行政管理体制

法国主管铁路运输方式的部门为海洋及公共交通总局（DGMT）下属的铁路与公共交通局（DTFC）。DTFC 下设了铁路和公共交通基础设施分局、铁路和公共交通服务分局、铁路和公共交通中的欧洲和国际事务、组织、安全保障分局等 3 个分局，保障铁路运输领域的平稳发展。

DTFC 除了负责大型的工程项目，还在国家和大区规划的框架下负责铁路运输基础设施的运营，以及在各大区特定地点的、与公共交通有关的项目的运作。它严格遵循国家铁路网管理的相关政策并贯彻执行。此外，DTFC 还贯彻执行有关欧洲范围内铁路网开放的相关原则和目标。它拥有给铁路行业发放许可执照的权利，而且，也积极参与发展联合运输以及促使公共交通更加灵活机动。

DTFC 立足国家政策，平衡协调各种方式的旅客运输，为达成这一目的，它在制定分析计划和方案时要注意与空间规划、城镇规划、住房供给等公共政策相协调，特别要配合货物的联合运输。

DTFC 是负责管理国有企业（如 SNCF、RATP、RFF 等）在它所管辖的范围内运营的权利机构，并和道路交通总局（DGR）一起管辖法国运输基础设施融资机构（AFITF），同时，它也对一些保证铁路系统安全保障和安全性的组织负责，如公共铁路安保公司、机械起重技术局，并指导整个运输系统的运行。

法国于 1937 年对全国铁路实施国有化，法国国营铁路公司 SNCF 在此后近 70 年一直控制着法国铁路客运和货运市场，它拥有全欧洲覆盖面最广的铁路网络，为乘客提供舒适的设施及优质的列车服务。

四、法国民航行政管理体制

整治部下属的民事航空局是法国民航业的行业管理归口单位。通过多部门间的配合，从保持高水平的飞行安全、安全保障、环境保护、经济、欧洲与国际事务、人力资源与培训方面全面保障法国民航业的健康有序发展。

(一)飞行安全方面

目前民事航空局(DGAC)的飞行安全主要依赖于以下几个方面实现:空中交通流的安全流动、DGAC 在空运领域职能发挥,即包括认证、运营批准、检查手段在内的一个体系。有两个机构在飞行安全方面起到关键作用:空中航行服务局(DSNA)和检查与安全局(DCS)。下面仅从几方面介绍各机构是如何行使职能来保障飞行安全。

1. 空中航行

空中航行服务局(DSNA)管理空中交通,包括航线控制、临近控制和地方区域控制。DSNA 确保空中交通的快捷和顺畅流动,同时也关系到环境保护规则的执行,他们管理并将安全、质量、安保和环境等因素综合起来。

主要地方机构设置上,飞行安全方面共雇用 7500 人,航线控制中心(CRNA)、空中航行机构(SNA)和机场控制塔三家机构均雇佣了高水平的人才。

资源投入上,在 DSNA 内部,飞行信息机构(SIA)收集和分发飞行信息。技术和开发部门(DTI)设计和开发运营系统(计算机,控制系统等)在监管方面有 1000 个职位。DSAN 操纵欧洲 29% 的飞行活动。

2. 认证和监管

空中航行:检查与安全局 DCS 认证和监督组织机构、设备、个人培训、程序和空中航行服务体系,管理空中交通控制。

航线:检查与安全局 DCS 发布运营指令给法国航空公司,并确定充分满足所有航行器和直升机的需求。

机场:检查与安全局 DCS 对机场运营进行认证,并批准如飞机跑道、视觉辅助、地面导航、通信系统的修建。

航空器:通过民事航空局的飞行安全组(GSAC),DGAC 监控飞行器生产状况,确保维修能力,也对飞机的耐飞性进行批准和认证。

其他组织机构:以上认证和监管职能也涉及其他组织机构,如为航线提供服务的气象信息机构和飞行信息机构。

3. 专业技术

民事航空局的技术部(STAC)根据 DGAC 的需求进行分析和科学研究,在环境、安保、机场和航空领域非常活跃,DCS 也应用 STAC 的技术,在机场认证和提供航空服务的范围内进行安保系统的认证、技术检测和安全分析。

(二)安全保障方面

在欧洲法规的约束下,DGAC 制定了法国空运安保政策(检查旅客、行李和货物)。总计有 7 亿零 200 万欧元被投入到民航安保中。

安全保障包括保护民事航空免受恶性事件、特别是恐怖袭击的伤害。由战略与技术事务部(DAST)负责,大区民事航空办公室(DAC)协助进行安保。在过去的一些年里,安保法规被不断的完善和贯彻执行,DAST 起草能够在空运领域被有效的应用实施的法规。

DAST 处理部委之间与安保相关的协调事务,起草国家法令法规。他对运营者(航空公司和机场管理机构)进行审计以确保法令法规已很好的执行。DAST 在对航空公司和机场管理机构批准认证前都会进行调研。

安保的总体分工如下：

(1)DGAC 制定国家法令法规；

(2)机场管理机构和诸航空公司执行法规，检查旅客、行李和货物；

(3)公安部门、宪兵队、海关在大区警察权力机构的指挥下检查法律法规的执行情况；

(4)在以上权力部门下，实际由安保公司对旅客、行李和货物等进行检查。

(三)环境方面

保护环境是 DGAC 的一大重要职责。主要是战略与技术事务部(DAST)和空中航行服务局(DSNA)负责。

DAST 开展空中交通影响的测量和调查，起草与环保相关的行业法规。DSAN 实施和环境相关的空中交通管制方法，确保航空公司遵守与环境有关的法规，对于违反法规者，将予以罚款。

为满足机场附近居民和他们选举出的居民代表的需要以及所有利益相关群体的需要，DGAC 致力于促进所有相关群体的协商一致，如机场管理部门，特别是 Aéroports de Paris (ADP)环境与可持续发展部门。并在项目立项方面优先支持旨在降低二氧化碳排放和噪声的航空器及引擎研究计划等。据统计，法国空中交通排放的二氧化碳占二氧化碳排放总量的 1.4%。

(四)经济方面

与法国空运公司合作。经济法规局(DRE)起草国家法规并监管他们的执行，确保在航空公司、机场和分段援助运输公司之间的公平竞争。DRE 在关键领域，如能源和可持续发展，制定了永久性的策略，也对交通量进行预测，预测的交通量是将来基础设施建设的根本依据。DRE 支持法国众航空公司，为法国航空公司提供援助，捍卫国际利益，也参与制定 EEC 空运政策。DRE 确保机场遵守规范，定义机场执行使命的规范和长期发展的规范。

DGAC 参与制定有关保护空中旅客权益的国际法规和 EEC 法规，包括援助，信息提供，当预约超额、离开或到达时晚点太多、旅客行李丢失或被偷时赔偿旅客，残障人士的通达性。

DGAC 在它的网站(www. aviation - civile. gouv. fr)上，发布法国航空公司的规定和禁止信息，DGAC 与这些航空公司合作处理旅客的一些投诉和抱怨，保证信息的透明度，DGAC 在 2006 年收到旅客的 1786 件投诉，大多是关于行李、不退车票和飞机晚点等。

(五)欧洲与国际事务方面

积极参与国际组织活动，在国际组织如 ICAO 和 ECAC 中，DAST 很活跃，在空运安全，环境保护，旅客保护，经济发展领域采取行动。

航空计划与合作部(DPAC)提供技术支持，让法国公司的技术走向国际。DPAC 支持许多法国航空器工业项目，支持的形式是偿还贷款和为研究提供资金等。共援助飞行器制造业总额 2.8 亿欧元。

相关的、有代表性的国际和欧洲组织介绍如下：国际空运由国际民事航空运输组织(ICAO)掌管，起草任一成员国都必须遵守的一般安全标准。欧洲航空安全机构(EASA)协助欧洲纪律委员会起草一般的有关航空器认证和维修的技术程序，EASA 发布典型的航空产品的认证和设计机构的批准成立的案例。EUROCONTROL 是欧洲空中航行安全组织，他起草一般的标准，规划和协调欧洲空中交通管理计划和规范欧洲的航运。欧洲民事航空会议（ECAC）在政府间关于安保、安全、环境、财政等方面合作起到举足轻重的作用，满足欧洲空运领域越来越复杂的需求。The Le Bourget Air Show，两年一次的展览，是世界空运的重要会议，国际航空器制造商、引擎厂商和民航管理机构都认可这一盛事具有世界领先水平。

（六）人力资源与培训

DGAC 的人力和财力资源都由 DGAC 的总秘书处（SG）管理，DGAC 拥有高水准的技术人才，专业技术领域广泛。人才主要来自培训部（SEFA）和国家民航大学（ENAC），其中，SEFA 主要进行基本飞行训练和各种飞行训练课程，ENAC 进行基础培训和岗位培训。

法国在航空飞行领域是先驱，有 20 万的飞行员和 3000 家飞行俱乐部，除以上几方面，在私营飞行上，DGAC 促进了行业竞争，同一些联盟和俱乐部一道改善飞行安全、加强俱乐部与飞行员间的联系、针对不同飞行俱乐部的个性需求开创立法的环境、努力使私营飞行长久发展、促进大型航空展览的开展。

DGAC 控制航空器运营，监督安全保障标准的应用，大区和海外的服务机构确保地方的飞行安全。DGAC 用空中导航服务（SNA）进行空管，提供通信、导航和监督，收集和分发飞行信息。

五、法国交通管理体制的特点

（一）部委间设置协调机构

从法国重组而成的生态、可持续发展与整治部几个主要类别的机构设置看，在海洋、可持续发展、道路安全、国土竞争及规划及温室效应几个方面设置了部委间协调代表处，合理沟通、有效快速的解决涉及到各部委利益及管辖的问题。

（二）陆上水上运输综合管理

整治部下设的海洋及公共交通总局（DGMT），建立之初的首要目标就是将国家政策在除航空以外的各运输领域间统一起来。提高各种运输方式之间的合作，促进联合运输，最后促进交通运输的可持续发展。两年多的实践表明，综合了公路、水运、铁路及公共交通的 DGMT，在促进法国运输业的发展上做出了重要的贡献。

（三）铁路与公共交通合并

公路是法国主要的运输模式，铁路与公共交通局的一个职能就是支持、促进公路以外的运输方式的发展和各运输方式之间的平衡。将铁路与公共交通并入一个部门归口管理，并通过国营铁路公司和地铁公司综合运营与管理国家铁路网，将有力的促进公路以外的多种货物、旅客运输的灵活、机动。

（四）提升地方参与管理力度

在国家公路的管理方面，道路交通总局在法国各大区的装备部新设立了 21 个服务订约局（SMO）和 11 个省际道路局（DIR），取代了原来的装备部（DDE）中所设立的交通管理部门，行使交通管理的职能。将一些原国道网公路归口大区相关机构管理，逐渐提升了地方的管理力度，克服了以前管理体制上的缺陷。例如，DIR 的 Massif Central 机构和 Midwest 机构分别负责南北道路，A75 道路（Clermont – Ferrand – Beziers）和 A20 道路的管理，因而他们也能够制定这些轴线道路的养护和运营政策。并能更好的规划养护范围，调遣距离养护区域最近的养护人员，同时还可以制定获取实时信息的政策等等。

（五）重视交通与环境和可持续发展的关联

交通行业对环境的可持续发展和国民经济的可持续发展有着举足轻重的作用，法国运输部重组为生态、可持续发展和国土整治部后，将环境和可持续发展提到了一个明确的高度，通过联合环境和可持续发展的相关部门，履行各自职责，共同促进环境友好型、节约型交通又快又好发展。

第四章　英国交通行政管理体制

第一节　英国经济社会及交通运输概况

一、英国基本国情

英国全称为大不列颠及北爱尔兰联合王国(The United Kingdom of Great Britain and Northern Ireland),是位于欧洲西部的岛国,隔北海、多佛尔海峡、英吉利海峡与欧洲大陆相望,陆界与爱尔兰共和国接壤。英国由大不列颠岛(包括英格兰、苏格兰、威尔士)、爱尔兰岛东北部和一些小岛组成,国土总体面积为24.4万平方公里(包括内陆水域),英格兰地区13.04万平方公里,苏格兰7.88万平方公里,威尔士2.08万平方公里,北爱尔兰1.36万平方公里,海岸线总长12 429公里。从地形地貌来看,英国全境分为四部分,即英格兰东南部平原、中西部山区、苏格兰山区、北爱尔兰高原和山区。主要河流有塞文河(354公里)和泰晤士河(346公里)。北爱尔兰的讷湖(396平方公里)面积居全国之首。英国属海洋性温带阔叶林气候,通常最高气温不超过32℃,最低气温不低于-10℃,平均气温1月4~7℃,7月13~17℃,终年温和湿润。

从人口来看,英国人口约6 020万(根据2005年6月统计),其中英格兰人口占5 040万,苏格兰占510万,威尔士为300万,北爱尔兰为170万。英国首都伦敦(London),人口740万(根据2004年统计)。最热月份为7月,一般气温在13~22℃;最冷月份为1月,一般气温在2~6℃。

从行政区划来看,英国分英格兰、威尔士、苏格兰和北爱尔兰四部分。英格兰划分为43个郡,苏格兰下设29个区和3个特别管辖区,北爱尔兰下设26个区,威尔士下设22个区。苏格兰、威尔士议会及其行政机构全面负责地方事务,外交、国防、总体经济和货币政策、就业政策以及社会保障等仍由中央政府控制。伦敦也称"大伦敦"(Greater London),下设独立的32个城区(London boroughs)和1个"金融城"(City of London)。各区议会负责各区主要事务,但与大伦敦市长及议会协同处理涉及整个伦敦的事务。此外,英国还有12个属地。

从行政和司法制度来看,英国的宪法不同于绝大多数国家的宪法,并不是一个独立的文件,它是由成文法、习惯法、惯例组成。主要有大宪章(1215年)、人身保护法(1679年)、权利法案(1689年)、议会法(1911、1949年)以及历次修改的选举法、市自治法、郡议会法等。苏格兰另有自己独立的法律体系。政体为君主立宪制。国王是国家元首、最高司法长官、武装部队总司令和英国圣公会的"最高领袖",形式上有权任免首相、各部大臣、高级法官、军官、各属地的总督、外交官、主教及英国圣公会的高级神职人员等,并有召集、停止和解散议会,批准法律,宣战媾和等权力,但实权在内阁。议会是最高司法和立法机构,由国王、上院和下院组成。上院(贵族院)由王室后裔、世袭贵族、新封贵族、上诉法院法官和教会大主教及主教组成。1999年11月,上院改革法案通过,除92名留任外,600多名世袭贵族失去上院议员资格,非政治任命的上院议员将由专门的皇家委员会推荐。下院也叫平民院,议员由普选产生,采取最多票当选的小选区选举制度,任期 5 年,但政府可决定提前大选。政府实行内阁制,由女王任命在议会选举中获多数席位的政党领袖出任首相并组阁,向议会负责。英国有三种不同的法律体系,即英格兰和威尔士实行普通法系,苏格兰实行民法法系,北爱尔兰实行与英格兰相似的法律制度。司法机构分民事法庭和刑事法庭两个系统。在英格兰和威尔士,民事审理机构按级分为郡法院、高等法院、上诉法院民事庭、上院。刑事审理机构按级分为地方法院、刑事法院、上诉法院刑事庭、上院。英国最高司法机关为上院,它是民、刑案件的最终上诉机关。1986 年成立皇家检察院,隶属于国家政府机关,负责受理所有的由英格兰和威尔士警察机关提交的刑事诉讼案。总检察长和副总检察长是英政府的主要法律顾问并在某些国内和国际案件中担任王室代表。英国的行政、立法及司法机构之间的关系如图 4-1 所示。

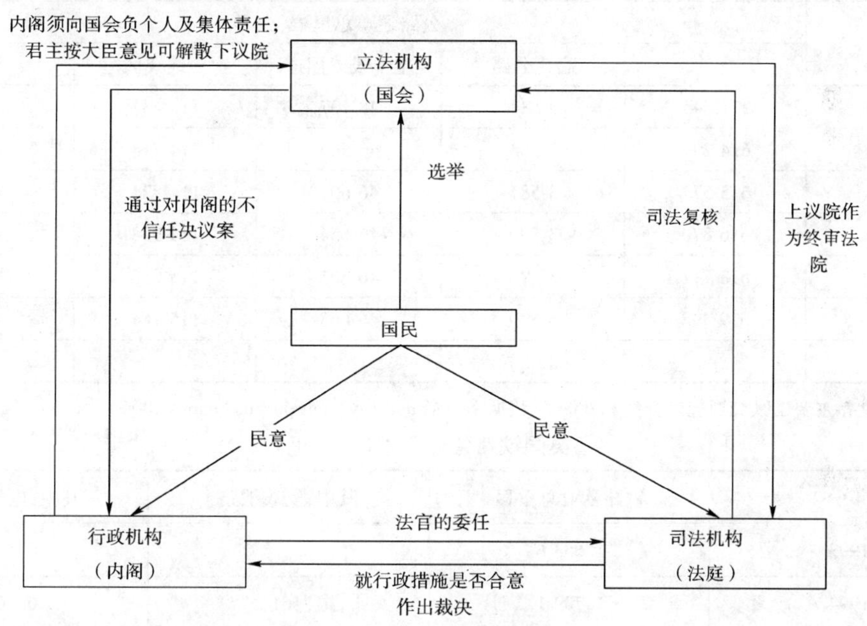

图 4-1　英国行政、立法及司法机构之间的关系

从经济实力来看,英国是世界经济强国之一,其国内生产总值在西方国家中居前列。近年来,英国制造业在国民经济中的比重有所下降;服务业和能源所占的比重不断增大,其中商业、金融业和保险业发展较快。2002 年,英国经济规模居世界第四,是世界第二大海外投资国。私有企业是英国经济的主体,占国内生产总值的 60% 以上。服务业是衡量现代国家发达程度的标准之一。英国的服务业从业人口占其就业总人口的 77.5%,产值占国内生产总值的 63% 以上。英国是欧盟中能源资源最丰富的国家之一,也是世界主要生产石油和天然气的国家之一。主要能源有煤、石油、天然气、核能和水力等。铁矿储量为 27 亿吨、煤的可采储量达 46 亿吨、石油储量为 70 亿吨、天然气储量达 12 260 亿 ~38 000 亿立方米。英国是世界上第一个满足本国 2 600 万电、气用户的国家。

二、英国交通运输发展概况

英国的交通十分发达,铁路纵横交错,公路四通八达,空中航线通往世界重要城市,海运航线可达五大洲主要港口。

根据2006年发布的统计数据，如表4-1所示，2003年英国全国公路通车总里程约为61.9万公里，比20世纪80年代初增长了将近2倍。其中高速公路里程为3 609公里，主干线或国道里程为46 633公里，次干线或区道里程为115 164公里，其他道路里程为454 095公里，高速公路约占全国公路总里程的0.6%。英国人主要的交通工具是私人小轿车，其次才是各类长途公共汽车。公路货运的重要性日益增大，以吨位计占全国总货运量的85%。如表4-2所示，2004年，英国铁路全长1.65万公里，各种机车、客车、车辆16.28万辆，铁路网覆盖全国。同许多欧洲大陆的发达国家一样，英国很注重发展电气化铁路，目前英国的电气化铁路约占英国铁路网总里程的32%。此外，在2007年英国还建有一条里程为39公里的高速铁路，以连接伦敦到南福里特。

英国公路通车总里程（公里） 表4-1

年份	公路通车总里程（公里）				
	合计	高速公路	主干线或国道	次干线或区道	其他道路
1998	371 545	3 534	48 137	113 432	206 636
1999	614 297	3 563	46 569	114 714	449 565
2000	615 577	3 581	46 607	114 824	450 679
2001	616 870	3 590	46 654	114 938	451 802
2002	618 111	3 592	46 661	115 050	452 924
2003	619 398	3 609	46 663	115 164	454 095
2004		3 638			

来源：《世界主要国家交通统计资料》，2004年数据来自《Energy & Transport in Figures 2006》。

英国铁路营业里程（万公里） 表4-2

年份	铁路营业总里程	其中：复线铁路	其中：电气化铁路
1993	1.653 6		0.509 8
1994	1.709 1	1.161 2	0.509 8
1995	1.687 5		0.497 0
1996	1.700 1		0.516 3
1999	1.698 4		
2000	1.699 4		
2002	1.795 2		
2003	1.705 2	1.188 5	0.522 5
2004	1.651 4	0.019 8	0.525 8

来源：《世界主要国家交通统计资料》，2004年数据来自《Energy & Transport in Figures 2006》。

英国的航空事业很发达。英国的国际航线可往返世界上68个国家和地区，有145个终点站，国际航线达58万公里，此外，还有定期班机飞行本土26个城市，每周航班达1 000多架次。希恩罗机场是世界上最繁忙的国际机场之一，每年通过该机场出进伦敦的乘客达2 800万人次，每3分钟就有一架飞机起落。大约有70多家航空公司使用这一机场。从伦敦向外有8条主干航线通往英国的主要城市，每条主干线每年运送的旅客都在10万人以上。英国主要机场和港口如图 4-2 所示。

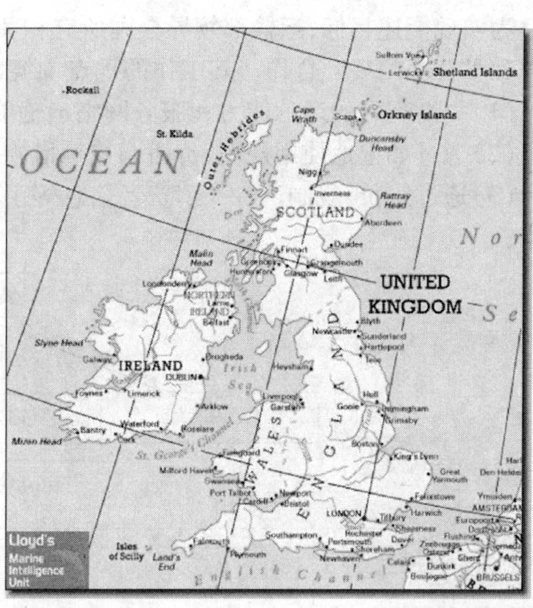

图 4-2　英国主要机场和港口

此外,海运是英国的生命线。英国有伦敦、利物浦、朴斯茅斯、多佛、布赖顿、南安普敦、伊斯特本等天然海港。英国与欧洲大陆海上联系主要靠英吉利海峡的轮渡。海峡上有几条短程航线,分别通往法国、比利时和荷兰三国,共有 60 艘渡船来往穿梭。

第二节　英国交通行政管理体制

在近年来的政府行政改革中,英国实行"大部制"的改革模式,将业务相近或相关性强的部门尽可能进行合并,以利于部门之间的协调和政府资源的有效利用。2002 年 6 月,英国将环境保护、交通运输管理以及地方事务三个部合并,成立了运输部(Department for Transport),由运输国务大臣领导,专门负责交通运输事务,并主管健康与安全事务,其中包括道路交通、铁路运输、民航运输和海洋运输的安全事务。在运输部下,英国政府在各部之外设立了若干"执行机构",专司行政执行职能,负责向社会提供高质量的服务。英国内阁及运输部组织结构如科 4-3 所示。

英国运输部的宗旨是为每一个公民提供运输服务。这意味着,一个良好的运输系统需要兼顾经济、社会和环境的共同发展需要。运输部领导全国所有运输相关部门,与区域、地方和私营部门展开合作,提供各种运输服务,从而实现其为每一个公民提供运输服务的目的。本章节包含了运输部制定的目标、组织机构和各下属机构的组织构成。

此外,运输部还制定了四个战略目标,这四个战略目标的制定专注于运输部的核心业务领域。

(1)通过发展可靠和高效率的交通运输网络来支持保障经济增长和提高劳动生产率;

(2)提高运输效率,改善运输环境;

(3)加强交通运输安全和支持保障系统的建设;

(4)扩大就业机会,提高服务水平和扩大服务社会网络,服务对象包括社会的最弱势群体。

为实现上述目标,运输部领导全国所有相关运输部门,与提供各种运输服务领域的区域、地方和私营部门展开合作。其工作的重点围绕以下6项重要任务:

(1)提高现有的运营能力和服务网络运输能力,为客户提供更多、更好的信息;

(2)通过如土地使用规划、价格调控等措施手段来引导未来运输需求结构的形成;

(3)通过定价、规制、技术、消费者信息等手段解决运输对环境的消极影响,提高资源使用效率;

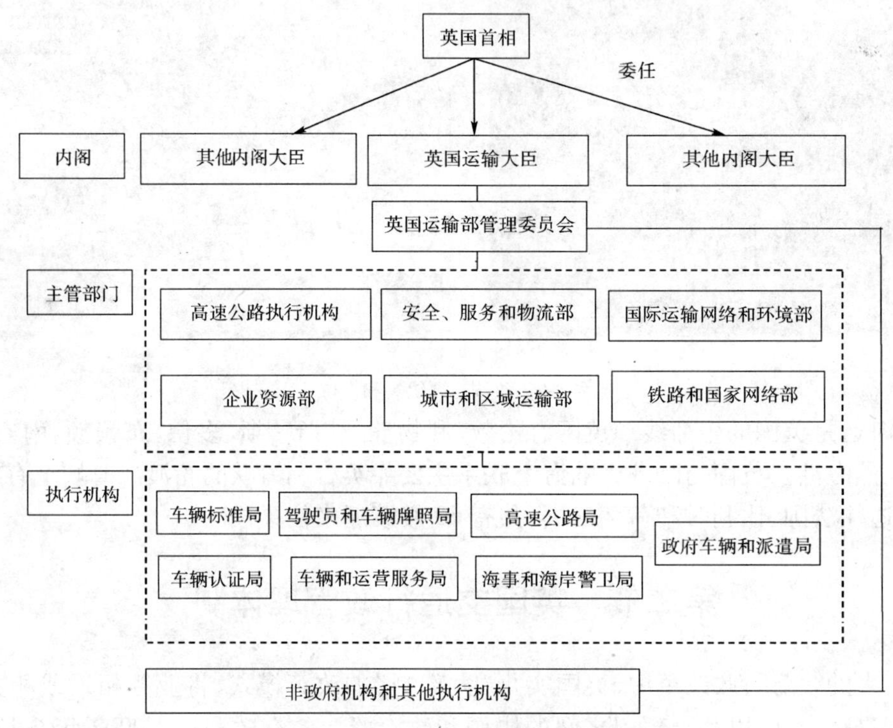

图4-3 英国内阁及运输部组织机构图

(4)制定规划和管理长期投资项目;

(5)对运输服务和运营的管理以及发放运营商许可证;

(6)提供管理信息和运输服务以支持和保障政府目标的实现。

运输部致力于有效地开展工作并取得成效。同时作为一个负责任的政府管理机构,运输部也致力于服务公众和改善公共服务水平,提高管理水平和促进按时交付方面的改革。运输部的任务是制订整体运输发展战略决策,从综合运输的关系来看,协调管理各种运输方式的关系。这一部分包含的内容是运输部门的组织结构如何构建、各下属机构职责以及制订的各项指标和目标。

一、运输部组织

(一)组织部门及工作内容

运输部建立的目的是为政府提供更好的运输战略决策。运输部总部的职责是制定战略和政策方针,建立和处理与各级运输组织的关系。运输部总部的机构建立主要涉及以下四个运输相关的内容:制定强有力的政策、运输、国际交流、金融政策。运输部委员会是运输的最高管理机构,运输部委员会成员包括以下几个部门的局长:

(1)铁路和国家网络部门;

(2)城市和区域运输部门;

(3)企业资源部门;

(4)安全、服务和物流部门。

(二)运输部的执行机构

运输部的7个执行机构是运输部的中心部门,职责是执行政府的优先运输和服务。执行机构名称以及相关网页链接如下:

(1)车辆标准局(http://www.dsa.gov.uk)。

(2)驾驶员和车辆牌照局(http://www.dvla.gov.uk)。

(3)车辆认证局(http://www.vca.gov.uk)。

(4)车辆和运营服务局(http://www.vosa.gov.uk)。

(5)高速公路局(http://www.highways.gov.uk)。

(6)海事和海岸警卫局(http://www.mcga.gov.uk)。

(7)政府车辆和派遣局(http://www.gcda.gov.uk)。

在新型运输部组织结构构建中,为了加强运输管理机构的作用和地位,需要给予各级运输管理机构一定的特殊权利,来保障各级运输管理机构的政策制定和执行得以顺利实施。

(三)非政府机构和其他执行机构

运输部资助了以下非政府执行机构,其名称以及相关网页链接:

(1)英国铁路委员会(备用)有限公司(http://www.brb.gov.uk)。

(2)英国运输警察管理局(http://www.bt-police.co.uk/)。

(3)民航管理局(http://www.caa.co.uk/)。

(4)综合运输委员会(http://www.cfit.gov.uk)。

(5)残疾人士的交通咨询委员会(http://www.dptac.gov.uk)。

(6)北部航标局(http://www.nlb.org.uk)。

(7)客运组织机构(http://www.passengerfocus.org.uk)。

(8)铁路遗产委员会(http://www.railwayheritage.org.uk/)。

(9)主干路的评估常设咨询委员(http://www.dft.gov.uk/pgr/economics/sactra/)。

(10)交通委员会和代表机构(http://www.dft.gov.uk/pgr/roads/tpm/trafficcommissioners/)。

(11)三项职能合一的航标服务(http://www.trinityhouse.co.uk)。

二、运输部公共服务协议目标

作为政府服务部门,英国运输部制订了明确的公共服务目标。现行的运输部公共服务协议来源于2004制定的《开支评估》法案,该法案于2005年4月生效。新的运输部公共服务协议目标几乎涵盖了以前所有的目标,同时增加了关于气候变化的新目标,另外部分目标有了细微的变化,但其他大部分目标没有改变。

三、运输部的执行机构

(一)执行机构的作用

运输部执行机构的主要作用是提供保障政府的运输事项优先和提供服务。

(二)驾驶员、车辆和运营商执行机构

驾驶员、车辆和运营商执行机构的职责是提供安全运输,负责驾驶员和车辆安全的管理机构。这个机构包括4个下属机构:车辆标准局(DSA),驾驶员和车辆牌照局(DVLA),车辆认证局(VCA)和车辆和运营服务局(VOSA)。驾驶员、车辆和运营商执行机构和4个下属机构共同负责提供安全运输,负责驾驶员和车辆安全的管理机构,直接执行运输部政策并协调跨部门目标,主要包括:

(1)提高道路安全;

(2)降低环境影响;

(3)缓解道路拥堵;

(4)降低与车辆有关的犯罪;

(5)税收;

(6)提供现代化的电子公共服务。

在2002到2005年三年的时间内,该组织投资了1亿英镑用于提高运输服务的现代化水平。现在,运输部正加紧推进驾驶员、车辆和运营商执行机构现代化进程。这将转变驾驶员、车辆和运营商执行机构的工作方式,有利于更好的理解并满足消费者的个性化需求。

(三)驾驶员和车辆牌照局

驾驶员和车辆牌照局对所有驾驶者和在公共道路上行驶的车辆信息进行时时更新,并负责驾驶员驾驶执照的发放、车辆税的征收和车辆登记政策的执行。此外,交通管理局也致力于为政府提出合理的政策、建议及更广泛的目标,如改善环境、发展现代化,以及满足以客户为中心的需要。

(四)车辆和运营服务局

车辆和运营服务局与交通委员会通过提高和加强从业人员许可要求,从而提高道路安全、保护环境、确保运输市场的公平竞争。车辆和运营服务局主要有以下职责:

(1)处理货车和公共汽车运营申请;

(2)巴士汽车服务注册登记;

(3)车检计划的安排与管理,包括车检的监督和管理;

(4)执行车辆相关法律,确保车辆遵从合法的标准和规则;

(5)执行驾驶员行驶小时限制和许可要求;

(6)帮助交通委员制订关于运营商、职业驾驶员和客车登记许可条件;

(7)为从业人员提供培训和建议;

(8)调查车辆事故、缺陷并召回。

（五）车辆标准局

车辆标准局通过在全英国境内提高驾驶标准、开展驾驶员和驾驶教练测试提高道路运输安全。驾驶标准机构的目的是降低道路人员伤亡，该内容已纳入政府的道路安全战略中。此外还制定了未来的目标，即“明天的道路上——对每个人都是安全的”。

（六）车辆认证局

车辆认证局从事车辆检验及许可证签发服务，并对新型车辆和部件是否符合欧洲和美国安全及环境标准进行检测和认定。同时也为希望被认定达到国际质量、环境和安全管理体系标准的制造商提供认证服务。

此外，车辆认证局还出版了最具权威的排放、燃油消耗和噪声标准，从而帮助人们在购买车辆时决定购买何种车辆，并使车辆在使用期间顺利通过排放机构检测的排放标准。同时这些信息为运输部和税务局根据车辆能源消耗制订车辆购置税提供支撑材料。

（七）高速公路局

高速公路局作为运输部秘书的代表，主要负责包括 9 380 公里的高速公路和干道路网的运营、维护及制订道路运输网的规划。经检测路网每年通行达到 17 000 亿车公里。高速公路局的主要目标是“提供安全的道路，可靠的通行，保护出行者知情权”。高速公路局支持运输部为每一个公民服务的目标，主要职能包括：

（1）提高道路安全；

（2）加强路网管理和信息化提高出行的可靠性；

（3）环境保护。

同时，高速公路局在国际交流中还发挥着作用，与其他各国公路管理部门建立了一个很好的工作关系，也承担了一个促进国际交流的角色，同世界其他相关管理部门建立友好工作关系，共享技术专长。这些有助于英国知识产权的保护，同时也将世界各国的最优秀运输技术引进英国，支持英国行业发展。

（八）海事和海岸警卫局

英国海事和海岸警卫局执行政府海事安全策略，配合开展海上搜救工作，检查船舶是否符合英国和国际安全条例；保护沿岸和海上人员生命安全，保障船只安全，防止海岸和水域受到污染。

（九）政府车辆及派遣局

英国政府车辆及派遣局是一个非盈利的政府执行机构，作为保护运输安全的第一供应商，为政府、其他公共管理机构和其他通过批准的客户提供安全运输、配送和快递等相关服务。

四、运输部下属的非政府公共管理机构

（一）运输部资助的非政府执行机构

1. 英国运输警察管理局

根据 2003 年通过的铁路和运输安全法案成立了英国运输警察局，该局成立于 2004 年 7

月 1 日。英国运输警察管理局被认为是一个非政府公共管理机构的执行机构，有一个法定的责任是为铁路部门维持一个有效率的和有效的警察部队。英国运输警察部队是由铁路工业出资建立，英国运输警察管理局每年负责预算。审计委员会和其他的成员包括工业和非工业成员，这些成员是由国会直接指定。

相关网页链接：http://www.btp.police.uk/

2. 铁路遗产保护委员会（小组委员会）

2005 年 11 月 21 日铁路遗产保护委员会的发起成员，将从事战略政策制定的铁路管理局转交给运输部，使铁路管理局成为一个行政但非政府公共部门的执行机构，直接向国务秘书负责。铁路遗产保护委员会成立的作用是为了找出可以保存的铁路纪录和艺术品的未来价值，为了研究和学术活动，从民族和公众的利益出发，确保这些艺术品在适当的地点处于良好的保护条件下。一旦物品交由铁路遗产委员会鉴定，该小组委员会有权利和义务找出那些有历史纪念意义的纪录和艺术品（或者赝品），并将这些找出的纪念品永久保存。一旦被鉴定，业主的艺术品和记录只有经过铁路遗产委员会的允许才可能处置它们。

相关网页链接：http://www.railwayheritage.org.uk/

3. 北部航标委员会

北部航标委员会的宗旨是致力于提供可靠、低维修及符合成本效益的航标服务，由一个安全、高效、经济和专业支持机构来专门支持航标的设立。

相关网页链接：http://www.nlb.org.uk/

4. 三项职能合一的航标服务局

1995 年通过的商船航运法案的第七部分第 193 条中指出，三项职能合一的航标服务有责任提供和维护靠近海岸的英格兰、威尔士、海峡群岛和直布罗陀的海洋航标的建立；有责任用航标标示出影响船舶通行的沉船或海难发生的地点并且清除沉船或者海岸的障碍物。航标服务的经费由英国和爱尔兰共和国的附近港口提供。

相关网页链接：http://www.trinityhouse.co.uk/

5. 客运委员会

客运委员会对外的经营名称为新铁路旅客委员会（简称 RPC），成立于 2005 年 7 月 24 日，是依据 2005 通过的铁道法依法成立的组织。乘客委员会代表跨越大不列颠的所有英国铁路乘客，是一个法人团体，也是由运输部出资建立的非政府公共管理部门的执行机构。铁路旅客委员会的职责和章程来源于 1993 年出台的铁路法和 2005 年出台的铁路法案。

相关网页链接：www.passengerfocus.org.uk

（二）其他公共机构

1. 英国铁路委员会（备用）有限公司

英国铁路委员会（备用）有限公司是一家有限责任公司，成立于 2001 年，作为战略铁路管理局的子公司，管理铁路管理局大多数剩余财产，享有铁路管理局的权利及负有相应的法律责任。这些职责包括管理一个多元化的物业投资组合，并解决前英国铁路员工受到工业伤害所提出的索赔要求。自从接受 SRA 的决定，该公司已转移到运输管理部门，现在已是一个全资的附属公司。根据 2005 年通过的铁路法案制订的转变职能计划，英国铁路委员会（备用）有限公司接收了原先由 SRA 管理的子公司，并负责管理这些公司当前的运作。

目前英国铁路委员会（备用）有限公司的资金除一部分通过自己的投资获得，大部分来源于政府资金投资。因此英国铁路委员会(备用)有限公司也被公众认为是由政府财政支持的公共公司。

相关网页链接:http://www.brb.gov.uk/

2. 民用航空管理局

民用航空管理局(CAA)是一个公共机构,于1972年由议会批准成立。民用航空管理局作为一个独立的国家专业性航空监管机构以及提供航空交通服务的机构,于2001年从国家空中交通服务民航局中分离出来。民用航空管理局拥有包括经济调节、领空政策、安全监管和消费者保护等所有民航管理职能。这些职能目前都集成到一个单一的专门机构——民用航空管理局。民航局的资金完全由向它所管理的对象收取得来。

相关网页链接:http://www.caa.co.uk/

3. 综合运输委员会

综合运输委员会(CFIT)是一个独立机构,负责向政府提出综合性运输的政策和意见。综合综合运输委员会从更广泛的角度、更宏观的角度来提出综合性运输政策,以及提出更容易操作的方案来促进社会的经济繁荣、环境保护、卫生医疗和社会和谐。综合运输委员会从确保各种交通运输方式能更加协调发展的角度,使一种交通运输方式能和另一种交通方式更好的配合,提出一些至关重要的影响因素和政策建议。同时该委员会提供由第三方独立机构做出的专家意见。

相关网页链接:http://www.cfit.gov.uk

4. 残疾人士交通咨询委员会

根据主管交通的州政府秘书处的建议,在1985年通过的运输法令为了满足伤残人士交通出行的需要,建立了残疾人士交通咨询委员会。该委员会也有一个非法定的责任,就建筑与规划问题以照顾伤残人士出行为目的提出他们的建议。该委员会的成员数目规定是为20人(包含主席)以内,并规定至少有一半成员必须为残疾人士。

相关网页链接:http://www.dptac.gov.uk

5. 主干道评估常务咨询委员会

主干道评估常务咨询委员会(SACTRA)是一个独立的委员会,由主管运输的州秘书长任命,就有关主干道路的发展问题提出专业而具体的建议。每次咨询该委员会时,委员会会给出一个专业的参考意见。主干道评估的常务咨询委员会初步的职权范围,可以简化成以下几个方面:

(1)运输发展和经济增长是何种性质意义关系;

(2)在什么范围内减少经济的运输强度;

(3)寻求既能满足运输需求又可减少道路交通量增长的方式,对于单个运输项目评估的含义是什么;

(4)对于具体的交通项目评估,就常规运输的程序和作法,可提出哪些更好的建议。

相关网页链接:http://www.dft.gov.uk/pgr/economics/sactra/

(三)非政府部门的法律团体

城市交通委员会

城市交通委员会由其他八个交通委员会组成,八个交通委员均是由主管交通的州秘书长任命,他们的职责范围有以下几项:

(1)监督牌照的发放,重型货车、卡车、巴士和旅游巴士(公共服务车辆)营运牌照的发放;

(2)巴士服务公司的注册;

(3)发放驾驶员的执业牌照,并对违规的驾驶员进行处罚。

同时,苏格兰地方当局对出租车收费,上诉反对收费事件,以及在爱丁堡和格拉斯哥对没有按照政府要求的停车区域内停车的驾驶员进行处理,如果驾驶员对处罚持有异议,可以向交通委员要求行政复议,该委员将会处理此类上诉事件。在发放营业执照上,委员们是法律授权者。必要时,他们可以举行公开调查,尤其是要考虑对环境的适宜性,并对无照运营的行为进行处罚。

相关网页链接:http://www.dft.gov.uk/transportforyou/safety/roads/

第三节　英国交通运输部执行机构职能

本节介绍了英国运输部执行机构的目的、目标和战略,以及相应的职能;具体阐述了结构的职责和结构,以及如何与其他运输方式的协调发展。英国运输部保留了负责制定涉及到苏格兰、威尔士和北爱尔兰的英国政策的一些职能。在这三个王国中,一般只负责航空和航运,在其他政策的问题上,立场各不相同。举例来说,英国运输部的职责延伸到威尔士和苏格兰领域内的相关铁路安全和某些方面的道路交通规例,如车辆牌照发放等。运输部的目标是为每一位公民出行提供便利。但2006起,随着爱丁顿研究和反思,在2007年春季董事会决定在适当时候重新制订运输部的部门宗旨和目标,并确保运输部门明确清楚自己的目标并且取得成效。

经验表明,解决交通拥挤的目的不仅是缓解交通压力,更重要的是推动经济增长。做好事故预防工作以降低人员伤亡,也可以看成是促进社会和谐,扩大就业机会和提高服务水平的途径,狭义理解可以是方便残疾人士的出行。建立一个为每个人服务的交通运输系统,其根本目的是要满足经济发展、保护环境和提高为社会服务的水平需要。

英国交通运输部下属的行政管理部门的大部分工作是由以下7个行政机构完成的:

(1)驾驶员、车辆和运营商执行机构(DVOG)的四个下属执行机构:

①车辆标准局(DSA);

②驾驶员和车辆牌照局(DVLA);

③车辆认证局(VCA);

④车辆和运营服务局(VOSA);

(2)政府车辆和派遣局(GCDA)。

(3)高速公路局(HA)。

(4)海事和海岸警卫局(MCA)。

这些执行机构为了贯彻政府的决定做出了重大贡献,以满足各部门的目标。他们雇用了约90%以上的运输部员工,并且为了公众的利益和政府保持密切的联系。运输部部长有责任考核所有执行机构的业绩,并且所有的执行机构每年都需要做年度计划和财政报告。

一、海事和海岸警卫局(MCA)

海事和海岸警卫局(MCA)的主要职责是支持运输部制定和实施国家海事安全和环境保

护战略：

(1)促进海上和海岸安全；

(2)提供24小时的海上搜索和救助服务；

(3)防止船舶污染，快速反应和有效应对污染事件，尽量减少对环境的影响；

(4)通过定期的调查和检验在英国注册登记的验船舶；

(5)推动高层次的海上安全和保障交流。

在短短一年的运营中，呼叫海岸警卫队统筹中心就处理约18 000次呼叫，并派遣海上和飞机加入搜救，救起8 000多人，帮助人数超过25 000人。海事和海岸警卫队对英国注册的船舶进行3 500次检验，对注册地部在英国的船舶进行了超过6 000次的检查，以及在英国海岸附近做相关的污染防治。海岸警卫队还负责除了海员的10 000证书及其他相关证件的审核，为80 000人做了相应的培训。海岸警卫队每年还有法律授权的执行职能，每年大致处理100起左右的违反商船法律的行为案件。

海事和海岸警卫队管理在英国注册登记的船舶，这是被国际上公认为最有权威的船舶检验部门。客户服务，该机构提供的是鼓励更多的船东在英国注册符合安全规定的船只，这是确保他们遵守安全标准的最好方法。安全的重要性已经得到了政府、管理者和船东的共识，他们将一起促进海事部门的发展来支持英国经济的发展。目前在英国登记的船舶有1 450艘。作为一类应急，根据2004年通过的民事紧急法令，海岸警卫队承担了新的责任，同时也有义务参与到本国的紧急任务当中。

在英国运输部的领导下，海岸警卫队紧密地与相关部门共同合作，在国际海事组织和国际劳工组织中，英国海岸警卫队代表了旨在维护英国船舶安全的利益。海岸警卫队还有一些其他的工作，包括管理水文测量方案，以提供不断更新的海图和向中央气象局提供航行警告及船舶的一些天气预报，并向英国广播公司电台第四台航运天气预报。

作为一个岛国，英国的贸易量有97%是通过海运完成的，毫无疑问，航运业是支撑和保障英国经济的发展的重要支柱。英国的渔民和渔业产业也都要靠海谋生，英国很多人在海滩和海岸上休闲和运动。此外，英国拥有12 429公里海岸线，海岸警卫队负责整个英国境内的海上安全政策的制定和实施，海岸警卫队统筹海上搜索和救援，并检查过往船舶，要求船舶符合英国及国际安全规则。同时致力于海上安全工作，以避免生命的损失，确保航行船舶安全，保护生命安全，船舶安全，防止海上污染。海岸警卫队正在加紧努力，提前做好预防工作以防止意外事故的发生，即使发生也尽量降低其影响。海岸警卫队的救援协调中心24小时运作，并使用最新的通信技术，以应付任何在岸或海上的突发事件，通过999服务、海事电台或通过船舶上的自动遇险报警设备，并使用卫星技术。海岸警卫队可以调用一系列完整的救援资源，其中包括海岸警卫队自有的直升机和英国皇家空军、救生艇、志愿海岸警卫队辅助救援队。

此外，海岸警卫队管理英国船舶登记，专业的技术测量工作人员定期、详细地对英国船只进行检查。1998年4月以来，在英国注册的船舶数量重新开始上升，目前英国船舶注册扩大规模约为1998年的150%。作为一个政府执行部门，海岸警卫队还非常珍惜其所拥有的航运客户，并与他们开展良好合作，以确保安全标准得以维持。海岸警卫队还检查到访的英国港口的外国籍船只，按照国际标准，它有权力扣留不安全的船只。海员必须合格并有能力承担自己的工作，英国船员的认证在行业中享有非常高的认同，并有很大的市场需求。此外，海岸警卫队还提供认证及考试服务，并且通过网络提供正规的医生为海员做医疗服务。英国海岸警卫队分支服务机构及其职能如表4-3所示。

英国海岸警卫队分支服务机构　　表 4-3

 在海岸警卫队的小游艇，如果一旦发生紧急情况，海岸警卫队将能找到你的信息，给你提供更好的帮助	Online Certificate of Competency Checker  其他公司的管理者可以通过海事和海岸警卫局（MCA）确认签发文件的真实性	 海岸警卫队检查与大型海事游艇相关的任何船舶，对满足强制要求的船舶签发证书，并且组织船东、船员、建造者、设计者的培训，培训内容是相关的强制性规则
Flagging-in UK Flag & Registration  由海事和海岸警卫局（MCA）所管理的英国船舶登记处，是一个世界上最古老和最有声望的船舶登记部门	 海事和海岸警卫局（管委会）组织推广在海滩上更安全的活动，以及如何更好的在海上驾驶游艇活动	 可以为客户提供在线服务，客户可以在线登记船舶也可以在线修改、地址和船只的其他详细资料
Seafarer Training & Certification Application Request & Tracker 您可以通过在线服务下载申请表格并且跟踪你的申请表格处理的程度	Subscibe to MCA services MCA e-Subscriptions 海岸警卫队现在提供了一个免费的电子期刊服务，期刊的内容为海洋通告和一些协议。一旦有新的文件发布时，将通过电子邮件通知	CERS Consolidated European Reporting System mca 海岸警卫队开发了一个信息系统，通过电子表格、数据来确认船舶的方位，确认船舶是否装载危险货物、船舶安全和一些保安信息，以及船舶在欧洲水域内的废水处理

在海岸警卫队的小游艇，如果一旦发生紧急情况，海岸警卫队将能找到你的信息，给你提供更好的帮助。

其他公司的管理者可以通过海事和海岸警卫局（MCA）确认签发文件的真实性。

海岸警卫队检查与大型海事游艇相关的任何船舶，对满足强制要求的船舶签发证书，并且组织船东、船员、建造者、设计者的培训，培训内容是相关的强制性规则。

由海事和海岸警卫局（MCA）所管理的英国船舶登记处，是一个世界上最古老和最有声望的船舶登记部门。

海事和海岸警卫局（管委会）组织推广在海滩上更安全的活动，以及如何更好的在海上驾驶游艇活动。

可以为客户提供在线服务，客户可以在线登记船舶也可以在线修改、地址和船只的其他详细资料。

您可以通过在线服务下载申请表格并且跟踪你的申请表格处理的程度。

海岸警卫队现在提供了一个免费的电子期刊服务，期刊的内容为海洋通告和一些协议。一旦有新的文件发布时，将通过电子邮件通知。

海岸警卫队开发了一个信息系统，通过电子表格、数据来确认船舶的方位，确认船舶是否装载危险货物、船舶安全和一些保安信息，以及船舶在欧洲水域内的废水处理。

在地方管理中，英国设立苏格兰和北爱尔兰地区海事管理处、英格兰东部地区海事管理处、英格兰南部地区海事管理处以及威尔士和英格兰西部地区海事管理处等四个部门，具体负责当地的船舶检验、海上救助及日常事务，每个地区都设有海事管理办公室和海岸警卫队。

英国海运管理中的另一个重要机构是海上事故调查局（MAIB），其职能是对在英国登记的船舶在世界各地发生的海损事故以及其他国家的船舶在英国水域发生的海损事故进行调查。

【专栏】 英国港口私营化进程及政府相关职能

1. 港口概况、管理体制的变化及影响

英国面积24.4万平方公里，海岸线总长12 429公里，有港口600多个（含渔港），全国港口吞吐量约5.5亿吨，其中外贸约占2/3。最大的港口是伦敦港，年吞吐量约5000万吨，前10大港的吞吐量占到全国总量的67%。对贸易有比较重要意义的港口约有70个。

二战后英国先是实施了一段时期的国有化政策，成立了英国运输委员会，在1948年将接管的港口单独管理。1962年运输法颁布，撤消了运输委员会，成立了四个公有运输单位，其中英国运输码头局BTDB（British Transport Dock Board）接管了运输委员会所管的31个港口，此后港口管理按水系重组，有12个港口转移出去，BTDB管辖19个国家港口。1964年又颁布了港口法。此时到1981年，港口管理可分为四种形式：

（1）国有港口（BTDB管理）；

（2）地方所属港口；

（3）民间公司港口；

（4）民营码头和信托港口。

BTDB是国家机构之一，当时BTDB管理的国有港都是重要的港口。港口虽然具有经济上独立核算的企业实体性质，但国家有很大的调控监督力度。另两个管理港口的机构是英国河道局，管理国内河航道上的小港，英国铁道局管理铁路港口。

1964年英国通过的《港口法》明显加大了对港口的宏观调控力度，根据港口法成立的港口咨询委员会主要负责：管理港口开发，支持各港发展；制定全国港口经营规划，通过新建、改造各港、提高港口效率。同时各港主要开发建设资金的支出和借债必须由运输大臣批准；委员会还负责全国港口的规划，要求各港务局提供正式的财务报告和各种港口信息，并有权对港务局进行重组和合并。后来由于委员会合并不能完成所赋予的任务，加之港口民营化的进展，港口咨询委员会于1981年被废止。

不过在英国港口民营化以前，即使是英国运输码头局所属的19个国有港以及主要自治港伦敦港，都把港口看作是应该自负盈亏的公共经济独立企业实体，国家对基础设施没有任何扶助。即使像泰晤士河152公里的航道管理和维护，国家也不给扶助，其管理维护费用依靠向船舶和旅客收取通行费维持。

英国把港口当作自负盈亏独立企业体的优点是港口基本上能处于收支平衡状态或有盈余，例如1973～1974年间英国运输码头局主管的19个国有港税后利润仍能维持在1.1%～3.0%之间。但是由于没有把港口作为促进国家经济的催化剂看待，没有利用海运优势发展经济，和日本相比，经济发展相对缓慢，经济实力和人均GDP英国在二战前比日本占优势，二战后日本则超过了英国。当然从20世纪70年代末期的民营化开始，港口的企业特点更加明显了。

英国在1981年根据运输法的规定，成立了港口联盟，将英国运输码头局所属的19个国有港接收过来，后来又变成了英国港口联合股份公司的下属单位，目前成员已由19个增至22个。此举开始了民营化的第一步。

到了20世纪80年代中期，许多信托港都认为，为了和民营港口作有效竞争，政府必须减少干预。1988年的运输大臣也对信托港民营化作了积极回应，当时有8个信托港代表和运输部协商民营化有关事项。最后在克来德、提斯和哈特浦三港的努力下，港口民营法案于1991年获得通过，并在同年7月25日正式批准为港口法。当时英国共有110个信托港，1993年7月港口法授权国务院制定产权转移纲领，强迫收益500万英镑的港口转移至私人公司，英国信托港私有化开始加快实施。到1994年，港口民营化为国库增加了约10亿美元的收入。目前，民营港由100多个增至200个。1997年，运输部和环境部合并为环境、地区、交通部。1998年政府提出不再强制港口民营化的方针，并把在重点放在提高公团法人对地区的责任方面。

2. 港口民营化过程中港务局的政府职能

根据1991年的港口法及其相关港口出售文件规定，港口出售政府要课扣50%的税金，因此港口的民营化过程使政府得到一大笔收入。例如1992年首先出售的5个信托港，总资产价值3.8亿英镑，其中政府就征收了税金1.69亿英镑。一般来说，港口售价是港口资产值的两倍，这样政府相当得到了港口的全部资产值。政府港口民营化的其他目标是：

(1)进一步增加港口竞争能力和赢利水平，提高港口效率和服务水平；

(2)通过减少政府干预，提高港口的决策速度；

(3)有利于扩大股份所有权；

(4)引进或强化竞争机制；

(5)积极寻求民间资金的支持，扩大港口发展经济来源。

港口法规定港口出售时须经运输部主管官员的批准，并交由国家审计部门审查，以确保港口民营化过程严格按照法律执行。

运输主管官员审批港口出售的审批内容和管理职责主要是：

(1)审核批准各港务局与买入公司的资产转移原则；

(2)审核批准港务局公司上市股票出售问题；

(3)依法征收财务转移税款；

(4)促进信托港转移给民间公司；

(5)在公平及公开的竞争原则下，确保此项出售找到合适的公司；

(6)确保港务局依照前述目标及其他额外目标获取公开市场的最佳出售条件。

同时出售的港口还须由国家审计部审核，其职责范围是：

(1)审查出售过程及结果是否符合运输部所定的目标；

(2)运输部是否征收了全部税款；

(3)审查运输部是否依照公共会计委员会的建议书执行出售业务。

3. 伦敦港码头出售后的港口管理

伦敦是英国最大的港口，其中有许多码头都属私有公司，但伦敦港务局仍属于公共信托单位，其港口委员会主席和委员都由运输大臣任命。港务局代替国家执行港航政务管理，除负责港口行政业务和航道维护外，还代表港口整体开展业务工作和营销工作，规划整个港口的开发目标，并充分利用伦敦港的旅游资源，以保证码头私有化后也能形成整体的有竞争能力的港口。

二、高速公路局(HA)

高速公路局作为运输部秘书的代表，主要负责价值810亿美元的7 300公里的高速公路和主干道路网的运营和维护。高速公路局建设和养护道路、维护道路安全和制定道路标准，和地方机构共同维护非主干路和其他道路。该机构还负责为管理非主干道及其他道路的许多地方机构制定道路安全和建设标准并确保标准的顺利执行。高速公路局总部设在伦敦，并在全国设立了8个办事处，雇员人数达到3400人。其中还包括约1100名交通检查人员，遍布全国各地的高速公路，以及7个区域控制中心共计400名工作人员。高速公路局是隶属于运输部的一个行政机构，作为国家运输部的代表负责策略性道路网的运行、维护和改进。在执行政府十年运输计划中起着非常重要的作用。

(一)高速公路局概况

高速公路局成立于1994年，是英国运输部的一个执行机构，其作用、职责和管理关系在正式的机构框架文件中列出。高速公路局中心总部设在伦敦，在全国设有8个办事处，同时还设有7家区域控制中心和28家办事处并配有交通巡逻员。领导机构包括1名行政长官和7名执行董事负责机构职能履行的管理，还有3名非执行董事。

(二)主要职能

英国高速公路局具有三大职能：

(1)高速公路和主干道的管理、维护和改进；

(2)配备交通巡逻员维持道路畅通，确保出行者的安全；

(3)实时更新交通信息确保出行可靠性。

高速公路局主要负责主要道路网的运营和管理。主要职能是：交通管理，解决交通拥堵，为道路使用者提供信息，提高道路安全和出行时间可靠性，同时保护环境并尽量减少对环境的不利影响。

高速公路局管理的道路网包括从高速公路到单车道主干道的各种公路，总造价超过810亿英磅，占全国运输量的1/3，重载货物运输量的2/3，为工商业发展以及个人和社区生活提供重要的服务。通过建立高效持续的网络，与合作伙伴和承包商加强紧密合作，满足所有客户的需求从而更好地履行职责。同时高速公路局也与欧洲和世界各地其他公路管理机构建立了密切的联系，进行信息、经验和专业知识的交流，从而学习世界各地的改革成果。此外，高速公路局还积极参加一系列的与道路有关的论坛。高速公路局所做的一切都要将客户需求排在首位，听取他们的需求，更好地了解路网对他们的影响，以便更好地满足他们的需要和期望。

1. 高速公路和主干道的管理、维护和改进

高速公路局代表国家交通大臣负责英国主要道路网的管理、维护和改进，其公共资产超过720亿美元，为工商业发展以及个人和社区生活提供重要的服务。高速公路局所管辖的路网包括各种等级道路，既有日交通量超过200 000辆的高速公路，也有日交通量不足10 000辆的干线公路。通过道路方案搜索可以查询特定道路方案，通过英国交通服务可以进行实施交通信息的查询。

英国的其他道路由地方政府负责管理。在苏格兰主干道路及高速公路由苏格兰运输部负责，在威尔士由威尔士议会政府负责。高速公路局将全国划分为14个区域，以便对国家主要道路网进行管理。各区域设工作小组和负责人，称为管理机构或者称为管理机构负责人。每个地区工作组和相应的管理机构，负责本地区该机构道路的维护，工作组属于交通运营部门。

此外，高速公路局还管理了一系列大型项目，包括政府重点计划工程。这是一个方案耗资超

过500万英镑的主要道路工程。这些项目都有自己的项目团队,并由重大项目(MP)部门负责。

部分高速公路和主干道路网是在私人融资计划下建造并经营管理的。这些合约被称为“设计—建造—投资—经营”合同。除此之外,路政局还负责主干道路网上所有的桥梁。主干道路网几乎包括了所有的高速公路和一定数量的干道,提供城市间、区域间的运输。路政局还负责其他大部分与道路相关的基础设施,如排水暗渠,指示标志,照明设备和防护墙。

2. 交通巡逻员维护交通秩序确保交通安全

(1)及时有效的信息。

高速公路局的目标是通过影响出行行为解决交通拥挤。实时提供交通信息,诱导出行者选择更合理的出行方案。

现在,高速公路局推出了最新版的旅行计划手册——Think Ahead Move Ahead。其目的是提供更新的服务信息,安全出行建议和出行计划建议。它包含详细实用的最新的交通信息,包括高速公路局网站信息,自动电话线和新的数字和在线交通广播服务。此外,高速公路局还增加关于交通指挥人员,改道路线和旅行计划等信息的页面。通过消费者调查可以看到,有越来越多的道路使用者进行出行计划,Think Ahead Move Ahead 提高出行者利用信息服务的意识,并获得收益。精心策划的旅行更为可靠,有助于减少拥挤情况,并尽可能地减少对环境的影响。

(2)可靠的出行。

拥堵对经济、生活质量和环境产生严重的负面影响。通过综合技术运用,高速公路局可以确保高速公路交通流量的安全可靠。高速公路局的目标是降低拥挤,提高路网可靠性,为出行者提供高质量的服务。

计划与举措:目标是使公众的旅途更加可靠。了解高速公路局的计划和举措,其中包括积极的交通管理(ATM),高速公路入口管理和共乘车(HOV)专用车道。

影响出行行为:目标是通过提供信息,使人们做出更明智的出行选择,解决交通拥挤问题。

交通技术:拥堵对经济、生活质量和环境产生严重的影响。通过综合技术运用,可以确保高速公路交通流量的安全可靠。

国家交通控制中心:高速公路局在全国设立了7个区域控制中心。

路政局巡逻员:高速公路局拥有一批训练有素的交通巡逻员每天在英格兰的高速公路巡逻。

(3)路上。

高速公路局交通人员进行交通管理和监查,协调应对紧急事件,在警方已完成调查工作后重新开放路线。高速公路局交通管理员都受过良好培训,每周7天每天24小时在英格兰的高速公路上巡逻。把驾驶员作为机构的主要业务主体,协助解决日趋严重的拥挤问题,唯一目的就是尽可能地保持交通畅通、安全、可靠。

不论高速公路局的工作是在道路上或在监控室中,都经过严格培训,培训内容包括交通管理、技术应用等方方面面。在事故现场,在警察进行事故调查的同时,高速公路局则协调其他机构开展紧急救援服务,交通管理,尽快重新开放安全道路。同时,通过部门的电子信息标告知公众,并为当地出行报告提供信息。

3. 实时更新交通信息确保旅行可靠性

高速公路局让旅途更加顺畅,让你尽可能及时地获悉延误发生、计划或者其他方面,帮助您做出明智的旅行计划。按照屏幕上的指示,在一两分钟内就可以启动并运行。其运行程序如图4-4所示:

高速公路局让交通资讯可以用RSS阅读器阅读。RSS是真正简单的整合,让您及时获得感兴趣网页的最新内容。你无需访问多个网站就可以在一个地方获得公布的最新的新闻标题。如果使用具有新闻功能的浏览器,如火狐,或者独立的新闻阅读器,如 speeddemon 或 My Yahoo!,那么你现在可以尝试 RSS 新闻阅读器服务。只需点击 RSS 按钮或粘贴此链接——

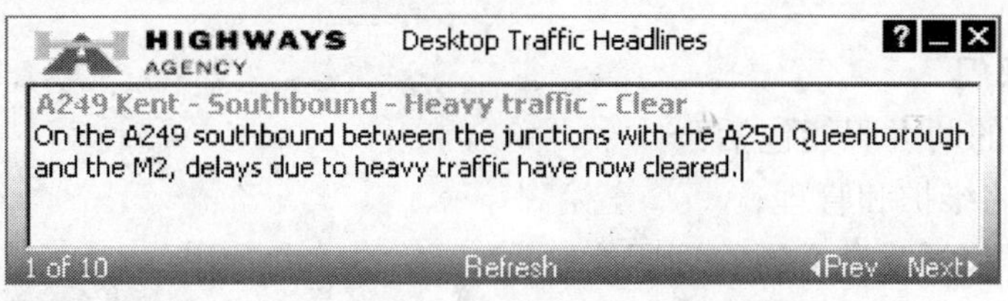

图 4-4 交通信息程序运行示意图

http://www.highways.gov.uk/rssfeed/rss.xml 到你的新闻阅读器中。

此外,高速公路局还提供专门的广播服务,称为交通广播,支持 DAB 数字广播及网上收听。你可以收听到最新的出行新闻,为不同旅行者提供不同信息。提供每天 24 小时服务,您在离开家或办公室前使用查询服务,查询路况条件。在你驾驶休息的时候,你可以通过手机或 PDA 收听、查看更多交通广播内容。

(三)管辖路网

高速公路局负责高速公路和主要交通干道的建设和维护,该路网可将出行者和货物运送到全国各个地方。英国的其他道路由地方机构管理。在苏格兰主干道路及高速公路由苏格兰运输部负责,在威尔士由威尔士议会政府负责。

(四)组织结构

高速公路局由一个领导机构管理,该领导机构包含 1 名行政长官和 9 名执行董事负责机构职能履行的管理,还有 3 名非执行董事,每个执行董事各负责一项业务。其组织结构如图 4-5 所示:

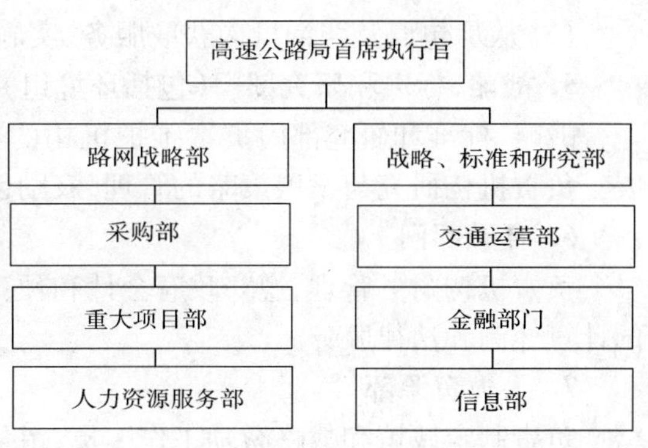

图 4-5 高速公路局组织机构图

高速公路局共分为 8 个业务领域部门,即采购部门,路网战略部门,交通运营部门,重大项目部门,战略、标准和研究部门,金融部门,人力资源服务部门和信息部门。

1. 采购部门

采购部门主要负责确定采购策略,满足路政局内部需求。负责选择最佳供应商,满足机构物资需要,并对供应商的表现进行记录。同时地方采购部门也为机构的招标和出租提供服务,为项目组提供服务支持。

2. 路网战略部门

路网部署是高速公路局进行区域规划的主要焦点,应加强与地方政府办公室,地方发展机构(支持例如欧盟资助的重建计划)以及地方当局的联系和配合。

主要的工作重点包括:

(1)制定为期三年的具有前瞻性的路网部署;

(2)与运输部和部长对路网部署问题进行沟通；

(3)根据区域规划对特定线路用途和预期效果进行规划；

(4)为路政局从国家和地方两个层面与运输部、区域规划机构、区域发展机构等进行联系和沟通。

3. 交通运营部门

交通运营部门的两大职能包括：

(1)路网资产的维护和管理；

(2)网络经营，包括改进交通管理职能。

交通运营部门主要是负责主干道路和高速公路网的日常维修和管理。为此在全国各地设立办事机构进行管理和维护，保持路网最佳状态，对路政局和警察部门二者之间作用和职责的重新划分，使用新技术和既有技术对路网进行整体管理等。

部门划分为5个处室，分别为政策发展，方案实施，交通运营(南部地区)，交通运营(中部及西南部地区)和交通运营(北部地区)。交通运营处负责交通信息和技术项目的开展以及实施时间、成本和质量以及战略和业务评价。除此之外，还负责下属各地方公路技术项目的协调。

为更好地履行职责迎接挑战，需要和机构内部其他部门、运输部以及其他合作伙伴，尤其是警察部门和主要供应商发展并保持有效的工作联系。

4. 重大项目部门

重大项目部门负责造价超过500万英镑的主要计划的实施，包括有针对性的改善计划及大型维修项目。主要职能是：

(1)管理机构的土地资产，其中包括土地和财产收购，支付适当的赔偿，管理获得的财产(社会效益和绩效最大化)，并在必要时，处置的财产和土地；

(2)开发和实施符合路网部署战略和预期成果的项目和方案；

(3)从承包商及咨询机构获取服务，实施十年规划。

5. 战略、标准和研究部门(包括环境组)

战略、标准和研究部门负责维护机构的主要业务——主干道路的管理，运营和设计的开展。负责机构研究与发展策略的管理，鼓励创新和引进新的思路。

6. 金融部门

负责机构财务管理，遵守政府会计和预算编制要求并确保机构经济效益，同时还负责机构的计算体制和法律服务。

7. 人力资源部

负责制定政策和战略激励工作人员、留住人才，从而确保为客户提供高效率的服务。还负责固定资产的管理和办公服务，以满足机构内部业务需求。

8. 信息部

信息部主要负责信息技术项目和机构内部信息系统。负责收集道路信息，为机构对其核心任务路网管理制定决策提供支持，通过国家交通控制中心和路政局信息联线直接向道路使用者和公众提供信息。

(五)合作机构和地方公路主管部门

1. 合作机构

高速公路局还同合作机构保持密的联系。合作形式是通过一定沟通渠道保持对话，交流影响交通行为的信息，在解决交通拥堵问题中起着重要的作用。以下是高速公路局的部分战略伙伴：

(1)政府办公室——提供区域政策，执行跨领域倡议，并建议有关部门引入新的措施。

(2)区域发展机构——通过合作达到提高区域基础设施建设，支持企业竞争和重建的目的。

(3)运输部可持续发展部门——运输发展规划的制定者。

(4)国家运输协会——由地方机构、卫生局、公共运输执行机构组成的团体，促进运输行业健康持续发展。

(5)通勤协会——通过制订出行计划，为减少雇员和游客驾驶自己的车辆进入特定区域提供组织支持。

(6)工业贸易部和运输部——加强远程办公。

(7)Sustrans 公司——可持续交通公司开展切实可行的项目，减少车辆行驶路程，缓解影响交通拥挤问题。工作包括：学校安全线，车站安全线，绿色通道，travelsmart 和个性化旅游套餐。

(8)客运公司——为大都市提供设施和服务。

2. 地方公路主管部门

在英格兰地方公路主管部门负责管理 96% 公路里程的公路，包括相当部分的主要线路，即提供最为便捷的过境交通的线路，用绿色和黄色线表示。地方公路主管部门包括：39 个郡政委员会、36 个都市区域委员会、32 个伦敦市镇委员会、伦敦市议会以及锡利群岛(Isles of Scilly)议会。地方公路管理机构的设置和运作通常是按照以下的原则进行：

(1)依据有关公路管理的法律责任确定负责人。法律规定地方政府长官是主管公路的负责人，由他委任具体负责公路管理的官员。

(2)根据管理工作需要雇佣工作人员。公路管理工作所需要的人员通常有：工程技术人员、行政管理人员、执法人员、项目(合同)管理人员。

(3)为控制地方政府机构的开支，英国的行政管理中“标准开支评估”(Standard Spending Assessments)指标，用以确定地方管理部门(包括公路管理部门)的开支预算。标准开支评价指标是依据标准的服务水平，在一定的标准效率水平前提下，对所需要的开支进行评价得出的指标，作为政府预算计划的依据。在这个基础之上确定未来的提高效率的目标。

(4)组织有经验的人士以及利益相关的各方代表成立委员会，提供有关问题的决策建议，由政府部门审批。

3. 交通区域办公室

交通区域办公室的作用是支持负责交通的行政长官的工作。交通行政长官的责任：管理重型车辆和公共服务(专业运输)车辆经营者执照发放制度、抽样检查地方公共汽车服务注册。自 1991 年 4 月 1 日起，执法工作的任务转交给了车辆检查机构。其开支和人员数如表 4-4 所示。

英国交通区域办公室的开支和人员数 表 4-4

年	1986-1987	1987-1988	1988-1989	1989-1990	1990-1991	1991-1992	1992-1993	1993-1994	1994-1995
开支(百万英镑)	10.6	10.6	9.9	10.4	10.3	10.6	11.1	11.6	12.2
人员数	1 112	1 165	804	832	632	489	478	473	468

【专栏】 英国高速公路管理机制

1. 投入机制

英国的道路按行政级别分为干线道路和地方道路,按技术等级分为高速公路、干线道路、主要道路和其他道路,两种分类口径交叉。按行政级别分类的干线道路和地方道路中都含有高速公路。地方道路包括非干线道路的高速公路、主要道路和其他道路。

干线道路及所有高速公路由运输部统一规划、投资、建设、改善和养护,其资金来源于国家财政部拨款,是政府公共开支五年计划的一部分,由议会讨论,结果登在政府公共开支的白皮书上。财政部的拨款来自国家的总收入,国家总收入来自多种渠道,其中一个重要渠道是对机动车辆的税收,这种税收约占全国税收的11% ~12%。由于机动车辆税收远远超出国家对公路的支出,因此可以认为这种税收就是国家用于公路的资金。

地方道路全部由地方政府公路管理机构管辖,所需建设、改善和养护资金一部分来源于地方政府收入,一部分来源于国家财政部的补助资金。地方政府收入中用于公路的资金又主要来源于非农业财产税。地方政府要制订道路支出计划,包括基建支出计划和养护支出计划,计划期一般为5年,但每年需复核一次,并报中央政府批准。

根据1980 ~2000年统计数据,在英国公路资金中,中央政府一般占1/3左右,地方政府一般占2/3左右。其中,对新建资金,中央政府一般占60%,地方政府一般占40%;对养护资金,中央政府一般占8%,地方政府一般占92%。

英国的高速公路基本上都不实行特许经营制,但据有关资料表明,近些年来英国也在尝试,且主要是对公路桥梁。特许经营制有两种方式:一是BOT(建设、经营和移交)形式,这种形式是直接由特许经营机构负责投资建设并经营管理公路设施,建设资金主要来源于银行贷款;二是政府将公路设施建成后将公路设施经营权有偿转让给受让人,这种形式是先由政府投资建设公路设施,然后由受让人负责经营管理。特许经营制规定,特许经营机构或受让人在特许经营期内(公路桥梁的特许经营期一般为25年)根据政府批准的费率收费经营公路设施,获取经营收益,承担经营风险,经营期满后将公路设施产权移交政府,同时停止收费。但实际上,英国的收费公路设施仍然很少。

2. 运营管理机制

英国所有干线公路实行三级管理体制,但由中央政府主管部门即高速公路局统一负责。运输部根据干线公路分布,将全国干线公路划为9个区,每个区设立一个隶属于运输部的区公路局,分别负责本区干线公路的养护管理。区公路局通过合同或招标形式将具体养护管理工作委派给公路所在地的郡(县、市)等地方政府公路管理机构或咨询公司,这种政府代理机构全国共有90个,其中政府机构86个,咨询公司4个。

英国地方道路全部由地方政府主管部门即郡公路局管辖。因此可以说,英国的公路运营管理,包括公路养护和运营管理,是由地方政府主管部门全面负责。只是在管理费用上,中央政府除负责干线道路和高速公路的养护资金外,还对地方公路的养护资金予以一定补助。但从负担总额看,中央政府所负担的公路养护资金较少,所占比例不到全国公路养护资金的10%,一般为8%左右。

对于特许经营的公路桥梁等公路设施,其经营管理则由特许经营机构负责。但政府给予某些优惠政策。比如,对特许经营的公路桥梁,政府允许若干年内在附近不建新桥,对通行费不征税,与大桥连接的公路由政府投资等,这些都是包含在特许经营协议中的优惠政策。

3. 收益管理机制

公路交通交通基础设施收益即公路交通基础设施使用者税收收入。公路使用者税主要包括增值税、消费税和车用燃料税,详细税目和税率见表4-5。对于各种税收的征收和管理,可以肯定政府财政不是实行分账管理,而是实行由一般财政统收统管,至少中央政府是由财政部统收统管。中央政府用于公路的资金是全部来自财政部的拨款。早在1910年,英国曾以汽车税和燃料税为基础建立了道路建设基金,但于1936年废除了道路建设基金制度,而以一般财政年度拨款来取代公路专项基金。

英国道路使用者税收 表4-5

税目	税率
增值税	按汽车零售价的17.5%征税
消费税	摩托车:0~150cc,15镑;150~250cc,40镑;>250cc,65镑 小汽车:<1 000cc,100镑;>1 100cc,155镑 货车:5吨,155镑;15吨,460~840镑;30吨,1740镑;38吨,2 730~4 250镑 大客车:155~480镑
燃料税	含铅汽油,50.9便士/升;无铅汽油,48.8便士/升;柴油,48.8便士/升;增值税,零售价的17.5%

对于特许经营的收费设施(主要是公路桥梁)的收益管理,英国同美国和日本机制相似,特许经营机构负责特许经营期内的收益管理,收费收入用于偿还投资本息和支付管养费用,经营期满后将公路设施产权移交政府,同时停止收费。

4. 监督管理机制

英国公路交通基础设施的投入、运营和收益的监督管理与美国和日本相似,在监管手段上也是以法律手段为主,兼用行政和技术手段。行政和技术手段主要用于路网规划和技术标准方面,且也是以法律为依据进行监管。有关法律主要是《道路法》。《道路法》是基本法,制定于1959年,后经过几次修订。《道路法》对干线道路和地方道路的规划、投资、征地和财政控制和公路管理等做了详细规定,比如,公路网规划尤其是干线道路和高速公路网规划由运输部统一制定,地方公路网规划由地方政府制定但需报中央政府批准;中央政府的公路投资需由议会讨论;干线道路和高速公路由运输部负责管理,地方道路由地方政府负责管理,等等。另外,60年代制定的《道路交通法》和《车辆国内税法》,用以调整公路使用及有关税收的法律关系。

三、驾驶员、车辆和运营商执行机构(DVOG)

驾驶员、车辆和运营商执行机构由以下四个执行机构组成:

(1)车辆标准局(DSA);

(2)驾驶员和车辆牌照局(DVLA);

(3)车辆认证局(VCA);

(4)车辆和运营服务局(VOSA)。

该机构有助于整合一些部门并且实现跨部门的目标,使所管辖的道路更加安全、行程更可靠、环境更清洁。该机构还通过现代化及有效的方法提供更优质的服务。

驾驶员、车辆和运营商执行机构财务制度主要是依据营运基金模式。DSA, DVLA和VOSA公开被贸易基金所分派,VCA是由商业基金来运营。根据这项协议,很多协会和组织的活动经费不是直接由纳税人负担,相反,它的大部分收入来自从客户那里收来的费用。

驾驶员、车辆和运营商执行机构的员工总数超过11 400人。战略和资源总监制定机构的发展战略和政策。战略制定的一个出发点是要从整个机构来考虑,保证机构的未来符合更广泛的政策和享受政府制定的优惠政策。总监要完成支持、资助和为执行机构提出政策建议的任务,目前在伦敦和布里斯托尔大约有40名总监。

(一)车辆标准局(DSA)(图4-6)

车辆标准局是负责通过改善驾驶标准来确保道路交通安全。DSA的使命是终身安全驾驶。这包括确保学习驾驶者和驾驶教师的评定,都能根据他们的技能,公平和有效率地通过理论和实际驾驶测试。这种考试需要登记核准的驾驶教官(ADI)和大型货车(轻型货车)的导师,并监督训练。DSA拥有2 600名雇员,总部设在诺丁汉大学,呼叫中心是在纽卡斯尔,并在全英国境内已超过400名驾驶考试中心。

图4-6　车辆标准局

车辆标准局(DSA),在2006/07年度营业收入超过152万英镑,在2007/08年度预计收入能达到165万英镑,这些收入均来源于收费和非法令性活动。

DSA雇用2 653名员工,其中约1911名是驾驶考官,在2006～2007年该机构共进行了180万实际测试车驾驶员测试,101 000职业考试和超过83 000摩托车手测试,其在158个中心收入了150万元的理论测试费,而在今年年底,有41 507人成为登记核准的驾驶教练。

1. 远景和任务

DSA的远景是“安全驾驶为人生”。总体目标是实现减少40%驾驶员和乘客死亡率或严重受伤的交通事故。DSA关注的任务如下:

(1)为驾驶员,乘客以及驾驶教练制定标准;

(2)驾驶员培训和提供学习资源;

(3)登记和监督质量保证;

(4)基于电脑和实际测试的、现代、有效的评估系统。

2. 目标

三个核心战略目标:

(1)更好地为客户提供服务;

(2)更好地为公民服务;

(3)保证物有所值。

DSA实现以上目标的途径如下:

(1)有效地为客户服务;

(2)改善道路安全;

(3)改善行车时间的可靠性;

(4)更妥善的规管;

(5)减少对环境的影响、犯罪和反社会行为;

(6)连续实现更物有所值的服务。

(二)驾驶员和车辆牌照局(DVLA)(图4-7)

驾驶员和车辆牌照局是最大的运输部机构,它主要的目标是维持驾驶员精确的和实时更新的行驶记录,所有的车辆必须经过登记才能在公共道路上行驶。同时该机构要负责征收车辆驾驶税,每年税收大致为45亿英镑,每年将登记20万的飞机,目前DVLA有接近6000名雇员，分布在全英国40个地方机构中。

图4-7　驾驶员和车辆牌照局

驾驶员和车辆牌照局是隶属于英国运输部的执行机构，直接由国会和财政部拨款，并因此向国会和运输大臣、议会、公共机构负责任，开展有效率和有成效的管理。驾驶员和车辆牌照局的主要目标是维护道路交通安全和实施一般的处罚，具体行使驾驶员和车辆的注册、收缴车辆使用税等职能。

1. 驾驶员信息

驾驶员信息可以在政府门户网站中的驾驶专栏中查询。政府门户网站的建立为英国所有公民提供了获得公共服务的便捷方式。提供的信息服务如下：

(1)需要申请或更新驾驶执照。

①带相片的驾驶执照的申请和费用；

②地址和姓名变更；

③高级查询使用。

(2)健康要求。

驾驶员健康要求。

(3)驾驶员的权利和义务。

①驾驶车辆的类别和年龄；

②驾驶大货车、载客小巴；

③驾驶大型车、小巴或巴士；

④提高驾驶执照等级；

⑤车辆重量解释；

⑥合法义务；

⑦摩托车驾驶；

⑧大篷车拖车及商用车辆；

⑨巴士、货车和经营者信息；

⑩数字卡和工资卡的发行；

⑪军事车辆驾驶员。

(4)车辆驾驶培训。

①驾驶培训；

②驾驶执照考试。

(5)资格认可和吊销。

认可和吊销。

(6)在英国和其他国家驾驶。

①作为旅游者或新居民在英国驾驶；

②持有英国驾驶证在他国驾驶。

(7)注销与吊销。

①自动注销；

②吊销。

2. 车辆信息

提供的具体信息服务如下：

(1)车辆驾驶执照/征税。

①征税或者退税;

②成本费用;

③无牌照的——向 DVLA 部门报告车辆不上路;

④2004 年 1 月实行的车辆税规则;

⑤举报无牌照车辆。

(2)车辆注册。

①如何进行车辆注册;

②变更注册证;

③翻修和改装车辆注册;

④注册证书变更费用。

(3)出口/进口车。

①永久/临时出口/车辆租用;

②车辆进口;

③新型商用车进口商。

(4)牌照和注册码。

①关于私人注册的问题;

②电子车号牌和注册信息;

③转让;

④车号牌供应商信息;

⑤如何获取牌照号码,获取地点;

⑥电子车号牌可行性报告。

(5)消费者建议。

①车辆买卖;

②安全带的免除;

③信息发布;

④车辆检查公司及销售匿名数据;

⑤作为驾驶员和车辆拥有者的法律义务;

⑥数据保护。

(6)打击车辆犯罪。

①车辆犯罪;

②车辆身份验证;

③车辆被复制后如何作;

④车轮抱闸;

⑤如何报告被遗弃的汽车。

(三)车辆认证局(VCA)(图 4-8)

车辆认证局对车辆和车辆组件的设计和构造是否符合国际安全、环保和防止犯罪标准进行检测和认定。此外,还公布标准车辆的尾气排放、燃料消耗和噪声数据。其目标是成为最佳认证机构,尤其是在汽车行业的最佳认证机构。2006~2007 年间,车辆认证局将业务延伸至印度。车辆认证局拥有 140 名员工,在英国的布里斯托尔和 Nuneaton 以及美国,马来西亚,中国,韩国,日本和印度设有办事机构。

车辆型号认证:大部分国家都有一套环保和安全标准,作为型号认证标准。不论你的产品质量如何,没有适当的认证不可能进入市场。

管理体系认证:一个真正成功的企业拥有不断提高其业务核心的理念,有效的管理体系可以降低成本,提高运营效率,保持客户群体稳定,提高对质量的承诺。

图 4-8　车辆认证局

(四)车辆和运营服务局(VOSA)(图 4-9)

VOSA

Vehicle & Operator Services Agency

图 4-9　车辆和运营服务局

随着交通部车辆的督察和交通网络区域部门的合并,车辆和运营服务局(VOSA)于 2003 年 4 月 1 日成立。VOSA 提供一系列的许可,检验和执法服务,其目的是提高道路上行驶车辆的标准,确保经营者及驾驶员遵守道路交通法例,并支持独立的交通专员。

VOSA 的主要目的是通过有效的测试、培训以及有针对性的执法,加强公路运输业许可、道路交通及环保法规和标准的执行。它还负责监督交通运输部车辆配置计划,为交通委员会履行运营许可执照和车辆注册职能提供支持。在 2006 至 2007 年度其主要工作重点是提高车辆在路面行驶效率。VOSA 雇用了大约 2 500 名工作人员,在布里斯托尔、伯明翰、剑桥、伊斯特本、爱丁堡、利兹、斯旺西和全国范围内设有 100 个工作点。

1. VOSA 愿景

机构近期设想在年度规划中有所体现。车辆和运营服务局(VOSA)作为驾驶员、车辆和运营商机构的一部分执行政府提议。VOSA 致力于提供物有所值的服务来满足不同顾客的需要,同时也要满足该机构的目标,使驾驶员和车辆安全上路。同时,履行部门的监管作用,着眼于防范驾驶员及车辆的安全。到 2008 年 VOSA 将实施新的道路车辆和运营标准,该标准的实施将会提供物有所值的服务,目的为了打造一个和谐、整洁、经济的道路运输系统。

VOSA 的战略目标是实现以上的愿景,努力改善道路安全、更好的环境,而运输部制定了更宽泛的目标:减少车辆犯罪、提供物有所值的服务、满足客户的不同需要、支持英国的经济发展。VOSA 实现这一设想的战略方针主要集中在改善道路安全及提高环境,同时实现更广泛的政府目标,包括:减少车辆犯罪、物有所值、客户满意度以及经济可持续发展。

2. 组织结构

VOSA 的组织结构如下:

(1)行政长官办公室。

包括行政长官,内部审计和卫生及安全保障。

(2)企业服务部门。

为其他部门,例如财务,人力资源,信息技术部门提供后勤服务,让他们能专注于为客户提供服务。

(3)战略执行部门。

为 VOSA 领导机构提供决策支持,VOSA 的未来目标的制定。作为核心部门监督和汇报企业对国务大臣提出的目标和战略目标的执行情况,并进行策略研究。作为外部和内部沟通桥梁和企业管理的核心部门,负责如部长级通报、处理投诉和上诉。负责计划办公室的工作以及技术培训(包括运输部培训)和采购。

(4)商业服务部门。

通过各种渠道为核心顾客提供服务,改进客户服务水平和收益。利用网络和联络中心渠道,为客户提供新的服务以及既有服务项目。负责运输办公室门户网站,为需要 DVO 机构提供服务的客户提供统一的服务。为客户进行服务研发和产品建议。

(5)货车部门。

作为与 VOSA 顾客接触较为关键的部门,货车部门负责提供与货车和相关领域部门的服务。该部门执行运输部、欧洲法律和政策规定,并向政策制定者反馈行业的意见。和一般业务部门一样,该部门考虑如何进行改革,如何更好的满足客户需求。

(6)客车部门。

作为与 VOSA 顾客接触较为关键的部门,客车部门负责提供与客车和相关领域部门的服务。该部门执行运输部、欧洲法律和政策规定,并向政策制定者反馈行业意见。和一般业务部门一样,该部门考虑如何进行改革,如何更好的满足客户。负责为政府和 DFT 的决策者和客运车辆部门的构建提供框架。

(7)私人车辆及牌照部门。

作为与 VOSA 私家车客户和相关领域部门接触较为关键的部门,私人车辆牌照部门代表运输部执行国家和欧洲的法律和通过批准的部级政策,为政策制定者提供客户反馈意见。部门要确保经营正常,监测和提供具有挑战性的改革计划,并确保满足客户的要求。还负责单车审批、摩托车审批及车辆身份鉴定计划,负责推进运输部可持续发展计划,包括运输部计算计划收益的开发。

(8)测试和检查部门。

提供测试服务,并在道路上、运营商处所及运输部车辆检验站检查行驶的车辆和驾驶员是否遵守道路交通法例。

(9)情报和目标部门。

重点分析经营者、驾驶员、车库信息和数据,从而对严重不符合规定者展开有目的措施。开展长期深入的特别调查,采用专业设备和训练有素的队伍。作为 VOSA 与合作伙伴在情报领域合作的牵头单位,与合作单位共同针对不符合规定者搭建情报技术共享平台。

3. 职能

VOSA 的具体职能如下:

(1)MOT。

VOSA 负责监督 MOT 计划的执行,确保 MOT 授权的 18000 车库使用正确的标准。记录所有的测试方法和标准;对由交通运输部任命的主考官和检验员进行审批和培训;对 MOT 检测站和任命的检验员进行授权;监督 MOT 车库和检测标准;提供研讨和其他咨询服务;受理来自 MOT 客户的投诉;在必要的时候采取惩戒行为改善侧视标准,提高执行水平。

(2)发放许可证。

VOSA 为交通委员办理货车和客车经营执照申请时,提供行政支援服务,确保驾驶执照持有者符合经营性车辆运营者准入条件,并尽量减少商品车辆运营中心对环境和安全的影响。

(3)客车登记。

VOSA 为交通委员办理本地的客车注册业务,提供行政支援。

(4)测试和检验。

VOSA 在全国 97 个检测站以及拥有检测资格的私营处所(指定处所)对货车和客车进行法定年度检测,此外,还提供一些车辆专项检测。例如:进入服务之前 psvs 认证;对进口或改装车辆安全性能和环保标准是否符合标准进行检测(汽车和电车单车审批);注销车辆重新上路(核对车辆身份)进行检查。

(5)执法和遵守。

支持交通委员工作,协助其做出明智的决策:运营商牌照;职业驾驶员和巴士的注册要求;通过广泛的数据搜集和分析评价对适当人员采取适当惩戒。

VOSA 针对体制的设计是否符合道路交通法规(如驾驶小时,载重)开展有针对性的例行检查,对仓储场所和运输危险货物、易腐货物、封存或出关货物车辆进行专业检查;在路边和经营场所开展检查;对提高货车载重量的经营者申请审批。

(6)事故调查和技术研究。

VOSA 对制造和设计中的潜在缺陷开展技术调查,加强安全关注和监测安全召回,同时也为警方对发生意外事故车辆检验车辆缺陷提供支持。

(7)培训。

VOSA 在路边,经营场所或一对一地开展一系列的培训和咨询活动。此外还提供出版物,录像,并举行研讨会,以促进经营者和驾驶员更好地遵守交通规则。

4. 与交通委员会的合作

目前 VOSA 及交通委员提供的改善道路安全的服务内容。交通委员会隶属于运输部,独立于车辆和运营服务局(VOSA)。交通委员会的职责是:

(1)改善道路安全与环境保护,维护公平竞争,促进和加强遵守商业经营许可条件;

(2)办理货车和巴士牌照申请;

(3)巴士运营注册;

(4)对车辆加强执法,以确保遵守有关法律法规标准和规章;

(5)执行驾驶时间及发牌条件;

(6)调查车辆事故,缺陷并召回。

四、政府车辆和派遣局(GCDA)

英国政府车辆及派遣局(GCDA)的目标是要成为政府人员出行、邮递和文件传送首选安全供应商。主要提供两类服务,政府车辆和政府邮递服务。政府车辆服务为政府部长、高级公务员和其他政府及公众部门人员出行提供安全的车辆和驾驶员。GCDA 经营由大约 170 辆车组成的车队,并拥有自己的维修厂和管理部门对所有车辆进行维修和管理。

政府邮递包括内部派送服务,主要为中央政府部门和机构提供一系列的邮件分发,邮件收发管理,安全邮件筛选和复印服务。GCDA 拥有 300 名左右雇员,总部设在伦敦,在伯明翰、布拉德福德、加的夫和 Runcorn 设有分部。

附录一　英国运输部绩效指南

本指南的目的是为官方的提案提供清晰和持续性的价值评估方法指导，并将最后的投资决策和选择提交给运输部部长，发布日期为2006年1月25日。

1. 概要

(1)本指导意见针对所有向各位部长提出的列支申请，其中包括运输部出资的运输项目或需要报部审批的项目。

(2)提交的运输项目计划建议书应该包含绩效评估。同时，地方经济学家和分析与战略部门负责人要清楚这一要求，财政部门也应清楚整个递交的建议书内容。

(3)绩效部分应该包括：列明项目的效益成本比(BCR)；评估是否具有任何不能以货币计算的重要效益或成本("非货币化的影响")；在上述分析的基础上，对项目绩效按照"高、中、低、差"进行划分。

(4)项目绩效评估标准：效益成本比小于1评为差；效益成本比在1和1.5之间评为低；效益成本比在1.5和2之间评为中；效益成本比大于2评为高。

(5)单纯的从绩效角度出发，给部长的资金使用建议应遵循以下原则：不批准绩效评估为差的项目；少批准绩效评估为低的项目；批准部分绩效评估为中的项目；批准大部分绩效评估为高的项目。

(6)未经局长同意不得提交绩效评估为低的建议，未经财务主任同意不得递交绩效评估为差的建议。

(7)还应提出确保效益实现和项目实施后的驾校评估的计划安排。

(8)本指南的详细解释可拨分机号4379咨询分析战略处的Mark Weiner。项目评估指南可拨分机号4910从Chris A Smith处获得。

2. 目的

运输部将评估信息作为是否继续开展运输计划建议的关键决定因素之一。评估结果和效益成本比值用于评价一个项目是否符合运输部或者是政府目标和绩效要求。显然，运输部内部信息的使用是非常重要的。尽管绩效评估只是影响项目建议是否能得到部长们认可的因素之一。然而随着当前财政日益紧缩，绩效评估的影响变得越来越重要。常任秘书长已经对指南中如何划分绩效评估状况作了要求。本文件给出了一些指导内容和一些背景材料。运输政策、计划和方案的评价是在成本评估和社会效益评价的基础上进行的。社会成本不仅包括财务费用，而且还包括所有的不利影响，例如对环境的影响。效益和成本差额用来评价项目的可操作性及竞争力。从正反两方面影响对项目建议进行评价。针对项目做的评估表，将对运输部制定的各种计划和项目分别从经济、环境、安全、可达性以及综合影响方面进行定性和定量的概述。对项目的绩效评估和社会影响都需要时间。因此，由早期参与项目开展和政策研究的经济学家和其他人员参与评估是非常重要的。

3. 效益成本比

效益/成本比率(BCRs)，只包括可以用货币衡量和表现的因素。这意味着它不包含例如社会种族歧视、环境的可居住性和环境(尽管不可能用货币衡量环境影响，但仍被纳入官方评估指导中)。运输部项目/计划的效益/成本比率应该包括以下货币化影响：

(1)节省时间；

(2)安全；

(3)过度拥挤(铁路);

(4)建设/投融资成本;

(5)运营和维护费用;

(6)使用费/票款收入;

(7)施工中断。

效益/成本比率一般定义为:用户、企业、私营部门净利润(收入减去费用)除以公共部门的成本。效益和成本由现值来计算(也就是测算60年以上的年度值,然后再贴现)。效益/成本比率给出了一个项目/计划每1英镑的公共开支所获得的收益的估算值,因此可以作为不同选择项目的绩效指标。但是,这只是一个指标,在有些情况下,没有提到的影响是显著的,这些影响足以彻底改变单独由效益/成本比率所表示的绩效结果。虽然在某种程度上需要主观评价,但是主观评价也能给出结论,例如有关环保排放量和创造就业机会数量的结论。

4. 绩效含义

BCR小于1表示成本高于收益,除非有足够的非经济收益,从绩效角度不建议进行投资。原则上,BCR还应考虑一般税收对经济的影响。这意味着,一项建议中公共支出成本的增加需要增加更多的资金投入。这一原则(被称为国库资金的社会机会成本)可能意味着提高30%支出费用,不过这并不是目前的评估指导。应用SOCEF原则意味着任何BCR少于1.3的项目或支出绩效均不理想。

尽管,目前绿皮书并不要求使用SOCEF,所以BCR超过1的任何开支有可能被视为值得投资的项目。但财政上的限制将意味着,在实际中,并非所有超过这个值的建议都值得资助。因此,英国运输部必须设法找出哪些项目未来更物有所值。下表将支出按照绩效划分为4个等级(表4-6):

绩效划分等级 表4-6

等级	选项
差	BCR <1
低	1 < BCR <1.5
中	1.5 < BCR <2
高	BCR > 2

第二栏清楚给出的是各等级BCR的范围,但是还需要研究分析明显的非经济影响对整体绩效评估的影响。因此,例如在早期分析客车配置计划时,其BCR为1.46却被划为中等级别就是因为相对于成本来说,它具有显著的再生收益。

5. 非经济影响和绩效

很难分析并估算非经济因素对绩效的影响。相对于成本来说比较显著的影响会改变单独由BCR表示的绩效水平。这些影响至少相当于40%的成本,从概念上讲相当于BCR上下浮动0.4,因此可以使BCR为1.1的备选项的绩效水平从低级变成中级。实际上,非经济因素对绩效的影响还是比较小的。根据英国运输部的经验,因非经济因素影响使备选项绩效水平变动2级或者以上的情况十分罕见。在环境敏感地区进行基础设施建设可能属于后者。一些具有非常高的BCR公路项目被否决就是因为其对环境造成负面影响很大从而导致绩效评估为差。

非经济因素对绩效影响的大小在一定程度上是根据具体情况的主观评判。ASTs和经济影响报告(今期生成的)经常提供一些相关的定量信息。

DEFRA和ODPM等机构也分别提供一些关于排放估值和再就业计划平均成本的信息,用于衡量一般的非经济因素相关重要程度。虽然他们没有被纳入正规评价办法和指南中,但是在不久的将来将被纳入与 DEFRA 相关的评估中。ODPM 提供的单位工作成本则仅仅被用来验证其影响显著程度。

6. 环保和排放

DEFRA 研究和环保排放推荐值可以用来估算交通项目对环境的影响。

(1)每吨二氧化碳等价于 70 英镑

(2)每吨氧化氮等价于 1 064 英镑

(3)根据区域位置,每吨 PM10 相当于£ 40 000 – £ 385 000 英镑不等:在农村等价于£ 40 000,较大城市等价于£ 130 000,主要城市等价于£ 225 000,伦敦为£ 385 000。

通过这些对项目结果产生的环保排放的变化进行估值,然后与总成本进行对比给出其在绩效评估中的相对重要程度。举例来说,如果它们等价于 1/4 的成本,那么它将被认为是显著的。这些推荐值对于重大项目估算是非常有用的。应该指出的是,DEFRA 目前正在对这些推荐值进行评估。

7. 重建

目前还没有通用的方法对政府政策和支出的重建效益进行评价。然而,ODPM 在对重建计划进行评估时考虑将计划的"就业成本"与 27 000 英镑净现值的平均基准成本进行比较。如果计划超过该基准将会从绩效的角度被否决,运用该基准评价重建地区运输计划诱发增加的就业数量,可以为相对于成本来说重建产生的效益的重要性提供支持。

8. 具有潜在非直接效益的项目

有一个更广泛的问题:如何对项目潜在的长期价值进行评估。一般的评估方法只能计算相对直接的影响因素,如:对地方需求和运输服务水平提高的影响。而对于非直接影响因素而言,例如由于计划规模的原因,计划促进出行行为的改变,有助于推动后续计划或政策建议。再例如项目的影响范围被扩大(超出获得项目直接利益这一基本必要性),有些计划其对远期规划和长期发展所产生的战略意义远远超过与项目本身。基于上述原则,要重新将产生的间接贡献纳入绩效评估中。

9. 后评估

后评估适用于对项目未来发展向部长们提出建议,或需要补充的、必要的部长级决定。运输部还需要确保收益是超出预期且可以兑现的,并可以为后续开展的项目提供经验。后评估主要是指对项目实施后的经济的和非经济的收益和成本进行评估。需要尽早开展后评估。举例来说,对一个项目影响的评价包括对项目执行前的评估,需要项目开始前的数据收集和初步分析。项目执行后评估计划需要提早考虑,需要纳入递交的绩效评估中,还要附上一份确保效益兑现的计划建议。

10. 政策指南

不同开支方案的绩效指标测算方法,通过计算 BCR 将备选方案进行等级划分

(1)评估是否存在对绩效产生显著影响的非经济因素;

(2)综合考虑非经济因素的显著影响对被选方案绩效进行等级划分。

绩效为"差"的建议将被否决。"差"以上的建议在资源不受制的的时候值得继续开展。但当开支高度受限时,对于所有 BCR > 1 的项目计划也不能全部展开。为了确保用有限资金获得更大利益,需要将基准提高到中级或高级。

这表明当资源受到制约时(不考虑其他因素),一般遵循的投资原则:

(1)不投资绩效差的项目;

(2)少投资绩效低的项目；

(3)部分并非全部投资绩效为中的项目；

(4)投资大部分(如果不能全部)高绩效的项目。

在给部长提交的支出建议中使用“差,低,中,高”对绩效水平进行描述。绩效评估应该既反映BCR又反映出非经济因素的影响。

提交的任何一项开支建议应包含绩效部分,列明BCR,注明产生明显影响的非经济因素和综合绩效评估,还应包括后评估计划。

本指导意见随着评估评价以及其他的变化,时时更新。最新运输鉴定指导,可以在www.webtag.org.uk上查询。该网站资料包括各方面的评价信息,其中包括风险、收益,并确保备选方案的考虑。

当这一指导首次公布后,拥挤收费计划绩效评估(或者其他为政府财政带来明显收益的项目建议)被通过。在这种情况下,需要抓住绩效评估的本质。

原指导意见已涵盖了增加或减少政府支出的建议:如果遵循指南,支出绩效将分为差/低/中/高四个等级。

绩效原则不变:评估有助于确定这些建议利用现有资源为社会带来的最大的净收益。因此本指导意见与原有绩效指导意见保持一致。下表解释了收入提高意味着BCR分母为负的现象。在这种情况下,需要将政府建议成本和社会收益(即收入减去成本)剥离开。政府成本评估如表4-7所示。

政府成本评估 表4-7

		政府成本(现值)	
		正	负
社会净收益,即总收入减去总成本(现值),包括经济因素和非经济因素	正	高绩效——总收益至少为成本的2倍 中绩效——总收入介于成本的1.5倍和2倍之间 低绩效——总收入介于成本值和成本的1.5倍之间 差绩效——总收入低于成本	
	负	差绩效	一般为差绩效

原有的指南对于政府承担的项目的描述是单位英镑花费所产生的收益。项目中每英磅政府支出所产生的最高收益(包含所有影响因素)由绩效表示。收益大于政府支出的建议如果其社会收益大于社会成本则非常具有吸引力。一般绩效为差的建议将导致消极影响。税收将对绩效产生影响。

11. 进一步考虑

能够带来较大收益的项目存在着共同的一些问题,需要进一步考虑,这些问题主要有:

(1)负担能力——一个项目在实施过程中可能有负成本,同时也可能会有短期财政上的限制,需要加以考虑。例如需求管理计划是预支成本,实时收益。

(2)备选方案比较——对产生净收益的建议特别重要。比如不同级别的收费对成本和项目的社会收益可能产生很大影响,需要对其平衡进行论证。

(3)社会收益的影响——一些产生收入的项目可能产生较为广泛的影响,并涉及分配问题。需要充分考虑利弊以及结果的合理性。

附录二　英国政府部门荣誉奖励制度

英国政府部门(包括英国运输部)的一个特点是,一般每年会有两次公布获得荣誉人士的名单。成功进入到候选人的名单将在网站上公示,并且将被女王亲自邀请并授予爵位。

1. 公众提名表格

为了鼓励公众任何人都可以提名一人获奖,获奖的人必须填写公众提名表格。

2. 平等和多样性

英国政府要反映出今天社会的多样性,无论妇女或是少数族裔候选人,将给予同等公平对待,政府都会给予非常仔细的评审。也包括其他群体,如残障人士等。获奖的人士很可能是在某种环境下做出杰出贡献的人,可能是女性、有少数族裔背景的人,或残疾人士等。

3. 时间

在适当的时候提名是非常重要的,这是不太可能把奖项授予退休的人或者已经不能行走的推荐人,并且宣布的日期不能超过规定时间的6个月以上,如果你对候选人有任何疑问,都可以联系荣誉评审委员会秘书处咨询。

4. 保密机制

所有被提名的人都是经过严格保密的,同时候选人也不会被提前告知他们获得提名,以防止候选人没有得奖而感到失望。

5. 运输部荣誉机构秘书

对于授勋的事情或者提出好的建议请联系运输部的机关,包括长期服务奖章,英勇嘉奖和皇家园林奖,这些奖项都可以在授勋委员会秘书处查询到。由内阁办公室礼仪秘书处负责编写首相的授勋名单,并制定获得荣誉和奖牌的政策。

6. 历史

历史上,英国的授勋制度已经持续了好长时间,包括目前许多奖项都起源于中世纪时期(14世纪)。其他一些英联邦国家也都使用了该奖。

7. 荣誉奖励名单

三个独立的名单,包括每半年一次的名单:

进入到首相的名单——对于那些活跃在英国的授勋人数目前大约有1 000人。其中大约30人将被委任为骑士爵位,120人授予司令勋章。其他大多数人的获得的是军官勋章和成员勋章。

大英帝国勋章设立于1917年,主要是授予那些在社会公共事业方面作出杰出贡献的各界人士;并且按照等级,从高到低可细分为CBE(司令勋章)、OBE(官佐勋章)和MBE(成员勋章)。

为海外工作的外交人士设立的名单:工作在英国之外的外交成员和英国公民,大致有150人左右。授予那些在英联邦事务和外交事务中的杰出贡献者。

部队服役的人员,大约有200人是属于部队工作的人员。

OBE官佐勋章。这是由英国皇室向有功者颁发的勋章的其中一级,以表扬他们对社会的贡献,以认定他们协助英王治国有功。

英国勋章制度共分为五个层级,前两个属於爵士级别,获爵级勋章的英国公民(而没有更高的荣誉尊称的话)会在名字前冠以「Sir/Dame」(爵士/女爵士)的尊称,并在名字后配以头衔的英文字母缩写。五个层级分级及其缩写如下:

(1)爵级大十字勋章(Knight/Dame Grand Cross, GBE)。

(2)爵级司令勋章(Knight/Dame Commander, KBE/DBE)。

(3)司令勋章(Commander of Order, CBE)。

(4)官佐勋章(Officer of Order, OBE)。

(5)员佐勋章(Member of Order, MBE)。

此外原本还有一个不列颠帝国奖章(British Empire Medals,BEM),目前英国已经不再授予此项荣誉,但在一些英联邦国家这项荣誉依然存在。

最多只能颁发100个爵级大十字勋章,845个爵级司令勋章和8 960个司令勋章。但皇室成员和外国公民受勋不列入数字限制内。另外,每一年最多只能授予858个官员勋章和1464个成员勋章。

虽然大多数受册封者都是英国或一些英联邦国家公民,这项荣誉是可以授予外国公民的。但是受册封爵士级勋章的外国公民不可以在名字前冠以「Sir/Dame」(爵士)的尊称,除非他成为英王的子民。

8. 物色合适人选

授勋表扬对社会有贡献的所有成员是非常重要的,他们的授勋是由于其在道德或者其他特殊的方面获得了杰出的成就。接受英国政府授勋的人必须具有以下的条件:注重做事获得的实际成果;通过在某一方面持之以恒的努力那些给英国人带来了本质的生活改变;或者提高了英国的知名度或者给英国带来了良好的声誉,或者乐于帮助和改善那些贫穷人民的生活;在行业里赢得了尊重,并且成为行业的楷模和模范;在面对困难展示了非凡的勇气,并且获得成就,在困难时做出坚定的抉择和恪守承诺。

9. 荣誉等级

对一个人的贡献并没有硬性规定用什么样的指标来衡量。

10. 爵级司令勋章

一般的获奖人是从以下方面的人选出,在国家层面上指在某一领域做出了卓越贡献,或者作为被公认为在某一领域中有杰出的才能,并且在长期内证明自己已经做出了持之以恒的贡献。一般的成就包括以下几方面,例如,提出的主要的措施已被采用为国家标准,英国最大最重要的公司的首席执行官,在国家工作组或业界团体领先的工作者。

11. 司令勋章

在地方事务中承担了高度的领导作用,为国家获得了突出的荣誉,在较小程度上,或在自己的研究领域做出非常杰出的,创新性的贡献。根据他们获得的成就,这可能包括大公司或者非常优秀的公司总裁、执行官,这些人负有重要的促进行业发展的责任。

12. 官佐勋章

一位地区或县范围内的人才,在任何领域或杰出本地执业者,其成就得到认可。

13. 员佐勋章

这个爵位将给那些被社会认知的、做出贡献的服务机构。

14. 交通运输类的有关授勋

英国运输部的目的之一是打造一个可靠、安全和高效的运输系统。该运输系统应当在满足个人和企业的同时,确保环境的可持续发展。以下几个行业的人可以获得交通类的勋章:航空业,包括航空公司、机场、事故调查、航空安全、空中交通管制的雇员,官员或专家;道路建设及道路维修领域的员工和专家,处理道路交通安全各部门人员包括志愿工作者。

附录三　英国中央政府对地方政府的绩效管理体制[①]

1. 英国政府绩效管理体制的历史发展

19 世纪中叶以前，英国中央政府和地方政府的关系是以政治、司法监督和审计三种传统的责任机制为基础的。但这种监控的责任机制基本上是地方性的。19 世纪中叶的改革运动改变了这种地方性的监控责任机制，代之以一种在中央政府和相关的独立委员会监督下、由地方官员履行职责的行政体制。而中央政府和相关委员会最初使用的监控方法就是监察和审计的方法。这种中央集权的监控模式影响了此后 100 多年英国中央政府与地方政府之间的关系。

(1)英国中央政府对地方政府绩效管理功能的演变

在整个 20 世纪，尽管地方政府由当地选民选举产生，因而首先对当地选民负责并承担提供公共服务的责任，英国中央政府及其代理机构(Agency)以及相关的独立委员会依然保留着对地方政府的高度监控权，如受理上诉、审批、监察、审计、指导、任命等。其中监察和审计是英国中央政府对地方政府进行绩效管理的主要方式。

19 世纪以来，英国中央政府对地方政府的监察功能是以效率为核心内容的。中央政府的监察人员拥有很大的权力。其主要表现是，如果监察结果表明某地方政府在某一项或几项职能上的服务效率和质量不符合标准，他们可以建议中央政府减少、甚至撤销对地方政府这些职能的财政拨款或补贴。到 20 世纪 90 年代初，中央政府监察的主要内容是教育、治安、消防和社会服务工作。监察工作主要由中央政府各部或其代理机构以及相关的独立委员会在其管辖领域内执行。

英国中央政府对地方政府的审计功能源于 1834 年通过的“济贫法”(Poor Law)。该法案规定必须对地方政府进行强制性的审计。审计的目的是保证地方政府财政的公正、廉洁和效益。此后，根据 1844 年的“济贫法”修正案，1846 年成立了独立于地方政府的“县级审计署”(District Audit Service)，监督检查地方政府的财政健康状况。100 多年以来，尽管审计人员的角色经常受到质疑，但外部强制审计的基本功能却从未遇到挑战。20 世纪 70 年代的立法将审计人员审计加裁决的角色改变为审计加检举。裁决的职能转归司法部门。

在英国，审计的职能从未仅仅限于检查地方政府财政的违规行为。它还涉及确保地方政府财政资源明智、有效和谨慎地使用，防止资源的浪费。在行使此类职能的长期过程中，审计部门逐渐开发出一套不仅分析财务状况，而且分析统计与管理信息的方法和技能。由此，从第二次世界大战结束以来，以研究资金使用效益(VFM)为基础的管理审计逐渐发展起来。

然而，管理审计的出现和实行引起了地方政府的不安。它们担心县级审计署会因此成为中央控制地方民选政府的工具。在地方政府的压力下，1972 年的《地方政府法案》在保留县级审计署的同时，允许地方政府在县级审计署之外选择其他经中央政府认定的私营审计机构进行审计。1977 年，在地方政府要求建立独立于中央政府的审计机构的压力下，中央政府在英格兰和威尔士成立了一个咨询性的机构：“地方政府审计咨询委员会”，但它始终不愿意成立一个独立于中央政府的更高级的中央审计机构。

在以后的发展中，地方政府要求审计工作分权化的努力导致了事与愿违的结果。70 年代末，英国议会提出了将县级审计署与财政和审计部合并的要求。其理由是，既然地方政府从中

① 本内容摘自廖昆明的《英国的政府绩效管理体制的几点启示》。

央政府获得大量财政支持,而中央政府的财政必须向议会负责,那么,议会就应当有权直接监督地方政府从中央政府得到的那部分资金的使用。于是,议会于1982年通过“地方政府财政法案”,成立了“审计委员会”。

审计委员会是一个中央集权、但独立于中央政府的公共机构,是议会、中央政府和地方政府三方利益妥协的结果。中央政府在此失去了对地方政府的直接审计权,但保留了审计系统的中央集权性。地方政府获得了审计的独立性,但失去了其分权性和自主选择审计机构的权利。议会获得了直接监督地方政府来自中央财政的经费支出的直接监督权,但未能实现其将县级审计署与财政和审计部合并的要求。这是英国政治中不同的行为主体在利益上达成妥协的一个典型案例。

根据1982年的“地方政府财政法案”,审计委员会不仅拥有对地方政府的财务审计权,而且拥有对它们进行管理审计的法定责任与权力,即检查它们所提供服务的成本、效率、效益(3E),同时评估中央政策对地方政府提供的各项服务的影响。审计委员会于1983年在英格兰和威尔士正式成立并履行职责,1988年在苏格兰正式成立并履行职责。

1999年的《地方政府法案》赋予中央政府确定和发布所有“最优价值当局”(以下简称BV当局)都必须达到的绩效目标和标准,检查和评估地方政府是否达到其绩效目标和标准以及确定检查与评估方式的权力。“公共服务协议”(Public Service Agreement,以下简称PSA),就是确定地方政府绩效目标的主要形式。

PSA是当前在英国中央政府和地方政府之间通过协商谈判达成的涉及后者绩效管理目标的法律文件。其中确定的目标分为2类:一类是国家PSA目标,一类是地方PSA目标。前者是所有BV当局都必须在一定期限内达到的绩效管理目标;后者是根据各BV当局的具体情况自行制定的、必须在一定期限内(通常为2~3年)达到的绩效管理目标。这些目标通常涉及地方政府和公共机构职能的若干方面,如财政、住房、交通事故、教育等。目标的内容十分具体,如14岁以上中学生的语文、数学水平在一定期限内达到某一级标准的比例,等等。

1999年的《地方政府法案》标志着英国中央政府对地方政府的绩效管理进入了一个新时代。英国行政体系中央集权的性质得到进一步的强化。

(2)绩效评估指标体系的演变。

审计委员会的成立及其法定审计职能的扩大,必然导致审计内容的增加。审计委员会原先在财务、教育、政府采购等个别领域的审计标准已远远不能适应审计需要。因此,审计委员会一成立,就立即着手编制新的、更全面的审计指标体系。

1986年,审计委员会发表了《地方政府绩效检查:地方当局与审计人员手册》,第一次较全面地公布了绩效管理的指标。1992年的《地方政府法案》进一步规定公布绩效指标是审计委员会的法定职责并且要求审计委员会对绩效指标做出适当的说明,以便使绩效管理所涉及的地方政府和公共机构能够进行横向和纵向的比较。

这样,从1983年以来,英国中央政府和审计委员会密切合作,建立了一整套现在被称为“The Family of BVPIs”的绩效评估指标体系。这套指标体系由4个部分组成:

①审计委员会绩效指标(Audit Commission Performance Indicators或ACPIs)。

审计委员会绩效指标是最早的绩效指标。其渊源可以追溯到中央政府对地方政府的审计功能出现之日。这些指标从1994/1995财政年度开始发布,直到2001/2002财政年度被“最优价值绩效指标”(BVPIs)取代,共发布了7年。它是“最优价值绩效指标”的基础和内容的主要来源。目前这类指标依然存在,但主要是作为后者的补充,覆盖未被后者涉及的领域或提供有助于对后者进行解释的信息。2003/2004 财政年度以来，审计委员会未发布法定的审计委员会绩效指标。

②"最优价值绩效指标"(BVPIs)。

"最优价值绩效指标"由2002 年成立的副首相办公厅(ODPM)负责研究、设计、制定和发布，反映中央政府对地方政府为社会所提供的、涉及国家利益的各种服务之关注。它是目前最全面的、基础性的指标体系。

③地方绩效指标(LPIs)。

地方绩效指标是在中央政府和审计委员会的鼓励和支持下，由各地方政府自行制定的补充性绩效指标。它们主要反映各地区的特殊性和特殊需求。地方绩效指标确定地方特殊的绩效管理目标并为当地政府管理者提供必要的绩效信息。中央政府和审计委员会在此的作用是对地方政府设计绩效指标进行指导，帮助其确定绩效目标并进行监督。

④其他绩效指标。

中央政府各部委也有一些与其特定职能相关的绩效指标，用于计划和资源的分配。

"最优价值绩效指标"是整个指标体系的核心。其内容基本上都是十分具体的硬性指标，如地方政府的税收增长率，与全国平均数相比的街道照明耗电量，地方政府在收到企业或个人出具给它的发票后30 天内的支付率，等等。

然而，以硬性指标为基本内容的审计委员会绩效指标和当前的"最优价值绩效指标"作为绩效评估的标准体系也引起了一些质疑，甚至争论。一方面，由于各地方政府所处的环境和客观条件不同，许多指标的评估结果只能进行纵向比较，难以对各地方政府的绩效进行横向比较。而根据 1992 年《地方政府法案》的要求，绩效评估的结果必须同时具有横向和纵向的可比性。另一方面，硬性指标所反映的只是某地方政府或公共机构的绩效现状，它们并不必然等同于该政府或公共机构真实的执政能力、服务质量和内外形象。

为了弥补硬性指标体系的这一缺陷，英国中央政府和审计委员会经过多年研究，在保留和改进"最优价值绩效指标"的基础上，于 2002 年引入了一系列如"战略抱负"、"改进能力"等绩效评估的软指标，结合"最优价值绩效指标"中的一部分硬性指标，创造了一个新的绩效评估体系："全面绩效评估"体系(CPA)。

至此，英国中央政府拥有了两个相互平行又相互联系的地方政府绩效指标评估体系。前者主要通过静态指标评估地方政府的业绩本身；后者则是在前者的基础上，对地方政府的发展战略和发展计划、服务能力和质量、改进与创新能力、效率和效益等内容进行更全面、更深入的动态评估。

2. 英国政府绩效管理的体制结构

如前所述，英国中央与地方政府的关系在其历史发展中形成了一种二重性，即政治上的分权与行政上的集权。前者主要表现在地方政府是民选的而非中央任命的，因而首先对选民负责；后者则主要表现为中央政府对地方政府的行政行为进行严密的监控。其主要表现形式就是绩效管理。因此，在英国中央政府和地方政府都设有专门负责绩效管理的部门。

英国政府绩效管理的体制结构如图 4-10 所示：

在上面的结构图中，左上部红色虚线框内的部分表示政治性的监管，即社会通过议会及其所属的国家审计署对中央政府进行绩效管理和评估。右下部黑色实线框内的部分表示行政性的监管，即中央政府对地方政府和公共机构的绩效管理：中央政府与地方政府和公共机构通过协商谈判签订公共服务协议，规定后二者在一定期限内必须达到的绩效目标；然后，中央政府通过审计委员会运用“最优价值绩效指标”(BVPIs)和“全面绩效评估”(CPA)两个指标体系对地方政府和公共机构进行绩效评估。

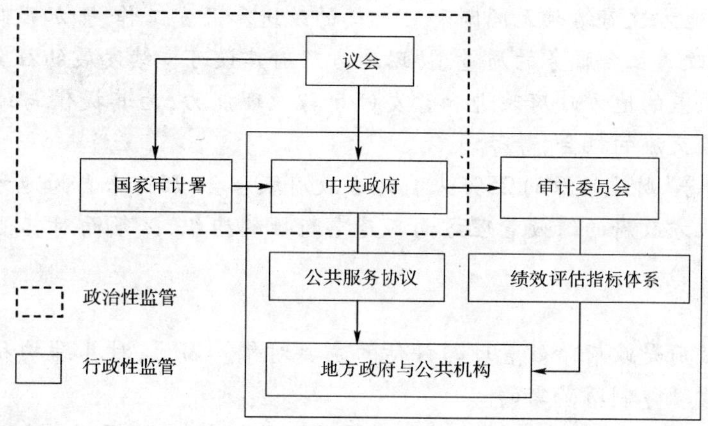

图4-10 英国政府绩效管理体制结构图

英国行政性绩效管理体制中的主要行为者如下:

(1)中央机构。

英国中央政府中始终有一个部委负责与地方政府的关系。2002年5月以前,这项职能由交通、地方政府和地区部负责。各地方政府就是与它签订涉及绩效管理目标的PSA。2002年5月以后,该部被分解。其与地方政府关系和对地方政府进行绩效管理的职能转归新成立的副首相办公厅。副首相办公厅与绩效管理有关的职能还包括管理一些公共服务部门,如警察、消防与救助等。在英国政府的绩效管理结构中,它既是决策部门,又肩负着研究、设计、修正考核体系的使命。“最优价值绩效指标”体系即由副首相办公厅负责研究、设计、制定、修改和发布。2006年5月,英国副首相普雷斯科特(Prescott)丑闻败露后,副首相办公厅被撤销。其职能转归新成立的社会和地方政府部(Department of Communities and Local Government,简称DCLG)。

审计委员会作为全国性的独立公共机构,是绩效评估体系的执行者。它同时负有收集信息反馈、研究、设计、制定、修正和发布全面绩效评估(CPA)体系的使命。尽管审计委员会的委员由中央政府(社会和地方政府部)任命,但其职能和预算都是由议会通过立法确定的。这就保证了审计委员会的独立性。

此外,政府各部委亦有权了解地方政府和公共机构在各相关领域的服务绩效并进行指导、监督。

(2)地方政府的全国性机构。

在地方政府方面应当首先提及的是地方政府联合会(Local government Association 或LGA)。该联合会于1997年4月1日成立,代表英格兰和威尔士的所有地方政府。它的一项基本职能就是帮助地方政府改善公共服务质量(提供咨询、培训等服务),并在国会与中央政府中作为地方政府和其他各种公共服务机构利益的代表(如警察、消防、交通管理当局等)。

地方政府联合会在绩效管理体系中的作用主要是通过它的一个代理机构“改进与开发署”(Improvement and Development Agency 或 IDeA)来实现的。该机构由英格兰和威尔士的地方政府共同创立,是一个独立于中央政府和立法机构的、自主运作的公共机构。它在地方政府绩效管理体系的作用主要是:

①与审计委员会紧密合作,研究制定全面绩效评估的指标体系和评估方法。

②协助地方政府进行全面绩效评估的准备工作,应对中央政府的监察和审计。

③促进、支持地方政府绩效无间断和可持续的改进和开发工作,如加强政府的整体能力和领导能力的建设、改善社会服务的质量、协助地方政府建设可持续发展的社会。

④帮助绩效较差的地方政府改进和开发领导与管理能力,为其提供与绩效较好的地方政府进行知识和经验交流的机会,等等。

"改进与开发署"财政来源的25%来自地方政府联合会,75%来自为地方政府提供各种服务的收费。它在地方政府的绩效管理方面不是垄断性的组织,必须面对其他私营咨询机构的竞争。

(3)地方政府。

英国的地方政府是政府绩效管理与评估的主要对象。因此,对其结构和职能的考察是理解英国政府绩效管理体制所必需的。

虽然没有成文宪法,英国地方政府的权力结构仍然基本相同,同时又与国家的权力结构类似。绝大部分地方政府没有直接民选的行政首长,如市长、县长等。其地方权力机构由民选的地方议会(Council)构成。议会内设置若干个专门委员会,负责制定地方性的法规;议会的多数党或掌握议会多数的政党联盟推举若干个代表(除大城市外,通常不超过10个)组成议会内阁,即真正意义上的地方政府。每一位阁员负责若干个政府职能。内阁成员推举1名内阁领袖,通常由议会多数党的领袖担任。内阁领袖与其他阁员之间没有法律上的等级关系,主要负责地方政府各职能和内阁成员之间的协调工作。议会内阁聘任一名首席执行官。首席执行官对内阁负责,执行内阁的方针政策,代表内阁履行地方政府职能并管理日常行政事务(图4-11)。

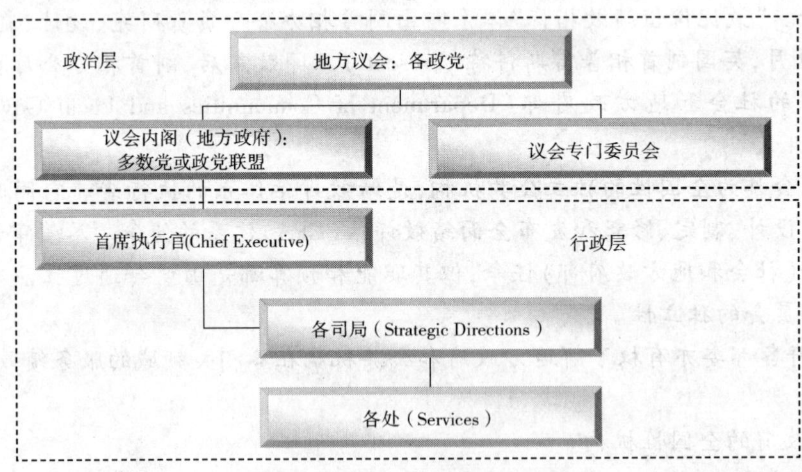

图4-11 英国地方政府结构图

因此,英国的地方政府在某种程度上可以说是议政合一的。这也就是为什么英国人谈到地方政府时通常使用地方议会(Council)一词。这是英国地方行政体系的一大特色。

英国的地方政府具有不同的类型。不同类型的地方政府具有不同的行政机构和不同的职能。郡与县之间,市与区之间的隶属主要是地域上的隶属,而不是政治与行政上的等级隶属。它们的职能与其上级或下级政府是互补性的,而不是对应性的。这是英国地方行政体系的第二大特色。

概括起来,英国的地方政府有5类9种。具体如表4-8:

英国地方政府的类型 表4-8

类 型	数量	备 注
一、传统类型		
郡政府(County Councils)	34	
县政府(District Councils)	238	隶属于上述郡政府
北爱尔兰地方政府(Northern Ireland Councils)	26	
二、单级类型(Unitary Local Authority)		
英格兰单级政府(English Unitary Governments)	46	部分地方政府
威尔士单级政府(Walsh Unitary Governments)	22	全部地方政府
苏格兰单级政府(Scottish Unitary Governments)	32	全部地方政府
三、都市类型(Metropolitan Councils)	36	大、中城市,如利物浦
四、伦敦行政区政府(London Borough Councils)	32	
五、伦敦市政府(London Corporation Council)	1	
共计:	467	

此外,还有两种较小的行政单位:教区政府(Parish Councils)和镇政府(Town Council)。它们数量少,规模小,职能亦少,故目前不是中央政府的绩效管理对象。

目前英国中央政府对地方政府的绩效评估体系(BVPIs和CPA)只涉及英格兰和威尔士的409个地方政府和消防、警察、交通、医疗等公共服务机构。苏格兰和北爱尔兰是否接受中央政府的绩效管理由其立法当局自行决定。

英国地方政府的基本职能主要包括以下各项:

①教育;

②社会服务;

③本地交通;

④图书馆;

⑤消防与救助;

⑥地方计划;

⑦规划与更新;

⑧住房和土地使用;

⑨旅游、休闲、娱乐、艺术;

⑩垃圾与废品回收;

⑪环境与公共卫生;

⑫公园与绿化。

如前所述,英国不同级的地方政府行使不同的职能。一般来说,单级和都市地方政府行使上述全部职能,而郡县地方政府则分别行使上述职能。通常,前五项职能由郡级地方政府行使,后五项职能属于县级地方政府。“计划”职能两级地方政府都有,而“规划与更新”的职能或者属于郡级政府,或者属于县级政府。

伦敦市政府与各行政区政府的职能分配比较特殊。伦敦各区政府行使除公共交通与消防救助以外的上述全部职能,而伦敦市政府除了行使公共交通和消防救助的职能外,还行使治安等特殊职能以及在某些特定领域行使与区政府相同的职能，如计划、地方整治与更新、属于市政府的公园、图书馆的管理，等等。

英国地方政府实行企业化的管理模式。首席执行官及其以下官员没有公务员的法律地位，属于地方政府的雇员，必须与地方政府签订聘用合同。首席执行官、议会内阁和议会之间的关系类似于企业中总经理、董事会和股东会之间的关系。这是英国地方行政体系的第三大特色。

由于英国地方政府权力结构中的政治层是民选产生的，主要向选民负责，所以中央政府对地方政府的绩效管理所涉及的机构和人主要是地方政府中的行政层。在政治层面，中央政府的绩效管理主要是研究地方议会及其内阁制定的政策法规对该地方政府服务与绩效的影响。

英国所有的地方政府内部（至少在本文调研过的近二十个政府和公共机构中）都设有一个3~5人的常设部门，专门负责搜集、研究、处理、发布与服务和绩效有关的信息，编制“最优价值绩效指标”和“全面绩效评估”等考核体系所需要的文件，为议会内阁和首席执行官改善政府服务和绩效表现的决策提供技术支持。

3.“最优价值绩效指标”体系

“最优价值绩效指标”是当前英国中央政府对地方政府进行绩效管理的基础性的指标体系。本文将要分析的是该体系的2005/2006年版，也是目前已公布的最新和最完全的版本。

英国中央政府编制“最优价值绩效指标”有四个目的：一是为社会提供涉及地方政府及其服务的内容和标准，以便使当地居民能够对政府所提供服务的质量进行监督和评价；二是使地方政府能够客观地评估自己的所作所为并与其他地方政府进行比较，从而确定改进绩效的目标和途径；三是使中央政府能够监督、分析和比较各地方政府的业绩，以便提供相关的指导和支持；四是通过评估改进政府的服务质量，提高服务效率和效益。

“最优价值绩效指标”2005/2006年版共有94个指标（如含亚指标共173个），分为两部分：一部分是一般性指标，称为“总体健康状态指标”（Corporate Health Indicators）；另一部分是所提供服务的分类指标（Service Delivery Indicators），涉及地方政府和公共机构的主要职能。

（1）总体健康状态指标。

这类指标共有12个（如含亚指标共17个），旨在为地方政府和公共机构的绩效和能力进行基本的定位并提供一个总体形象。其中每个指标都由若干个相互关联的问题组成。“总体健康状态指标”涉及下列5个方面的评估内容：

①平等服务原则（涉及性别、种族、残疾人接受政府服务的平等权利）；

②平等服务标准的制定和落实；

③税收状况；

④准时支付状况（政府收到企业或个人出具的发票后是否按时支付，有无拖欠行为）；

⑤电子政府的建设。

（2）分类服务指标。

这类指标共有82个（如含亚指标共156个）。它们主要反映中央政府对地方政府和公共机构所提供的各类服务的关注，被认为是涉及国家利益的指标。它们共分为8个部分：

①教育：涉及公平原则、教育质量、成本与效率、公众满意度等方面的评估内容。

②社会服务：涉及公平原则、对儿童和老年人服务质量、成本与效率、公众满意度等方面的评估内容。

③住房：涉及公平原则、公共住房的管理质量、服务效果和租金的收取、成本与效率、公众

满意度等方面的评估内容。

④环境：涉及环保计划、生活垃圾的收集与处理、环境的清洁、道路管理、交通事故、公共场所的照明、各类污染及其改进状况、成本与效率、公众满意度等方面的评估内容。

⑤文化与相关服务：涉及文物古迹的保护与管理，博物馆、图书馆的管理与使用、成本与效率、公众满意度等评估内容。

⑥公共安全：涉及保障公共安全的计划、措施和效果，各类犯罪和暴力行为的统计等评估内容。

⑦消防与救助：涉及各类火灾及其伤亡、预警体系、消防体制等方面的内容。

与2003/2004年版本比较，“最优价值绩效指标”2005/2006年版本中各类指标越来越趋于具体化，量化程度也越来越高。

英国中央政府每年都向社会、地方政府和公共机构搜集对“最优价值绩效指标”体系的反馈意见，以便增删修改。修改后向社会公布，搜集反馈信息，在正式发布之前再次修改。这个过程保证了绩效指标内容和制定程序的透明度，增加了该指标体系的信度和效度。

4.“全面绩效评估”体系（CPA）。

“全面绩效评估”体系于2002年被英国中央政府正式推行，是目前对地方政府进行绩效评估的主要方法，同时也是支持、促进地方政府改善对社会与人民服务的主要工具。“全面绩效评估”第一轮评估对象只涉及英格兰的150个郡级、单级、都市和伦敦各区政府以及公共机构。2003年6月以来，该体系的评估对象扩展到英格兰和威尔士的全部地方政府和公共机构。

(1)“全面绩效评估”的目的。

“全面绩效评估”体系将“最优价值绩效指标”提供的评估信息整合起来，对地方政府的执政和服务能力及其改进状况进行评估。其具体目的如下：

①检查地方政府所提供的各种服务的质量；

②考察地方政府的运行方式对其所提供服务的影响；

③以简明易懂的方式向当地居民和社会说明当地地方政府的表现；

④促使地方政府关注其服务和绩效的改进；

⑤为中央政府的审计与监察提供信息与技术支持；

⑥为中央政府给予表现较好的地方政府以政策优惠提供决策依据。

与“最优价值绩效指标”的目的相比，“全面绩效评估”体系更关注评估对象的动态表现和它们对服务与执政的能力的改进。

(2)“全面绩效评估”的基本内容。

“全面绩效评估”体系使用与“最优价值绩效指标”体系不同的方法。它有四个评价维度。

首先是服务维度。服务维度使用“最优价值绩效指标”的若干组指标，对BV当局的绩效进行评价。这些指标所涉及的服务被称为“核心服务”。其主要内容是：对青少年和成年人的社会服务、住房、环境、文化和对社会保险基金的使用以及消防和救助。服务维度是所有其他维度的基础。

其次是资源使用维度。这个维度的主要评估内容是：财务状况、财务管理、各类财务报表、内部监控体系和资金的使用效益。目的是检查地方政府的行政成本和资源使用效益。

第三是整体评估维度。这个维度的主要内容有：战略抱负、优先领域、政府能力、绩效管理、工作成就。

以上三个维度是基本的评估维度。每个地方政府的绩效等级就是以此为基础评出的。在此基础上,CPA 还要评估地方政府绩效的改进状况。这就是被称为"发展方向"(Direction of Travel,简称 DoT)的第四个维度。

"全面绩效评估"体系根据对地方政府和公共机构上述四个维度的综合评价结果将它们分为优(Excellent)、良(Good)、中(Fair)、弱(Week)、差(Poor)5 类,分别用 4 颗星到 0 颗星来表示。

(3)评估结果的运用。

英国中央政府对地方政府和公共机构的绩效评估结果虽然并不导致物质、金钱和职级方面的奖惩,但却会影响中央政府与地方政府、公共机构之间的关系。这种影响主要表现在中央政府对地方政府和公共机构的监控力度和频率上,因而体现为一种体制上的(正负)激励。

对于其绩效被评为优、良两类的地方政府与公共机构,英国中央政府将给予它们较多的行动自由、较少的监督检查并对它们行为持较为灵活和积极鼓励的态度。对于那些被评为弱、差两类的地方政府,中央政府则给予相反的对待。同时,如果中央政府认为必要,可以对地方政府表现特别差的职能实行中央接管,即由中央派员接管地方政府的某个职能,如教育、城市清洁等。接管期限由中央政府根据需要确定。在这种情况下,地方政府中原负责该职能的行政官员将被撤换。由于英国地方政府的行政官员都不是公务员,所以撤换不存在严重的法律障碍。但如果中央政府要接管首席执行官的职能,则需要与地方议会内阁协商,获得内阁的同意。

更重要的是,评估结果对于各地方政府执政党的政治形象、吸引投资和人才具有直接的影响,并进而间接地影响到执政党的执政寿命。因此,目前各地方政府,无论其政治倾向如何,都非常重视这项工作,尽管它们对此评估体系带来的财政和工作负担有所报怨。

(4)"全面绩效评估"体系的有效性和存在的问题。

作为英国中央政府对地方政府和公共机构进行全面绩效管理的指标体系,"最优价值绩效指标"体系的已有二十多年的历史(仅从审计委员会成立算起)。经过二十多年无间断的研究、实践、修改、完善,这套体系已经具有相当高的信度和效度。相比之下,"全面绩效评估"体系作为更高层次的绩效评估体系和全新的评估方法,在其 5 年的历史中,只在英格兰地区进行了 4 轮评估,在威尔士进行了 3 轮评估。因此,其信度和效度还需要经过更长时期实践的检验。

从目前英国审计委员会公布的相关信息看,"全面绩效评估"体系对于英国地方政府和公共机构所提供的服务及其绩效起到了积极的推动作用。以英格兰为例,2006 年,绩效等级为"优"(4 星级)和"良"(3 星级)的地方政府均比 2005 年增加了 4 个百分点;绩效等级为"中"(2 星级)的地方政府比 2005 年减少了 7 个百分点;绩效等级为"弱"(1 星级)的地方政府因绩效等级的提高而比 2005 年减少了 3 个百分点;绩效等级为"差"(0 星级)的地方政府则已经不复存在。这说明被评估的地方政府绩效整体上有所改善(图 4-12)。

然而,对"全面绩效评估"体系也存在负面的评价。在本文作者调研中接触到的地方议员和政府官员中,很多人在承认该评估体系有益于促进和改善政府的服务和绩效的同时,也对它提出批评。这些批评意见可以分为两类。一类是技术性的,主要是质疑某些指标的信度、效度,批评其评估难度。另一类是政治性的,主要是指责它是中央政府强加给地方政府的,是控制地方政府的工具,且过于复杂,过于官僚主义和文牍主义、给地方政府带来了沉重的工作和财务负担。

一般来说,英国保守党议员及其控制的地方政府对"全面绩效评估"体系抱有较强的敌意,虽然正是他们创建了审计委员会,编制了作为当前英国绩效管理体系基础的"审计委员会绩效指标"(ACPIs)。作为最大的反对党,保守党的这种敌意使人怀疑一旦政权易手,"全面绩效评估"体系是否能够继续存在。不过,即使保守党人也承认,绩效评估体系确有其存在的理由。他们所主张的,不是取消绩效评估,只是减轻"全面绩效评估"体系给地方政府造成的负担。他们希望能够用一种更加轻灵、有效的方法取代现行的评估体系。

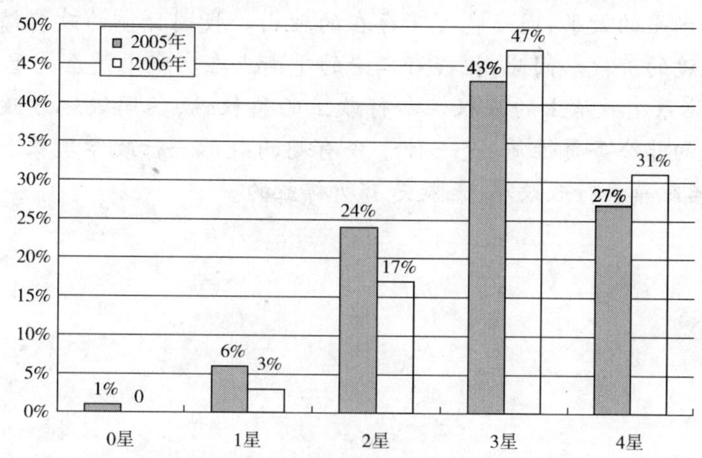

图4-12 2005~2006年英格兰地区全面绩效评估结果的比较

5. 几点启示

从英国中央政府对地方政府进行绩效管理的历史实践中,可以得到以下几点启示。

(1)绩效管理和评估是行政权力的自我监控机制。它源于国家和社会对行政权力实施的政治、司法和舆论的外部监控以及应对这些监控的需求。由于它能够对政府的行为产生导向和规范作用,因而是涉及公共行政全局的战略问题。

(2)准确合理的政府职能定位是进行政府绩效管理,建立科学的政府绩效评估体系的前提。西方国家经过几百年的选举和由此产生的政府更迭,已基本完成了政府职能的界定。我国可以吸取他们的经验教训,力争在较短的时期内完成此项工作。

(3)建立一个相对完善的绩效指标体系是进行绩效管理和评估的前提。这个指标体系中应当既有代表国家利益的普遍性指标,又有顾及不同地方客观条件的特殊性指标;既有评估绩效的静态的硬性指标,又有评估改善服务和绩效能力的动态的软性指标。

(4)立法、管理机构、指标体系、评估程序和方法是政府绩效管理体制的四大基本构成要素。在这些方面,我国目前尚有许多亟待解决的问题,如尽快就政府绩效管理的问题立法,界定政府的职能,明确政府绩效的管理部门及其职能,建立和完善政府绩效评估的指标体系和程序、方法,等等。

(5)绩效管理行为所涉及的管理学理论不是精确科学,而是一种经验科学。这就意味着它没有理论上的最佳值,也没有本来意义上的、放之四海而皆准的客观标准。它的标准本身就是经验,而经验永远是不完善的,而且总是因时、因地、因人、因组织、因文化之不同而相异的。在这个领域中,不存在一蹴而就,达到一劳永逸之最佳状态的途径和方法。因此,在实践中,人们既不应奢求一次达成绩效管理与评估体系的完美无瑕,也不应因其存在缺陷而半途而废。相反,人们只能在实践、修正、再实践、再修正的过程中才能不断完善绩效管理体制、绩效评估的指标体系和程序方法,使之逐渐逼近最佳状态。

(6)进行绩效评估必须注意把握科学性和简易性之间的平衡。在绩效评估的实践中,二者常常是成反比的、甚至是相互矛盾的。追求科学性必然提高评估内容、程序和方法的复杂性,以及对评估主体的素质和信息沟通的高要求,因而加大实施难度、加重工作和财务负担。这就容易引起被评估者的不满,不容易使之接受,进而影响绩效评估本身的可持续性。追求简易性虽然可以使评估内容、操作程序和方法容易掌握,减轻被评估者的工作与财务负担,容易为被评估者接受,但评估内容、操作程序和方法的信度和效度低,评估容易流于形式,起不到提高服务质量和管理水平的效果,因而丧失其存在的理由。我国目前的政府绩效评估正处于由简易性向科学性过渡的阶段。因此,把握好二者的平衡点在实践中是至关重要的。

(7)英国行政体系中政治上的分权性和行政上的集权性,不同级地方政府职能的互补性以及地方政府官员的非公务员性质,是一种十分有趣的政治—行政学现象。深入研究这种现象,对于我国的政治改革和行政改革,无疑是有所裨益的。

第五章　俄罗斯交通行政管理体制

第一节　俄罗斯经济社会及交通运输概况

一、俄罗斯国家概况

(一)俄罗斯基本国情

俄罗斯地处欧亚两洲,位于欧洲东部和亚洲北部。北临北冰洋,东濒太平洋,西接大西洋,与挪威、芬兰 、波兰、中国、蒙古、朝鲜、爱沙尼亚、拉脱维亚、立陶宛、白俄罗斯、乌克兰、格鲁吉亚、阿塞拜疆、哈萨克斯坦等国家相邻,隔海与日本和美国阿拉斯加相望,是连接欧亚大陆的核心地带。总面积 1 710 万平方公里,东西长 9 000 公里,南北宽 4 000 公里,是世界上地域最辽阔、面积最广大的国家,约占世界陆地总面积 11.4%;海岸线长 3.4 万千米。俄罗斯是个多民族国家,有 130 多个民族,人口不足 1.5 亿,人口密度小,且分布极不均衡。

1. 俄罗斯经济发展概况

上个世纪 90 年代初,俄罗斯开始的全面快速的经济政治制度转轨,在改革过程中出现了种种问题,出现了连续 7 年的经济下滑。从 1999 年开始俄罗斯经济步入复苏和快速回升阶段。2001 ~2005 年俄罗斯 GDP 增长率分别达到 5.1%、4.7%、7.3%、7.2% 和 6.4%。2005 年,俄 GDP 已达 21.67 万亿卢布,相当于 7658 亿美元,人均 GDP 超过 5 300 美元。历经 15 年的社会变革,俄罗斯的转型已经渡过了诸多难关,走向了一种更加合理和顺畅的经济秩序。15 年经济转型的最大成果,是宪法确立了私人财产神圣不可侵犯的法律及制度,促成了现代市场体系的形成和发展,基本扭转了前苏联时期"高投入、低产出、无效益"的行政命令体制。而新型市场主体和增长机制的逐步形成为经济发展注入了强劲的动力,国有企业私有化改造使绝大多数企业真正开始按照市场需求而不是国家指令来进行资源配置和安排生产,这些企业的活力和竞争力明显提高,对增加就业、稳定市场经济基础、优化经济结构、增加社会产出、提高投资经营效率、扩大中产阶级队伍、保障经济社会稳定等起着日益重要的作用。

2. 俄罗斯的产业发展结构

俄罗斯工业发达,门类繁多,工业在国内生产总值中大约占三分之一的比重,对整个国民经济起着举足轻重的作用。重工业历来是俄罗斯工业的基础,主要包括能源(电力、石油、天然气)、冶金、机械制造及金属加工业等,分别占到了工业总产值的 29%、19.1% 和 18.6%,食品工业和轻工业占到 14.2%。

3. 俄罗斯经济发展的地区特征

俄罗斯转型以来,经济发展的地区差异日益拉大。1990 年人均收入最大地区差为 3.5 倍,1995 年扩大到 14.2 倍,1997 年又拉大至 16.2 倍。2002 年俄罗斯工业生产比上一年增长 3.7%,其中莫斯科市和其邻近 17 个州增长 7.8%,而频临太平洋的远东地区却下滑 1.7%;莫斯科市居民平均月收入436美元,但俄罗斯其他地区的人均收入显著低于莫斯科市的水平,如高尔基州2000年居民的平均收入只及莫斯科的18.7%,在俄罗斯89个州至中仅有5个州能达到莫斯科市平均水平的一半。

(二)俄罗斯国家行政管理体制

1. 行政区划

俄罗斯由88个联邦主体组成:

(1)21个共和国:阿迪格共和国(阿迪格),阿尔泰共和国,巴什科尔托斯坦共和国,布里亚特共和国,达吉斯坦共和国,印古什共和国,卡巴尔达—巴尔卡尔共和国,卡尔梅克共和国—哈利姆格坦格奇,卡拉恰伊—切尔克斯共和国,卡累利阿共和国,科米共和国,马里埃尔共和国,摩尔达维亚共和国,萨哈共和国(雅库特),北奥塞梯共和国,鞑靼斯坦共和国(鞑靼斯坦),图瓦共和国,乌德穆尔特共和国,哈卡斯共和国,车臣共和国,楚瓦什共和国—恰瓦什共和国。

(2)7个边疆区:阿尔泰边疆区,克拉斯诺达尔边疆区,克拉斯诺亚尔斯克边疆区,滨海边疆区,斯塔夫罗波尔边疆区,哈巴罗夫斯克边疆区,彼尔姆边疆区。

(3)48个州:阿穆尔州,阿尔汉格尔斯克州,阿斯特拉罕州,别尔哥罗德州,布良斯克州,弗拉基米尔州,伏尔加格勒州,沃洛格达州,沃罗涅日州,伊万诺沃州,伊尔库茨克州,加里宁格勒州,卡卢加州,堪察加州,克麦罗沃州,基洛夫州,科斯特罗马州,库尔干州,库尔斯克州,列宁格勒州,利佩茨克州,马加丹州,莫斯科州,摩尔曼斯克州,下诺夫哥罗德州,诺夫哥罗德州,新西伯利亚州,鄂木斯克州,奥伦堡州,奥廖尔州,奔萨州,普斯科夫州, 罗斯托夫州,梁赞州,萨马拉州,萨拉托夫州,萨哈林州,斯维尔德洛夫斯克州,斯摩棱斯克州,坦波夫州,特维尔州,托木斯克州,图拉州,秋明州,乌里扬诺夫斯克州,车里雅宾斯克州,赤塔州,雅罗斯拉夫尔州。

(4)2个联邦直辖市:莫斯科,圣彼得堡。

(5)1个自治州:犹太自治州。

(6)9个民族自治区:阿加布里亚特民族自治区,克里亚克民族自治区,涅涅茨民族自治区,泰梅尔(多尔干—涅涅茨)民族自治区,乌斯季—奥尔登斯基布里亚特民族自治区,汉特曼西斯克民族自治区,楚科奇民族自治区,埃文基民族自治区,亚马尔—涅涅茨民族自治区。

2. 中央行政管理体制

1993年12月12日,俄罗斯联邦举行全体公民投票,通过了俄罗斯独立后的第一部宪法。同年12月25日,新宪法正式生效。这部宪法确立了俄罗斯实行总统制的联邦国家体制。宪法规定,俄罗斯联邦总统是国家元首,是俄罗斯联邦宪法、人和公民的权利与自由的保障;总统按俄罗斯联邦宪法和联邦法律决定国家对内对外政策;总统任命联邦政府总理、副总理和各部部长,主持联邦政府会议;总统是国家武装力量最高统帅并领导国家安全会议;总统有权解散议会,而议会只有指控总统犯有叛国罪或其他十分严重罪行并经最高法院确认后才能弹劾总统。

根据宪法,俄罗斯联邦会议是俄罗斯联邦的代表与立法机关。联邦会议由联邦委员会(上院)和国家杜马(下院)两院组成。联邦委员会由俄罗斯联邦每个主体各派两名代表组成:一名来自国家代表权力机关,一名来自国家执行权利机关,主要职能是批准联邦法律、联邦主体边界变更、总统关于战争状态和紧急状态的命令，决定境外驻军、总统选举及弹劾，中央同地方的关系问题等。

国家杜马是俄罗斯的立法机构，由450名代表组成，每4年选举一次，其中半数席位由全国225个大选区各选一名代表产生，另半数席位则由在选举中得票率超过5%的竞选党派按得票多少分配产生。根据俄宪法规定，任何没有跨越5%得票率"大关"的党派不仅不能参与党派竞选席位的分配，而且该党以独立候选人身份在地方选区当选的代表也无权在国家杜马中单独组成议员团。国家杜马的主要职责是负责起草和制定国家法律，审议总统对政府总理的任命以及决定对总统的信任等。国家杜马下设国际事务委员会、安全委员会、国防委员会、立法委员会、经济政策委员会、民族事务委员会等20多个委员会。国家杜马关于提起诉讼的决定和联邦委员会关于解除总统职务的决定，必须经过议会两院全体议员三分之二票通过，而且须由国家杜马不少于三分之一的议员提出建议。

宪法规定，俄罗斯联邦政府是俄罗斯联邦的执行权利机构。联邦政府由联邦政府总理、副总理和联邦部长组成。宪法还规定，各联邦主体（共和国、边疆区、州、自治州和自治区）的权利、地位平等。俄罗斯联邦主体的地位只有在俄罗斯联邦和俄罗斯联邦主体根据联邦宪法进行相互协商后才能改变。

图5-1显示了目前俄罗斯联邦执行权利机关的设置情况。

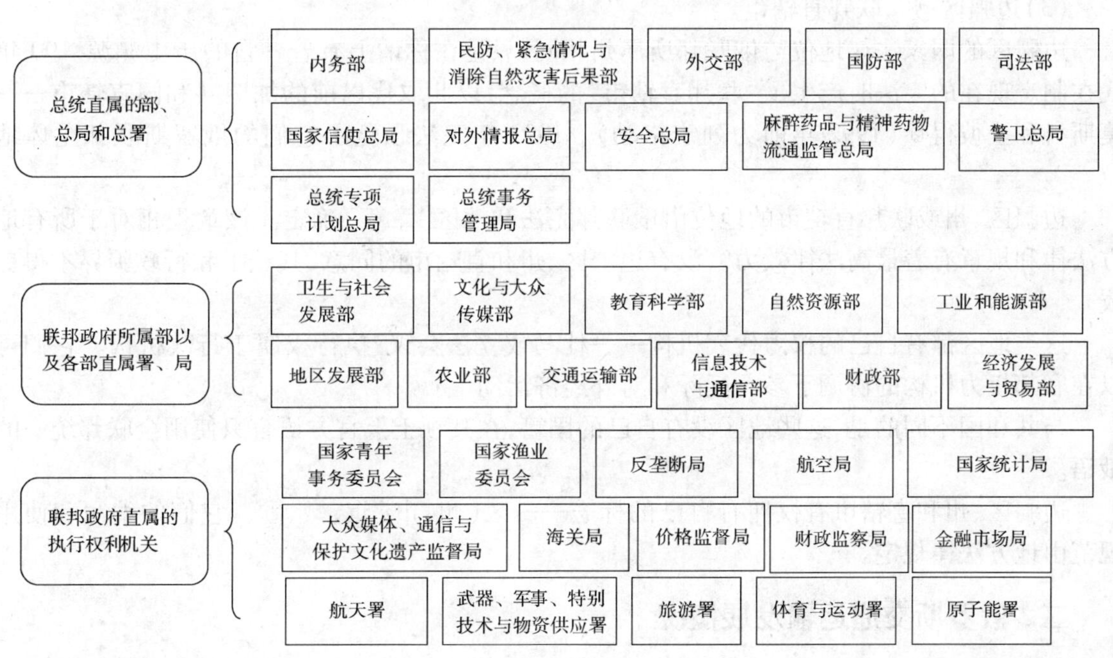

图5-1 俄罗斯联邦执行权利机关组成

3. 联邦成员行政管理体制

俄罗斯全国被划分为7个联邦管区，分别为中央区、西北区、南部区、伏尔加沿岸区、乌拉尔区、西伯利亚区、远东区每一个联邦管区都会由一位总统委派的总督管治。

(1)共和国。

所有联邦主体中共和国拥有的国家法律地位最高。俄联邦的共和国是民主单一制的法制国家,有自己的宪法,可以确定自己的官方语言,该语言在地方国家机构中与俄语并用。共和国甚至可以确立自己的国籍,但共和国国籍和联邦国籍同时并存,这只是俄罗斯联邦统一国籍的两个层次。共和国的法律体系除了自己的共和国宪法外,还包括在其权限内颁布的各种法律,与俄罗斯联邦、其他联邦主体以及其他国家签订的条约和协议。因此,俄联邦的共和国拥有一定的国际主权,甚至有自己的外交部,但它们无权实行独立的对外政策。共和国有权拥有自己的国徽、国旗和国歌,每个共和国有自己的首府。没有共和国的同意,其领土不得更改。共和国与俄罗斯联邦的关系建立在俄联邦宪法、联邦制条约和双方关于权责划分条约的基础上。

(2)自治州和自治区。

这是俄国历史上形成的民族自决的民族疆域形式。当今俄罗斯联邦有 1 个自治州、9 个自治区。根据俄联邦宪法,他们与共和国、边疆区、州和联邦直辖市都是平等的联邦主体,尽管它们常常分布在其他联邦主体——边疆区或州的领土上,如犹太自治州位于哈巴罗夫斯克边疆区,涅涅茨自治区则在阿尔汉格尔斯克州。只有楚科奇自治区按照法律规定自 1992 年成为俄罗斯联邦的一个直接组成部分。

自治州、区的地位由俄联邦宪法和自治州或区的“章程”规定,不经它们同意任何人无权更改。自治州区有自己的国家机关系统、法律、官方标志、国际主权要素。

(3)边疆区、州、联邦直辖市。

边疆区的国家法律地位与俄联邦所属州相同,只是在称谓上有着各自的历史渊源。90 年代在制定现在的宪法时产生了“联邦直辖市”的概念,以此取代以前的加盟共和国直辖市——莫斯科和圣彼得堡(1992 年前为列宁格勒)。1993 年宪法强化了它们的俄罗斯联邦主体地位。

边疆区、州或联邦直辖市的地位由俄联邦宪法和地区“章程”确定。该章程相对于所有地方法律和规章有着最高法律效力。没有边疆区、州和直辖市的同意,其领土和行政疆界不得更改。

这类地区都有自己的权力代表机构——杜马或立法会议,执行权属于行政机构。它们可以在联邦权力机构的协调下参与国际和对外经济活动。

与共和国不同的是,这些地区没有自己的国籍,在其领土上官方语言只使用全联邦统一的俄语。

边疆区、州和直辖市有权拥有自己的标志——区(州、市)旗、徽、歌。它们的编写和使用规范由地方法律规定。

二、俄罗斯交通运输发展概况

交通运输业在俄罗斯的国民经济和社会发展中占有十分重要的地位。首先,俄罗斯地域辽阔,需要有强大的交通运输体系以维系国家的统一,保证国土安全完整,增进国内不同地区之间的物质、文化和人员交流往来。其次,俄罗斯的经济建设和发展也有赖于通畅高效的交通运输体系,主要体现在:俄罗斯以重工业为主体的产业结构对交通运输的需求非常大;俄罗斯的经济发展存在明显的地区差异,缩小这种差异必须加强各地之间的交流,运输是其中的重要影响因素;石油、天然气等能源产品在俄罗斯的对外贸易中占据重要地位,这类贸易必须以可靠、发达的交通运输作为保证;俄罗斯具有独特的地理位置优势,具有提供国际运输服务、成为欧亚之间大陆桥运输的极大潜力。

多年来,俄罗斯的各种运输形式都得到了较大发展,并建立起了统一的运输系统,从业人员约占国民经济职工的5%。

(一)客货运输发展概况

俄罗斯经济的复苏,使各行各业对运输的需求都迅速增长。从2000年开始,在年均经济增长率约6.1%的情况下,客、货运量年均增长率分别达到6.7%和3.8%。

1. 货物运输

2000年至2002年间,俄罗斯铁路货运量逐年稳定增长,2000年比1999年增长了11.3%,达到了这一时期的最高增长率;2001年和2002年分别比上一年增长了1.4%和2.7%。在绝对运量增长方面,公路货运增长量最大,这与商品和劳务市场所产生的货流被逐渐吸引到公路有关。公路运输企业2002年完成的货运量比1999年增加了8.9%。海运运量在2002年首次出现了十几年以来的正增长,比上一年增长5%,这在很大程度上是由于罐装货物出口行情较好。近年来,就增长速度而言,内河航运居领先地位。2000年和2001年分别比上一年增长13.6%和10.8%,但由于对非矿物质性建筑材料的需求减少、个别流域的燃料平衡表发生变化以及许多水运通道水量减少,内河航运运量在2002年大幅度下降,降幅达11.4%。近年来,俄罗斯干线管道运量增长迅速,2000年、2001年和2002年分别比上年增长2.8%、8.9%和9.3%。

2005年,在几种运输方式中,公路、铁路、内河、海运、石油管道的货运周转量分别为1 836亿吨公里、18 580亿吨公里、710亿吨公里、480亿吨公里、24 740亿吨公里。

2. 旅客运输

经济振兴和居民社会活动积极性的提高对客运量的变化产生了显著的影响,同时,俄罗斯客运市场各种运输方式运量的变化,与调节客运所采用的经济杠杆也有很大的关系。

2002年,由于居民流动性的增加,公共交通运输的旅客周转量比1999年增长了4.1%。在各种运输方式中,航空运输显著增长,2001年、2002年分别比上一年增长13.4%和6.7%。统计表明,城市公共交通运输量有一定程度的减少,这既受到个体运输企业市场份额增加的影响,也与私人小汽车数量的增长有关。同时,长途运输客流平衡表也发生了变化,铁路运量有所减少,航空运输的运量有所增加。

2005年,在几种运输方式中,俄罗斯公交和长途汽车客运周转量达到963亿人公里,铁路客运周转量为1 716亿人公里,水路客运周转量为7亿人公里,航空客运周转量为858亿人公里。

(二)各种运输方式的发展概况

1. 铁路运输

铁路是俄罗斯传统的交通工具。铁路运输在俄罗斯运输系统和国民经济中都占重要地位。2004年,俄罗斯铁路干线长8.5万公里,约占世界铁路干线的7%,其中电气化铁路线达4.9万公里。俄罗斯的铁路运输在货运方面占有较大优势。俄罗斯的铁路分布密度最大的地区为欧洲领土的中、南、西部。在东部的西伯利亚和东北亚主要干线仅有西伯利亚大铁路、贝阿铁路等。在铁路运输中,俄罗斯广泛采用并发展集装箱运输和打包运输。横跨西伯利亚的集装箱运输已得到国际承认,俄罗斯铁路已建立起自动化管理系统。俄罗斯铁路里程如表5-1所示。

俄罗斯铁路里程(万公里) 表5-1

年份	铁路营业里程	其中:复线铁路	其中:电气化铁路
1993	8.7 492	3.6 858	3.8 506
1994	8.7 496	3.6 855	3.8 842
1995	8.7 388	3.6 878	3.8 994
1996	8.7 066		3.9 270
2000	8.6 031		
2002	8.6 075		
2003	8.5 542	3.6 327	4.2 335
2004	8.5 000		4.9

来源:《世界主要国家交通统计资料》,2004 年电气化铁路里程来自《Energy & Transport in Figures 2006》。

2. 公路运输

公路运输是俄罗斯综合运输系统中的重要环节。在原前苏联第二个五年计划中,汽车工业蓬勃发展,汽车生产和公路建设迅速增长,机械化运输很快排挤了畜力运输,汽车成为一种普通的交通工具,大量客流运输转向公路运输。2004 年,俄罗斯(铺面)路网总长度达 54.6 万公里,高速公路里程达 2.9 万公里(表5-2);2003 年,俄罗斯小汽车保有量达到 2 338.3 万辆,小汽车拥有率达到每千人 161 辆,在城市当中多数家庭都拥有小汽车;商用车总量达到 539.7 万辆。

俄罗斯公路通车总里程 表5-2

年份	公路通车总里程(公里)				
	合计	高速公路	主干线或国道	次干线或区道	其他道路
1998	517 376		45 826	471 550	
1999	525 337		46 049	476 288	
2000	532 393		45 978	486 415	
2001	537 289		46 254	491 035	
2004	546 400	29 000			

来源:《世界主要国家交通统计资料》,2004 年数据来自《Energy & Transport in Figures 2006》。

3. 管道运输

管道运输是一种专业化运输方式。俄罗斯的管道运输主要为输送石油和石油产品以及天然气而出现,近年亦有煤运管道。管道运输是俄罗斯 60 年代以来迅速发展起来的特殊运输方式。

现在,俄罗斯一半以上的石油和石油产品是通过管道运输,2004 年拥有输油管道里程 22.2万公里,专业化管道运输比铁路运输便宜 50%,同时可以节省铁路运输能力去运送其他货物。俄罗斯石油出口大多也通过管道运输。

随着天然气工业的建立和快速发展,天然气管道运输也应运而生。1956 年,当时欧洲最大的天然气管道干线——斯塔夫罗波尔至莫斯科管道线(长 1 254km,直径 72cm)投入使用。1963 年,当时世界上最大的一条天然气管道干线——布哈拉到乌拉尔管道线(全长 2 340km,

直径 102cm）投入使用。其后天然气管道运输迅速发展，俄罗斯现已建立起统一的天然气供应系统。

除了石油、天然气外，俄罗斯还有乙烯管道，其长度次居第三。

4. 城市公交

电车和地铁是俄罗斯城市内部公共交通的主要交通方式。有轨电车在十月革命前就已出现，是当时城市公交的主要工具。60 年代后，无轨电车后来居上。目前，俄罗斯城市公交的70%是由电车承担的。地下铁道是城市公交立体化的表现形式，日益成为重要的运输形式。莫斯科拥有举世闻名的地下铁道。莫斯科地下铁道于 1935 年 5 月 15 日正式通车。最初通车时，只有一条线路，全长仅 11 公里，时至今日，已建成 11 条线路，174 座站台，线路总长超过 240 公里。莫斯科地下铁道已成为莫斯科市主要的城市交通工具，每昼夜可输送乘客 1300 多万人次。莫斯科地下铁道的 11 条线路密若蛛网，在地下构成一张纵横交叉的运输网络，由市中心向外放射延伸。

5. 海洋运输

海洋运输是俄罗斯统一运输系统的重要组成部分。俄罗斯海岸线极其漫长，拥有众多边缘海，如巴伦支海、白海、黑海、白令海、鄂霍次克海等，海运条件便利。这对于俄罗斯国民经济和对外经济联系的发展、边远地区的开发，都起着重要作用。俄罗斯以上述海域为基础，建立了波罗的海、黑海、北方、远东及里海五支船队，从事海上运输。目前，俄罗斯商船差不多遍及世界各个海域，到达 124 个国家，1 100 多个港口。海运货物主要有煤、木材、矿物产品、谷制品、盐、机器设备等。

俄罗斯各大海域都有一些重要港口。例如黑海有罗斯托夫、新罗西斯克；波罗的海有列宁格勒；北方海域有摩尔曼斯克；远东海域是最有发展潜力的海域，这里目前就有符拉迪沃斯托克（海参崴）、纳霍德卡、东方港等。

80 年代以来，俄罗斯在海洋运输中不断进行更新改造，广泛采用先进技术设备，加速海运过程的自动化和机械化，使海洋运输现代化。

6. 内河运输

俄罗斯是世界上内河运输较发达的国家。俄罗斯有许多著名的河流适于航运。2004 年，全国内河航线 10.2 万公里。伏尔加河通航里程达 1.7 万公里，运输量占全国内河运输量的一半以上。第聂伯河的上中游也流经俄罗斯，另外还有顿河、乌拉尔河，东部地区的鄂毕河、勒拿河、叶尼塞河、阿穆尔河（黑龙江）等。但俄罗斯内河航运从 70 年代后期开始逐年衰减。值得一提的是，俄罗斯大力挖通人工运河，把全国水上运输连成网络。俄罗斯内河运输的主要货物有石油及石油产品、木材、粮食、煤、铁矿石等。

7. 航空运输

航空运输是俄罗斯新兴发展起来的运输部门，是俄罗斯进行大规模客运的主要形式之一，空运航线 8 万公里。俄罗斯有世界闻名的最大的民航公司，它拥有往返于欧亚大陆、非洲和美洲一百多个国家首都和大城市的民航班机。主要航空港有莫斯科、列宁格勒、新西伯利亚等。

俄罗斯航空运输拥有较先进的物质技术基础。原前苏联在第二个五年计划期间，航空事业得到进一步发展，民航飞机全部国产化。20 世纪 50 年代中期，就开始建设现代化的民航机场，此后，新型飞机不断涌现。在货运方面，专门运输机，如伊尔—76 就在世界主要货物运输机之列。

第二节 俄罗斯交通行政管理体制沿革

一、前苏联时期

在前苏联国民经济中,作为基础部门之一的运输业占有特殊地位。公共运输业的固定资产在前苏联生产用固定资产中超过20%,运输业的职工人数约占国民经济各部门中职工总数的9%,运输业的基本建设投资占国家总投资额的12%。

前苏联各种运输方式的企业(铁路运输、海运、汽车运输、河运、管道运输和空运)都是全民所有,根据前苏联的整个社会利益有计划地进行发展和完善。前苏联的各种运输部门在经济关系上是独立的,在行政上是分开的。但是,他们相互之间又有一定的依赖性,经常性地或周期性地彼此相互作用,并且在很大程度上对业务活动和经济效益产生相互影响。前苏联的交通运输管理体制是部门分割的,全国设有交通部(即铁道部)、海运部、民航部、石油部(管道),各加盟共和国视情况设河运部、汽车运输部(局、处),分别管理所属的一部分运输事业。

(一)海运

前苏联全国的海运事业,由前苏联海运部集中统一领导。前苏联所有的海运船队、港口和修、造船厂都归海运部管辖。各加盟共和国和各级地方机关均不经营管理海运业务。

(二)铁路

前苏联整个国土上的铁路运输工作由前苏联交通部(即铁道部)统一管理。交通部的中央机关由管理总局、管理局和与铁路经营部门相适应的处(科)组成。

(三)内河

前苏联内河管理组织机构不同于铁路和海运的形式,国内的水路运输没有全苏的中央机构。由于有航运价值的主要河流及客货运输都集中在俄罗斯联邦,因而在俄罗斯联邦设置河运部管理内河运输。

(四)公路

在前苏联,公路运输没有中央一级的管理机构,而是由各加盟共和国分管。公路运输由加盟共和国公路和汽车运输部集中统一管理;机关企业的汽车运输则由有关企业自己经营管理。

前苏联的公路实行分级管理体制。公路的行政分级为六级:国家公路(包括国家干线和一般国家公路)、加盟共和国公路、州(包括边区和自治共和国)公路、地方公路、工业专用路和农村道路。前四级为公用公路。

国家公路由中央负责规划和建设,建成后交由加盟共和国管理和养护。加盟共和国负责国道的规划,国家公路和加盟共和国公路的养护以及对州以下公路管理的指导工作。州以下公路由地方负责修建和养护。专用路由使用部门自建自养。

(五)航空

前苏联的空运由前苏联民航部实行统一领导,其管理机构是三级制。部一民航管理局和生产联合组织—联合航空中队。

二、俄罗斯联邦时期

近年来,俄罗斯联邦执行权利机关结构几经调整,几次重大的事件是:

(一)2004 年 3 月 9 日颁布第 314 号俄罗斯联邦总统令《关于联邦执行权利机关的系统和结构》

对俄罗斯联邦执行权利机关进行重大调整,不仅大大缩减了部级单位的数量,而且改变了以前由联邦部、国家委员会、联邦委员会、联邦总局、署、联邦监督局等多重架构,明确规定建立联邦部、联邦总局、联邦署三级架构,而某些部下设局、监督局、署。

该总统令撤销了原俄联邦交通部、俄联邦邮电和信息部、俄联邦运输部,成立了俄罗斯联邦交通运输与通信部(Министерство транспорта и связи Российской Федерации),承担原俄联邦交通部、俄联邦运输部及俄联邦邮电和信息部的职能。

(二)2004 年 5 月 20 日颁布第 649 号俄罗斯联邦总统令《联邦执行权利机关的结构问题》

该总统令对俄联邦执行权利机关又进行了一次局部调整。在交通领域,将俄罗斯联邦交通运输与通信部拆分为了交通运输部和信息技术与通信部,在交通运输部内增加了联邦测绘与制图署。

(三)2007 年 9 月 24 日颁布第 1274 号俄罗斯联邦总统令《联邦执行权利机关的结构问题》

该总统令对俄联邦执行权利机关又进行了一次局部调整,但在交通运输部内维持了原有的构架。

可以看出,近年来,俄罗斯联邦在其政府部门机构设置上进行了局部的微观调整。在交通运输方面,经历了由交通部、运输部相分离到交通部、运输部、邮电和信息部整合为交通运输与通信部,再到拆分为交通运输部和信息技术与通信部。其演变过程如图 5-2 所示。

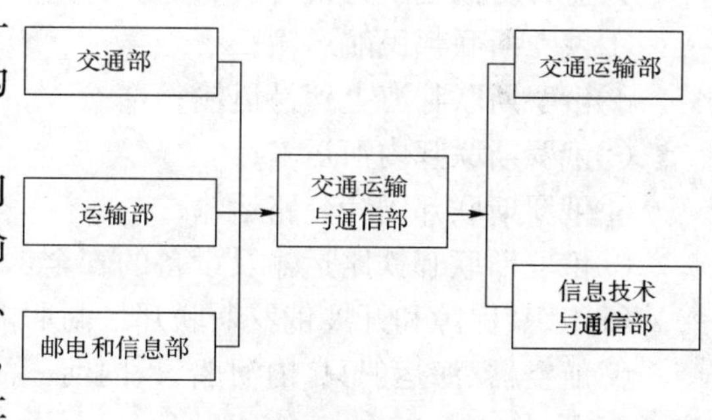

图 5-2　俄罗斯联邦交通运输部演变

第三节　俄罗斯交通行政管理体制

一、俄罗斯联邦交通运输部组成

2007 年 9 月 24 日颁布的第 1274 号俄罗斯联邦总统令《联邦执行权利机关的结构问题》确立了当前俄罗斯联邦交通运输部的机构组成,如图 5-3 所示。

二、俄罗斯联邦交通运输部机构职能

(一)俄罗斯联邦交通运输监督局

1. 概况

俄罗斯联邦交通运输监督局隶属于俄罗斯联邦交通部,是俄罗斯联邦执行权利机关,履行国家对航空运输、航海运输、内河运输、铁路运输、公路运输、工业运输和道路设施的监控和检查职能。(其中,对航空运输的管理权不包括对俄罗斯联邦领空使用权的监督和导航设备在领空中的使用权问题;对航海运输的管理权包括对海上贸易、专业捕鱼港口码头的管理,但不包括对集体鱼类养殖业港口码头的管理;对公路运输的管理权不包括对交通安全问题的管理。)

俄罗斯联邦交通运输监督局在职权范围内遵循俄罗斯联邦宪法、联邦宪法性法律、联邦法律、俄罗斯联邦总统令、俄罗斯联邦政府令、俄罗斯联邦参与的国际条约、国际准则的有关条款和当前有效的法律法规。

俄罗斯联邦交通运输监督局可直接行使其监督管理权,或者通过其地方所属部门行使监督管理权;也可通过与其他俄罗斯联邦执行权利机关、俄罗斯联邦的执行机构、俄罗斯联邦的自治地方机构、社会团体以及其他组织机构的合作来行使其监督管理权。

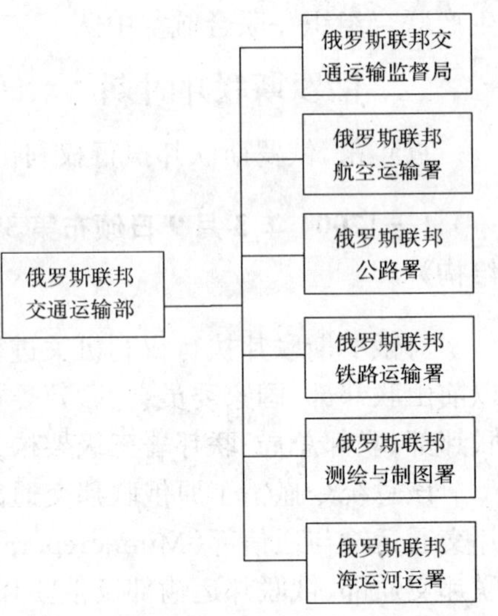

图 5-3 俄罗斯联邦交通运输部机构组成

2. 职责

俄罗斯联邦交通运输监督局在所管辖范围内行使以下职责:

(1)有权对监管对象是否遵守俄罗斯联邦法律和国际法规条约进行监督。

其监管对象范围为:

①俄罗斯联邦民航运输;

②俄罗斯联邦海上贸易运输;

③俄罗斯联邦内河运输;

④俄罗斯联邦国际公路运输;

⑤俄罗斯联邦铁路运输及设备的安全保障问题、铁路运输中的工业安全问题;

⑥组织、保障和开展俄罗斯联邦最高职能部门和外国政府的航海、内河和铁路运输;

⑦航空器、海运船只、内河船只、内河－海运混合运输船只以及铁路运输工具的火灾防御安全问题。

(2)在遵循俄罗斯联邦法律的基础上,批准交通运输业内各种服务权限内的相关活动。

(3)负责办理以下证明:

①为拥有或租赁以及通过其他一切合法途径使用航空设备的法人和公民办理证明。

②为提供航空技术设备和技术维修以及提供航空设备安全技术保障的法人和公民办理证明,其中不包括为俄罗斯联邦提供导航系统设备和技术服务的法人和公民办理相关证明。

③为直接给航空飞行提供安全技术保障的法人或公民办理证明。

④为培养符合飞行水平和技术要求的飞行人员的教育机构办理相关证明。

(4)负责发授以下文件:

①俄罗斯联邦交通运输监督局负责发授执照和认证书,其中包括飞行人员认证,同时负责执照和认证书的管理工作(包括执照和认证书的停用、限用和废止)。

②俄罗斯联邦交通运输监督局为符合飞行条件、达到设备要求并符合安全保障的航空器的集体飞行办理证明。

③俄罗斯联邦交通运输监督局发授其他符合俄罗斯联邦和国际法律法规的活动许可文件及法人或公民在交通领域特定活动的许可证明。

(5)实现和保障以下方面的正常秩序:

①正常发放国际公路运输承运人许可证,正常发放国际运输交通工具的通行证。

②严格监控俄罗斯联邦公路上的货运承重量,保证货运量不超出规定的正常标准。

③负责进行航空事故的清点和登记。

④负责进行国外航空人员执业认证。

⑤负责进行登记注册公民所拥有的航空设备数目,组织进行海运船只、内河船只、内河—海运混合运输船只的登记和注册,其中包括运输船只和游览船只。同时应俄罗斯联邦立法部门要求进行以上船只的数量统计。

⑥负责组织对公民所拥有的航空设备进行检查,并发放相关的证明文件。

⑦负责制定俄罗斯联邦境内的海运船只、内河船只、内河—海运混合运输船只的航线和班次。

⑧负责对俄罗斯联邦最高职能部门和外国政府的航空运输设备、其他运输工具、运输设备(不包括无线电设备和航空操纵装置)进行检查。

⑨进行紧急救援服务的考核,组织公民航空搜寻和紧急救援相关工作。

⑩协调海域内航行设备的建设问题。

⑪完成本部门的国家预算管理者和接收者的任务。

(6)在职权范围内保护涉及国家秘密的信息和情报。

(7)组织公民接待,保证及时、全面地审理公民的口头建议和书面信件,对所提出问题给予解决,在俄罗斯联邦规定的期限内对公民的申请给予答复。

(8)负责本部门的动员准备工作及此过程中所属机构的协调工作。

(9)俄罗斯联邦交通运输监督局负责组织单位专业人员的培训工作,以及工作人员的进修、升级的技术合格验证。

(10)俄罗斯联邦交通运输监督局在所属的职权范围内和国外有关职能部门及国际组织互相配合、协同合作。

(11)俄罗斯联邦交通运输监督局完成俄罗斯立法部门有关的档案文件的整理、保留、统计和使用工作,完成对部门工作期间所生成档案的登记、保留、系统整理和统计使用工作。

(12)俄罗斯联邦交通运输监督局按照规定程序进行招投标活动,签订国家订单和商品采购合同。应部门的需要提供服务,同时为相关的科学研究工作提供服务。

(13)俄罗斯联邦交通运输监督局履行符合国家法律规定和俄罗斯联邦总统令要求的其他职责。

3. 权力

为保证实现其职责,俄罗斯联邦交通运输监督局拥有以下权力:

(1)俄罗斯联邦交通运输监督局有权在职权范围内对和运输有关的法人和公民进行检查。

(2)俄罗斯联邦交通运输监督局有权组织进行必要的检察、验证、检验、调查和评估(道路交通事故除外),有权为解决实现所属范围内的监督检查工作,组织进行科学实验,进行航空事故的调查。

(3)俄罗斯联邦交通运输监督局为解决其职责范围内问题有权查询和收集相关资料和

报告。

(4)俄罗斯联邦交通运输监督局有权对职权范围内的问题给予法人和公民解释说明。

(5)俄罗斯联邦交通运输监督局有权对地方事务部门的工作进行监督。

(6)俄罗斯联邦交通运输监督局有权促进在所属职能范围内科学家、学者、专家或其他部门所提出问题的解决和研究。

(7)俄罗斯联邦交通运输监督局有权采用俄罗斯联邦立法部门颁布的针对法人和公民的法规限制性、预见性和预防性措施。

(8)俄罗斯联邦交通运输监督局有权在所属职权范围内组织管理相关的配价协商性评估机关(议会、组织委员会、小组)。

(9)俄罗斯联邦交通运输监督局有权制订执行监督检查工作的相关人员可区别性制服和号牌,并部署制服的生产。

(10)如果没有俄罗斯总统或俄罗斯联邦政府的命令,俄罗斯联邦交通运输监督局在规定的活动范围内和监管职责范围内,没有权利调整规范性法令、管理国有资产和提供有偿服务。

4. 组织管理(图5-4)

(1)俄罗斯联邦交通运输监督局局长由俄罗斯联邦政府任命,接受俄罗斯联邦交通运输部部长领导。俄罗斯联邦交通运输监督局的副局长数目由俄罗斯联邦政府确定。

(2)俄罗斯联邦交通运输监督局局长的职责包括:

①分配自己和副局长的责任。

②代表俄罗斯联邦交通运输部组织进行部门情况报告、中央和地方部门的劳动人员数量和准备金的提议报告、部门副职领导和地方部门领导的职位任免的提议报告、年度计划报告、单位预算报告和执行工作报告、部门财政方案的提议报告。

③任免部门工作人员和地方部门领导的职务。

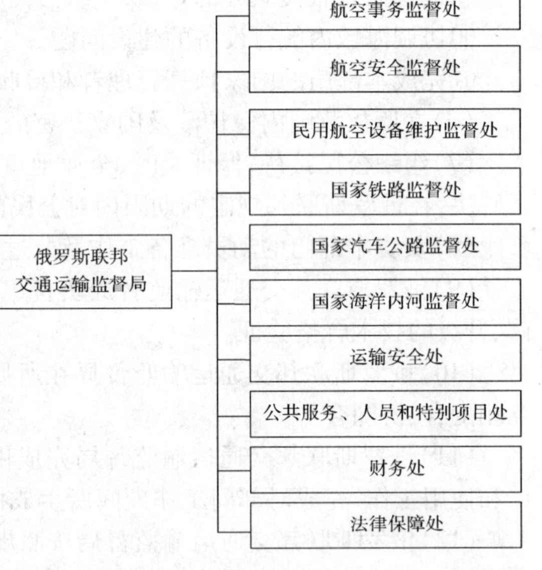

图5-4 俄罗斯联邦运输监督局组织结构图

④在与俄罗斯立法部门保持一致的前提下,解决国际交通监督检查方面的问题。

⑤确定中央机关和所属机构的组织结构。

⑥在俄罗斯联邦政府确定的劳动基金范围内进一步确定中央部门的工作人员数目和分布,制定国家财政拨款的预算开支。

⑦确定地方机构在指标范围内的劳动人员的工资和基金,制定国家财政拨款的预算开支。

⑧在遵守俄罗斯联邦宪法、国家联邦法律、俄罗斯政府和交通部门有关法律法规的基础上,发布部门命令。

(3)中央部门和地方机构的财政支出来自联邦预算。

（二）俄罗斯联邦航空运输署

1. 概况

俄罗斯联邦航空运输署隶属于俄罗斯联邦交通部，是在航空运输（民航）和俄罗斯联邦民航空中交通管理系统领域履行国家服务职能和国有资产管理职能的联邦执行权利机关，主要负责保障俄罗斯联邦空中交通管理系统的工作运行、发展和现代化方面的工作。

联邦航空运输署在职权范围内，遵循俄罗斯联邦宪法、联邦宪法性法律、联邦法律、俄罗斯联邦总统令、俄罗斯联邦政府令、俄罗斯联邦参与的国际条约、俄罗斯联邦交通部法令。

联邦航空运输署可直接行使其管理权，或者通过其地方所属部门行使其管理权；也可通过与其他俄罗斯联邦执行权利机关、俄罗斯联邦的执行机构、俄罗斯联邦的自治地方机构、社会团体以及其他组织机构的合作来行使其管理权。

2. 职责

俄罗斯联邦航空运输署在所管辖范围内行使以下职责：

(1)按照规定程序进行招投标活动，签订国家订单和商品采购合同。在规定的活动领域内，为满足国家需求，尤其是为了保障联邦航空运输署的需求，提供服务、进行科学研究和技术设计工作。

(2)在联邦法律、俄罗斯联邦总统令、俄罗斯联邦政府令所确定的范围内，在履行职能所需要的必要的联邦财产方面，尤其是在由联邦国家统一企业和隶属于联邦航空运输署的联邦国家机关和国有企业转化而成的联邦财产方面，行使所有人权利。

(3)组织以下工作：

①按照规定的程序，对用于民航、航空港、空中统一管理体系的机场设施（国际机场和专用机场除外）进行必要的认证，对能够承担航空运输（航空安全保障除外）的法人给予资格证明。

②被规定用于空中航线（国内航线和国际航线）、地方航线、航空工作区和民用航空港的部分领空的使用事宜。

③根据岗位要求，按照俄罗斯联邦法律的要求和国际标准，对民航工作人员进行培训。

(4)完成以下工作：

①对外国民航组织驻俄罗斯联邦代表进行备案。

②批准并核准符合国际协议规定的运输企业的定期和不定期飞行。

③准备有关确定在机场设置俄罗斯联邦边境通行站的合理性的条约。

④编写俄罗斯联邦民用机场目录和俄罗斯各类机场目录。

⑤按照规定的程序，保障航空运输组织处理紧急情况和完成疏散措施的人力和物力运输。

(5)对下属的联邦国家统一企业的行为进行经济分析，确定其经济活动指数并对所属组织机构的财务管理工作和财产情况进行检查。

(6)在职权范围内，联邦航空运输署履行作为国家委托者的职责，委托有关部门制定联邦科技、创新和确定特定用途的项目和工程。

(7)在规定的活动领域内，按照规定的程序，与外国国家权力机关和国际组织进行协作。

(8)组织公民接待，保证及时、全面地审理公民的口头建议和书面信件，并在俄罗斯联邦规定的期限内对公民的申请给予答复。

(9)在职权范围内，对涉及国家秘密的信息进行保密。

(10)负责本部门的动员准备工作及此过程中所属组织机构的监督、协调工作。

(11)组织联邦航空运输署工作人员的专业培训工作，包括工作人员的前期培训、技能提高和进修。

(12)在符合俄罗斯联邦法律下，对联邦航空运输署工作过程中形成的档案文件进行补充、保存、学习和利用。

(13)履行作为用于维持联邦航空运输署正常运转和完成工作任务的联邦预算的主要管理人和接受人的职责。

(14)在规定的活动领域内，按照规定的程序，组织各种大型会议、研讨会、展览等各种活动。

(15)在规定的活动领域内，享有联邦法律、俄罗斯联邦总统的规范性法令或俄罗斯联邦政府的规范性法令所规定的其他权利。

3. 权力

为保证实现其职责，俄罗斯联邦航空运输署拥有以下权力：

(1)查询并收集对于解决权限范围内问题所必要的信息。

(2)按照规定的程序，吸引科学组织及其他类似组织、学者、专家参加所属活动领域内的问题研究。

(3)对属于联邦航空运输署权限范围内的问题向法人和公众作出解释。

(4)在规定的活动领域内，建立专家机构(顾问机构、专家委员会、专家小组、专家协会)。

(5)除非有俄罗斯联邦总统命令或者俄罗斯政府命令，否则联邦航空运输署在规定的活动范围内和监管职责范围内，没有权利调整规范性法令。

4. 组织管理(图5-5)

(1)联邦航空运输署署长由俄罗斯联邦政府任命，接受俄罗斯交通运输部部长领导。副署长由俄罗斯联邦交通运输部任命，接受联邦航空运输署署长领导，副署长人数由俄罗斯联邦政府决定。

(2)联邦航空运输署署长的职责包括：

①确定副署长的职责。

②向俄罗斯联邦交通运输部部长介绍以下情况：联邦航空运输署条例草案，有关联邦航空运输署的人员编制及工资基金的计划，有关副署长的任命和解职的建议，联邦航空运输署年度计划草案，联邦航空运输署工作指数预测及工作执行报告。

③确定中央机关和所属机构的组织结构。

④按照规定的程序，聘用和解雇联邦航空运输署中央机关的工作人员。

⑤按照俄罗斯联邦有关国家公务员职务的法律，解决与在联邦航空运输署内承担联邦级国家职务相关的问题。

⑥在由俄罗斯联邦政府确定的工作人员编制和工资基金范围内，确定联邦航空运输署的结构及编制；在联邦预算规定的相应拨款期间内，确定维持联邦航空运输署正常运转的预算支出。

⑦按照规定的程序，任命和解除隶属于联邦航空运输署的联邦国家统一企业和联邦国家机构领导的职务，签署、修改、废除与被任命领导之间的劳动合同。

⑧在执行俄罗斯联邦宪法、联邦宪法性法律、联邦法律、俄罗斯联邦总统令、俄罗斯联邦政

府令、俄罗斯联邦交通部法令的基础上，下达有关属于联邦航空运输署权限范围内问题的命令。

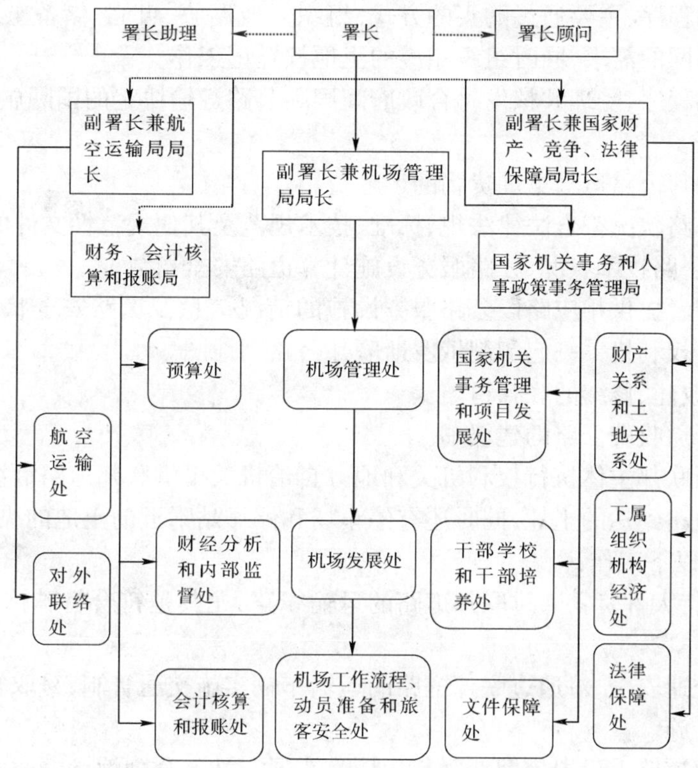

图5-5　俄罗斯联邦航空运输署组织结构图

(3)维护联邦航空运输署正常运转的预算支出来自联邦预算。

(三)俄罗斯联邦公路署

1. 概况

俄罗斯联邦公路署隶属于俄罗斯联邦交通运输部，是在汽车交通和道路管理领域履行国家服务职能和国有财产管理职能的联邦执行权利机关，主要负责联邦道路交通方面的工作。

俄罗斯联邦公路署在职权范围内遵循俄罗斯联邦宪法、联邦宪法性法律、联邦法律、俄罗斯联邦总统令、俄罗斯联邦政府令、俄罗斯联邦参与的国际条约、俄罗斯联邦交通部法令和本条例。

俄罗斯联邦公路署与其他联邦执行权利机关、俄罗斯联邦主体执行权利机关、地方自治机关、社会团体和其他组织紧密合作。

2. 职责

联邦道路交通署，在规定的活动领域内完成以下职能：

(1)按照规定程序进行招投标活动，签订货物供应订单分配的国家合同，为满足联邦道路交通署的需求提供服务，在规定的活动领域内为满足国家需求进行科学研究工作。

(2)有序地，并在联邦法律、俄罗斯联邦总统令、俄罗斯联邦政府令所确定的范围内，在保障联邦国家权力机关在职权范围内履行职能所需要的必要的联邦财产方面，尤其是在由隶属于俄罗斯联邦公路署的联邦国家统一企业和联邦国家机关转化而成的联邦财产方面，行使所有人权利。

(3)负责组织以下工作:

①按照规定的程序,主要通过购买的方式,组织完成回收、巩固、储备土地的工作,以满足国家发展联邦公路网的需求,同时组织相应的土地权登记工作。

②按照规定的程序,受理并核发符合政府间国际公路运输协定的国际旅客运输许可证、国际货物运输许可证。

③计算通过联邦公路运输重件货物的运输费用。

④保障联邦公路状况符合法律法规、标准、技术规范及其他规范性文件的要求。

⑤按照里程、公路技术状况、公路服务设施计算道路安全指数。

⑥为道路使用者提供相应路段公路服务设施的情况信息及道路安全状况信息,同时与俄罗斯联邦主体执行权利机关一起印制俄罗斯联邦公路网地图。

⑦启用新建、改建、修缮的联邦道路。

⑧编制有关开通收费公路的建议书。

⑨批准俄罗斯联邦主体执行权利机关和地方自治机关提供联邦道路沿线附近的土地或者非沿线需要专用道路到达的土地,同时还有停车场和停靠站附近的土地的决议。

(4)负责完成以下工作:

①确定重件、特大件货物通过联邦道路的运输线路,尤其是符合特殊许可的国际重件、特大件货物的运输。

②保障道路交通安全,对通过联邦道路的运输车辆实施交通管制,采取暂时限时通行措施或临时禁止通行措施。

③确定在联邦道路上设置俄罗斯联邦边境汽车通行站的合理性。

④当对联邦道路进行施工、改建、修缮、保养工作时,采取措施保障这一联邦道路段车辆行驶安全。

(5)对下属的联邦国家统一企业的行为进行经济分析,确定其经济活动指数并对所属组织机构的财务管理工作和财产情况进行检查。

(6)在职权范围内,联邦公路署履行作为国家委托者的职责,委托有关部门确定联邦科技、创新和确定有特定用途的项目和工程。

(7)在规定的活动领域内,按照规定的程序,与外国国家权力机关和国际组织进行协作。

(8)接待公民访问,保证及时、全面地审理公民的口头建议和书面信件,并在俄罗斯联邦法律规定的期限内,做出决定并将答复公示。

(9)在职权范围内,对涉及国家机密的信息进行保密。

(10)负责本部门的动员准备工作及此过程中所属机构的协调工作。

(11)组织联邦道路交通署工作人员的专业培训工作,包括工作人员的前期培训、技能提高和进修。

(12)在符合俄罗斯联邦法律的前提下,对公路署在作过程中形成的档案文件进行补充、保存、学习和利用。

(13)履行作为用于维持联邦公路署正常运转的联邦预算的主要管理人和接受人的职责。

(14)在规定的活领域内,按照规定的程序,组织各种大型会议、研讨会、展览等各种活动。

(15)在规定的活动领域内,履行联邦法律、俄罗斯联邦总统的规范性法令或俄罗斯联邦政府的规范性法令所规定的其他职责。

3. 权力

为保证实现其职责，俄罗斯联邦公路署拥有以下权力：

(1)查询并收集解决属于联邦公路署权限范围内问题所必要的信息。

(2)对属于联邦道路交通署权限范围内的问题，向法人和公众进行解释。

(3)按照规定的程序，吸引科学组织及其他类似组织、学者、专家参加规定的活动领域内的问题研究。

(4)在规定的活动领域内，建立专家机构(顾问机构、专家委员会、专家小组、专家协会)。

(5)除非有俄罗斯联邦总统命令或者俄罗斯政府命令，否则俄罗斯联邦公路署在规定的活动范围内和监管职责范围内，没有权利调整规范性法令。

4. 组织管理(图5-6)

(1)俄罗斯联邦公路署署长由俄罗斯联邦政府任命，接受俄罗斯联邦交通运输部部长领导。署长职位不在政府部门编制内。俄罗斯联邦公路署副署长由俄罗斯联邦交通运输部任命，接受联邦公路署署长领导。副署长职位不在俄罗斯联邦交通运输部编制内。俄罗斯联邦公路署副署长人数由俄罗斯联邦政府决定。

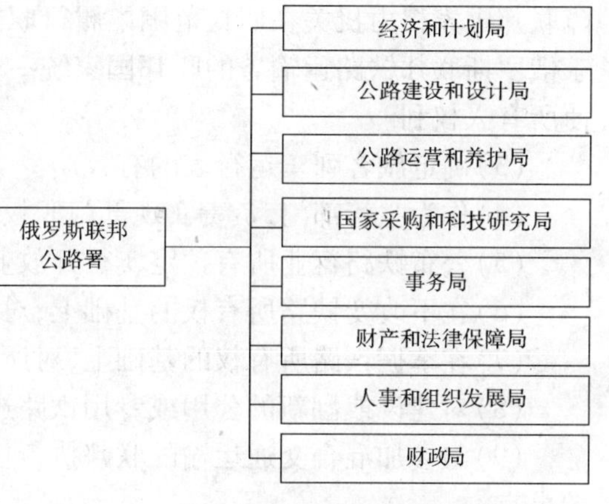

图5-6 俄罗斯联邦公路署组织结构图

(2)联邦道路交通署署长的职责包括：

①确定副署长的职责。

②向俄罗斯联邦交通运输部部长上报以下情况：联邦公路署条例草案，有关联邦公路署的人员编制及工资基金的计划，有关副署长的任命和解职的建议，联邦公路署年度计划草案，联邦公路署工作指数预测及工作执行报告。

③确定中央机关和所属机构的组织结构。

④按照规定的程序，聘用和解雇联邦公路署中央机关工作人员。

⑤按照俄罗斯联邦制定的有关国家公务员职务的法律，解决与在联邦公路署内承担联邦级国家职务相关的问题。

⑥在由俄罗斯联邦政府确定的工作人员编制和工资基金范围内，确定联邦公路署的结构及编制；在联邦预算规定的相应拨款期间内，确定维持联邦公路署正常运转的预算支出。

⑦按照规定的程序，任命和解除隶属于联邦公路署的联邦国家统一企业和联邦国家机构领导的职务，签署、修改、废除与被任命领导之间的劳动合同。

⑧在执行俄罗斯联邦宪法、联邦宪法性法律、联邦法律、俄罗斯联邦总统令、俄罗斯联邦政府令、俄罗斯联邦交通部法令的基础上，下达有关属于联邦公路署权限范围内的命令。

(3)维护联邦公路署正常运转的预算支出来自联邦预算。

(四)俄罗斯联邦铁路运输署

1. 概况

俄罗斯联邦铁路运输署隶属于俄罗斯联邦交通运输部，是俄罗斯联邦执行权利机关。它履行铁路运输领域内的国家功能和国家政策、国家服务和国有资产管理职能。

俄罗斯联邦铁路运输署的一切活动遵照俄罗斯宪法、俄罗斯联邦宪法性法、俄罗斯联邦法律、俄罗斯总统的命令、俄罗斯政府的决议和命令、俄罗斯联邦国际条约、国际性法准则的有关条款和当前有效的法律法规。

俄罗斯联邦铁路运输署可直接行使部门的管理权，或者通过部门的地方所属部门行使管理权；也可通过和其他俄罗斯联邦执行权利部门、俄罗斯联邦的执行机构、俄罗斯联邦的自治地方机构、社会团体以及其他组织机构的合作来行使其管理权。

2. 职责

俄罗斯联邦铁路运输署在所管辖范围内履行以下职责：

(1)按照规定程序进行招投标活动，签订国家订单和商品采购合同。保证为部门的需求提供服务，在规定的活动领域内组织相关的科学研究工作。

(2)有序地，并在联邦法律、俄罗斯联邦总统令、俄罗斯联邦政府令所确定的范围内，在保障联邦国家权力机关在职权范围内履行职能所需要的必要的联邦财产方面，尤其是在由隶属于俄罗斯联邦铁路运输署的联邦国家统一企业和联邦国家机关转化而成的联邦财产方面，行使所有人权利。

(3)确定旅客列车运行表的有效期。

(4)作为主管部门，负责实现部门职权范围内的俄罗斯联邦铁路货运职能。

(5)公布铁路行业所有预定实行开放业务的公共永久性火车站清单。

(6)在不改变铁路所有权的基础上，对以完成业务需要为目的的火车站的开设作出决策。

(7)在掌握铁路所有权的基础上，对所拥有的公用铁路设施组织进行长期使用与维护。

(8)对建设或翻新的公用或专用铁路进行衔接。

(9)与参加混合交通运输的联邦执行权利机关的海港、河港、汽车站和飞机场共同协商相关事宜。

(10)有权暂时性的中止公共铁路路线上的货物装载和运输。当出现铁路运输障碍时，按程序通知俄罗斯联邦交通运输部和俄罗斯联邦政府相关负责公共铁路设施的部门。

(11)除承运人主观因素外，在发生客观不可抗拒因素、战争、封锁、疾病传播等情况时，俄罗斯铁路运输署有权确定铁路货物装载、运输的时间，并负责通知承运人和铁路设施负责人。

(12)按照序号清点铁路流动车辆和集装箱。

(13)通知铁路服务部门和相关人员铁路运输署所采取的决定和有关信息。

(14)研究处理公共铁路设施所有人和专有铁路设施所有人在铁路运输技术升级、准用铁路火车站的衔接等方面的协作问题。

(15)在俄罗斯联邦立法部门的规定下，负责协调货物运输、相关工作和服务；授予实验中心和实验室委托书认证，同时有权授予铁路移动设备和技术设备的延期使用证明。

(16)根据俄罗斯联邦立法部门的规定，对铁路运输的测量单位实行统一标准化。

(17)负责和俄罗斯联邦执行权利的有关部门协同进行军事运输及其他专门运输。

(18)负责和国外铁路部门的清算工作。

(19)在所属职责范围内实现国家职能，支持国家中心、科学—技术研究中心订货方以及所组织项目和方案订货方的活动。

(20)在所属职权范围内，与外国国家权力部门和相关组织进行协作。

(21)组织进行公民接见，保证按时、全面的审查公民的口头访问和信件访问，对所提出问题给予解决，在俄罗斯联邦规定的期限内对公民的申请给予答复。

(22)保证在职权范围内保护涉及国家机密的信息和情报。

(23)负责本部门的动员准备工作及此过程中所属机构的协调工作。

(24)组织部门专业人员的培训工作,以及工作人员进修、升级的技术合格验证。

(25)负责完成俄罗斯立法部门有关的档案文件的组合、保留、统计和使用工作,完成对署内工作期间所生成档案的登记、保留、系统整理和统计使用工作。

(26)完成国家规定的事务,履行部门国家预算主要管理者和接收者的职能。

(27)按照规定组织在所属职能范围内的代表大会、研讨会议、展览和其他相关活动。

(28)履行符合国家法律规定和俄罗斯联邦总统命令或俄罗斯联邦政府命令的其他职责。

3. 权力

为保证实现在其职责,俄罗斯联邦铁路运输署拥有以下权力:

(1)查询和收集为解决铁路运输署职能范围内问题的资料和报告。

(2)对职权范围内的问题给予法人和公民解释说明。

(3)促进在所属职能范围内科学家、学者、专家或其他部门所提问题的研究和解决。

(4)组织在所属职权范围内的协商性评估组织(议会、组织委员会、小组)。

(5)除在俄罗斯总统或俄罗斯联邦政府的命令下,在规定的活动范围内和监管职责范围内,没有权利调整规范性法令、管理国有资产和提供有偿服务。

4. 组织管理(图5-7)

(1)俄罗斯联邦铁路运输署署长由俄罗斯联邦政府任命,接受俄罗斯联邦交通运输部部长领导。副署长由俄罗斯联邦政府任命,副署长数目也由俄罗斯联邦政府确定。

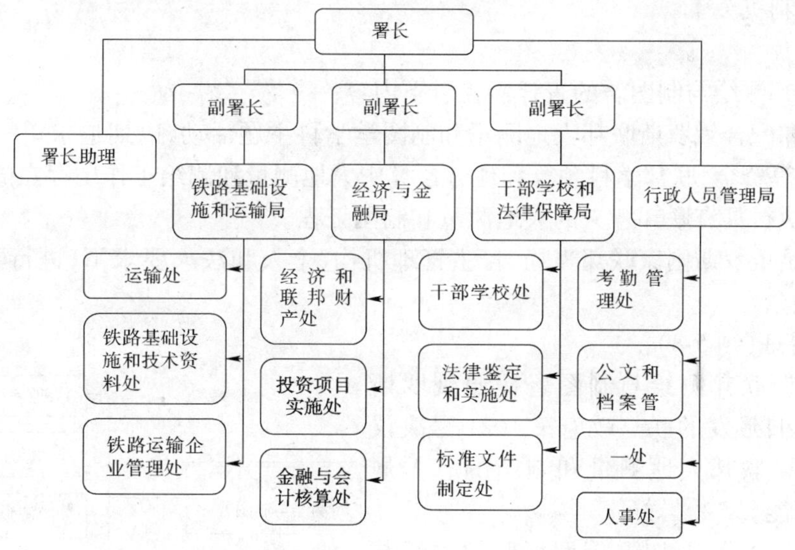

图5-7　俄罗斯联邦铁路运输署组织结构图

(2)俄罗斯联邦铁路运输署署长的职责包括:

①分配自己和副职的责任。

②代表俄罗斯联邦交通部进行部门情况报告,关于铁路运输署和地方所属部门的劳动人员数量和准备金的提议报告,关于部门副署长职位任免的提议报告,关于地方部门领导的职位任免的提议报告,年度计划报告,单位预算报告和执行工作报告,部门财政方案的提议报告。

③确定中央机关和所属机构的组织结构。

④任免署内工作人员的职务。

⑤在由俄罗斯联邦政府确定的工资基金范围内,确定联邦铁路运输署的结构及编制,制定国家财政拨款的预算开支。

⑥确定铁路运输署地方机构在指标范围内的劳动人员的工资和基金,制定国家财政拨款预计的开支预算。

⑦有权在所属职责范围内任命和免除地方机构、下属国家统一单位、国家机构的领导人职务,签署、修改、废除以上部门领导人的劳动合同。

⑧在遵守俄罗斯联邦宪法、国家联邦法律、俄罗斯政府和交通部门有关法律法规的基础上,发布铁路运输署有关问题的解决办法和命令。

(3)中央部门和地方机构的财政支出来自联邦预算。

(五)俄罗斯联邦测绘与制图署

1. 概况

在俄罗斯大地测量学和制图学的发展历史中,有关主要大地测量基线和初步制图材料等工作,都由国家统一管理。

目前,国家管理大地测量学、制图学和命名地理特征的权利,在《俄罗斯联邦宪法》中有所规定。大地测量学和制图活动的法律基础在《联邦大地测量学和制图学法案》有详细阐述。

俄罗斯联邦测绘与制图署(简称“Roskartographia”)隶属于俄罗斯联邦交通运输部,是执行大地测量学、制图学和地理特征命名领域具体职能(执行、控制、监督、审批和管理等)的主要联邦执行权利机关。

2. 职责

俄罗斯联邦测绘与制图署的责任涵盖以下内容:

(1)协调和配合俄罗斯联邦大地测量和制图学学科主题活动,以期追求单一的技术政策,以避免联邦预算资金、联邦学科预算和地方预算中大地测量和测绘工作中存在的重复现象。

(2)组织执行具有联邦意义的大地测量和制图工程。

(3)在满足俄罗斯国家联邦当局、自主管理机构、个人和法人要求下,进行具体的大地测量和制图工作。

3. 组织管理(图5-8)

(1)俄罗斯联邦测绘与制图署按照俄罗斯1999年9月8日颁发的联邦政府第1021号决议批准的《俄罗斯联邦大地测量和制图的有关规定》,履行其职能。

(2)作为一个分支结构,俄罗斯联邦测绘与制图署的结构和组成仅设置为履行该机构承担任务所需的最低充分条件。

(3)俄罗斯联邦测绘与制图署将中央办公室、组织机构和设施场所结为一体。

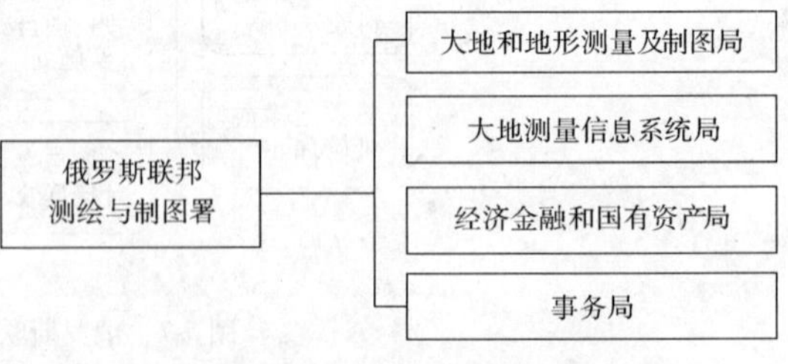

图5-8 俄罗斯联邦测绘与制图署组织结构图

俄罗斯联邦大地测量和制图服务系统包括二十架航空测量大地场所(AGE),三个地形矿山测量机构,六个地理信息中心(其中两个信息中心为航空测量大地场所的一部分),三家制图工厂,生产制图协会“Kartographia”,两家光学机械厂(其中一家是AGE的一部分),克拉索夫斯基大地测量学、航空测量学与制图学中央研究所,国家科研和生产中心“Priroda”,十九个国家大地测量监察部区域检查处，中央制图和大地测量基金，国家制图和大地测量中心以及四所中等专业教育机构。在俄罗斯联邦的各个城市和地区都能见到隶属于该系统的组织机构。

俄罗斯联邦测绘与制图署的生产能力按地域原则分布：每所空中地测学机构都为俄罗斯联邦境内的某一个地点服务作业，进行工程实施，并且在地形学和大地测量学知识层面上承担责任。每个区域都设置了地理信息中心。

(4)空中地测学机构、地理信息中心、制图机构和科研生产组织联合组成了向用户提供信息获取、信息处理、信息储存和信息供应的一套单一系统。

(六)俄罗斯联邦海运河运署

1. 概况

俄罗斯联邦海运河运署隶属于俄罗斯联邦交通部，是俄罗斯联邦执行权利机关，履行俄罗斯联邦在海洋运输(包括海上贸易港口和渔业贸易港口，不包括渔业工业集体作业港口和专用港口)和内河运输方面的国家功能、国家服务和国有资产管理职能。

俄罗斯联邦海运河运署的一切活动遵照俄罗斯联邦宪法、联邦宪法性法律、联邦法律、俄罗斯联邦总统令、俄罗斯联邦政府令、俄罗斯联邦参与的国际条约、国际准则的有关条款和当前有效的法律法规。

俄罗斯联邦海运河运署可通过和其他联邦执行权利机关、联邦执行机构、联邦的自治地方机构、社会团体以及其他组织机构合作来行使其管理权。

2. 职责

俄罗斯联邦海运河运署在其管辖范围内履行以下职能：

(1)按照规定程序进行招投标活动，签订国家订单和商品采购合同。保证为部门的需求提供服务，组织海运河运署所需的科学研究工作。

(2)有序地，并在联邦法律、俄罗斯联邦总统令、俄罗斯联邦政府令所确定的范围内，在保障联邦国家权力机关在职权范围内履行职能所需要的必要的联邦财产方面，尤其是在由隶属于俄罗斯联邦海运河运署的联邦国家统一企业和联邦国家机关转化而成的联邦财产方面，行使所有人权利。

(3)负责预防和制止石油和石油产品在海洋运输和内河运输中的倾泻。

(4)有权采取非法律性文件中关于保护海运安全的有关措施。

(5)除俄罗斯联邦边境地区外，保障船只在北海航道和内河航道的航行通畅性。

(6)俄罗斯联邦海运河运署负责进行俄罗斯联邦内河航道航艇运输的调度和调控。

(7)负责内河运输管理，包括内河水文航行环境的管理，同时也负责靠岸设施的管理和组织内河运输的技术联系机构。

(8)负责提高在海洋运输和内河运输专业人员的教育和技术水平，以符合国际要求和俄罗斯联邦要求。

(9)在俄罗斯联邦立法机构批准的情况下，办理手续和发放海员证(海员个人证明)，办理发放海洋运输和内河—海洋运输船只的所有工作人员的工作证明。

(10)决定俄罗斯联邦海运船只中(不包括捕鱼业船队)引进国外工作人员的问题。

(11)规定航行设备的工作范围和工作寿命、船只吨位及通航水利工程设备的工作寿命。

(12)负责建立海运安全体系和海上灾难救援体系。

(13)在所属职责范围内实现国家职能，支持国家中心，科学—技术研究中心订货方以及所组织项目和方案订货方的活动。

(14)在所属职权范围内与国外国家权力部门和相关组织进行协作。

(15)组织公民接见,保证按时、全面的审查公民的口头访问和信件访问,对所提出问题给予解决,在俄罗斯联邦规定的期限内对公民的申请给予答复。

(16)在职权范围内保护涉及国家秘密的信息和情报。

(17)负责本部门的动员准备工作及此过程中所属机构的协调工作。

(18)组织单位专业工作人员的培训工作,以及工作人员的进修、升级的技术合格验证。

(19)负责完成俄罗斯立法部门有关的档案文件的组合、保留、统计和使用工作,完成对署内工作期间所生成档案的登记、保留、系统整理和统计使用工作。

(20)完成国家规定的海运河运事务,履行国家预算主要管理者和接收者的职能。

(21)按照规定组织在所属职能范围内的代表大会、研讨会议、展览和其他相关活动。

(22)履行符合国家法律规定和俄罗斯联邦总统命令或俄罗斯联邦政府命令的其他职责。

3. 权利

为保证实现在其职责,俄罗斯联邦海运河运署拥有以下权力:

(1)查询和收集为解决海运河运署职能范围内问题的资料和报告。

(2)有权对部门职权范围内的问题给予法人和公民解释说明。

(3)促进在所属职能范围内科学家、学者、专家或其他部门提出问题的解决和研究。

(4)组织在所属职权范围内的协商性评估组织(议会、组织委员会、小组)。

(5)除非有俄罗斯总统或俄罗斯联邦政府的命令,否则俄罗斯联邦海运河运署在规定的活动范围内和监管职责范围内,没有权利调整规范性法令、管理国有资产和提供有偿服务。

4. 组织管理(图5-9)

(1)俄罗斯联邦海运河运署署长由俄罗斯联邦政府任命,接受俄罗斯联邦交通运输部部长领导。副署长由俄罗斯联邦政府任命,副署长数目也由俄罗斯联邦政府确定。

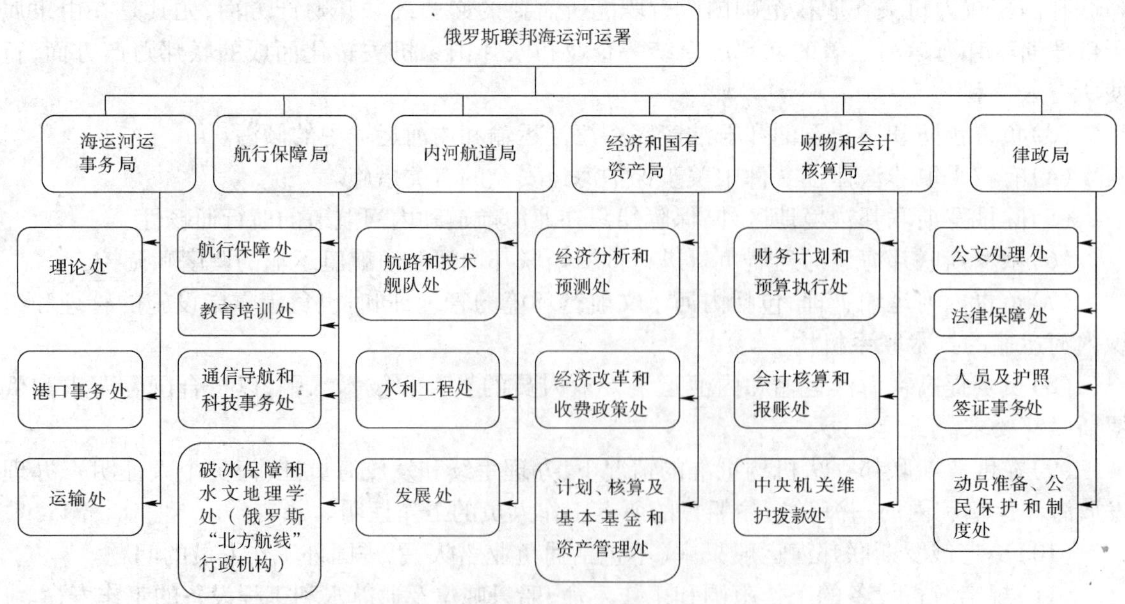

图5-9 俄罗斯联邦海运河运署组织结构图

(2)俄罗斯联邦海运河运署署长的职责包括:

①分配自己和副署长的责任。

②代表俄罗斯联邦交通部进行单位情况报告,关于中央和地方部门的劳动人员数量和准备金的提议报告,关于副署长的职位任免的提议报告,关于地方部门领导的职位任免的提议报告。

③确定中央机关和所属机构的组织结构。

④任免署内工作人员的职务。

⑤在与俄罗斯立法部门保持一致的前提下,解决国家海运河运交通运输方面的问题。

⑥确定海运河运地方机构在指标范围内的劳动人员的工资和基金,制定国家财政拨款预计的开支预算。

⑦有权在所属职责范围内任命和免除地方机构,下属国家统一单位、国家机构的领导人职务,签署、修改、废除以上部门领导人的劳动合同。

⑧在遵守俄罗斯联邦宪法、国家联邦法律、俄罗斯政府和交通部门有关法律法规的基础上,发布海运河运办事处有关问题的解决办法和命令。

(3)中央部门和地方机构的财政支出来自联邦预算。

第六章　澳大利亚交通行政管理体制

第一节　澳大利亚经济社会及交通运输概况

一、澳大利亚国家概况

(一)基本国情

1. 地理概况

澳大利亚联邦(The Commonwealth of Australia)位于南太平洋和印度洋之间,由澳大利亚大陆和塔斯马尼亚等岛屿组成,是世界上最大的岛屿,也是最小的一块大陆,居民大多数聚居在位于东部的太平洋沿岸城市。东濒太平洋的珊瑚海和塔斯曼海,北、西、南三面临印度洋及其边缘海,海岸线长 36 735 公里。澳大利亚国土面积有 769.2 万平方公里,人口约 2 023 万,首都位于堪培拉(Canberra)。

澳大利亚政府为联邦制,共有六个州(新南威尔士州、维多利亚州、昆士兰州、南澳大利亚州,西澳大利亚州和塔斯马尼亚州)及两个地区(澳大利亚首都地区和北部地区)。联邦政府首府设于首都堪培拉,实行总理制。各州分别设有州长,负责管理州内事务。澳大利亚是一个多元文化的国家,拥有独立的司法系统,人人平等的社会制度,完善的社会福利体系以及现代化的城市规划,是地球上最佳的居住国之一。

澳大利亚是一个英语国家,它的政治法律文化体系继承了英国传统而且至今仍是英联邦国家之一,它与西方国家关系密切,与邻近的亚太地区国家的交往也日益加深。这个年轻的国家以移民建国,移民来自世界 170 个国家和地区。在"自由、民主、公正、宽容"的原则下,提倡"多元化"和"亚洲化"政策,鼓励各民族社区繁荣发展。

澳大利亚是能源和矿物丰富的国家,它是世界上最大的煤炭出口国和主要的铀、轻原油和液化天燃气的出口国。它是世界最大的钻石出口国和主要的铝土矿、矿沙、金、铅、锌、铁、铜、镍、和锰的出口国。东部、南部和西南部地区是应用先进种植技术高产的农业区。澳大利亚是世界上主要粮食出口国之一。同时也是世界上最大的衣用细羊毛的生产国。它是蜂蜜、小麦、糖和牛奶等产品的主要生产和出口国之一。

2. 经济概况

澳大利亚是后起的发达资本主义国家,其经济总量在全球排名第 15 位。澳自然资源丰富,农牧业、采矿业为其传统产业,是世界上重要的农产品、矿产品的生产国和出口国。

过去 20 年里,澳大利亚经济结构出现显著变化,服务业成为澳最大的产业。2003/2004 财年(2002 年 7 月 1 日至 2003 年 6 月 30 日),澳 GDP 总值为 7 835.93 亿澳元,其中,农业的行业增加值季节调整后达到 262.08 亿澳元,比上财年增加 33.9%,占 GDP 的 3.34%。采矿业的行业增加值为 331.99 亿澳元,比上财年下降 3.1%,占 GDP 的 4.24%。制造业的行业增加值为828.09亿澳元,比上财年增长1.8%,占GDP的10.57%。

澳大利亚经济已保持了13年的持续增长。2003/2004财年澳GDP总值达到7 835.93亿澳元,比上财年提高了4.1%,经济增长率在发达国家中仍位居前列,高于上财年3.5%的增长率,低于1998/1999财年5.3%的增长率,在过去10个财年中保持了平均3.9%的增长率。2003/2004财年,人均GDP为39 175澳元,比上财年提高2.3%。

2003/2004财年,澳商品贸易总额为2 399.25亿澳元,比上年下降了4.1%。其中,出口额为1 089.05亿澳元,比上年下降6.1%。进口额为1310.2亿澳元,比上年下降2.3%。进出口相抵,贸易逆差额为221.14亿澳元,比去年增长26.8%,占当年出口总值的20.3%。澳主要贸易伙伴是日本、美国、中国、新西兰、英国、韩国、德国、新加坡、中国台湾和印尼。澳主要出口商品包括煤炭、非货币黄金、铁矿砂、原油、牛肉等。澳主要进口商品包括载客车、原油、计算机、药物、电信设备等。

(二)澳大利亚国家行政管理体制

澳大利亚是英联邦成员国之一,属于两院制的民主政治的国家体制。政治机构和习惯沿袭西方的民主传统,实行两院制的议会制度。参议院有76席,每一州12席及两个领地各2席,每隔三年通过公民投票选举一半的议员,议员任期六年。众议院则有148席,按照各州比率通过公民投票选举产生,议员任期三年,每一州的代表至少5名以上。在众议院中占多数的党或多党联盟将组成政府,提供总理和各部部长人选。政府部长必须是议员。

内阁是政府制定政策的主要机构,它由总理主持,部长中约有一半是内阁成员。内阁会议不拘形式,秘密举行。内阁的决定通过行政委员会批准后便具有法律效力。行政委员会是由总督主持的一个程序性的组织机构。虽然所有部长都是行政委员会成员,但通常只有两三个部长出席会议。

澳大利亚主要有四大政党是:澳大利亚工党、澳大利亚民主党、澳大利亚自由党和国家党。各党都主张实行法治,支持维护议会民主和个人自由(包括言论、宗教和结社自由)。这些政党在议会中占决大多数席位。他们在议会中对国家政策提出不同的政见,进行表决与否决。

澳大利亚设有总督,是英女王伊丽莎白二世的代表。她的作用是在议会和总理在国家重大问题发生严重分歧又必须尽快作出决定时,进行调解或作出决定。近几年澳大利亚民众也在尝试实现独立的共和制,以省去设立总督府及每年负担英皇家巡游澳大利亚所需的费用。但民众的调查显示,更多的澳大利亚人更习惯于现行的制度,认为现行制度有利与限制集权与国家的安定。目前独立的共和制的阵线还在继续在年轻一代人的努力中。

目前澳大利亚政府是联邦制,分为六个州及两个领地,国家分联邦、州(领地)、地方政府三级管理。

澳大利亚议会(立法机构)和政府负责处理涉及全国利益的所有事务。六个州政府和州立法机构补充联邦政府的活动(北部地区和澳大利亚首都直辖区同各州的情况类似,在很大程度上实行自治)。

各地方政府的权力和职责不尽相同。一般说来,负责城镇规划;管理公园、娱乐场所、游泳池、公共图书馆和社区中心;公路、街道和桥梁的建筑与维修;供水、污水和排水系统;公共健康与卫生;建筑监督,度量衡和其他规章。

宪法规定,澳大利亚的司法权属于澳大利亚高等法院和澳大利亚议会建立的其他法院。议会建立了澳大利亚联邦法院和澳大利亚家庭法院,负责处理联邦法专门规定的一些领域中的案件。此外,州法院在某些领域被授予联邦司法权。所有州、首都直辖区和北部地区都有自己的法院系统。

澳大利亚执法职责由联邦、州和北部地区的警察共同履行。各地警察独立地维护本州或本地区的法律。但是他们之间和各政府之间也进行许多正式和非正式的合作。澳大利亚联邦警察署和国家灭罪局是联邦政府的主要执法机构。今日的澳大利亚在“自由,民主,公正,宽容”的原则下,提倡多元文化政策,鼓励各民族社区的繁荣发展。澳大利亚在联邦议会下面共设有 20 个部委,组织结构图见图 6-1 所示。

二、澳大利亚交通运输发展概况

澳大利亚的交通运输主要包括铁路、公路、航运和航空运输,由澳大利亚基础设施、运输、区域发展和地方政府部负责宏观管理。颁布有关法令,协调监督。澳大利亚有相当发达的现代化公路网、航空运输网和海洋运输网。澳大利亚的国际海、空运输业发达。悉尼是南太平洋主要交通运输枢纽。交通运输业的产值占国内生产总值 4.9%(2001 ~2002 年度)。

(一)公路

澳大利亚的公路运输网是比较发达的,国内的货物运输 75% 靠公路运输。至 2002 年 6 月,公路总长 81 万公里。其中沥青和混凝土铺设的公路里程约占 1/3 多一点。至 2002 年 3 月,注册机动车辆 1 245.1 万辆,其中客车 1 013.7 万辆,轻型货车 182 万辆,其他货车 42.5 万辆,公共汽车 7 万辆。

在公路进行长途运输的货主,大部分使用 22 个轮的长车。1980 年,从澳大利亚南面阿德莱德港纵贯大陆腹地直达北方达尔文港的主干公路建成通车,改变了北澳地区长期闭塞的状况,促进了南北物资交流。与铁路不同的是,公路运输主要由私人公司经营。

澳大利亚的公路具有如下几个特征:一是路面较平整,汽车时速一般都保持在 90 ~100 公里,较平稳;二是路上灰尘很少,路旁绿化很好,这主要得益于国家对环境保护、绿化工作的重视;三是极少见到交通警察,驾驶员严格按交通管制车辆。在交叉路口见红灯,即使横行道上无人行走,车子也不动,但绿灯一亮,车子便玩命似的奔驰;四是路牌按规范标示较清楚,由于路网较发达,要开车到某地找某单位,必须备有一本较详细的全国分区公路交通图,出租车也不例外;五是很少有收费站。因此大大加快了车辆的运行速度,同时又降低了油耗。

(二)水运

澳大利亚是个河川贫乏的国家,内陆水运不显重要。而沿海运输和远洋运输在经济上则相当重要。澳大利亚海岸线长 3 700 公里。随着经济发展,新建、扩建港口码头,海运规模逐年增大。目前,澳大利亚已同 200 多个国家和地区开展了贸易。澳大利亚有 97 个贸易港口。其中重要港口 11 个:即以集装箱为主的墨尔本港、悉尼港、布里斯班港、费雷蒙特港和阿德莱德港;以铁矿出口为主的丹皮尔港和海德兰港;以煤炭出口为主的黑迫港、纽卡素港、格勒德斯港和卡姆的伯拉港。至 2002 年 6 月,注册船只 8 888 艘,其中 5 556 艘用于娱乐,2 244 艘用于捕鱼,27 艘用于政府,106 艘用于其他。至 2000 年 6 月,拥有商船队 77 个,载重吨位 228.3 万吨。2002 ~2003 年度国际水运货运 6.03 亿吨。澳大利亚的海外贸易主要依靠日本、英国、巴拿马、新加 坡、希腊等国家的轮船。挂澳大利亚国旗的轮船占比例约为 4.2%。1996 年,澳全国有海运货船 100 多艘,其中约 1/3 经营远洋运输,2/3 进行沿海运输。从 20 世纪 50 年代起,

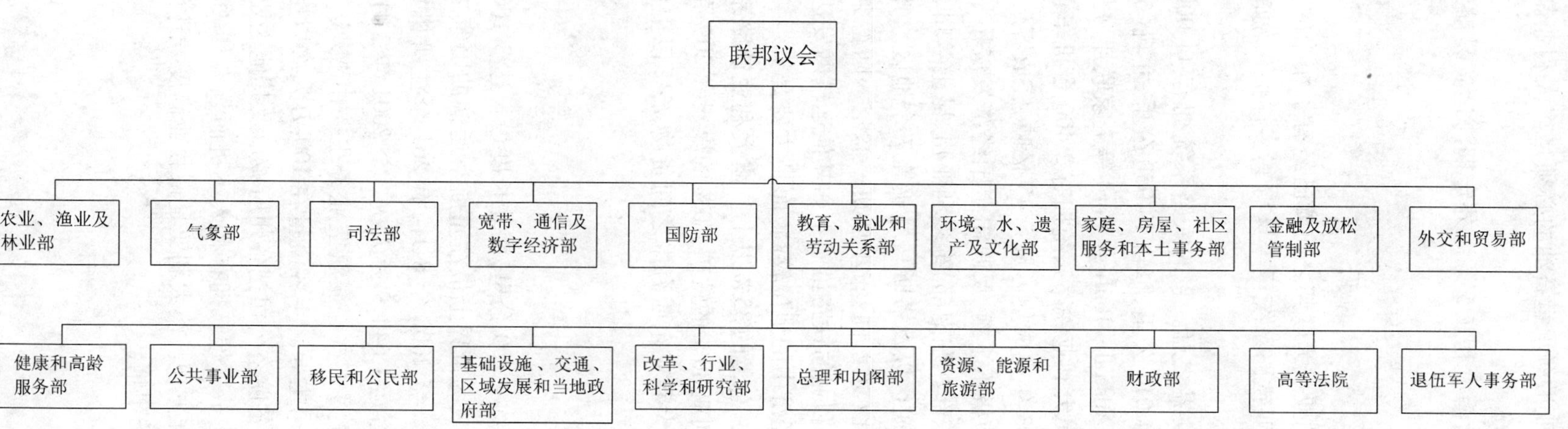

图 6-1　澳大利亚政府部门组织结构图

澳联邦政府就规定,凡在澳大利亚沿海承运石油的必须是澳大利亚制造并在澳大利亚注册的油船。

澳大利亚国家海运公司经营澳大利亚5条海外定期海运贸易航线,分别通往日本、韩国、新西兰以及欧洲、东南亚。

(三)铁路

澳大利亚铁路系统在澳大利亚成为联邦之前就已经有了相当的发展,铁路产权长期分别由联邦和州所有。因此,澳大利亚铁路系统至今具有其多样性(例如多种轨距规格),并且至今各自仍然发挥着重要的作用。

澳大利亚人均铁路长度居世界之冠。它的铁路系统拥有44 000多公里长的铁路线,其中:标准轨距16 343公里、宽轨4 017公里、窄轨18 958公里、寸轨(610毫米)4 150公里。这些铁路线主要是由ARG,ARTC,Australia Railway Corp等7家联邦、州政府及私营公司拥有,共经营37 940公里长的铁路线。澳大利亚铁路系统拥有2 400台机车、9 800辆货车、4 865辆客车,有铁路员工约75 000人,2003年完成货运量5.45亿吨,完成客运量为5.95亿人次。

澳大利亚铁路网在全国分布极不平衡,反映出全国经济发展不平衡的特征。澳大利亚铁路网主要分布在新南威尔士州东部和东南部、维多利亚州、昆士兰州、南澳大利亚州的南部、西澳大利亚州的南部、西北部的铁矿区以及塔斯马尼亚等7个地区。其中州际间的标准轨距铁路线贯穿澳大利亚的东西和南北(东西向:布里斯班—悉尼—阿德莱德—拍斯,南北向:墨尔本—阿得莱德—达尔文)。澳大利亚的铁路虽然不如其他运输网发达,但管理相当现代化。

澳大利亚铁路系统在国民经济中的地位较高,而且主要是货运。澳大利亚铁路货运周转量为1 500亿吨公里,占国内运输总量的35%以上。澳大利亚铁路系统的大宗货物运输主要是铁矿、煤炭和谷物,其中澳大利亚80%的铁矿、70%的煤炭和20%的谷物是通过铁路运输出口,其出口额达150亿澳元。澳大利亚东西海岸之间货物70%以上由铁路运输,南北海岸之间的货物20%由铁路运输。

(四)空运

澳大利亚地域辽阔,东西长约4 200公里,南北长度最长达3 100公里。由于各居民区和城市之间距离偏远,澳大利亚已成为世界上最注重航空运输的国家之一。至2002年6月,全国共有各种注册飞机11 779架。至2002年8月,有261个注册机场,其中12个国际机场。2002年,国际飞行8.7万架次,客运1 644.9万人次。至2001年3月,货运量66.9万吨;国内飞行24.6万架次,客运5 314.8万人次。澳航空业务主要由"快达"(QANTAS)航空公司和"维珍"(VIRGIN BLUE)航空公司主导。年客流量在100万人次以上的国际机场有:悉尼、墨尔本、布里斯班和王自斯。国内各航空公司把各州府城市及其他主要人口聚居中心连接起来。因此,尽管地域辽阔,交通仍然十分方便。拥有私人飞机而领有驾驶执照的驾驶员,驾驶自己的飞机像驾驶自己的小汽车一样方便。澳大利亚是畜牧业高度发达的国家,由于幅员广大,利用自己的飞机放牧并不是奇怪的事情。

(五)澳大利亚的物流发展

1. 联合运输

随着铁路改革的私有化进程,现澳大利亚已有5家私人铁路公司参加铁路经营。铁路线路等固定基础设施归政府所有，运输业务经营则实行私有化，展开竞争，提高了效率。有的大型物流企业也经营铁路运输业务，形成公路、铁路、船舶、航空联运，发挥各种运输工具的优势，合理组合，提高了物流经济效益。目前，澳大利亚的铁路运量比公路运量小，煤、矿石、粮食等大宗货物长距离运输由铁路进行，中、短途运输由公路进行，各尽所长，在物流公司统一调度下，形成全国供应链管理。这也是澳大利亚政府在物流规划中强调解决的问题之一。

铁路与港口的衔接使物流效率大大提高，铁路货运承担了港口货物的40%，其余由公路运输完成。铁路、港口衔接的基础设施由政府投资建设，以充分发挥港口物流中心的作用。内陆城市建成公路与铁路之间的货物中转站。公路、铁路经营者联合对基础设施和运输经营投资。

2. 物流企业

澳大利亚的主要物流企业，均承接了大型商业或制造企业的仓储物流项目。壳牌石油公司在全澳洲的油料配送业务通过招标形式外包给了澳大利亚最大的物流公司——TOLL 公司，从而形成了专门为壳牌配送的大型油罐车队和全国性的网络。福特澳洲汽车配送也采取发包形式，由 Finnemore' s 公司承包，他们从墨尔本将汽车运到沃佳沃佳，在场地卸下，然后按销售商的要求，把不同车型的车重新装车送往目的地。在悉尼铁路中心枢纽站，CRT 物流公司为德国拜尔公司按照用户（SANYO）提出的要求提供"集零为整"和"化整为零"的分装、换装等增值服务和运输服务，产品的拆包和分包不放在制造企业而放在运输枢纽站，降低了产品的运输成本。

澳大利亚的几大物流公司都拥有先进的技术和丰富的经验，以 TOLL 公司为例，其主要竞争优势在于多种选择、一体化、基础设施、创新、人员和顾客关系等。TOLL 公司为客户提供各种方式的运输，由于拥有自己的仓库和码头，可极大程度地满足客户的需求，并可调用整个集团各分支机构的资源，从而为客户供应链解决方案的实现提供有效保障。TOLL 公司拥有 1 500 万平方米的仓库，经营铁路，并拥有巨大的增长潜力，管理着季隆、黑斯廷斯等港口，并将自己定位成为澳大利亚区域港口的主要运营者。重视 IT 技术的应用和创新，重视一大批有活力的、以顾客为中心的、有经验的高级管理人员的培训，重视与客户的伙伴关系的建立，这些都成为了 TOLL 公司在市场竞争中制胜的法宝。

澳大利亚物流企业普遍人员精简，管理简洁直达，中间层次较少。例如 CRT 公司的化工品仓库，现场整洁有序，运用自动化仓装机械条形码管理，人员精简到了最低地步，同时还注重环保，铲车全部使用 LPG（液化石油气）燃料。

3. 先进的物流技术

澳大利亚拥有先进的硬件设备和物流技术。为提高运输效率和服务质量，澳大利亚载货汽车向大型化、专用化和集装箱化方向发展。软体箱式车、帘式车也是常用车型，不仅装货和卸货方便，而且车辆自重大大降低，从而大大提高了运输效率。此外，各种专用货运车辆的发展也十分迅速，如专门运油及粉状货物的罐装车、冷冻冷藏车、牲畜运输车、家具运输车、服装运输车、垃圾废料运输车和滚装车。

运输管理上，随着计算机技术以及光导纤维通讯技术的采用，运输生产向自动化管理系统发展，如 GPS 车辆跟踪定位系统被广泛采用。

4. 优质的客户服务管理

澳大利亚企业十分重视对客户的服务。他们把客户服务看作"组织整个物流系统的最重要的产品"，认为"不首先建立企业的顾客服务目标，就不可能设计一个有效的物流系统"。

TOLL 公司对分公司经营者的考核,主要是会计报表(每周一报)和顾客服务这两项,并同经营者任免奖罚挂钩,对客户服务重视程度可见一斑。

第二节　澳大利亚交通行政管理体制

澳大利亚各届联邦政府对各种运输方式管理的体制不尽相同,其趋势是由分散向集中发展。1987 年 7 月澳大利亚的运输部、航空部与通信部合并,组成运输与通信部,主管航空、陆上运输、航运、广播、通信及电信工作。2007 年 12 月澳大利亚交通与区域服务部变更为基础设施、运输、区域发展和地方政府部(The Department of Infrastructure, Transport, Regional Development and Local Government),负责管理澳大利亚的公路、铁路、水运和航空四种运输方式。

目前澳大利亚联邦分为六个州及两个领地,国家分联邦、州(领地)、地方政府三级管理。政府对交通运输的管理体制与行政区划相适应,分联邦、州(领地)和地方三级。各级政府对交通运输管理的介入程度和内容因运输方式而异。

为协助政府主管部门管理全国的交通运输事业,根据一些法令和有关方面的协议还建立了一些专门机构,以向基础设施、运输、区域发展和地方政府部提供咨询服务,协调基础设施、运输、区域发展和地方政府部和各州主管交通部门的工作,加强基础设施、运输、区域发展和地方政府部和运输业间的联络等等。

一、澳大利亚基础设施、运输、区域发展和地方政府部

(一)基础设施、运输、区域发展和地方政府部的职能及机构设置

澳大利亚基础设施、运输、区域发展和地方政府部主要为部长和地方政府提供政策建议,以及代表澳大利亚政府制定一系列规划纲要。该部门的职能主要体现在:基础设施、运输、区域发展和地方政府部开展研究、分析和安全调查工作;基于调查情况提供安全信息及相关建议;制定相关法律。制定政策方面主要涉及项目管理和运输服务,使得利益相关者、客户和消费者的利益得以保障。

1. 职责

基础设施规划和协调;运输安全,包括相关调查工作;道路运输;民用航空和机场;运输安全保障;区域及农村运输服务;海运;区域发展;涉及地方政府的事务;促进重点工程实施。该部门主要是通过提高澳大利亚职能部门的执行能力来促进其经济、社会和地区的发展。主要政策有:促进交通和区域发展一体化;促进运输安全和保险解决方案的实施;在各种运输模式之间构建合理的竞争结构;促进运输系统的便利性、可持续性及环保性;为运输管理部分提供资金支持;从政府战略角度出发,为使澳大利亚地区经济的最优发展提供政策建议;确保有关政府政策和规划能有效地传达到澳大利亚地各个区域;促进当地政府形成一个强有力的、高效的及有影响力的社区。

2. 服务范围

进口汽车的审批;汽车零配件的审批;悉尼机场的噪声改进;机场宵禁分配的审批(悉尼、阿德莱德);飞机不遵照第三章规定在澳大利亚实行的批准;航线和机场安全项目的批准;有关机场的特定行动和发展要遵从 1996 年《机场法》;国际航空时刻表和包机的审批;和国际航空服务有关的许可证和执照的颁发。

【专栏】 基础设施、运输、区域发展和地方政府部的顾客服务宪章

作为一个承担澳大利亚政府交通、交通安全、地区服务、领土、地方政府以及自然灾害项目的部门,为保证为顾客提供高水准的服务,澳大利亚基础设施、运输、区域发展和地方政府部制定相应的顾客服务宪章,明确规定其工作内容、职责和服务的对象,具体如下:

工作内容——使澳大利亚交通领域保持竞争力,确保国内及出入境旅客、货物高效、安全运输;实施 AusLink 路上运输投资计划,建设具战略意义的国家公路、铁路连接枢纽;为国家交通系统的安全制订监管要求;为各级社区提供更大的认可度和更多的发展机会。

工作职责——开展研究并为交通运输、交通安全和地区事务提供良好的政策建议;开展交通安全调查;执行各种交通方式的法规和标准;代表澳大利亚政府选定项目的范围,如向地区和地方政府提供的服务。

服务对象——各部部长;澳大利亚政府部门;州、地区及当地政府及其部门;交通实施者、产业实体和顾客群体;地区性的团体、业界和组织;区域性的团体;研究、教育机构;其他有利益关系的集体或个人;交通与区域服务范围内的其他机构。

基础设施、运输、区域发展和地方政府部下设九个司局,分别为行政司、区域服务司、领地及地方政府司、交通安全局、交通安全办公室、航空及机场司、Auslink 司(澳大利亚最新陆路交通规划司)、海运及道路司、运输与区域经济局。这九个司局下面又分别设立相应的职能业务处室,组织结构图如图 6-2 所示。

(二)部重点司局的职能

1. 区域服务司

区域服务司是为澳大利亚政府提供政策建议,并通过部门合作为地方政府提供一系列规划和服务。该司和澳大利亚区域、偏远地区及地方政府之间的合作主要包括四个方面:加强地区经济和社会机会;保证自然资源和环境的可持续性发展;提供更好的区域服务;适应来自经济、气候、技术和自然资源的变化。从事的主要事务包括:区域合作计划——为支持社区的独立发展提供一系列保障措施;区域可持续发展计划——为支持重点区域适应经济、社会和环境的变化提供资金支持;咨询和交流——和当地委员会,企业,团体和个人一起致力于提高服务和信息的传递;新闻和研究——主办和参与大量的区域论坛和事务工作,支持区域事务的研究工作。区域服务司下属三个处,分别为区域合作处、地区及网络可持续发展处、区域和地方政策处。

(1)区域合作处。

区域合作项目为社区发展提供保障,让申请者和其他项目合作者一起为项目提供资金支持。基金资助的项目体现在:提供经济和社会合作机会来刺激经济增长;改善服务以达到澳大利亚人所期望的水平;帮助其规划未来;结构性的调整。每个社区都是独特的,项目的大小和涵盖范围也不一样。区域合作项目包括扩展或更新社区基础设施,例如青少年中心、海岸警卫队基础设施、幼儿园、老年人看护中心和医疗中心,从而支持娱乐、就业、商业发展、文化和旅游项目。

区域合作项目同时还管理许多其他澳大利亚政府事务,主要包括:农村医疗基金组织为每个中心提供40 万美元的资助,帮助较小社区提高医疗和保健中心的服务水平;银行及邮政通过增加澳大利亚邮政办公室来提供电子银行服务,从而增加电子金融服务网点;纺织、衣物和鞋类结构调整项目帮助社区去适应工业变化的影响。

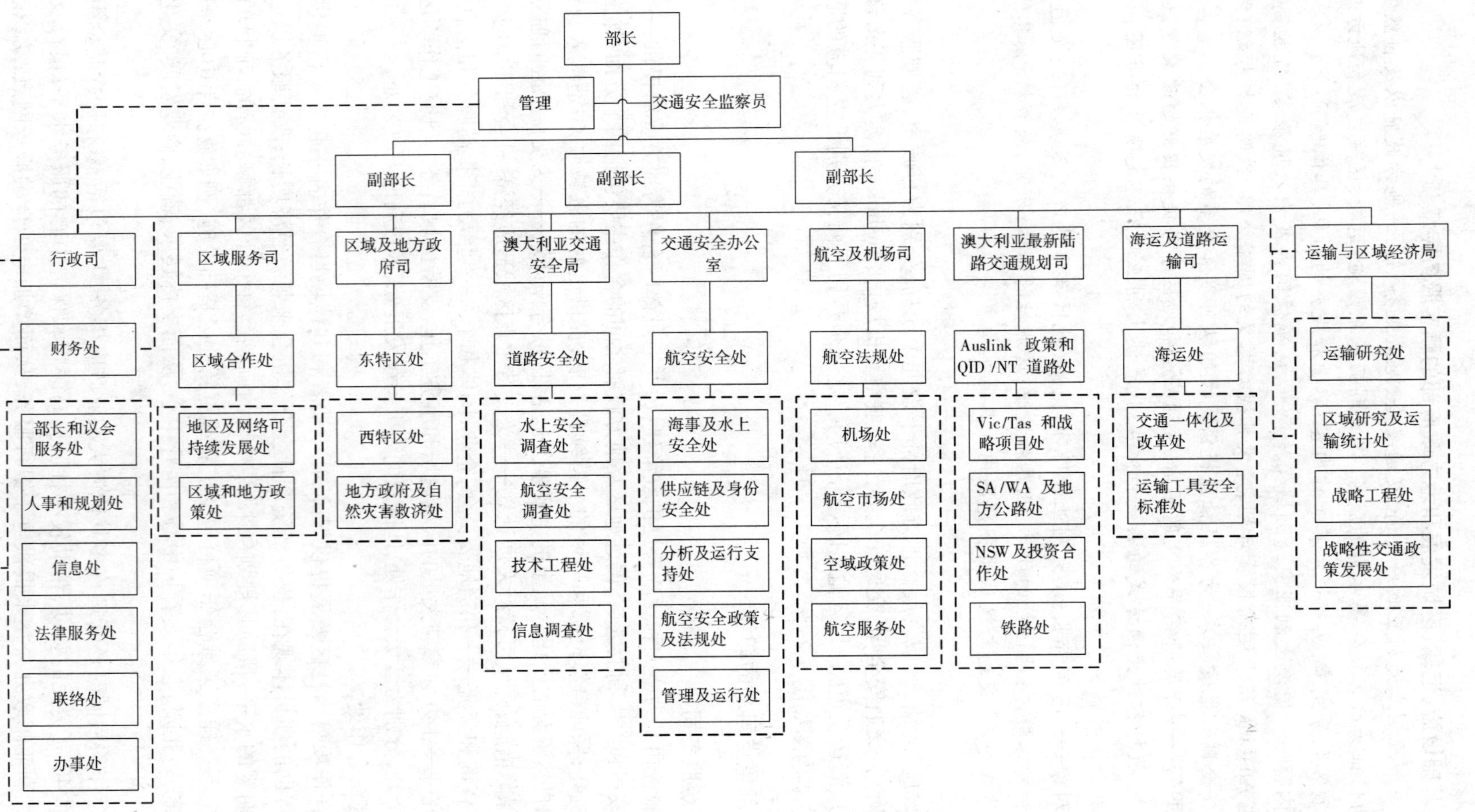

图 6-2 澳大利亚基础设施、运输、区域发展和地方政府部组织结构图

涵盖全国范围的50多个区域咨询委员会是澳大利亚政府区域发展网络的重要组成部分。区域咨询委员会在澳大利亚国内具有独特的地位,主要是在区域内对社区的有关当地、社会和经济的情况反应到政府那里。它们是非政治性的、非营利性的、以社区为基础的组织,由澳大利亚政府提供资金资助。主席和成员都是从社区、当地企业和当地政府选拔出来的自愿者。区域咨询委员会的主要角色是在澳大利亚政府的区域合作项目的应用方面资助社区。

(2)地区及网络可持续发展处。

除了区域合作项目之外,澳大利亚政府另外一个关键区域发展事务就是区域可持续发展项目。区域可持续发展项目已经帮助10个目标区域应对经济、社会和环境的主要变化。该项目还赋予这些区域一切优先发展权。区域可持续发展项目已经吸引私有企业和其他合作者的资金资助,即澳大利亚政府每投资1美元将获得其2美元的资助。

区域可持续发展项目涉及范围包括:the Cradle Mountain 集中排污设备计划的构建,从而保证旅游发展不破坏区域的可持续发展;在 Bundaberg 建立一个新型食品加工设施;在昆士兰州为当地尤其是寒冷地区的农业提供就业机会和增加产品的附加值。

(3)区域可持续发展咨询委员会。

在每一个指定的可持续发展区域都有一个当地咨询委员会,它们主要就当地优先发展权和相关事宜向澳大利亚政府提供建议,主要包括就项目的资金支持向交通部提供建议以及为一些有潜力的项目申请提供支持。

(4)区域和地方政策处。

区域和地方政策处代表澳大利亚政府,和偏远及当地政府一起致力于提高澳大利亚交通运输的服务水平。通过区域合作项目资助的项目包括:

①偏远区域的机场监察项目:为偏远的北澳大利亚当地社区提供机场安全检查和技术支持;

②偏远区域的飞机跑道资助计划:为依靠空运提供主要供给、邮政、乘客运输以及医疗保健的偏远和隔离的社区,为其机场建设升级提供资金支持,从而提高其安全性能;

③偏远区域的空运补助计划:通过每星期一次的空运服务,提高澳大利亚偏远和隔离区域的社区建设;

④澳大利亚空运负荷计划:为澳大利亚农村和区域性的社区提供定期乘客空运和空中医疗服务;

⑤区域合作计划:区域发展机制就是培养独立社区和区域的发展,包括当地社区;

⑥修复道路:为当地政府提供额外资金补助,用于保持、修复和升级当地道路;

⑦当地政府资助:通过计划和发展事务促进发展;

⑧本土政策:该部门是澳大利亚政府 East Kimberley Trial 的代理机构;

⑨区域妇女咨询协会:通过和当地妇女的合作,运用她们的经验和专业知识致力于社区的可持续性发展;

⑩当地工作安全工作组:支持公路安全政策制定者和运用人员之间的通信网络。

(5)区域和发展委员会。

区域发展委员会既有来自主管区域发展的澳大利亚、州和领地政府的各个部长,也有来自澳大利亚当地政府协会的代表组成。该委员会通过鼓励政府各个层面的更多有效合作,获得澳大利亚区域的经济、社会和环境的可持续发展。

(6)农村和区域基金会。

农村和区域基金会,是由澳大利亚政府和 Sidney Myer Fund 共同成立,致力于农村和区域的协调发展。该基金会于2000年成立,主要吸引来自企业、其他基金会、社团和私有企业的资金支持,这些资金主要用于投资澳大利亚农村和区域发展的相关项目。

农村和区域基金会支持区域社区基金会的发展,并相互合作和指导。该基金会主要通过提供种子资金资助社区基金会的发展,产生"指引性"工具、提供培训和发展机会。澳大利亚政府为农村和区域基金会(FRRR)提供高达1亿美元的资金支持,在未来十多年里还将依据该基金会自筹资金比例提供高达3.8亿美元的资助。

截止到目前,该基金会已经投资12.9亿多美元用于支持有关促进社区更好更快发展的项目。主要包括:小型农村社区项目的小额资助,由私有企业为农村社区提供高达5 000美元的资助;农村教育项目主要是通过提供资金支持,来减轻由诸如干旱、经济低迷以及地域偏远造成的青少年教育的中断问题;在澳大利亚农村项目中关注老年人,主要是为社区有关老年人的医疗项目提供准入资格;更新项目中的 FRRR/ANZ 种子基金资助农村社区的慈善项目中,惠及人数不低于15 000人。另外,从2007年7月1日开始,新的税收计划中规定该基金会中用于资助特定区域发展的项目将获得减免税收的待遇。

2. 澳大利亚交通安全局

交通安全局是一个独立运行的部门,是澳大利亚主要的交通安全调查机构。主要致力于空运、海运、公路运输和铁路运输的安全工作。该局下设道路安全处、水上安全调查处、航空安全调查处、技术工程处、信息调查处五个业务处室。

澳大利亚交通安全局通过独立的调查、分析数据和公布有关交通安全事件的报告来保障交通安全。所有的澳大利亚交通安全局调查组织都达到"零过失"——工作的重点放在提高未来交通安全方面。在2005~2006年期间,澳大利亚交通安全局发布了32项交通安全统计数据和研究报告,22项关于公路安全运输,10项关于航空安全运输。

澳大利亚交通安全局致力于交通安全和公共信心的提升。该局从交通立法以及运输服务部门中独立出来。它的主要目标是提供安全交通运输,主要任务是保持和提高交通安全以及公共信心的提升,具体措施包括:交通事故和其他安全事件的独立调查;安全数据的统计、分析和研究;提升公民的安全意识和普及相关知识。

国家道路安全战略两年一次行动计划报告中已经由交通部部长审核通过,并任命澳大利亚交通安全局统一协调管理。澳大利亚交通安全局的报告中涉及调查的事实和结论,安全研究材料,例如国家公路事故的统计数据以及提高运输安全的措施建议。其中分析了交通安全事故和事件的趋势或模式,用于防止其他安全事故和事件的发生。

(1)航空运输。

任何涉及航空运输的交通事故和事件或者在澳大利亚注册的国外飞机必须上报到澳大利亚交通安全局。澳大利亚交通安全局不会调查所有交通安全事件,将这些事件上报是为了搜集相关数据,从而保证未来的安全数据分析。

澳大利亚交通安全局和警察、应急处、空中交通控制、验尸官以及飞机驾驶员一起确保在安全事故调查中证据的相关采集工作。所有的调查工作都具有专业性和高敏感度。澳大利亚交通安全局的调查人员参观事故的发生地点,检查遇难现场和文件以及会见当事人。最终报告中会尽可能的提供安全措施建议。澳大利亚交通安全局不是一个法律组织,其建议不具有法律效力。然而,由于其良好的声誉和广泛的调查,其建议一般会被采纳。航空运输工作也超越国界。澳大利亚是国际航空组织的成员国之一,经常通过分析"黑匣子"数据等工作来协助国际间的安全事故调查。

在过去的10年多的时间里，所有的公布的澳大利亚航空事故（重大的和非重大的）从228起降低到129起，降低比例达50%。重要的是，重大事故数量已经保持相对低的比例。在2005~2006年间，澳大利亚交通安全局公布93项最终航空报告，发布了22项航空安全措施建议，包括18项正式建议和4项安全不足通告。航空立法部门及航空业已经完全或部分地接受了11个有关澳大利亚交通安全局的航空安全措施建议，并正在考虑其他相关建议。另外，澳大利亚交通安全局的航空安全利益相关者执行了和45项航空调查事件相关的129项独立的安全调查行动。澳大利亚交通安全局已经从事和以上航空调查事件相关的13项独立的安全调查行动。

澳大利亚政府最近引进了一项由澳大利亚交通安全局执行的新的保密报告计划——REPCON（简称保密报告）。自从在2004年废除了前一项航空事故确认报告计划，航空业希望能出台一项新的保密报告计划。澳大利亚交通安全局已经和行业内的相关成员一起咨询和协商，为了能确保新的保密报告计划能涵盖相关法律包含的条款，这样才能被有效的使用。

新的REPCON计划的优点有：用法律条款去确保该报告的保密性，重要的是为报告上提到的人员提供保护。澳大利亚交通安全局在未覆盖但涉及安全的区域表示关注：该部门不是寻求损坏个人的声誉。在大范围的咨询工作下，REPCON计划已经得到来自对航空业发展有贡献的成员的认可。

为了提供一份涵盖航空业的计划，澳大利亚交通安全局主持召开了由四名资深航空业代表组成的咨询小组的有关REPCON的咨询会。为了确保该计划满足航空安全的目标，咨询小组每年进行一次讨论，提供相关建议。该咨询小组将积极促进和激励该计划报告的完成；监督REPCON对报告的相关反应；监督REPCON对航空安全的贡献。

（2）海运。

澳大利亚的大多数货物的进出口是通过海洋运输，沿海贸易在其中扮演了重要的角色。在塔斯马尼亚州和大陆之间通过渡船来运送乘客，游轮也日益成为增长的行业。

澳大利亚交通安全局的海运调查机构，通过调查意外事故和海运伤亡人员以及提高国际航运业的安全意识，从而防止未来类似安全事故的发生。澳大利亚海运安全部门必须将海运事故和重大事件的相关情况上报到澳大利亚交通安全局。

海运调查包括世界各地在澳大利亚登记注册的船只相关的意外事故和重大安全事件。澳大利亚交通安全局也会调查澳大利亚水域范围内悬挂外国旗船的意外事故和伤亡人员，或者对在澳大利亚发生意外事故的船只进行取证。在了解事件基本情况的基础上，澳大利亚交通安全局会对统计数据进行简单的分析，在获取更进一步详细的信息，或去现场指导调查。

澳大利亚交通安全局还执行澳大利亚海运保密报告计划。船员可以通过该项计划报告船上不安全的环境、事件或者工作的有关程序，而不必担心身份的暴露。

2005~2006年期间，澳大利亚交通安全局从13项完整的事故调查中提出40项海运安全建议，其中包括Malu Sara的事故调查，从而指导在脱雷斯海峡运行船只安全性能的提高。澳大利亚交通安全局的海运调查机构，通过调查意外事故和海运人员伤亡，以及提高国际海运业未来的安全意识，从而提高海运的安全性。

（3）铁路。

州际铁路网络是国家级的重要运输系统，为澳大利亚货运提供除公路运输外的运输选择。现在有更多的国家铁路运营人员进入铁路运输市场，澳大利亚政府通过资助澳大利亚铁路货运公司、澳大利亚交通安全局的独立调查和安全措施来提升州际铁路的安全运输。

州际铁路网络中发生意外事故和重大安全事件必须上报到相关州或领域的铁路安全法规部门，然后再通过该部门通报给澳大利亚交通安全局。澳大利亚政府认为要集中力量对安全事故进行深入的调查，才能最大限度的提高铁路运行的安全性能。当开展一项安全事故的调查工作时，澳大利亚交通安全局将邀请代表州/领域的铁路安全法规部门的调查组中相关成员、火车操作人员以及 track access provider 共同参与。从事故发生现场取证，和目击者面谈，以及检查有关工作维护和记录的相关文件。调查报告中会包括适当的安全措施建议。澳大利亚交通安全局还和州/领域的相关法规部门一起在全国建立和扩大公共领域可获得铁路安全数据的范围。

(4)公路。

各个州和领域直接负责公路交通法规的制定和执行，驾驶员培训和颁发执照，公路建设及维护以及公路安全教育活动。澳大利亚政府的职责在于加强对交通运输结构变化和事故多发地段的相关研究，制定新的车辆标准以及监督车辆安全数据的记录。

澳大利亚交通安全局负责搜集、分析和公布国内有关道路损伤的数据，包括道路交通事故死亡人数，和经济合作和发展组织成员国的比较以及有关道路安全事件信息。澳大利亚交通安全局从事国内重要道路安全事件的研究，帮助制定有关道路安全政策。研究结论将有助于车辆安全标准的制定。研究主题包括在运输业中有关速度控制，社区的道路安全观念，驾驶初学者的教育以及疲劳驾驶等。

(5)国家道路安全战略。

《2001～2010 年国家道路安全战略》为澳大利亚政府、州、领地和当地政府、其他主管道路安全管理的部门提供指导性框架。澳大利亚交通安全局在战略和相关工作计划以及工作评估之间起总体协调作用。

该战略的总体目标是：到 2010 年底道路伤亡人数每年减少 40%。该框架指导道路安全工作的系统化，从而达到道路更安全、速度更安全及车辆更安全。个人的安全责任意识也至关重要。该战略整体回顾了国内道路安全工作的进步及未来优先发展的领域，澳大利亚交通安全局和州、区域政府、许多组织一起开展 2007～2008 年国家道路安全行动计划，即在 2001～2010 年的国家道路安全战略中的第四个行动计划。

在 2001～2010 年的国家道路安全战略中澳大利亚交通安全局主要起总体协调作用。澳大利亚交通安全局从事安全意识教育工作，目标范围从年轻驾驶员到商业渔民。

3. 交通安全办公室

交通安全办公室下设六个处，分别为航空安全处、海事及水上安全处、供应链及身份安全处、分析及运行支持处、航空安全政策及法规处、管理及运行处。其职能主要体现在以下几个方面：

(1)应对复杂多变的全球环境。

交通安全办公室是交通部的一个重要的职能司，在识别全球环境中的交通安全方面起关键作用。澳大利亚政府认为在国际交流频繁的环境中，必须坚持不懈的增强安全措施。交通部门应当对恐怖分子和犯罪分子引起足够的重视，将交通安全工作作为首要工作。澳大利亚政府和州、领域政府以及交通业一起致力于提高澳大利亚交通系统的安全性，以及减少将交通和运输工具作为恐怖活动目标的可能性。

在“国家反恐计划”的框架下，澳大利亚政府工作包括：在交通安全方面提供战略领导和国家范围内的一致性;建立和执行关于航空飞行、空中货运及海运部门的预防性安全框架体系;和州、区域政府一起实现在水陆运输领域预防安全措施的有效性和持续性。交通部的交通安全监察员监察范围包括:澳大利亚所有主要机场、国内航线、国际航线、空中货运操作工作、主要港口以及大量船只。

(2)建立一个更安全可靠的交通系统。

交通安全办公室代表澳大利亚政府为了澳大利亚人民的幸福生活,致力于建设一个更安全的反恐以及违法行为的交通系统。它在保证空运、海运、海路原油和煤气运输,空中货运的安全,及提出相关建议方面起到关键作用。

交通安全办公室的职责:

①致力于有关空运、海运、海路原油和煤气运输领域的运输安全在全国范围内的一致性;

②为澳大利亚政府提出相关建议和简报;

③制定减少有关空运、海运、海路原油和煤气运输各个部门交通安全风险的法规;

④分析相关情报资料,采取措施减轻恐怖行动和风险,交通安全工作中心办公室主要就有关交通操作方面的工作给予帮助并提出建议措施;

⑤定期监察,保证交通行业的人员遵照安全计划,这样工作人员和公众才能信任交通系统的安全性;

⑥为了提高澳大利亚的安全工作,在有关政策、计划和法规的制定方面,需要和主要政府部门以及行业内参与者共同商讨制定。

(3)发展中的交通安全政策。

交通安全办公室的主要职责是持续性的增强以下几个方面的有关政策:

①航空安全;

②区域航空和空中货运安全;

③海运安全;

④关键部门和水陆运输安全;

⑤货运和供应链安全。

澳大利亚拥有一个活力十足的交通安全框架,该框架由近 340 名航空业参与人员共同行动及监督来支撑,覆盖澳大利亚 180 个机场,160 条国内和国际航线,以风险评估为基础的 7 500 架专用航空飞机以及 850 个空运货物代理机构。

澳大利亚政府已经批准 3.65 亿美元的资金来完成区域机场的安全基础设施建设,主要包括栅栏、照明设备、CCTV 和警报系统、关闭装置、标示牌和通道的管理措施。

交通安全办公室和交通行业一起确保对澳大利亚政府的交通安全政策框架提供支持,且保证政府和交通行业意识当前到交通安全政策工作的挑战性。工作主要包括:赔偿法案,根据需要更新或者建立新的法规,就关于影响关键交通部门的安全恐怖和风险事件的回应给政府相关建议。建议包括:工作程序的实践准则以及“国家交通安全战略”的修订。

(4)交通安全增强项目。

在不同领域中促进交通安全的几个项目正在进行中。这些方案主要用于鉴别地面上的危险分子。

①确保区域航空安全的措施。

为了确保区域航空安全,对现有设施投入 4.8 亿美元,通过各个部门提升区域航空安全及促进对航空安全的重视。

区域乘客扫描——对飞机工作人员掌握金属探测技术和安全意识进行培训。金属探测工具包中将增强安全技术。

州和区域警察联合训练演习——和州、区域以及澳大利亚联邦警察一起培训区域警察的航空安全知识。该培训还将培训工作人员从当地公安部门和最靠近澳大利亚联邦警察保护服务区域快速调度组得知安全意外事件之后的协调反应能力。

区域快速调度组——为机场安全控制提供反恐反应能力。

航空安全意识——对区域航空利益相关者提高徇证信息的教育意识进行培训。

区域航空业发展战略——通过国家基础工业和有秩序的、准确的通信渠道来实现航空工业的规范化发展和引导利益相关者联络的有效性。

区域机场资助项目——澳大利亚机场协会升级国内区域机场的基础安全设施,例如栅栏、照明设备、闭路电视、警报系统、关闭装置、标示牌和通道控制措施。

闭路电视——在选择的区域机场内试验闭路电视的使用。

强化驾驶舱门——通过为所有的民航飞机强化驾驶舱门并配备 30 到 59 的乘客座椅数量,从而提升驾驶舱的安全性能。

社区意识和行业参与——和区域航空工业建立合作关系,共同学习和执行《2004 年航空运输安全法案》和《2005 年航空运输安全法规》。

②航空安全培训框架。

2005 年,澳大利亚政府宣布在航空领域投入 380 万美元在全国建立统一和高质量的培训框架和教育资源。该培训框架将满足不同范围内的航空操作工作以及不同工作者(例如机组人员、后勤人员、地勤人员、空中飞行管理人员以及空中安全警卫)的需求。

澳大利亚政府和航空 & 安全行业、其他政府机构一起致力于完成安全培训框架规定的工作,计划已于 2007 年中旬开始实施。这将有助于体现航空安全的全国同一性,以及有利于航空业在《2005 年航空运输安全法规》下满足培训要求。

③航空货运。

航空货运在整个贸易产值中占 21%,范围从易腐货品的区域运输到医药供给,从办公配置和电子设备到衣服及配件。澳大利亚作为国际民间航空组织(ICAO)的成员国之一,需要通过供应链中不同公路运输工作人员来致力于形成一个满足 ICAO 职责的航空货物运输安全制度。

2005 ~ 2006 年度的财政预算中,澳大利亚政府和航空业一起投资 4.8 亿美元来加强国内和国际航空货运的安全性。其中交通部投资的 1.3 亿美元将用于:在澳大利亚每个主要机场扩大使用爆炸痕迹探测装备来检查国内航空货物;提高货物操作人员的安全培训质量;和海关以及航空业一起合作对多种已有的和显现的爆炸物探测技术的试验。另外 3.5 亿美元将用于海关的设施建设,从而增加通过安全检查的航空货运数量。

此外,议会通过了在 2006 年 9 月对《航空运输安全法案》的改善法案。该法案规定将有计划的抽查到机场但还未进入飞机的货物。澳大利亚政府和州、区域政府一起合作提高全国范围内的海运安全。

④航空和海运安全举措。

航空运输——国家范围内统一的航空安全措施包括航空安全识别卡系统。对于经常出入安全控制机场的人员要求配备航空安全识别卡。航空安全识别卡系统应用范围将逐渐扩大,不仅仅在当前确定的主要机场运用,而且扩展到许多澳大利亚区域的将被安全控制的机场中。

海运——海运安全立法和法规通过建立一个安全立法框架，惩治非法破坏海运或海洋石油运输和煤气装备。新的海运安全身份识别卡是海运工作人员工作中的重要组成部分。该卡片会对安全区域中不受监视的港口、船舶、石油和煤气的海运设备中发生的违法行为进行检查和安全评估。

⑤国内闭路电视系统的工作条例规定。

国内闭路电视系统工作条例规定中规定，在大量乘客运输的地方提升使用闭路电视来达到反恐的目的。该条例设置一个使用闭路电视系统的政策框架以及目标、协议和最低要求，这样才能在正确的风险分析的基础上保证未来投资。它还包括固定和移动的闭路电视系统协议要求，以及有关选择、储存、进出、使用、保密、揭发、保护和保持闭路电视信息的国家指导方针。

该条例是弹性和变化的，因为运输系统是庞大和复杂的，而非单一，闭路电视执行的普通标准逐渐合理或普遍接受。它的应用不仅仅是提供一个有效的反恐工具，而且还能提高大量旅客运输的一般安全。

在 2004 ~ 2005 年期间，澳大利亚政府委员会签署了一项新的关于水陆运输安全的政府间协议。该协议的目标是在澳大利亚区域内提高运输安全职责。

⑥基于大宗运输的水上安全。

澳大利亚政府和州、区域政府一起致力于提高全国范围内的统一协调的水路运输安全。交通安全办公室的秘书处用来支持交通安全工作组的常务委员会，定期讨论和贯彻执行交通安全工作事项和举措。

到目前为止采取的措施包括：有关水陆交通运输安全的政府间协议（IGA）；水陆交通安全论坛和工作任务；有关帮助运输人员安全准备工作的指导材料；有关指导水陆交通工作人员识别和处理可疑行为和物品的材料。

未来有关水陆交通安全的工作包括：对新的和出现提高水陆交通组织安全技术的评估；有关减轻在水陆交通系统恐怖威胁的机构设计工作；交通区域内的战略计划主要是确保对交通安全管理的综合全面的分析及对计划的反应措施。

（5）交通安全法规执行工作的制定和管理。

交通安全办公室代表澳大利亚政府致力于有效执行、管理和计划交通安全法规工作，确保航空运输、海运和货物摆放位置的安全运输计划。该办公室负责的工作有：

①对澳大利亚国内 180 个机场、160 条国内和国际航线，已经完成风险评定的 7 500 架民航机以及 850 空中货运代理机构的调整进行评估；

②评估 250 个海运安全计划的制定机构，其中涵盖 70 个港口、300 个相关设备、58 个海洋石油和煤气运输平台；

③指导近 20 万项航空和海洋运输业的检查工作。

还包括制定和评审有关航空运输、海运和货物站点的国内监督和执行框架。

澳大利亚海运安全制度当前适用于近 470 个海运业参与者的安全协议，包括 70 个港口、184 个港口设施、97 个港口服务机构、59 艘悬挂澳大利亚国旗船只以及 58 个海洋石油和煤气运输设备。

（6）参与国际交通安全举措。

澳大利亚航空运输和海运安全制度通过参与其他国家的交通安全问题而逐渐加强。其中包括：

①与亚太区域的主要交通安全机构建立联系；

②增强澳大利亚机场最后沿途停靠港口的安全措施,例如在印尼投资110万美元——澳大利亚航空安全项目和完成区域交通安全风险管理的工作任务;

③通过参与交通安全监管来增强亚太区域的海运安全;

④致力于澳大利亚区域内反空战略的制定和实施;

⑤参与国际交通安全论坛,例如国际海运组织(IMO)和国际民用航空组织(ICAO)。

4. 航空及机场司

由于澳大利亚国土面积较大以及人群居住比较分散,航空运输对于其经济和社会安定发展来说至关重要。同样,澳大利亚政府需要通过航空运输和世界上其他国家联系——实现全球化,连接贸易伙伴及发展旅游市场,这些都意味着可行的、有竞争力的及安全的航空运输业对于澳大利亚的未来发展是至关重要的。到2006年3月止,近21百万乘客往返于澳大利亚的国际航线,与2005年相比增长了4.6%。在澳大利亚国内,乘坐飞机旅游的乘客是这个数字的两倍。到2006年4月止,澳大利亚国内和区域航空运输了4 200多万名乘客,和2005年相比增长了5%。

航空及机场司代表澳大利亚政府,对航空运输和机场政策提出相关建议,以及制定规划,形成一个具有竞争力的、安全的和可持续发展的航空运输业,该机构主要确保以下工作的完成:

(1)确保航空运输业在有影响力的和可调控的环境中运营;

(2)公司和个人都有权进入有竞争性和安全性的国际、国内航空服务领域;

(3) 按国际标准有效的管理空域;

(4)澳大利亚政府的投资以及联邦机场的租赁都由航空运输机构来负责管理;

(5)将航空运输对环境的影响降低到最小。

该机构是澳大利亚的民用航空安全机构,负责澳大利亚空中勤务和航空运输业。它还通过参加国际民用航空组织(ICAO)的工作,取得了全球化的统一的航空运输标准。

围绕如何管理日益增长的航空运输业,航空及机场司的工作重点主要体现在五个主要方面:

(1)航空安全法规——建议政府在有关国内和国际航空安全的立法;

(2)机场——管理澳大利亚政府在租赁联邦机场的利益;

(3)航空运输市场——建议国内和国家航空运输业的政策和市场发展措施;

(4)空域政策——为有关空域政策及新技术发展方向提出相关建议;

(5)航空运输服务——对有关澳大利亚航空运输服务、飞机噪声以及发射物提供政府安排的有关建议。

在亚太区域的航空安全的提升通过以下一些工作:通过澳大利亚政府的提升合作计划资助巴布亚新几内亚的民用航空机构;代表太平洋航空安全办公室委员会——通过在安全领域的合作增进区域经济规模效益;印度尼西亚政府要求东印度尼西亚的空中运输管理中心,资助MAKASSAR的先进空中运输系统。

该司下属航空调控处、机场处、航空市场处、空域政策处、航空服务处五个处,主要职能如下:

(1)航空法规处。

航空及机场司对国内及国际航空安全法规提出政策建议,和澳大利亚民航安全局(CASA)一起合作,负责日常航空运输法规的制定工作。和澳大利亚民航安全局(CASA)一起工作的重点之一就是如何实现在飞行环节中的毒品和麻药检测。

航空及机场司促进亚太区域内安全措施的更好建立。该部门和澳大利亚ICAO、国内专业机构一起合作,将工作重点扩大化,专门负责制定有关高效的国家航空标准的制定。在2007年9月负责召开第36届三年一次的ICAO会员大会。会上回顾了ICAO的工作和为未来工作方向的设置。

2006年5月2日,为了提升人民的安全意识,澳大利亚政府宣布通过法规形式在航空运输环节中引进对禁止毒品和酒精的检测。飞行员、机组人员、驾驶舱人员、地面燃料补给人员、行李托运员、安全筛查人员、航空运输控制人员和其他机场的相关人员都将成为毒品和酒精检测的对象。交通部、CASA以及航空运输业一起作为该项计划实施的代表,目标是通过引进毒品和酒精检测制度来降低航空飞行安全风险。

(2)机场处。

该处负责保证澳大利亚政府在交通运输基础设施上投资的管理。在航空运输环节,要监察联邦机场租赁运作的情况,且要和《1996年机场法案》的规定相一致。在2003年的前6年里,共有22个澳大利亚政府拥有的机场私有化。该销售涉及的租赁物并非不动产,其价值达85亿美元。这些机场租赁运营初始时间为50年。

航空及机场司和机场承租人、行业组织、社区利益相关者以及航空运输机构一起确保对机场的有效管理,从而支持澳大利亚的民用航空发展。该司主要负责监察机场计划,发展和建立机场的基础设施以及调节机场运行的环境。公共咨询和详细的发展计划主要是针对主要机场的发展,尤其是对环境或生态有重大影响的机场。航空运输及机场司促进2006年9月公布的《咨询指导方针》的进一步提高。

(3)航运市场处。

航空和机场司为航空运输政策的制定提供有关建议,包括国内和区域航空运输政策。2006年年末澳大利亚政府宣布,2007年的主要工作是促进专用航空运输的行业法案议程的制定。法案议程是政府行业战略的中心工作。它将有计划的促进行业领导能力和制定增长,达成共识的工作重点以及能面对变化的行业战略。

在国际面前,航空运输和机场司协助政府回顾其国际航空运输政策,以及参与双边和多边论坛,从而促进政府的政策议程的制定。尤其是,该司就国际航线权和其他国家谈判,从而提供乘客和货物在澳大利亚和其他国家之间的航空运输服务。

航空运输政策回顾。2005年,该政府回顾了澳大利亚国际航空运输政策,发现当前自由化的航空运输政策比较合理,应当予以保持,为了确保航空运输业未来更好的发展,需要对其中部分内容进行完善。澳大利亚将继续致力于实现“开放的天空”,允许航空运输的自由竞争,并更好的促进澳大利亚航线进入国际市场。当澳大利亚政府和其他国家就国际航空运输协议进行谈判时,它会:

①通过航空运输政策继续促进贸易发展和经济利益的提高;

②致力于保持和扩展航空网络中心的范围;

③确认澳大利亚国有航空公司的重要地位;

④确认国外运输企业对航空运输业的重要贡献作用。

由于澳大利亚国有航空公司对该国具有重要的经济和战略意义,因此要鼓励其增长。它们不仅增加国家收入和促进澳大利亚旅游业的发展,而且还在区域发展中起关键作用,尤其是在亚洲海啸和巴厘岛爆炸事件发生之后。

回顾中发现澳大利亚需要吸引和保留主要国外航空公司,从而促进竞争和促进全球贸易、旅游市场的发展。该政府将继续促进澳大利亚区域的发展,通过提供开放市场,除了悉尼、墨尔本、布里斯班和佩思四个主要的门户城市,允许国外运输企业进入所有的机场。

该司通过国际贸易组织和亚太经济合作组织表现出政府对运输服务市场开放的浓厚兴趣。该司带领各个处室参与 APEC 交通工作组的工作,并且为 2007 年 3 月在澳大利亚召开的 APEC 交通部长级会议做准备,该工作还包括和其他国家共同制定和管理运输领域的双边协议。

(4)空域政策处。

航空运输和机场司主要是为澳大利亚政府提供涉及空域政策的建议,包括有关技术和其他发展的建议,并需要政策的响应。该司支持澳大利亚政府在空域改革方面制定目标,并且贯彻执行政府的决议,将空域法规的职责从澳大利亚航空运输服务传递到澳大利亚民航安全局(CASA)。

(5)航空服务处。

该部门就有关澳大利亚航空运输服务的政府计划安全提出建议。例如,在 2005 ~ 2006 年,航空运输和机场司分析了 CASA 的管理组织结构,并在此基础上对澳大利亚的航空运输服务进行改进。该部门还负责对飞机噪声、散发物以及其他和飞机运行相联系的环境因素提出相关建议。这包括有关航空运输环境问题和项目的咨询,从而最大程度的减少飞机噪声对社区的影响。

在航空运输对环境的影响和高效的机场、航线的运行之间找到平衡点是一个很大的挑战。社区主要关注机场里飞机噪声导致夜间宵禁令和飞行路径限制的规定。另外,所有澳大利亚民用航空飞机必须遵从飞机噪声管理法规。该部门制定和运行了一定范围内的噪声管理政策和措施,并且制定一个新工具用来分析和公布有关噪声和散发物,从而更好地公布讨论结果和政府政策。伴随着航空运输的增长,飞行操作中排放物的数量逐渐引起了大家的重视。该部门和澳大利亚政府其他机构、ICAO 一起制定和谐、可持续发展且能减少飞机排放物数量的方法。

机场噪声改善计划由悉尼和阿德莱德在 1994 年和 2000 年分别制定。在这些计划之下,澳大利亚政府在符合条件的房屋及公共建筑物里安装隔声设备,比如中学、大学、幼儿园、托儿所、老年人康复中心以及教堂。这些计划将使所有被认定符合标准的建筑都安装上隔音设备。所有条件合格的居民房屋的所有者接收了该设备并已安装,还有 100 多个公共建筑物业也已经安装了此设备。

5. 澳大利亚最新陆路交通规划司(Auslink 司)

Auslink 司和其他政府部门、行业及交通利益相关者一起致力于规划和资助公路和铁路运输的高效化。澳大利亚的国际竞争力部分依赖于高效的交通管理机构,这样成本降低且运营高效。由于澳大利亚国内居民点比较分散,高效的运输对支持社区发展至关重要。

澳大利亚交通发展的挑战是从对已有的需求推动资金投资转向根据需求预测来规划和资助国内的交通运输管理机构。2005 年,澳大利亚政府的商品出口和机构工作小组将问题和机构投资决定等同,包括对出现机构问题时行业和调整者的反应事件。该工作小组认为澳大利亚政府有关公路运输的国内战略,Auslink 即为一个理想的长时期的发展该国机构的途径,包括出口和更广泛的范围。

澳大利亚政府、州和区域委员会的领导已经明确了在 Auslink 指导下的主要货运和交通流通战略,这些战略将为在关键公路运输机构的投资提供国内指导性框架。所有的州和区域已经和澳大利亚政府签署了双边协议。这些都为在 AusLink 的头五年计划中政府投资 150 亿美元用于改善交通运输机构提供坚实的基础,这些资金支持超过了政府对其他领域的投资。

AusLink 司的职责在于改革澳大利亚的交通运输,其下属五个处,分别为:澳大利亚最新陆路交通规划政策和 QID/NT 道路处、VIC/TAS 和战略项目处、SA/WA 及地方公路处、NSW 及投资合作处、铁路处。该司主要是改变政府在各个层面的计划方式,资助和制定主要公路和铁路系统基本机构。

【专栏】 AusLink 的基本情况

1. AusLink 是澳大利亚第一份国内公路运输规划

AusLink 即澳大利亚最新陆路交通规划,它为澳大利亚交通运输系统如何满足经济发展的目标提出长期的战略性的解决方案。国家公路运输计划是一个五年规划蓝图,主要是提高 AusLink 国内公路运输网络的重要公路和铁路的基础设施。该计划将更好的计划转变为更好的实施——鼓励好的观念和投资来达到效果最优。AusLink 致力于所有政府部门和交通运输业共同制定交通运输计划,鼓励交通运输问题和方案的集体化决策。AusLink 还鼓励私有部门对其的投资。

未来在国内,关键交通运输连接代替过去的公路或者铁路的通道。重点在于用最好的方式满足未来的需求,重点在于确保澳大利亚政府在关于国内道路运输网路的投资能获得高水平的收益。例如,预计国内交通运输效率每提高 1%,将促进澳大利亚经济中货运价值增长近 50 亿美元。澳大利亚政府正在进行基础改革,通过由健全的立法机关、政府间、制度上的和项目安排来资助 AusLink。澳大利亚政府将对于新的战略性规划机制和更严格的评估道路运输基础设施项目的方案给予资金支持。

2. AusLink 的核心内容

在 AusLink 的头五年计划中澳大利亚政府从 2004 年年中到 2009 年年中共投资 150 亿美元,主要集中在关键重要国内公路运输系统的长期改善方面。主要包括:在国内公路运输网络中确定重要的公路和铁路线路,将所有大型城市和大部分的货物运输连接起来;国内公路运输计划,澳大利亚政府未来提高国内网络和投资的运行纲要;在新的 AusLink 项目下确定国内网络单一的资金资助制定;对当地公路和战略性的区域交通运输提升分别投资;新的立法机构,政府间的和制度上的机构将支持以上举措。在 2005 ~ 2006 年间,该部门给予了 45 亿美元的资金支持,代表澳大利亚政府保证国内基础结构的建立。这些包括投资 33 亿美元于 AusLink 铁路和公路网络中的 160 多个主要项目中。

3. AusLink 的完成情况

AusLink 的完成情况即有关规划和决策制定的新举措。有效的交通运输对于营造功能化、社会公正和环境负责的社区至关重要。尤其是在一些城市里,包括这些城市之间的连接,在农村和区域内的澳大利亚出口货物大的地方。今后的 20 年里澳大利亚货运量将翻两倍。随着交通运量的提升,交通运输任务将会越来越复杂,交通运输机构的社会和环境管理成本将逐渐增长,澳大利亚递增的人口数量给农村和区域的运输连接带来更大的压力。AusLink 代表澳大利亚政府对交通运输进行改革。它改变了政府各个层面的规划方式、资金资助和制定主要公路、铁路系统内的基础机构设置。

(1)确定国内网络。

澳大利亚所有地区的连接。AusLink 的国内交通运输网络独立地计划和资助国内铁路和公路网络,主要是面向交通发展连接的综合战略的特别项目。国内道路运输网络十分广泛——由22 500公里的公路和13 985公里的主铁路线组成,用来连接大城市和国际、国内及区域间的旅客和货物运输。由澳大利亚、州和区域政府资助。国内道路交通网络的发展将提高道路运输和主要港口、机场之间的连接,包括主要铁路/公路综合运输站点,是综合所有运输模式的关键因素。

(2)制定通道战略。

通道战略的制定是AusLink计划的基础。国家道路运输网络由24个运输通道构成,是澳大利亚的主要货运路线。研究这些通道的运输需求和功能、不同行业需求、货物流通的种类和模式以及20年后或将来会影响模式的因素。

长期通道合作战略将会确定每个通道中交通运输的不足和优点,并为澳大利亚、州和区域政府之间共同计划、制定项目及资金支持方面提供更好的战略框架指导。通道战略在2007年中期已经完成。该战略将对有关未来的项目、范围、时间和成本,以及公布2008~2009年的澳大利亚政府的交通计划。

(3)国家铁路规划。

交通部管理澳大利亚政府的AusLink铁路投资。这些包括澳大利亚铁路路线合作的运作回顾,政府拥有100%股权的私有企业。ARTC管理所有主要州际铁路网络的基础设施建设。它还提供有关铁路和综合运输问题的详细报告和研究。

澳大利亚政府通过对基础设施的投资,促进澳大利亚铁路的安全有效发展。特别是政府和州、区域一起就国家铁路安全立法和相关法规制定的国家模式达成一致。该模式由每个权限部门颁布,主要致力于澳大利亚国家拥有统一的铁路安全立法和法规。

(4)区域经济和社区的支持。

确认区域对于经济增长的重要作用,澳大利亚政府将政府间的合作作为获得长期交通运输解决方案的有效途径,从而增强区域内的经济和社会发展机会。AusLink的战略区域项目促进当地政府机构间达到目标的合作。该项目为许多大型的计划提供合作资金资助——今后重点是合作支持和实施更多计划。

(5)修复公路。

当地道路基础设施的修复。澳大利亚拥有81万公里的道路,当地政府委员会负责管理65万多公里的道路,这些当地公路服务于市郊和农村社区。澳大利亚政府支持这些委员会提高当地交通基础设施的建设。2008~2009年间用于AusLink的财政投资达18亿美元资金。根据州和区域间的人群分布和道路长度来分配资金投资。每个委员会所分配的资金是根据每个州和北区域的当地政府评审委员会的建议来确定的。这些委员会决定被资助的项目。

(6)保障旅行更加安全。

减少事故伤亡人数,拯救生命。每天澳大利亚公路事故伤亡人数大约是5个人,更多的人在事故中严重受伤。另外,估计每年因交通意外事故花费的成本和个人承受的损失有160亿美元。AusLink的事故多发地段项目通过在事故多发地段采取相应措施,每年减少500起意外伤亡事件。

社区的广泛咨询和参与保证当地的重视。社区组织、汽车组织、工业组织、委员会和个人被推荐到澳大利亚指定的事故多发地段。大城市外的区域有超过60%的道路死亡和相当比例严重伤亡事故,一半的资金资助都用于澳大利亚区域地区。

该项目在伤亡事故发生前做相关安全预防工作。确认一些可能是"意外事故发生"的地段,一旦道路交通工程师完成一条公路的安全审查并发现需要做相关的完善工作,则会投入高达20%的项目资金来处理这些公路地段。在事故多发地段每节省美元,估计相当于为该社区创造14美元的收益。AusLink的事故多发地段项目和国家道路安全战略相一致。该战略的目标是到2010年意外事故数量减少40%。

6. 海运及道路运输司

从每天的人和物的运输到经济增长的长期目标,海运及道路运输司致力于使澳大利亚政府、工业和社区发展形成一个整体,并通过对主要公路、铁路和港口基础设施的调整和规划,造福于澳大利亚人民。

澳大利亚政府委员会(COAG)已经将运输改革作为"国家改革日程"的主要部分。这些改革计划帮助澳大利亚适应未来的经济增长和保持国际间的竞争力。其中包括诸如调整州、区域的道路和铁路法规,审视城市道路的堵塞趋势、影响和解决方法以及为社区提供高效的道路和铁路货运基础设施。

海运及道路运输司在澳大利亚政府诸多改革中起领导和协调作用。为了提高澳大利亚国际竞争力及确保道路运输系统的有效、量大、安全和可持续性,该司下属海运处、交通一体化及改革处及运输工具安全标准处三个处,其工作重点主要集中在以下三个关键领域:

(1)海运政策和法规的制定;

(2)运输一体化和改革;

(3)车辆安全标准。

2006年海运和道路运输司做为法规的主要制定者,完成了澳大利亚多个国际环境协定的制定。这些包括关于控制防止船舶污染系统的国际协定,以及为防止船舶污染的有关石油和液体污染的附属条款的修改。

(1)海运处。

澳大利亚的出口主要依靠海运。其出口货物的99%依靠海运,且国内货运的相当一部分依靠沿海航运。海运服务的需求正在逐渐增长。预计到2013年通过澳大利亚主要港口的集装箱运输将增长66%,同样陆路运输组织的能力也将大幅度提高。海运业受自然因素和其他诸如国际贸易和发展变化等外界因素的影响。例如,随着物流、海运和港口业的一体化,全球贸易将更加自由化。

海运和道路运输司致力于构建一个高效、安全和环境友好的海运系统,包括制定有效的海运规章制度以及和国际标准相一致的环境、安全法规。海运和道路运输司为澳大利亚海运提供立法建议,确保澳大利亚工业使用到的海运服务具有国内和国际竞争力。澳大利亚海岸的安全和环境保护也是工作的主要部分。海运和道路运输司完成澳大利亚的环境协定,从而以防或减少污染的风险以及提供和国际法律相一致的有效补偿条款。

海运在连接澳大利亚社区方面起重要作用。海运和道路运输司管理三个方面:为更多塔斯马尼亚州的工业和乘客的交通工具提供更多更多选择;塔斯马尼亚州货运平衡计划(TFES);塔斯马尼亚州粮食运输补贴计划(TWFSS);巴斯海峡乘客运输工具平衡计划(BSVES)。国际上,海运和道路运输司、澳大利亚海运安全部门在国际海运组织和其他全球论坛上代表澳大利亚的利益。

(2)交通一体化及改革处。

相对于传统的运输方式来说,综合运输和物流的关注度日益提升。要求更有效的、及时的交通规划，尤其是和港口吞吐量及投资相关的部分以及在港口和其机构之间的连接。

当前的工作包括在增长经济竞争力和支持交通运输的无缝连接方面的信息技术标准的制定、法律和经济事务，诸如交通运输能力的平衡性和有效性。交通一体化和改革方面的工作包括在《1992 年无能力和无罪法律》规定下回顾交通标准，且通过联合国和国内交通委员会参与发展和完善危险货物的安全运输。

海运和道路运输司还监控和报告主要工业发展，视察货运委员会的资金状况，以及为澳大利亚政府提供有效使用资金的相关建议。另外，海运和道路运输司保持和促进“绿色车辆指南”的颁布，使得重型运输车辆排放物的标准和当前欧洲排放物标准相一致，制定澳大利亚物流业战略。

(3)车辆安全标准处。

澳大利亚拥有高效的车辆安全法规，包括年国内市场的新进入者以及确保澳大利亚汽车业出口到其他市场。海运和道路运输司发展、保持及管理机动车辆和拖车的安全、防盗标准。这些确保每年数百万进入澳大利亚市场的机动车辆和拖车符合国家标准。

在澳大利亚第一次登记注册的公路车辆必须符合《1989 年机动车辆标准法》的规定。该法律要求车辆符合国内安全和排放物要求的标准。在《1974 年贸易管理法》的规定下，一旦发现在澳大利亚销售的车辆存在安全问题，供应商必须召回将导致或可能造成伤害的车辆。海运和道路运输司要编写有关车辆安全过失及车辆安全召回的监督的调查报告。

海运和道路运输司还要负责制定“车辆专家计划”以及“登记注册汽车生产厂家计划”。其提供的年报中涵盖的信息包括进口道路车辆的设计、制造、销售、修正、维护和修复。该报告对于重要事件给予预先通知，列出运行和其他标准的代码，从而补充立法需求，并且对有关道路车辆安全和相关设计给予建议。

海运和道路运输司还签署国际协议，因此澳大利亚制造业能更容易参与全球车辆生产过程，这样将减少其相关成本。澳大利亚标准和相应的生产过程逐渐和国际生产融合在一起。这将消除贸易壁垒，以及允许世界其他车辆生产厂商供应澳大利亚市场而无需更多修改——将使车辆的生产成本降级、安全性能提高、环保性能更好。

该司还参与国际研究。例如，海运和道路运输司支持澳大利亚政府在碰撞测试标准的研究发展方面扮演重要角色。这将为设计者提供必要信息，从而发展和优化车辆的安全装置，并将结果和已有的标准相比较。

7. 运输与区域经济局

运输与区域经济局为政府提供有关交通运输和区域的信息和分析的第一手资料，包括结合大量的统计信息对当前和正在发生事件进行经济的和社会的研究。该局的研究主要为政府对有关交通和区域服务的政策决定提供支持。该局下属运输研究处、区域研究及交通运输统计处、战略工程处、战略交通政策发展处四个处，其主要职能体现在以下几个方面：

(1)提供高质量的信息和分析。

运输与区域经济局是专门的经济研究部门。该局就有关澳大利亚交通运输和区域的信息和分析提供主要来源，并结合大量的统计信息对目前和出现的情况进行经济的和社会的研究。其研究结果将被澳大利亚政府、工业以及社区采用。这样，运输与区域经济局为政府政策提供研究支持，以及对交通运输和区域状况的研究。

(2)保持政府和社区的信息渠道畅通。

运输与区域经济局的研究能够确保交通运输和区域事件的决定是基于大量信息和研究的

基础上的。伴随着需求的增加研究是正在进行的分析和特定项目的结合体。研究结果通过对经济因素对交通运输和区域服务的影响有更加深入的认识,将会导致公共层面更好的讨论和参与。该局保持独特的数据采集方法,尤其是在航空和海洋运输方面,是澳大利亚航空数据的唯一来源。这些信息在该局编写的报告、出版物及相关网站上都有体现。

(3)研究和分析。

每年运输与区域经济局出版有关不同主题的交通运输统计,例如乘客和货物运输,机动车辆事故,交通运输的二氧化碳排放物的评估,以及道路收入和支出的趋势。尤其是将这些和其他国家的道路、铁路、海运和航空运输相比较。

运输与区域经济局的研究内容包括以下几个领域:

①航空和海运——信息及趋势分析;

②道路、铁路和综合运输——信息和趋势分析;

③交通展望——交通运输战略计划的编制;

④提高交通运输组织机构;

⑤铁路、道路和航空运输改革;

⑥交通运输环境和安全的影响;

⑦澳大利亚区域——信息和趋势分析;

⑧区域经济发展——模式、原因和影响;

⑨通过协商会和研讨会促进政策讨论。

(4)出版物。

运输与区域经济局的出版物包括:报告、工作报告、信息报告、单篇情报资料、监视报告、调查报告、职员报告、每月航空统计公报、年度区域和交通运输统计摘要以及年度刊物——Avline and Waterline。

(5)将大企业聚集在一起。

运输与区域经济局还主持年度论坛,邀请交通运输业、政府和研究机构的领导者参与。在2006年中旬召开的为期两天的交通运输讨论会中,来自澳大利亚的参与者讨论了未来交通运输改革的议题。

另外,该局还主持运输与区域经济局的论坛,即“区域展望”,主要是针对大的商业、区域发展、当地政府和研究机构的代表参与——集中讨论大企业在澳大利亚区域社区的经济作用。该论坛在维多利亚举行,其目标是分享观念和展望,促进讨论和发展网络,从而对大企业对区域的未来经济贡献的潜在优势有更好的理解。

(6)在关键领域的预测。

该局未来主要研究内容有:交通事故多发地段计划的评估;道路项目完善的评估研究;区域航空运输需求和服务的分析;道路事故经济成本的更新。在Auslink以及促进各州和工业间联系的基础上,运输与区域经济局致力于推进道路运输数据和分析,其2006~2007年的主要任务:铁路货运执行报告;有关道路运输和主要港口间连接的一年两次Waterline的出版的报告。

运输与区域经济局还将扩大区域现状和趋势的分析,研究项目有:澳大利亚各区域内生活成本的差异;区域的福利;区域的家庭财富;区域的经济发展趋势。另外,运输与区域经济局将支持澳大利亚政府委员会(COAG)对城市交通堵塞趋势、影响和解决方案的回顾。

二、州交通运输管理部门

州政府负责建设和管理本州内的公路、铁路和港口，经营主要城市的公共客运，以及州内各种运输服务、设备、交通安全的管理工作。在公路运输方面，州政府负责主要公路、未建成地区公路及这些公路上的桥梁的建设、养护与管理工作，并对所辖区域政府的地方公路建设给予资助；州政府负责州内的车辆注册、驾驶员执照颁发，出租汽车、公共汽车服务执照的颁发以及相关费用的征收；负责经营主要城市的公共汽车运输服务；负责交通安全法规的制定与实施工作等。在铁路运输方面，州政府管理州内全部铁路的线路、设施及服务。在水运方面，州政府负责港口及设施的规划、施工和设计以及河流航道的整治，相关费用的征收以及航运服务和运价的管理等工作。澳大利亚 6 个州的运输管理机构基本相近，以下仅以新南威尔士州为例加以介绍。

新南威尔士州的政府运输主管部门是运输部，该部门成立于 2003 年，是新南威尔士州政府的公共交通领导部门。该部门负责提供政策建议，以及提供 30 亿美金财政拨款支持铁路、公交、轮渡及出租车运输服务。运输部还负责对公交、出租车、租车及观光旅游车行业的协调管理工作。该部的职责有：制定、协调新南威尔士州交通的优先发展方向；为新南威尔士州的公共交通和主要基础建设工作提供资金支持；规划和完善新南威尔士州交通和其他部门的合作；使新南威尔士州的城市、农村及区域交通的政策、规划和服务一体化；对新南威尔士州的公交、出租车及租车行业进行管理；管理新南威尔士州的公交和轮渡。

运输部通过两个部门对新南威尔士州的交通进行管理，一个是政策和战略协调部门，主要负责交通运输政策、铁路和货运政策、交通运输规划、部门协调等工作。另一个为交通运输服务部门，主要负责交通运输运营、当地和社区交通运输、资金及公司运营管理等工作。

运输部在悉尼、帕拉玛塔、纽卡斯尔和伍伦贡分设四个办公室，和首都城市交通管理部门及 11 个区域交通管理部门一起管理新南威尔士州的城市和区域交通运输。

新南威尔士州的交通运输管理部门主要有 9 个经营管理机构，分别为：交通安全和可靠性独立管理机构；交通安全调查研究办公室；道路与交通管理局；州高速运输管理局；新南威尔士州铁路公司；交通基础设施发展公司；悉尼轮渡公司；机动车意外事故管理局；交通安全和可靠性独立管理机构；新南威尔士州海事局。

(一)交通安全调查研究办公室

交通安全调查研究办公室是一个独立法定机构，其上级主管部门是首席调查机构，该办公室直接对运输部负责。该办公室作为一个独立的法定机构主要负责调查公交、轮渡和铁路运输的安全状况。调查的目的在于确定事故发生的原因，以及为防止此类事故再次发生提出相关建议。

(二)道路与交通管理局

道路交通管理局是新南威尔士州政府机构，其职责主要是：提高道路安全性能；测试和颁发汽车驾驶员执照、办理汽车登记、检查车辆；管理道路网络。

该局管理的道路网络包括：17 912 公里的州公路（包括 4 268 公里的 Auslink 网络和 161 公里的私人投资收费公路）；新南威尔士州的非自治区域内的 2 946 公里的地域和当地公路；4 998座桥梁，包括主要管路和 9 艘车辆运载轮渡；3 630 个交通信号和其他交通设施、系统和资产。该局对当地委员会提供财政支持,用于管理18 474 公里的区域公路以及资助由委员会管理的长达144 750 公里的当地公路。

(三)州高速运输管理局

州高速运输管理局是政府部门,负责悉尼公交和纽卡斯尔公交、轮渡运输的管理工作。在悉尼和纽卡斯尔,每年乘客运量达2 亿多人次。其拥有澳大利亚最大公交系统,有1 900 多辆公交车辆参与运营,而且在纽卡斯尔还经营轮渡运输。该局下设纽卡斯尔公共汽车和轮渡服务、悉尼公共汽车、西悉尼公共汽车三个处。其职能部门主要有公司管理、客户服务、资金和公司服务、人力资源、经营管理、规划、安全和标准。

(四)新南威尔士州铁路公司

新南威尔士州铁路公司于2004 年1 月1 日成立,由新南威尔士州铁路局和铁路基础设施建设公司中的首都城市管理部门组合而成。它是一个州属公司,主要负责提供安全、干净和可靠的乘客铁路运输网络。它的合并标志着新南威尔士州乘客铁路运输服务的新开始。作为新南威尔士州公共交通改革的一部分,该公司成立的目标是建立独特可靠的铁路运输网络。该公司通过 cityrail 网络和 countrylink 网络提供铁路客运服务,负责客运火车及站台的安全运营。它还拥有和保持首都城市铁路运输网络,并通过货运经营者提供相应服务。

该公司下设13 个职能部门,分别是资产管理部、通信部、公司秘书部、公司法律咨询部、公司服务部、财政部、人力资源部、信息和交流技术部、车辆购置战略部、产品发展部、安全和环境部、服务配送部、战略执行部。

(五)交通基础设施发展公司

该公司是州属公司,负责为新南威尔士州政府开展主要交通运输基础设施项目的建设工作。该公司在运输部的领导下从事主要交通基础设施建设项目工作,负责对每个项目的进展、施工和运营进行管理,确保每个项目的施工都符合环境和安全标准。

(六)悉尼轮渡公司

轮渡服务于悉尼海港有长达135 年的历史。该公司下设四个部门,分别为:通信、市场和商业发展部,工程部,财政和公司服务部,运营部。

(七)交通安全和可靠性独立管理机构

该机构有三个主要职责:铁路安全立法工作;对政府财政资金对交通运输资助的可靠性和持续性进行报告;对铁路、公交及轮渡的安全管理办法进行战略协调管理。该机构负责铁路安全立法工作,运输负责公交安全立法工作,新南威尔士州海运部门则管理轮渡的安全。该机构下设四个处,分别为公司服务和规划处、铁路安全管理处、服务可靠处和交通管理战略处。

(八)机动车意外事故管理局

该局是一个法定的公司,主要管理和调节“新南威尔士州的机动车意外事故计划”,其职责是作为第三方来力图将新南威尔士州的机动车辆意外事故最少化。

(九)新南威尔士州海事局

新南威尔士州海事局是法定的州政府部门,其财政部门规定,该局经费不由政府承担,而是自己解决。海事局负责港口和航道的管理,港口与港口基础设施的建设与发展,航道安全管理。海事局下设五个处:船舶、安全和环境处,游轮处,商船和资产管理处,海运资产处,公司服务处。

三、地方交通运输管理部门

地方政府是州政府下设的管理机构,其职权由州政府通过法令授予。地方政府在运输方面的职能主要为:修建和养护地方道路;提供和管理街道照明和停车设施;管理大城市以外的当地营运车辆及驾驶员执照的颁发;地方所辖机场的修建和管理。

四、澳大利亚主要物流组织

(一)澳大利亚物流理事会

ALC 是介于澳大利亚政府和澳大利亚物流行业主要机构之间的一个全国性组织,是他们的合作伙伴,这些主要机构包括物流用户,提供商,相关企业及研究教育机构等。ALC 致力于推动澳大利亚物流产业的发展,为澳大利亚企业和经济创造竞争优势,通过鼓励各方合作,搭建企业与政府沟通的桥梁,以达到多赢的效果,并以此树立起自己在澳大利亚物流行业的权威地位。

目前,ALC 的会员仍在不断增加,所涉及的行业和机会也越来越多。包括大量来自货物运输和物流行业的服务商和用户的高级代表、运输部长、运输部高级官员和各行业协会的代表。

ALC 每年发表《澳大利亚物流产业战略》,并设立执行委员会来完成该战略。执行委员会由 ALC 主席 Ivan Backman 先生,各行业的领导企业代表,一名物流企业的代表,一名物流用户企业的代表以及一名财务人员组成。

(二)维多利亚运输协会(VTA)

维多利亚地区是澳大利亚经济最发达的地区之一,该地区的墨尔本市是澳大利亚最重要的港口之一,承担着澳大利亚四分之一以上的物流任务。因此,维多利亚运输协会也是澳大利亚运输和物流行业重要的协会。

VTA 与澳大利亚各级政府、团体和企业都有密切的合作关系,包括:维多利亚公路货运顾问委员会(VRFAC)、澳大利亚卡车协会(ATA)、维多利亚劳工协会(VCEA)、运输行业理事会(TIC)、维多利亚运输与物流理事会(VFLC)、澳大利亚公路运输组织(ARTIO)、维多利亚供应链咨询协会(VSCCG)、澳大利亚运输委员会行业顾问协会等。

澳大利亚全国道路运输政策及法规由澳大利亚运输委员会(ATC)负责制定(即以前的澳大利亚运输咨询委员会,ATAC)。它是运输常务委员会(SCOT)下属的政府机构,由全国运输委员会(NTC)向其提供政策建议(ATC 的成员代表澳大利亚联邦政府、各州政府和地区政府,以及新西兰和巴布亚新几内亚政府)。

在澳大利亚,由各州而不是国家(联邦)政府行使道路运输领域的管理权限。1991 年前,澳大利亚运输咨询委员会(ATAC)曾试图在各州之间协调统一道路运输规定,但这个过程仅是建议性的,主要取决于各州的执行情况。到20世纪90年代初,澳大利亚联邦政府体系的这种权力分配已经制约了其经济效益,各州之间存在着明显差异,例如VWD标准、允许的驾驶小时、道路成本回收等。因此,1993年,成立了全国道路运输委员会(NRTC),即NTC的前身,它对重型车辆(总重量超过4.5吨的客货车辆)拥有广泛的管理权限,同时还对这些车辆的税收政策制定拥有特别权力。

全国道路运输委员会(NRTC)制定的政策涉及到驾驶员的工作时间、VWD标准、新车标准、使用中的车辆标准(即道路上使用中的车辆状况)、交通规范、危险物品运输、符合性及执法问题、车辆税收等。起初的计划是由委员会负责起草法规,在澳大利亚首都地区由政府颁布,然后在各州执行,作为各州法律的样板。2002年,澳大利亚对全国道路运输委员会(NRTC)进行了分析研究,于2004年成立了NTC,负责管理所有的多式联运,而不仅仅是道路运输。

事实证明,全国道路运输委员会(NRTC)在按照环保规定联合制定车辆噪声和排放标准方面是非常有效的,它为道路管理部门、道路管理部门与有关机构之间有效地交流意见和信息提供了一个平台。到2002年,它已经基本上完成了最初的设想,并开始着手制定更加积极主动的方法来管理道路运输领域,开始为其他方法制定规定,例如以性能为基础的标准、符合性及执法问题、道路运输的线路以及职业病健康和安全问题等,这就使机构的职能从单一的线性职能转变到能够多方位地考虑政策问题,从而建立法规样板。在道路运输领域,它主要负责安全改革(全国道路规定、车辆标准、客货车驾驶小时、危险物品运输、驾照发放等)、效率改革(统一的标准、统一的重量车辆收费标准、限制进入车辆的全国标准、全国性注册登记方案)、符合性改革(连锁责任法规、车辆鉴定备案系统、制裁、处罚和执法规定)、环境改革(严格的车辆排放标准、低硫清洁燃料标准、低噪声标准)。

澳大利亚经常开展正规的听证,由政府组织研究政策或法规的相关方面,提出的建议并不一定会要求修改法规或政策,但会长期地影响政策决策。

澳大利亚在道路运输政策和法规方面采取的措施有如下特点:

(1)由于联邦政府与各州政府之间的权力分配方式,因此成立了联合机构来协调统一政策和法规,在NTC内部成立了一个机构,提出政策建议和法规草案,提交到政治层(ATC),如果需要立法,则提请投票;

(2)在一个机构内(NTC)结合了道路运输规定和道路使用者税收(使用者费用)的诸多方面,在这一点上,与其他国家相比,澳大利亚走得更远;

(3)在澳大利亚,由一个机构(NTC)同时为道路运输和铁路运输(多式联运)制定政策和规定;

(4)澳大利亚也认识到需要在一个放开的市场中加强安全规定的制定,最近发生的一些变化,例如《2004年道路运输改革(符合性及执法)法案》中提出的连锁责任概念以及全国性车辆鉴定备案体系概念(可以对单独的公司进行安全方面的检查)。

五、相关研究机构

(一)澳大利亚运输研究所(ARRB)

澳大利亚运输研究所(ARRB)是澳大利亚运输领域最高级别的运输研究所,原名为“运输研究局”。总部设在首都墨尔本，在 Perth 和 Jakartofi 分别设有分支机构，共有工作人员 100 人。主要业务领域：研究和咨询、技术服务、创新技术开发、技术转让工作。

1. 研究和咨询

在广泛的领域通过各种大大小小的项目合同，为客户提供研究和咨询服务，包括：资产管理分析和规划，投资分析、评价；运输管理、公共运输和交通运营；安全战略、政策、项目评价；可持续交通运输发展及环境问题；道路、铁路、航空、水路运输基础设施；货运管理和重型货车性能；混凝土和沥青材料研究和试验。

2. 技术服务

道路资产管理需要了解和预测资产的状况，并提出相应的决策措施。提供路面状况监控、数据采集、数据处理和分析等技术服务。

3. 创新技术

道路与运输领域的技术创新，软件开发等工作。

4. 技术转让

将研究成果转化到实际应用领域，取得效果与效益。通过国际道路运输信息网络提供信息服务；通过组织会议、研讨会、学习班等形式转播技术信息；通过发行出版物转播技术信息。

(二)澳大利亚道路联合组织(Austroads)

Austroads 是澳大利亚和新西兰道路运输和交通管理部门的一个联合组织，其成员包括：澳大利亚的 6 个州和 2 个领地的运输和交通管理部门、联邦运输和地区开发部、澳大利亚地方政府协会以及新西兰公共交通。其首要任务是为澳大利亚运输委员会(ATC)提供有关道路和运输战略规划的咨询。其宗旨是有效的管理和安全使用道路，促进全国统一的管理和发展，避免没有必要的重复劳动，确认世界上最先进的做法及其应用。

在 1991 年和 1992 年 Austroads 的工作主要在对重型车辆制定规章制度，1993 年和 1994 年重点在于道路系统的性能。1993 年开始进行规划，确认了一些必须解决的问题，1994 年对这些问题进行了进一步的细化，为各个问题设定了总体目标；最后公首次布了他的“1994 ~ 1997 年战略规划”。1995 年又对所公布的战略规划进行了进一步细化，最后确认了 6 个优先需要解决的问题，纳入到他的下一次战略规划——“1995 ~ 1998 年战略规划”之中。

第三此战略规划——“1998 ~ 2001 年战略规划”基本格式与前两次基本差不多，但更注重于总结和重新确定继续解决的问题，制定有关研究日程。澳大利亚运输委员会在 1997 年 11 月制订了他的战略规划，并通过他的常务委员会指定四种不同运输方式——公路、铁路、海运和航空的有关组织执行其规划。Austroads 被指定为负责实施公路部分的实施者。因此，“Austrroads1998 ~ 2001 年战略规划”是支持运输委员会的战略规划并为实施该规划服务的。在这个战略规划中公路不是单独考虑的，而是作为整个综合运输系统中的一部分考虑的。

六、澳大利亚交通管理体制的特点

(一)强化安全管理

澳大利亚各级交通运输主管部门的机构设置及职能分配中处处体现出安全的重要性。在基础设施、运输、区域发展和地方政府部的机构设置中，不仅设立“交通安全检查员”一职，由部长直接管理，且独立于各个司局，对澳大利亚交通运输各个领域的安全进行综合协调管理，而且还设置了交通安全局和交通安全办公室两个司。澳大利亚交通安全局主要是从技术层面保证其各种运输方式的交通安全,以及对交通事故的安全调查及相关技术工程的建设工作。而交通安全办公室则侧重从交通安全的综合管理及相关法规、政策的制定方面进行宏观调控和管理。此外,澳大利亚各个州的交通运输管理部门同样将安全置于首位,例如新南威尔士州就设立了交通安全调查研究办公室,负责对交通事故进行调查,搜集相关数据资料进行研究,并提出有针对的预防措施。

(二)综合管理理念

澳大利亚于1987年将运输部、航空部和通信部合并,组成运输与通信部,其管理由分散走向集中,使得政府部门能够统一管理国内交通运输事务,能够有效对各种运输方式进行综合管理和协调,保证了国家宏观调控效能。之后,成立交通运输与区域服务部,不仅从各种运输方式管理的角度出发确定各项职能,更将交通运输和各区域发展如何有效结合来促进经济发展作为政府部门的一项重要职能加以考虑。2007年11月,澳大利亚政府成立了基础设施、运输、区域发展和地方政府部,在原有政府职能的基础上,更强调交通基础设施的建设、区域经济的发展以及和地方政府的协调管理。从澳大利亚运输管理部门的整合及职能分工不难看出,政府部门始终将综合管理理念贯穿始终,对多种运输方式进行统筹规划和系统管理。

第七章　印度交通行政管理体制

第一节　印度经济社会及交通运输概况

一、印度国家概况

(一)地理概况

印度位于南亚次大陆,北邻中国、尼泊尔和不丹,西北部是巴基斯坦,东北部和东部同缅甸和孟加拉国接壤,南濒印度洋,西部和东部分别濒临阿拉伯海和孟加拉湾。

印度国土面积297.47万平方公里(不包括中印边境印占区,锡金和克什米尔印度实际控制区),居世界第七位,是南亚次大陆最大的国家。印度南北长3 119公里(伸入印度洋部分约长1 600公里),东西宽2 977公里。按照地形特征,印度大致可以分为5个部分:北部喜马拉雅山区、中部恒河平原区、西部塔尔沙漠区、南部德干高原区和东西海域岛屿区。

印度人口达10.73亿(2004年),是世界上仅次于中国的第二人口大国。有10个大民族(印度斯坦族占46.3%,泰卢固族8.6%,孟加拉族7.7%,马拉地族7.6%,泰米尔族7.4%,古吉拉特族4.6%,坎拿达族3.9%,马拉雅拉姆族3.9%,奥里雅族3.8%,旁遮普族2.3%)和许多小民族。印度的官方语言为英语和印地语。约有82%的居民信奉印度教,其次为伊斯兰教(12%)、基督教(2.3%)、锡克教(1.9%)、佛教(0.8%)和耆那教(0.4%)。

印度资源丰富,铝土储量和煤产量均占世界第五位,云母出口量占世界出口量的60%。森林5 300万公顷,覆盖率为16%。此外,还有石膏、钻石及钛、钍、铀等矿藏。

(二)经济状况

印度政府于1991年开始进行全面经济改革,放松对工业、外贸和金融部门的管制,1992~1996年经济年均增长率为6.2%。九五计划(1997~2002年)期间经济年均增长率有所下降,为5.4%。2001年,印出台十五计划,将2002~2007年的经济增长率定为年均8%。2003/04财年(2003/4/1~2004/3/31),印度GDP达5 492亿美元,人均GDP 512美元,年均通货膨胀率为5.1%。GDP总值居世界第12位,经济增长率高达8.2%,不但明显高于上一年度,且优于大部分国际机构的预测值,为十五年来最高的增长率。主要是由于:2002/03年度印度受15年来最严重干旱的打击,产值占GDP比重高达22%的农业部门增长率降至3.2%,然而2003年夏天雨量与气候均恢复正常,使农业部门复苏,全年度增长率回升至约7%的水准;关税调降、利率偏低、银行业竞争使贷款产品多元化、贷款手续趋于简便,致民间消费显著扩张,并促进金融服务业蓬勃发展,成为激励经济成长的重要支撑;低利率促进工业生产稳定成长,全年度增长率约6.7%。目前,印度政府继续深化经济改革,加速国有企业私有化,改善投资环境,精简政府机构,削减财政赤字。

近年来,印度由于进口增加、出口不振,贸易赤字日益严重,成为国际收支失衡的主要原因。近几年外贸情况如表7-1。

近几年印度外贸情况(单位:亿万美元)　　表7-1

	1999/2000	2000/2001	2001/2002	2003/2004
进口额	553.83	592.64	576.18	—
出口额	375.42	448.94	449.15	—
合计	929.25	1 041.58	1 025.33	1 370
差额	-178.41	-143.7	-127.03	—

注:①资料来源为印度政府2002/2003印度经济概览,转自外交部网站;
②—表示暂未得到该统计数据。

2001/02年度,印度出口增长0.8%,进口下降0.2%,贸易逆差与非贸易盈余基本相抵,经常账户大体平衡。2002年1月,印度政府公布2002~2007年中期出口战略,计划以下列部门为重点将年出口总额增加到800亿美元:工程、机电、电子、纺织、宝石和首饰、化工、农业、皮革和鞋类。该年度印度主要进口商品为:珍珠、宝石、电子产品、金银、化工产品、石油及其制品、燃料、资本货物、化肥、钢铁、造纸原料、纸张等。主要出口商品为:珠宝制品、棉纱及棉织品、化工制品、机械及五金制品、石油制品、皮革及其制品、农业及相关半成品、海产品、铁矿砂及矿产品等。主要进出口方向是欧盟(比利时、法国、德国、荷兰、英国)、北美地区(加拿大、美国)及澳大利亚和日本。

在印度的进口用油中,石油进口约占1/3左右,印度石油消费需求的67%需要依靠进口。

印度的三大产业在国民经济中均占有重要地位,2002年三大产业占国民经济的比例分别为:第一产业占25%,第二产业占25%,第三产业占50%。

1. 农业

20世纪60年代初,印度开始实行绿色革命,农业由严重缺粮达到基本自给。农村人口约占全国的72%。全国耕地面积约1.6亿公顷,人均0.17公顷。印度是世界第一大产奶国,2001/02年度牛奶产量约为8 460万吨,人均每天226克。印度也是世界重要的产棉国(2001/02年度皮棉产量171.7万吨)和产茶国(2001/02年度茶产量84.7万吨)。主要粮食作物为水稻和小麦,主要经济作物有黄麻、茶叶、甘蔗、油籽和棉花。牛、山羊、绵羊、水牛头数居世界第一。

2001/02年度印度农业及相关产业增长率5.7%,产值30 205亿卢比,占国内生产总值的24.7%。由于全年降水的时间和地区分配均匀,粮食产量增长6.3%,为2.12亿吨。粮食储备目前已达5 000万吨。

2. 工业

印度工业已形成较为完整的体系,自给能力较强。近年来,印度纺织、食品、精密仪器、汽车、软件制造、航空和空间等新兴工业发展迅速,特别是软件制造业和服务业近几年来以年均超过50%的增长率发展。近年印度发射了自行设计和制造的地球卫星和通讯卫星,并具备生产核武器能力。信息技术产业发展迅速,2001年软件出口达63亿美元。

2001/02年度,工矿业比上年度增长2.7%,产值33 680亿卢比,占国内生产总值的26.4%,是过去10年以来增长最慢的一年。其中制造业增长率为2.4%,电力工业2.7%,矿业1.1%,初级、中间产品和消费品的增长都较上年有大幅减少。

印度的六大基础工业产业为石油、石化、煤炭、电力、水泥和钢铁。2001/02年度,煤炭产量3.28亿吨,原油3 203万吨,天然气297.1亿立方米,水泥1.07亿吨,钢材3 064万吨,发电量5 153亿度,汽车83.4万辆。

3. 服务业

印度服务业80年代以来以高于其他产业的速度发展。1993～2000年,印度服务业实现了7.1%～10.5%的高速增长。2001/02年度,服务业比上年增长6.5%,总产值为61 630亿卢比,占国内生产总值的48.8%。从业人数1994年为1 261.8万人,其中85.2%为政府机关和国营部门职工。印度软件制造与服务业近几年来以年均超过50%的增长率迅速发展,2001/02年度软件总产值98.6亿美元,其中出口78亿美元。政府计划到2008/2009年度,印度软件产值将达到870亿美元,出口500亿美元。

4. 旅游业

印度主要旅游点有阿格拉、德里、斋浦尔、昌迪加尔、纳兰达、迈索尔、果阿、海德拉巴、特里凡特琅等。印度政府已将旅游业作为社会效益良好的创汇产业列入发展重点,该产业已成为全国第六大出口创汇部门。

近年来,外国旅游者人数以年均10%的速度递增,大部分游客来自欧洲和美洲,旅游收入不断增加,但目前旅馆和饭店业发展不足,为此政府采取减免税等措施鼓励旅游业发展。受9·11事件影响,印度2001/02年度的外国游客量下降了10.2%,人数242.3万,收入下降8.1%,为29.1亿美元。但在2003年,印度旅游业在亚洲国家中一支独秀。由于伊拉克战争和SARS的爆发,世界旅游组织的数据显示2003年外国游客数在很多亚洲国家都下降了两位数,而印度反而增加了15.3%,游客带来的外汇收入增加了23.3%。

(三)印度国家行政管理体制

印度独立后,全国实行议会民主制。根据1950年宪法,国家机构由三部分组成:行政机构由总统、副总统和以总理为首的部长会议组成。总统为国家元首,总理为政府首脑,由总统任命人民院中多数党领袖担任。其由多数党支持,领导部长会议,控制内阁。立法机构为联邦议会,为国家最高立法机构,由联邦院即上院和人民院即下院组成。联邦院议员间接选举产生,人民院议员直接选举产生。在印度政治中,实际上政党起主导作用。像中央集权国家,印度最高司法机构为最高法院,其全部法官都由总统任命,并不得免职。印度三权分立的行政体制如图7-1所示。

图7-1 印度中央行政管理体制

1948年,印度对文官机构进行调整,把“印度文官机构”更名为“印度行政官机构”。1951年,制定“全印文官法”,制定了考试、任用、选拔、见习、行为、纪律、工资与年薪等方面规定。印度文官分为全印文官、中央文官和各邦文官三类。全印文官在中央和各邦之间通用,其主要职能是协助行政当局制定和执行政策。经过半个多世纪的长期实践,印度实行的议会选举制度已经逐渐趋于成熟,文官选拔任用制度也已逐渐趋于完善,可以说印度已经建立起比较稳定的社会政治体制。

印度不仅是一个多民族国家,而且还是一个多政党的国家,政党之多可以说居世界之最。长期以来,国大党在印度中央政府执政。20世纪70年代末期,人民党曾经短期在中央政府执政,90年代中期以来,印度中央政府先后由多政党组成的联合政府执政,1998年起又由印度人民党组成的联合政府执政,2004年大选后在野8年的印度国大党重新上台,组成联合政府。尽管政府更替不时发生,然而,印度政府运转基本正常,没有由此引起印度社会经济发展的剧烈波动,政府的更替对印度社会经济发展的影响不是太大,印度社会经济发展基本稳定。印度国家行政管理体制详见表7-2。

印度政治结构表 表7-2

印度国体	主权独立的、社会主义的、政教分离的民主共和国
印度联邦	28个邦和7个中央直辖区
政府体制	基于全体成年人均有选举权的议会民主
立法机关	国会,由总统及两院组成,两院分别是联邦院和人民院
行政机关	由总统、副总统及由总理领导的部长会议组成
司法机关	独立于行政机关

1. 行政机关

印度全国有28个邦和7个中央直辖区(6个联合属地,以及国家首都新德里)。其中,28个邦中有三个邦存在领土争议,即查谟—克什米尔邦、锡金邦和阿鲁纳恰尔邦。

印度各邦的政府体制(州政府)与联邦政府的体制非常接近。中央直辖区由总统通过一位他所指定的行政官员来进行管理。直到1992年2月1日,德里中央直辖区都是由中央政府通过一位由印度总统指定的行政官员来管理。根据国会的一项宪法修正案,德里中央直辖区现在称为德里首都特区。

(1)总统。

总统由一个选举团的成员选出,选举团包括选出的国会两院议员和各邦立法会议成员,他们的选票有适当的加权。总统的任期为5年。除了其他权力而外,当总统认为整个国家或者领土的任何部分的安全由于战争或者外部入侵或者武装叛乱而受到威胁时,可以宣布国家处于紧急状态。当某个邦的宪政体制受到破坏时,总统可以将该邦政府的全部或部分职责收归他本人行使。

(2)总理。

部长会议的组成包括内阁部长、国务部长(独立任命的或非独立任命的)和副部长。总理将部长会议有关管理联邦事务的所有决定和立法建议传达给总统。一般情况下,每个部都有一位官员被指定为印度政府的秘书,就政策问题和一般管理事项向部长提出建议。内阁秘书处对于最高层的决策起着重要的协调作用,并在总理的指导下运作。联邦的立法机关称为国会,由总统、联邦院和人民院组成。所有立法要求都要由国会的两院通过。但是,对于有关经费的法案,则人民院的意愿总是占主导地位。

2. 立法机关

印度的立法机关为国会,国会由总统及两院组成,两院分别是联邦院和人民院。其中,联邦院由245位议员组成。这其中的233位代表各邦和中央直辖区,12位由总统任命。联邦院的选举是间接选举,议员由各邦的立法会议选出的议员来进行选举。联邦院不能被解散,每两年有三分之一的议员退出。

3. 司法机关

在印度,司法系统对议会和行政建立了相互制衡的关系。司法对行政具有一定独立性但又受行政影响。任何人无权随意罢免法官,罢免法官必须依照相关法律和宪法规定的程序进行。但是,法官要升迁法院任职,有时还有赖行政方面的提拔。司法和议会也相互制衡。高等法院和最高法院有司法审查权,即审查议会法律是否违宪的权力。司法审查权包含的范围相当广泛。但另一方面,司法审查权也是有限的,因为司法是依据宪法来审查议会法律是否有效的,议会通过修改宪法可以使司法对议会法律的判决无效。当然,议会也不是随便就可以修改宪法的,这就构成了司法和议会之间的相互制衡。在印度,司法是扮演公民权利捍卫者的角色的,它不仅审理普通群众的民事和刑事案件,还审查立法和行政行为。不过,正如制宪会议当年所设计的,司法不是超越议会两院之上的第三院。司法也不能阻碍行政进行的进步改革。司法和议会、行政的相互制约是不平衡的,在议会和行政强有力的情况下,司法的制约是软弱的。综观印度三权机关的互相制衡状况,可以说主导方面是好的。

4. 政党体制

印度的政党分为全国性政党和邦政党。如果一个政党在 4 个以上的邦得到认可,就被视作一个全国性的党。国大党、Bharatiya Janata 党、JanataDal、印度共产党和印度共产党(马克思主义者)是印度国内主要的全国性政党。

印度现代意义上的政党诞生于 19 世纪末,国民大会党(简称国大党)成立于 1885 年,但该党在初期没有彻底摆脱殖民主义的影响甚至表示要效忠于英国统治。到 20 世纪初,该党内部出现了激进派,要求印度实行自治。这时,随着印度教和伊斯兰教教派矛盾的日益尖锐,加上英国殖民主义者的离间,教派政党也应运而生。1906 年 5 月,自称代表印度穆斯林利益的穆斯林联盟正式成立。20 年代末 30 年代初,印度民族主义运动出现了新的高潮。1927 年,国大党采纳了尼赫鲁等提出的要求民族独立的政治主张,殖民主义者对此采取高压政策。在这一背景下,国大党出现了新的分裂,到 1948 年,国大社会党脱离国大党,成立了社会党。其后,随着印度的独立,这个国家的政党制度便以国大党为轴心、多党竞争的局面而展开。地方政党和教派政党从 50 年代中期开始向国大党的权威发起挑战,到 70 年代后期起,国大党在中央的政权也一次次受到冲击。可见,在印度的议会制度形成以前,印度就已经形成了不止一个政党,并已经具备了一定的政治实力,所以形成了不同于英国两党制的“一党独大,多党竞争”的政党制度,并且完成了从一党长期执政到多党交替执政的转变。

印度主要的邦政党则有:安得拉邦的 Telugu Desam、阿萨姆邦的 Asom Gana Parishad、比哈尔邦的 Jharkhand Mukti Morcha、果阿邦的 Maharashtrwad Gomantak 党、查谟和克什米尔的 National Conference、喀拉拉邦的 Muslim League、马哈拉施特拉邦的 Shiv Sena、旁遮普邦的 Akali Dal、泰米尔纳德邦的全印 Anna Dravida Munnetra Kazhagam 和 Dravida Munnetra Kazhagam、北方邦的 BahujanSamaj 党和 Samajwadi 党以及西孟加拉邦的全印 Forward Block 等。

5. 中央和地方的法律关系

根据宪法,国会有权为印度的全部领土或其任何部分制订法律。邦立法机构有权制订邦的法律。可以制订立法的事项在宪法的第 7 个一览表中规定。对于出现在第一清单(称为“联邦清单”)中的事项,只有国会有权立法。这个清单的范围包括国防、外交、货币、所得税、消费税、铁路、船运、邮政及电报等。

对于出现在第二清单(称为“邦清单”)中的事项,只有邦立法机构有权制订法律。这些事项如:公共秩序、警察、公共保健、通信、农业、博彩业、娱乐和财产的捐税、销售税及货物入市税等。对于出现在宪法第三清单(称为“共同清单”)中的事项,国会和邦立法机构都有权立法。这个清单包括的项目如:电力、报纸、刑法、结婚和离婚、印花税、工会及物价控制等。

二、印度交通运输发展概况

(一)铁路

铁路是印度最大的国营部门,也是主要的运输手段,印度铁路总长度居亚洲第一位,世界第四位。

据统计,2001~2002 年度,印度铁路线总长 6.31 万公里,其中电气化铁路 1.57 万公里,约占铁路总长的 25%;2001~2002 年度,印度铁路客运量为 4 930 亿人公里,货运量为 3 332 亿吨公里。铁路运营收入占 GDP 的 1%,印度国铁也是印度雇员最多的组织,达 160 万人。印度铁路最主要的货运物资是煤炭,在总运量中独占 1/3 以上,其次为金属矿石、粮食、石油和钢铁。

印度铁路轨距不统一。大量的换装业务显著降低了运输效率。在几种轨距的线路中,最主要的是 1 676 毫米的宽轨,占铁路线网总长度的一半,在货物周转总量中占到 85%,国内所有的长距离干线几乎都是宽轨,如德里—加尔各答、德里—孟买、德里—马德拉斯、加尔各答—孟买等。其他轨距的线路一般是起着地方铁路的作用。印度铁路的牵引方式也比较落后。蒸汽机车现仍占机车很大比重,故动力不足的矛盾相当突出,平均每公里线路承担的客运周转量不到我国的 1/3。为改善这一状况,印度努力发展电力牵引。

(二)公路

1. 公路概况

印度道路路网承担了 85% 的客运量和 70% 的货运量。印度的道路大致可分为三类:一是高速公路和国道;二是邦道和地方主要道路;三是其他道路和村道。截止到 2005 年 10 月,印度国道总长度达 6.5 万公里,其中 7000 公里左右只有一个车道的铺装道路。国道约占印度道路总长的 2% 左右,却承担着 40% 以上的公路交通量。而且主要国道道路运输量的年增长率在 10% 以上,因此增加道路容积量已十分迫切。印度的州内公路 128 000km,农村道路 3 200 000km,印度公路总长 385 万公里(包括 300 多万公里长的乡村公路)。截止到 2007 年,印度国道总长度为 66 590 km,州内公路为 128 000km,地方主要道路为 470 000km。

随着公路总长度的增加,印度拥有世界上最大的公路网之一,形成了联系各大城市、乡村的全国公路网,50 多条国道干线。其中,以首都新德里为中心的公路干线,向西直通巴基斯坦边境城市拉合尔,向东通往加尔各答,向南直达印度最南端科摩林角,向北直达克什米尔。另外一条南下公路通往孟买,在全国范围总体上形成了以新德里、孟买、加尔各答、金奈四大城市为中心的国道网。

印度的邦道总长为 10 万多公里,属国道的支线,是各邦内部的主要交通干线,但路面较窄,普遍没有隔离带,没有车道之分。

印度农村道路网络有 300 多万公里,包括行政郊区路、村乡路和社区路,总里程 270 万公里。县级、农村公路,归地方政府管辖,主要用来解决邦内各区县的交通运输,路况普遍较差,土路居多。相当部分公路雨季泥泞难行,严重影响运输。

印度的道路网络所提供的服务水平非常低,部分原因是由于物理状况差,使用老旧车辆和日益增长的交通量;部分原因是快慢车辆的混合交通、高度拥挤和不安全的城市交叉路口、沿途路权范围内的侵占活动以及在省和市检查站频繁的强迫停车检查许可证和收税。大约 25% 的国道和邦道处于拥挤状况。客货运输车辆在国道上的平均速度为 30~40 公里/小时。

印度的公路运输分为传统的公路运输和现代的公路运输两类。传统的公路运输靠牛车、骆驼车、人力车、马车等进行,在印度仍占有重要地位。现代的公路运输由各种机动车辆承担。印度的公路运输由各邦政府、私人和合作机构共同经营。独立后,大部分邦都部分或全部将公共汽车运输国有化,国有化的公共汽车服务现在大约占全部公共汽车服务的 40%。但是,大部分邦运输公司都在亏损经营中。私人运输经营者运送了将近60%的公路货运量。

2. 公路运输存在的问题

独立后的几十年间,印度的公路运输及业务虽然有了较大的发展,但仍存在不少问题。

(1)公路质量差,等级低,维修养护不善,运输能力有限。目前,印度的公路总里程超过了300万公里,但其中一半为非铺面公路,不适合高速行驶。国道只占全国公路网的2%左右,却要承担着40%以上的公路交通量。15%的国道和75%的邦道又为单行道,加上道路损坏,桥梁失修,缺少安全措施,问题十分严重。农村中的大多数公路还是泥公路,不能保证四季通车,也无法通过载重车辆,明显跟不上经济发展的需要。即使是国道,按国际标准衡量也太窄了。目前公路承担全国客运的80%和货运的60%,道路堵塞的现象比比皆是。因此,在全部的国道中,要拓宽车道,56%的两车道公路要加固改善,44%的需要加宽成四车道公路,其中3%的需要建成高速公路。

(2)许多偏僻、边远地区、山区和农村地区还没有和全国公路网连接。目前,约1/3的村庄还没有通公路,70%的村还没和全天候公路连接。这种状况严重阻碍了人员、货物的流动和经济的发展。

(3)公路建设经费奇缺。印度的公路改造和新建需要大量的资金,按亚洲开发银行的估计,需要5 200亿卢比。但是,目前印度国家的财力远远满足不了需要。为此,印度政府已采取了一些措施。以建设—经营—转让模式等方法,鼓励国内外私营投资者参加公路改造和建设。数额在3亿美元左右的外国投资可获自动批准,并持有100%的股份。在一定的年限内,改建的公路、桥梁的股份归投资者所有。印度政府还宣布将公路建设纳入工业范畴,以便于获得贷款;允许发行公路债券;削减筑路设备的进口关税并简化税金;政府负责支付土地和搬迁的费用;准许对公路及其设施收取使用费。这些措施将在多大程度上帮助印度政府解决公路改造和建设费用,尚待观察。但可以肯定的是,印度的公路建设已进入了一个快速发展的新时期。

(4)公路运输的营业成本高,税收负担重。这些沉重的税收负担包括进口税、销售税、登记注册费、汽车税、零部件销售税、通行税和货物入城税等。这些税收负担也是导致经营公路运输的成本一直很高的原因。同时,公路质量差,造成车祸频繁,轮胎和零配件磨损严重,油耗高,也是使营业成本高的一个原因。

(5)大部分的邦公路运输公司的整体经济效益低下,在亏损经营中。1987~1988年度,这些公司的亏损额是16.7亿卢比,1991~1992年度为11.9亿卢比。亏损的主要原因是营运成本上升,价格结构不合理,管理无效等。

最后,私营公路运输业主的经营规模小,效益差。据统计,全印4.8万个运输私人经营者中,近4.6万个是只有5辆以下汽车的小规模经营者。因此,有必要让他们扩大经营规模,增加运输能力,提高效益。

(三)水运

印度大陆海岸线约7 517公里,海运具有重要地位,不仅承担了95%以上的对外贸易,在国内运输中亦有一定比重。印度的海运能力为世界的第18位。但是印度的内河运输水平相对较低。印度内河航运不发达,除恒河中、下游等局部地区外,一般均不占重要地位。

1. 港口

印度共有港口约200个,其中12个大型海港和184个中小港口。目前12个主要港口加尔各答/霍尔迪亚、帕拉迪布、维萨卡帕特南、内洛尔、塔纳、杜蒂戈林、新芒格洛尔、科钦、莫尔穆冈、孟买、贾瓦哈拉尔·尼赫鲁以及坎德拉处理的海运货物约为全国75%。2001~2002年度,印度水运货运总量为2.88亿吨,主要港口的吞吐量为3.13亿吨,同比增长9%。2003~2004年,印度港口处理的货物约45 796万吨(包括主要港口和非主要港口)。其中主要港口约占34 500万吨,非主要港口约占11 300万吨。2005~2006年,印度港口总吞吐量达到5.69亿吨,主要港口的吞吐量为4.23亿吨,非主要港口吞吐量为1.45亿吨,同比增长9.26%。

印度港口主要为外贸服务。主要港口由中央政府领导下的港口信托公司运营,而次要港口是在各自的省政府的权限范围内。2000~2001年主要港口处理了3.68亿吨海上货物运输量中的76%。主要港口的收费是由主要港口关税管理部门(TAMP)规定的;这些在次要港口没有。其中,孟买为全国最大港口,海运的1/5和集装箱运输的1/2通过这里;其他重要海港有加尔各答、莫尔穆冈、维沙卡帕特南、马德拉斯、科钦、果阿等。孟买港是一天然良港,所在地又是全国最大的工业区,近几十年来发展迅速,已取代加尔各答成为第1大港,现吞吐量独占全国1/4;该港以进口各类工业设备和石油为主,出口则以棉纺织品和油籽为大宗。加尔各答港以出口茶叶和麻制品为主;第三大港莫尔穆冈以输出铁矿石为专业,其他物资很少经营;维沙卡帕特南和马德拉斯为综合性港口。

印度港口为海运提供了交通基础。印度海运分为沿岸航运和远洋航运。远洋运输是全部水上运输中发展最快的。印度处于亚洲、大洋洲和非洲的海上交通要道上,有许多港口和巨大的内陆腹地,发展海运具有优越的地理条件。直到19世纪初,印度还称得上是海上运输的一个大国,建的船质量好、航程远。但自从现代铁制轮船出现后,印度的海运就衰落了。英国人经营的英印汽轮航运公司把持着印度沿岸和远洋的海运事业。到第二次世界大战开始时,印度人只经营了印度沿岸运输业的40%和远洋海运业的4%。独立时,印度也只有船只42艘,登记总吨位不到10万吨。独立后,海运获得一定发展,使之在沿海贸易中占有支配地位,在对外贸易中也有一定分量。1947年,印度政府成立了海运政策委员会,制定了一项国家海运政策,建议海运应当承担印度沿海贸易100%的运输任务;应当承担印度与缅甸、斯里兰卡和其他邻国贸易的75%和至少50%的远洋贸易的运输任务。但独立初期,海运发展缓慢,还一度出现倒退,轮船数从1961年的97艘减到80年代初的556艘,同期总注册吨位从31万吨降至25吨,直到“六五”计划开始,拟把总吨位从1979~1980年度的25吨增至1984~1985年度的78万吨,但实际到1988年才只有44万吨。造成沿岸海运业发展不快的原因是轮船老化、运输成本高,货物装卸慢,船只在港口停留时间过长,给船运公司造成了损失。“七五”计划制定了海运发展的长远目标,总投资98.1亿卢比,还为港口建设提供120亿卢比,旨在建立一支现代化和高效率的商船队。具体措施为:更新超龄老化的船只,购置集装箱船只,改进通信,信息处理等控制系统,改善管理技能,船舶维修设施和辅助设施,向私营海运部门提供财政援助,从而达到50%的大宗干货运输、40%的远洋贸易和100%的近海运输。

与沿岸海运相比,印度远洋运输的发展较快。独立初期,印度对外贸易的货物几乎全由外国航运公司垄断运输。为改变这种局面,印度政府投放了大量资金。前五个五年计划用在海运方面的投资分别是1.9亿卢比、5.3亿卢比、4亿卢比、15.5亿卢比和46.9亿卢比。第六和第七个五年计划又投资44.4亿卢比和98.1亿卢比。经努力,印度海运公司运输的对外贸易货物不断增加,所占比重由“一五”计划初的5%增加到了1992~1993年度时的35%。海运轮船的总注册吨位由1950~1951年度的19.2万吨升到了1994年度的655万吨,有轮船451艘。印度95%的对外贸易通过海运。印度的远洋运输货物主要是煤、铁矿、石油及石油产品、化肥等，另外还有旅客运送。印度的海洋运输业由公私营部门共同经营，但公营公司的实力最强。印度在独立后成立了两个海运公司，即1952年成立的东部海运公司，负责澳大利亚和远东的贸易；1956年成立的西部海运公司，从事印度—波斯地区、印度—红海地区和印度—东欧国家的商业贸易。1961年两家公司合并组成印度海运公司，法定资本3.5亿卢比，1993～1994年度，有船只100多艘，登记船舶吨位291万吨，占全印轮船注册吨位的46.1%。纯利润14.3亿卢比，是世界上最大的海运公司之一。印度另一家海运公司是政府于1971年10月从私人手中接管的，名为贾扬提海运公司。到90年代初，印度包括两家政府公司在内的12家公司，拥有全印海运船舶吨位的90%。

近几年，随着印度的对外贸易的快速发展，大多数港口设施陈旧，海港装卸能力不足，港口生产率远低于亚洲其他主要港口等问题凸现。扩建海港和改造海港设施已成为印度基础设施建设的重点。

2. 内河

印度主要的可通航河流有东北部的恒河、布拉马普特拉河及其支流，这也是印度内河可通航河流中最重要的河流。此外还有南部德干高原的哥达瓦里河、克里希纳河、奥里萨邦的马哈纳迪河以及泰米尔纳杜和安得拉帮交界的白金汗运河等。内河航运在阿萨姆、西孟加拉、比哈尔和喀拉拉等邦具有重要作用，特别是阿萨姆和加尔各答之间的总货运量中，水运占了一半。在奥里萨、安得拉，泰米尔纳杜、果阿等水运也有一定的重要性。沿安德拉邦和泰米尔纳杜邦东部沿岸的布金哈姆运河全长412.8公里，是可通航的最长运河。

印度的适航水道约15 000公里，其中有3条航道已经被宣布为国家航道（Ganga，Brahmaputra，以及西沿海运河，总里程2 716公里）。目前，以吨公里来计算印度内河水运承担的货物，只占到全国内陆运输的0.15%。印度内陆运输船队由约350条船舶组成，总载重吨为35万吨。从事内河水运的专业人员不到1 000人。船队的生产力水平（以吨公里/载重吨/年计算）低于5 000吨公里/载重吨。

虽然印度有15 000公里的至少可航行国内船舶的通航河流及运河，内河运输相当有限，而且在许多省内河运输一直在下降。三条国家内河的开发与维护由印度国家河道管理局负责。其他的河道由各自的邦政府管理。大部分内河受到旱季水浅、航道狭窄、以及淤积、河岸侵蚀、缺少助航设备、航道水深不理想、大型构造物横向与纵向净空不足以及过时的码头装卸设施的困扰。目前仅有5 200公里主要河流以及485公里的运河适合商船航行。整个内河水运年货运量为15亿吨公里，仅占国内地面运输货运市场总运量的0.2%不到。

印度内河运输水平低与印度政府在独立后，未能对内河航运的发展予以足够的重视是紧密相关的。“一五”计划拨款只有1 000万卢比，成立了恒河—布拉马普特拉河董事会，这是一个中央政府同北方邦、比哈尔邦、西孟加拉和阿萨姆邦政府的联合企业。1959年，内河航运委员会提出了开发全国内河航道的长远建议，成为印度政府“三五”和“四五”计划发展内陆水运的基础和主要依据。“五五”计划拨款3.4亿卢比用于内河航运的发展。从“六五”计划开始，印度政府逐渐加大对内河航运的重视，明确提出把一些航道开辟为国家航道，更新船只和使码头现代化，给内河航运的经营者提供补贴。“七五”计划除继续“六五”计划提出的目标外，还拟定了一项系统的综合水利工程计划，把发展重点放在充分发展有水运自然优势地区的内陆水运，成立了一个内河航运疏浚机构，修建综合码头，设立中央特别基金，向内河航运业主提供贷款等。“七五”计划对内河航运的总投资达到了26.6亿卢比，其中15.5亿由中央政府提供，余下的由各邦政府提供。据统计，1986～1987年度，印度内河运输旅客1 800万人，在各种运输方式中的比例极小。2000 年,内河运送的旅客和货物分别增至约 2.42 亿人和 6 900 万吨。

(四)城市运输

城市化和汽车化对城市运输系统造成了很大的压力,特别是在一些大都市城市。目前,印度有三个人口超过 1 200 万人的大城市,人口在 210 万至 540 万的大城市十个,人口超过一百万的城市 22 个。在过去十年内,汽车拥有量,包括两轮机动车,在大城市以每年 15% 的速度增长。但是,印度大多数城市的街道老旧且狭窄,仅占城市土地面积的 6% ~10%。几乎没有自行车和行人的设施。增长的交通和有限的道路空间,加上缺乏交通管理,使得许多大城市的中心地区高峰时间的行车速度降低为 5 ~10 公里/小时。

在大多数大城市,公共交通是城市交通运输的主力。只有极少数城市的公共交通没有成为主要的运输方式。在最大的大城市郊区上下班铁路起着重要的作用。几乎所有的城市,小型公共汽车的公共交通成为公共汽车和郊区铁路可行的辅助方式,印度还没有一个城市建设有轻轨公共交通线路。

(五)空运

印度的民用航空事业在独立后有了较大的发展。从第一到第七个五年计划,印度政府用于民航运输的投资分别是 7 000 万卢比、1.6 亿卢比、2.55 亿卢比、18.6 亿卢比、39.15 亿卢比、93.1 亿卢比和 73 亿卢比。第八个五年计划用于民航方向的开支预计为 400 亿卢比。1950 ~1985 年的 35 年间,印度民航的客运量从 50 万人次上升到 1 080 万人次,货运量从 4 310 万吨增加到 1.3 亿吨。

民航飞机的飞行里程从 3 140 万公里增加到 1.05 亿公里。到 1989 ~1990 年度,印度国际航空公司运送了 225 万旅客,印航为 980 万人次。1960 ~1985 年间,国内客运量年均增长率为 10%,同期,印度国际航空公司的运载量也以 12.4% 的速度增长。1995 ~1996 年度客运量和货运量分别为 190.75 亿人公里和 23.42 亿吨公里。

目前,印度共有 108 个飞机场,其中有 85 个大机场、23 个小机场、5 个大型国际机场(分别设在孟买、加尔各达、新德里、马德拉斯和特里凡特琅)。印度的航空线分布均匀,所有航线均由政府控制。印度航空公司包括印度国际航空公司、印度航空公司和其他 42 家私营航空公司。2001 ~2002 年度,旅客数量为 3998.3 万,货运量为 85.4 万吨。

印度新的航空政策允许私人投资,外商可控股 40%。到 1996 年 9 月,私营航空公司有 34 架飞机,占国内运输的 41.1%。私营航空运载的旅客由 1990 年的 1.5 万人增至 1998 年的 491.4 万人。1997 ~1998 年度,印度民航部门各家公司运送的旅客从 1993 ~1994 年度的 2090 万人次上升到 3650 万人次,运送的货物由 43.5 万吨增至 70.6 万吨。

印度国内航空公司和印度国际航空公司拥有世界上各种类型的客机,经营情况一度很好。国际航空公司还曾经成为世界上 10 个创利最多的航空公司之一。但近年来,由于服务质量差、冗员多、罢工等问题的困扰,印度国内航空公司处于亏损经营状态。如 1993 ~1994 年度的亏损额达 29.8 亿卢比。印度的国际航空公司也由于竞争加剧,工资上涨、卢比贬值等原因出现经营亏损。两大公司的市场份额均有所下降。面对不断增长的市场和激烈的竞争形势,目前,印度国内航空公司将增添 40 架飞机,印度国际航空公司也将增加 4 架飞机。两家航空公司还采取其他措施,改进服务,增强生存能力。2000 年 8 月,印度政府宣布对印度国内、国际航空公司实行私有化,即出售政府持有的两家公司的部分股份,印度国际航空公司的股份将出售60%。至此,航空领域的私有化全面展开。

第二节　印度交通行政管理体制

印度实行中央和邦两级政府管理体制,具体到交通行业,体现为中央和邦两级交通主管部门负责交通行业的管理。

一、中央交通管理部门

印度政府对交通运输业实行分散管理。在中央层面上,主管交通运输行业的部门有三个:民航部,铁道部,航运、公路和高速公路运输部。其中,民航部负责管理印度的民用航空事业;铁道部负责全国的铁路运输管理;航运、公路和高速公路运输部负责全国水运、公路管理。印度中央交通管理部门详见图7-2。

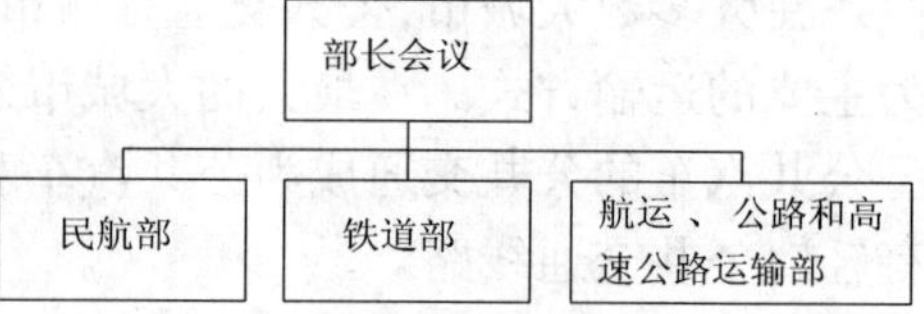

图7-2　印度交通管理机构(中央)

(一)民航部

民航部主要职能在于,为发展和规范民用航空制订国家政策和方案,实现民航运输的有秩序增长并扩大民航运输,监督机场设施、空中交通服务、运输旅客和货物空运等工作。

民航部下设民航总局、民航安全局和机场管理局三个机构。其中,民航总局设有航空运输董事会,由中央政府委派的主席和5~9个成员组成。印度航空公司的空运事务和经营总监督、指导和管理均由董事会负责,董事会还经营管理除国际机场之外的民用机场。民航安全局负责协调、监督、检查民用航空安全领域并加强人才培养力度。印度机场管理局成立于1972年,负责四个国际机场(孟买、加尔各答、德里和马达拉斯)的营运、管理、规划和建设。

民航部另有一个自治机构(英迪拉甘地rashtriya铀学院)和四家合资企业(印度航空、国家机场管理局、印度航空有限公司、Pawan Hans直升机有限公司)。其中,国家机场管理局负责国内机场的共建、维修和管理民航飞行区,提供航空通信设备。

印度民航部组织结构详见图7-3。

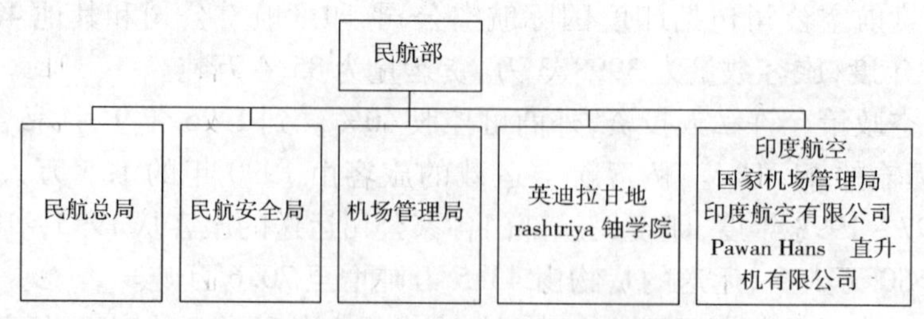

图7-3　印度民航部组织机构图

【专栏】　民航的历史沿革

1927年,印度成立了民航局,相继建立了一批飞行组织机构和机场。但是在第二次世界大战前,印度的民航运输一直发展缓慢。1932年,印度的第一条航线开始营运,到1939年有3家公司在开展民航服务。二战后,一些航空组织利用战后从军用转下来的飞机开展大规模航运，购置了更多的飞机，增加一些民航航班和开展新的服务，民航事业才有了进一步的发展，空中运输成为一种主要的运输方式。1946 年，当时的殖民地政府制定了航空政策，鼓励私人公司开展国内外民航服务，并成立了空运许可证委员会，为部分公司发放了许可证。1949 年，印度的航空公司达到了 12 家。独立后，印度的民航运输仍由私人公司经营，直至 1950 年，印度政府将各航空公司合并，并于 1953 年通过了《航空公司法案》，将航空运输事业实行国有化，成立了两家国有航空公司，即印度航空公司(IAC)，经营国内及尼泊尔、阿富汗、缅甸等地；印度国际航空公司(AIC)，经营国际航空业务，往来于世界各主要国家，和世界上许多国家的大城市建立了航线。1981 年 1 月，印度政府成立了一家新的航空公司，即瓦尤杜特航空公司，主要负责印度航空公司和印度国际航空公司业务之外的地区以及一些重要的商业贸易中心和旅游中心。1985 年 10 月，成立帕望汉斯有限公司，从事直升机飞行业务，主要为印度的石油部门提供空运服务，也在一些不易到达的地区和山区开展，并为旅游者提供包机服务。

20 世纪 90 年代初，为了提高航空公司的盈利能力，打破资金瓶颈，印度民航进行了第二次深刻变革。改革主要措施有：铲除进入和退出壁垒，允许私营承运人进军民航；机型选择权下放承运人；在国内航空运输企业中，外资股权可增加到 40%；对货运承运人永久性开放天空；政府取消对票价的控制，由市场决定；允许建设私人机场，允许外资和私人资本参与已建机场的运营管理。新航空运输政策对“航空服务”和“航线分布”做了明确规定。从 1990 年起，印度政府开办了由私营部门提供的空中出租车，加大对民间的投资力度，民航业发展较快。1994 年初，印度政府对 1953 年制定的《航空公司法》进行了修改，取消了国营航空公司在国内客运服务中垄断地位，将印度国际航空公司和印度国内航空公司改建为公共有限公司，使国营航空公司能更有效地经营。印度民航部还于 1997 年 12 月推出了《机场基础设施政策》的指导性文件。这一文件呼吁印度政府建立一个完整的政策框架，使机场基础设施政策能与目前的国家民航政策相协调。文件强调需要引入私人资本来为机场基础设施建设融资。同时提出，在合资企业中外资持股比例可提高到 74%，如要达到 100%，则需要特别审批，投资方也可是国外机场。

(二)铁道部

印度铁道部于印度独立后成立，主管印度国家铁路的规划、建设、管理和经营。铁道部下设有一个铁路征收控制委员会。该委员会于 1905 年成立，被授权全权管理全印铁路。铁路征收控制委员会是铁道部对全国铁路实行直接或间接管理和控制的中间媒介组织和最高行政管理部门，实际上是履行铁路管理总局和部长秘书处的双重职能；在制订铁路规章、建设、养护和营运方面，行使政府的全部权力；有责任就铁路的政策问题向部长提出意见和建议。

铁路征收控制委员会之下成立了九家分公司、八个合资企业、五个其他组织。九家分公司分别为：东部管理局、西部铁路管理局、马德拉斯铁路管理局、潘杜管理局、加尔各答管理局、锡康达腊巴德管理局、中部铁路管理局、德里管理局、东北边境铁路管理局。这九家公司掌控着印度铁路运输，每个公司由总经理对铁路征收控制委员会负责。印度铁路几乎全部属于国有，并由政府直接经营管理，堪称是印度最大的国营企业。八家合资企业为：印度集装箱有限公司、印度铁路餐饮和旅游有限公司、印度铁路财务有限公司、IRCON 国际有限公司、孔坎铁路、Pipavav 铁路有限公司、RailTel 印度有限公司、RITES 有限公司。五个其他组织为：印度铁路结算服务协会、印度土木工程铁路学院、印度铁路机械工程服务公司、铁路运输研究所、设计和标准研究组织。印度铁道部组织机构详见图 7-4：

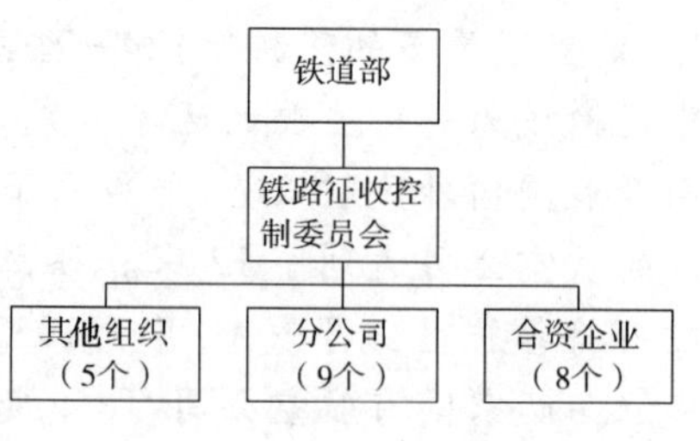

图 7-4　铁道部组织机构图

（三）海运、公路和高速公路运输部

海运、公路和高速公路运输部的发展也是经历了多次的结构调整才形成今天的组织形式。从 1942 年的战备运输部总管港口、水运、铁路、公路、油气运输，到 1985 年成立的地面运输部，到 2000 年分为海运部、公路运输和高速公路部，2004 年 9 月又合并为海运、公路和高速公路运输部。

目前，海运、公路和高速公路运输部内设海运局、公路和高速公路运输局两个机构。其中，印度海运局主要负责印度港口、远洋运输、灯塔、内河运输的协调、管理和开发。2004 年，印度海运局牵头出台了《2004 年印度海运政策》。该政策从海运局主管业务角度，分港口发展、海运及海事培训、造船/修船业以及内河水运四个方面对现状及其存在问题进行分析，从基础设施、组织制度、人员培训、金融财政以及国际合作等方面，制定各类政策性保障措施，并赋予一定的法律效力，促进海运各项事业的顺利发展。不久，印度政府又出台了《印度海运发展计划》，这是继《2004 年印度海运政策》后出台的指导印度海运开发的规划性文件，是对《2004 年印度海运政策》的详细解读，是“建设充满活力、反应灵敏”的海运系统的具体行动方案。《印度海运发展计划》遵从《海运政策》的宏观指导，从港口、航运、造船/修船、内河水运、航道、人力资源等角度规划未来发展，致力于提高印度海运的国际地位、满足不断增长的国际国内贸易需求、提升海运业的国际竞争力，为国内经济创造更多的收入来源，扩大国内民众的就业范围。

公路和高速公路运输局主管印度的公路建设、公路运输。印度公路和高速公路运输局承建了印度的公路和高速公路建设。

公路和高速公路运输局下辖印度国家公路管理局。印度国家公路管理局（NHAI）是制订港口与公路连接相关条款的权力机构（也包括制订财政方面的规定）。印度国家公路管理局于 1995 年正式开始运作。最初的职责是执行 5 个外援的改善国道（NH）的项目，后又负责执行另外几个国道项目，包括一些 BOT 项目铁路运输的运营和管理。

同时，海运、公路和高速公路运输部还下辖两个附属机构、七家合资公司、十个自治机构、两个联盟组织和一个协会。两个附属机构为安达曼拉克沙群岛港湾厂和海员公积金机构；七家合资公司为科钦船坞有限公司、印度疏浚公司、ennore 港有限公司、霍尔迪亚联合造船公司、hooghly 造船和港口工程有限公司、Sethusamudram 有限公司、印度船务有限公司；十个自治机构为科钦港口联合公司、印度内陆水道局、尼赫鲁港口联合公司、根德拉港联合公司、加尔各答港口联合公司、马木高港口联合公司、孟买港口联合公司、主要港口关税管理局、Tuticorin 港口联合公司、丝绸之路港口联合公司；两个联盟组织是边境道路组织和航运、公路运输及高速公路部长联盟；一个协会是印度港口协会。海运、公路和高速公路运输部组织机构详见图 7-5。

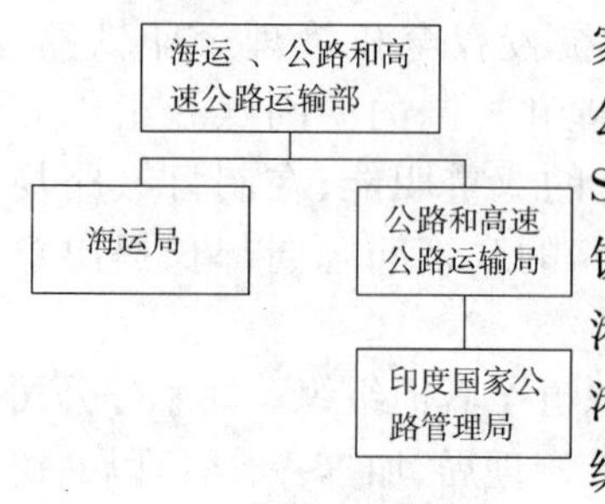

图 7-5　海运、公路和高速公路运输部组织机构图

二、印度邦级交通管理部门

由于印度的铁路和民航是由中央政府集中统一管理，所以在邦一级政府未设立专门的主管机构。而公路、水路是由中央和地方共同分工负责管理。在公路管理方面，中央负责国家公

路和某些具有战略意义的公路建设,各邦负责本邦和乡村道路的建设。在水运方面,港口按大小分级,分别由中央政府和邦政府管理,十大港口由中央管理。

(一)公路

印度的邦级公路管理部门为各邦的公共工程局。各邦的公共工程局负责国道的养护,邦级公路、主要的地区道路和其他地区道路的建设和养护。邦公共工程局在国家公路局总工程师的监管之下,中央公共工程部门和邦公共工程局相互联系和协商,中央公共工程部门向邦提供技术咨询服务。

(二)水路

水运方面,十大港口由中央管理,其他港口由邦政府统一管理。同时,印度政府在沿海8个邦设立商船部区域办事处,对地方级的商船办事处进行重组。

另外,为加强对重点流域的管理力度,印度政府设立了恒河—希拉马普特河水系航务管理局,负责颁发内河运输营业执照、船员证书、制订运价等。

第三节　不同运输方式的管理体制

一、印度公路行政管理体制

印度中央层面上的公路管理机构共有三个,即印度国家公路管理局、印度国道局和国境道路开发委员会。这三个部门都隶属于印度公路和高速公路运输局。

印度国家公路管理局(NHAI)于1995年2月开始运转。目的是要逐步承担起国家公路的发展与维护的责任,管理外部援助公路项目与按BOT方式(或其他类似协议)实施的私人援助道路项目。印度国家公路管理局(NHAI)的职责在于:发展、维护和管理印度政府授权的国道;对国道收费;促进社会各方参与道路发展;制定商业化规则。

印度国家公路管理局的职位设置为:1名局长,1名副局长,下设多个主管处,均由总工程师负责具体事务,加上其他职员大约有300人。具体机构见图7-6。

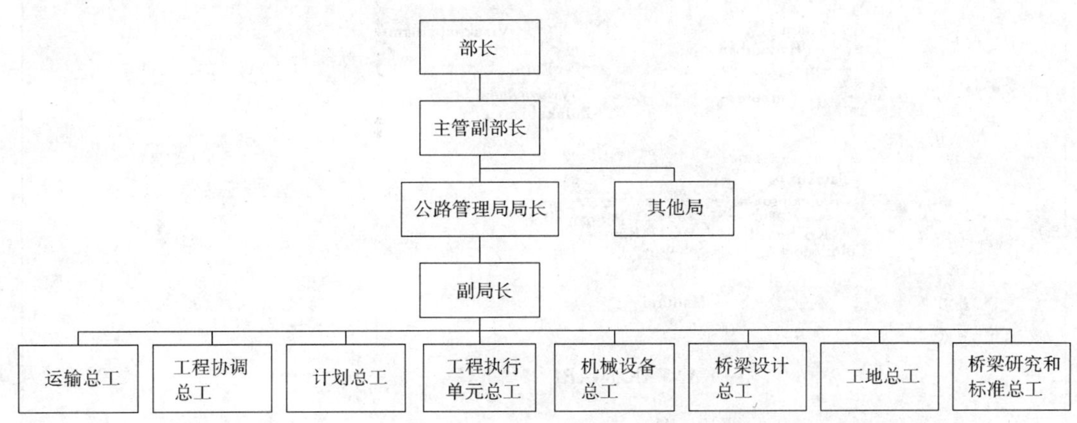

图7-6　印度的公路管理机构

印度国道局于1988年设立,负责处理和国道有关的国外援助事项、BOT项目等。从1998年开始主要还承担了国家道路发展计划(简称NHDP)的实施。

国境道路开发委员会负责管理边境地区道路。

在邦政府，一般由公共工程局承担公路建设任务，并接受中央政府的委托，实施对国道的建设、维护和管理、管理邦道、主要地方公路和其他地方公路的相关工作。

在地方一级，地方组织负责管理乡村道路。

【专栏】 印度的公路计划

鉴于印度交通的具体情况，印度政府不断加强宏观调控，制定发展规划，进行政策引导。1998 年，印度政府发布了《国家公路发展计划》，对城市干线路网做了规划（图 7-7），这是印度公路建设最重要的规划。

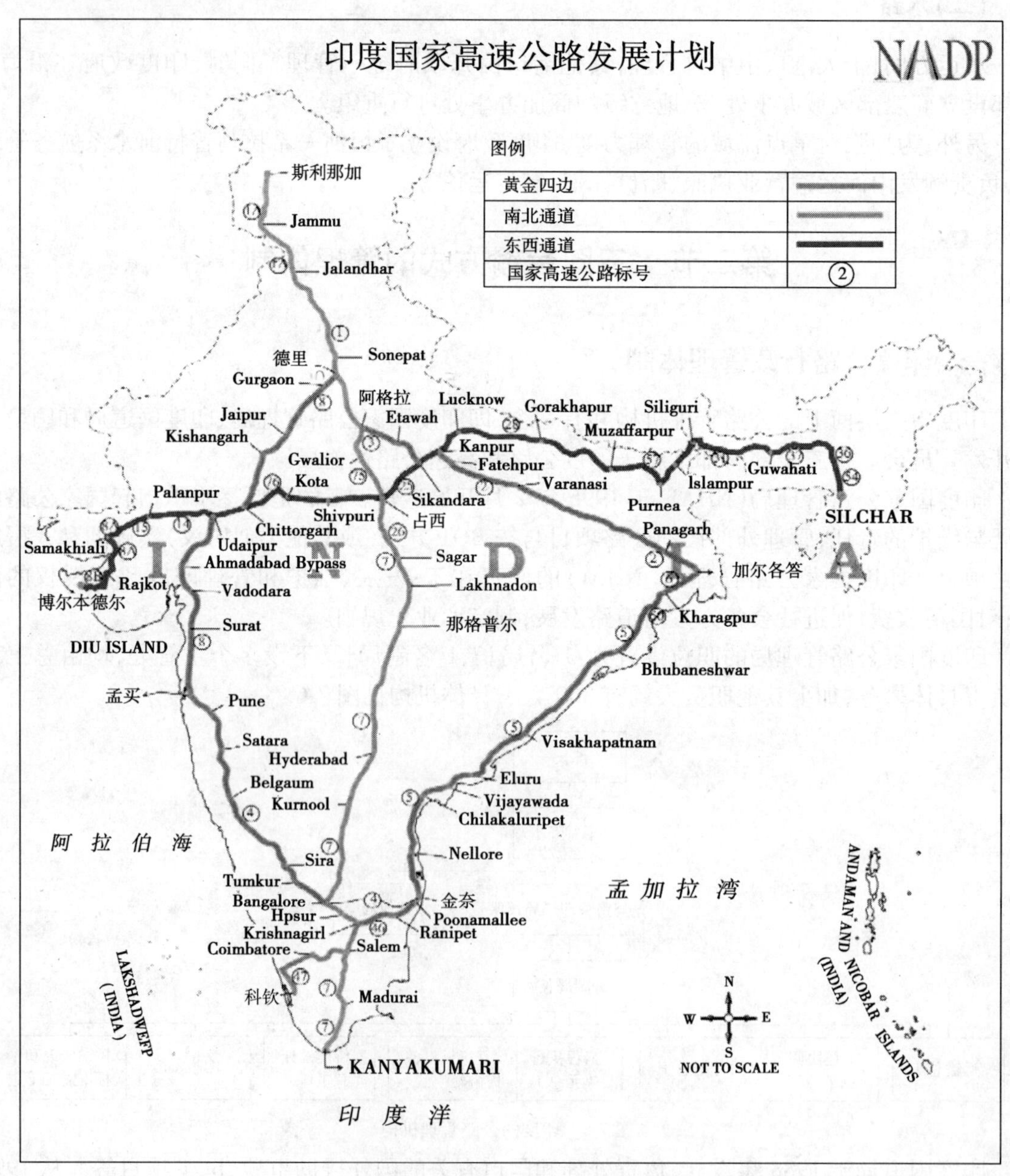

图 7-7 印度国家高速公路规划布局图

该计划的主要内容为,所有的大城市圈和最主要的干线道路网实现现代化,所设计的公路是中央设分离带的4车道以上、设计速度为120km/h的国道网建设规划。以“黄金四边”工程为主的国家高速路发展计划,旨在全面连接新德里、孟买、金奈和加尔各答四大主要城市,总投资超过5 400亿卢比(约122亿美元),计划于2004年底前完成,由印度公路和高速公路运输局统一负责修建。实际工程的实施由中央政府委托给国道局完成,规划道路全长13 252km。

工程分三个阶段:黄金四边形国道;南北走廊与东西走廊;港口连接线和其他道路。国道发展项目总投资130亿美元,其中“黄金四边”公路5 800公里(双向4~6车道的高速公路),南北和东西通道7 300公里,港口连接和其他公路1 000公里。但是由于征地、拆除建筑物、挖树、清除非法占地者、移植电线杆以及政府换届等种种原因,“黄金四边”工程目前只完成了一部分,总长度5501公里(94.10%)的黄金四边形已经于2006年12月完成大部分工程,剩下的345公里正在分阶段进行。

根据印度政府有关部门的评估,一旦“黄金四边”公路网竣工,不仅将会极大改善投资环境,扩大旅游业,加快物流速度,而且仅燃油费用一项,每年就能为全印度节省至少800亿卢比。

现有主要的道路发展规划还包括(所有项目通过公私合建的方式实施):

(1)总理负责的农村公路计划(PMGSY)总投资(2000年发布)130亿美元,使500个平原地区和250个山区通公路,辐射村庄16万个;

(2)总理负责的印度贯通项目(2003年4月发布)总投资100亿美元,使国道与全国所有省府相连,将交通量密集的路段扩建为4车道。

印度政府还采取了当前国际较为流行的BOT修路方式(政府通过契约授予项目投资者以一定期限的特许经营权,特许期限届满时,项目投资者将该公路基础建设项目无偿移交政府),打破了过去由政府出钱修路、养路的运行模式,鼓励国内外公司积极投标。近年来,先后已有115家国内外公司竞标扩建7条国家高速路。

二、印度铁路行政管理体制

铁路是印度最大的公营部门,由政府经营管理。印度政府对国营交通运输企业采取政企合一的管理方式。印度的铁路几乎全部是国营。

联邦铁道部既是全国铁路的最高行政管理部门,也是铁路的全权经营部门。铁道部按地理片区下设9个铁路管理局,即东部管理局、西部铁路管理局、马德拉斯铁路管理局、潘杜管理局、加尔各答管理局、锡康达腊巴德管理局、中部铁路管理局、德里管理局、东北边境铁路管理局。其分别成立于:1955年,总部设在加尔各答的东部管理局,负责总长约4 318公里的铁路和运输任务;成立于1951年,总部设在孟买的西部铁路管理局,负责总长约10 020公里的铁路运输任务;成立于1951年,负责总长约7 070公里的马德拉斯铁路管理局;成立于1958年,负责总长约5 107公里铁路的潘杜管理局;成立于1955年,负责总长约7 351公里铁路的加尔各答管理局;成立于1960年,负责总长约7 203公里铁路的锡康达腊巴德管理局;成立于1951年,总部设在孟买的中部铁路管理局,负责总长约6 679公里的铁路;成立于1952年,负责总长约10 982公里的铁路的德里管理局;成立于1958年,总部位于马利加恩的东北边境铁路管理局,负责总长约3 672公里的铁路。

铁路是印度最大的交通运输部门,因此,独立后印度政府十分重视铁路的发展。把计划开支的10.2%用于铁路发展。头6个五年计划对铁路的总投资为1 200亿卢比,在新筑铁路的同时,主要进行了替换老化陈旧车辆和车皮、改造更新铁轨、推进铁路电气化和提高经营效益等工作。

【专栏】 印度五年计划中的铁路发展目标

印度各个五年计划关于铁路发展的具体目标及预算是:

一五计划:恢复铁路系统并使超龄设备更新换代,预算为26.8亿卢比。

二五计划:特别强调由铁路来承担因新建钢铁厂和不断增加的煤炭生产而产生的运输任务,预算为90亿卢比。

三五计划:强调新建铁路,防止出现运输瓶颈现象,预算为132.5亿卢比。

四五计划:加速实现铁路系统现代化,提高运输效率和经济效益,预算为152.5亿卢比。

五五计划:以提高现有铁路的运输能力为主,扩大铁路系统为辅,最大限度地提高铁路部门的工作效率,预算为225亿卢比。

六五计划:主要是扩大运输能力,加速设备和管理的现代化,提高现有资产的利用率,增强设备和零部件的国产化能力。政府给铁路部门的计划拨款是510亿卢比,实际支出约537亿卢比。

七五计划:对陈旧设备进行更新换代和技术改造,发展快速装卸火车,预算为123亿卢比。

三、印度民航行政管理体制

民用航空事业也是政企合一的管理形式。1953年,根据《航空公司法案》,印度实行民航事业国有化,印度政府出面接管全部航空运输企业,合并各家航空公司成立两大航空公司,即印度航空公司和印度国际航空公司,并规定了各自的运营范围。前者专注于国内航线的飞行,后者重点运营国际航线。《航空公司法案》禁止私有承运人涉足印度国内的定期航班运营,在随后的四十余年中,印度民航一直保持着"双公司"的运营模式,政府对航空运输业实施全面控制。政府对两者的投资分别为78%和49%。这两家公司由印度民航部的民航总局管理和监督经营,此外,民航总局还管理国内民用机场(包括建设),并兼有空中交通管制的政府职能。20世纪90年代初,印度民航实行新的航空政策。新航空运输政策禁止国外航空公司直接或间接参与国内航空客运。并对"航空服务"和"航线分布"做了明确规定。印度民航部将航空公司分为四类:定期航空公司、地区航空公司、非定期航空公司和货运航空公司。

四、印度水运行政管理体制

海运、公路和高速公路运输部的下设机构海运局是印度管理海上运输业的最高国家权力机构,其主要职责为:制定水运政策、批准获得船舶、监督造船并管理船厂。

海运局还设有以下与海运业相关的机构和团体:

(一)航运总监

它根据1958年商业航运法执行政府的航运政策而设立。其主要职能是在行政上对国内航运和远洋运输进行管理。主要业务是:海运运价调查及监督实施已颁布的运价;发放海运业营运许可证;船舶安全监察;船员培训;减免税收等。

（二）国家航运委员会

国家航运委员会是海运、公路和高速公路运输部制定航运政策的咨询机构，由议会议员、船东和船员组成。

（三）印度航运发展基金会

基金会通过贷款和财政扶助促进航运业的发展。基金来源于中央政府的拨款。航运和运输部长是委员会的当然主席，成员为财政和司法部的代表、印度航运公司的政府董事等。

（四）技术开发总监

技术开发总监的主要职能是对本行业提供技术指导，促使海运技术的发展。总监下设有七十个分支部门。

（五）航运协调委员会

该委员会一是为航运利益和产业利益之间，二是为中央、邦和其他政府部门之间的联系和协作服务。

（六）全印航运理事会

主要任务是在航运会议上与航运公司协商运价和有关的航运问题。

（七）印度国家船东协会

协会代表政府航运团体的利益，旨在促进本国航运业和造船业的发展。

（八）印度船级协会

协会由海运、公路和高速公路运输部 2 人，国家保险机构 2 人，船主 20 人，共 24 名成员组成。其主要任务是检查双重船籍的船舶，代表本国政府对船舶进行安全检查，并为船主做一些技术方面的工作。为了培训商业航运干部，印度还设有六个培训中心。印度共有 4 个国营造船企业。属于海运、公路和高速公路运输部的有新达斯坦和科钦两个船厂。

（九）国家港口委员会

1950 年，国家港口委员会作为一个咨询机构成立，其任务是向中央和邦政府就港口的管理和发展问题（尤其是小港）向中央和邦政府提出建议和意见。委员会由邦、中央有关部、港口管理部门和其他一些非官方成员组成。

（十）主要港口委员会

1968 年印度政府组建了主要港口委员会，以加强对主要港口的管理，并提高其效益。

（十一）恒河—希拉马普特河水系航务管理局

印度政府在北方内河运输比较发达的恒河—希拉马普特河水系还设立了恒河—希拉马普特河水系航务管理局，对内河运输颁发营业执照、颁发船员证书、制订运价等加以控制。

(十二)河运委员会

该委员会旨在改善内河运输设施。

(十三)中央内河运输公司

该公司的主要业务是为船舶建造和维修、装卸、疏浚和一般工程等。

(十四)内河运输董事会

该董事会主要是负责向发展内河运输的邦提供咨询服务。

(十五)内河水道管理局

印度负责国家航道建设和管理的部门是印度内河水道管理局。印度港口分为中央政府和邦政府管理的两种类型。十个主要港口由中央管理,其他港口由邦政府负责管理。这十个主要港口分别为,加尔各答港、孟买港、马德拉斯港、科钦港、维沙卡帕特南港、坎德拉港、莫穆岗翁港、帕拉迪普港、土提科林港、曼加罗尔港。主要港口由根据法律成立的港口托拉斯管理,这种托拉斯也是政企合一的组织,既经营码头业务,也具有行政管理的职能。每个主要港口的组织管理模式都一样。每一个主要港口托拉斯的主席由中央政府和由中央政府任命的理事会或高级专员委员会(代表与港口有关的业务、劳动、铁路和其他方面的利益)委派。主要港口托拉斯有权接受政府的补助金,并可在金融市场上公开筹集贷款,确定和收取港口服务费率和税率。港口托拉斯由航运和运输部监督和管理。

印度的海运企业也主要是国营的海运公司。内河运力大多属英国轮船公司和私人企业所有。印度对私营运输业的管理,主要是通过政策、法规、税收、许可证、贷款等手段进行协调、监督和控制。

五、印度交通管理体制的特点

(一)分散管理与集中管理相结合

在中央层面的横向管理上,印度交通管理实行分散管理。民航部,铁道部,航运、公路和高速公路运输部三个部门对四种交通运输方式进行宏观管理。其中,民航部负责管理印度的民用航空事业;铁道部负责全国的铁路运输管理;航运、公路和高速公路运输部负责全国水运、公路管理。

在业务垂直管理上,印度的交通呈现出以集中管理为主的体制特征。铁路和民航系统由中央政府集中统一管理,邦一级政府未设立专门的主管机构。只有公路、水路是由中央和邦共同管理。在公路方面,中央负责国家公路和某些具有战略意义的公路建设和路政管理,各邦负责本邦和乡村道路的建设和路政管理。在水运方面,港口按大小分级,分别由中央政府和邦政府管理,十大港口由中央管理。

(二)政企合一,市场化程度低

由于印度政府实行官僚制,具体到交通行业也体现出官僚制特征。印度的交通运输部门几乎全是政企合一的管理形式,归国家所有。铁路是印度最大的公营部门,由政府经营管理。

民用航空事业也是政企合一的管理形式。印度航运发展基金会的基金来源于中央政府的拨款。航运和运输部长是委员会主席，成员为财政和司法部的代表、印度航运公司的政府董事等。印度的主要港口由港口托拉斯管理，托拉斯也是政企合一的组织，既经营码头业务，也有行政管理职能。每个主要港口托拉斯的主席由中央政府和由中央政府任命的理事会或高级专员委员会委派。印度的海运企业也主要是国营的海运公司。

这种政企合一的管理形式，使得政府部门被赋予过多的权力，权力过度集中。官僚主义严重，使得部门运作过程中缺乏政策透明度，交通行业运营效率低，经济上严重依赖政府补贴，企业缺乏竞争力。

参考文献

美国：

[1] 王海清,周亚力,等.国外交通运输管理体制[R].交通部科学技术情报研究所,1991.

[2] 马银波.美国运输业发展现状分析与启示[J].综合运输,2005(12).

[3] 李杨.欧美发达国家高速公路建设和管理的启示[J].交通世界,2004(07).

[4] 王先进,李扬,尚文豪,等.美国运输部交通科技创新系统[R].交通部科学研究院,2006.

[5] 史子然,杨云峰.美国的高速公路管理体制[J].国外公路,2000(02).

[6] 罗萍.美国交通运输及对江苏的启示[R].发改委综合运输研究所,2004.

[7] 何雄伟.中外高速公路管理体制研究[J].交通科技,2006(05).

[8] 赵红,汪亮.从美国联邦应急计划看美国国家应急管理运行机制[J].项目管理技术,2004(01).

[9] 王志清,宋昕.美国机场投资管理体制的借鉴意义[J].中国民用航空,2005(04).

[10] 黄银霞,冯双周.美国铁路技术法规与检验技术考察报告[J].铁道技术监督,2006(12).

[11] 张威,王小瑜.美国交通运输安全委员会[J].现代职业安全,2003(05).

[12] 刘晓华.美国加州道路交通管理的特色与启示[J].综合运输,2004(02).

[13] 张晋元.美国港口与航运管理体制透视[J].中国港口,2005(06).

[14] 陈东丰.美国高速公路建设和发展的启示[J].吉林交通科技,2006.

[15] 马银波.美国政府对交通运输业的资助与扶持政策[J].综合运输,2000.

[16] 何万本.美国公路交通管理及发展[J].中外公路,2004(04).

[17] 岑燕青,张若期,段新,等.中美两国公路建设历程的对比分析研究[R].2003(11).

[18] 美国运输部及其他部委官方网站.

日本：

[1] 吕帅,王凯,等.日本行政区划体制的形成与改革及其对中国的启示[J].中国人口、资源与环境,2007(01).

[2] 叶军,尹贻林,张颖.日本公路建设与管理体制特点[J].综合运输,2007(04).

[3] 崔岩.日本行政体制改革分析[J].日本研究,2003(02).

[4] 曹吉有.交通事故分析与对策研究—日本交通事故状况研究对我国道路交通管理的启示[J].辽宁警专学报,2005(05).

[5] 许飒.日本交通的发展概述[J].经济技术协作信息,2007(19).

[6] 高登红,段玉山.日本交通的现代化发展[J].地理教学,2005(07).

[7] 中国民航总局计划司.从统计看民航[M].北京:中国民航出版社,1999,06.

[8] 张季风.日本国土综合开发论[M].北京:世界知识出版社,2004,01.

[9] 王辑五.中国日本交通史[M].北京:商务印书馆,1998,04.

[10] 交通部科学研究院.我国地方港航管理体制研究[R].2007,12.

[11] 交通部科学研究院. 国外交通管理体制简介[R]. 2003,05.
[12] 交通部科学研究院. 国外公路交通基础设施国有资产管理研究[R]. 2003,05.
[13] 交通部科学研究院. 我国与东北亚国家交通合作规划研究[R]. 2006,05.
[14] 日本国土交通省及其他省官方网站.
法国:
[1] 马睿君. 浅谈法国高速公路管理体制[J]. 公路运输文摘,2004(09).
[2] Development of the motorway infrastructure in France: background and recent development, Patrick Gandil[C]. a speech at P32006: the 13th Annual Conference on Public-Private Partnerships November 29,2005 Toronto, Ontario.
[3] 法国整治部及其他部委官方网站.
英国:
[1] Smith, A. The Wealth of Nations[M]. U. K.
[2] 2001 ~2010 年英国交通发展规划[R].
[3] 英国交通运输新政[R]. 英国工党,1998,07. 文件跨度:2001-2010.
[4] 大国的崛起,CCTV.
[5] Porter, M. Competitive Advantages of Nations[R]. U. S.
[6] 廖昆明. 英国的政府绩效管理体制和几点启示[R].
[7] 英国运输部及其他部委官方网站.
俄罗斯:
[1] 晋保平,张宇燕. 国外的交通[M]. 北京:中国社会出版社,2006(09).
[2] 黄民,张建平. 国外交通运输发展战略及启示[M]. 北京:中国经济出版社,2007.
[3] 交通部综合规划司. 世界主要国家交通统计资料[R]. 2006.
[4] 陈干城,赵晓今. 俄罗斯交通近况以及中俄交通发展远景探讨[J]. 辽宁交通科技,2003.
[5] 潘德礼,列国志. 俄罗斯[M]. 北京:社会科学文献出版社,2005,08.
[6] 俄罗斯联邦驻华大使馆. 联邦执行权利机关结构的问题[R]. 2007,10.
[7] 俄罗斯联邦驻华大使馆. 俄罗斯联邦权力执行机关组成. 2006. 01.
[8] Handbook of Transport Statistics in the UNECE region 2006: Economic Commission for Europe Transport Division, 2006.
[9] Energy & Transport in Figures 2006: European Commission[R].
[10] 俄罗斯联邦交通运输部官方网站.
澳大利亚:
[1] 晋保平,张宇燕. 国外的交通[M]. 北京:中国社会出版社,2006,09.
[2] 交通部科学技术情报研究所. 国外交通运输管理体制[R]. 1991,07.
[3] 澳大利亚基础设施、运输、区域发展和地方政府部官方网站.
印度:
[1] 陶知. 印度共和国交通运输管理体制[R].
[2] 杨雪英,王先进. 建设充满活力、反应灵敏的海运系统——《2004 年印度海运政策》及《印度海运发展计划》解读[R].
[3] 杨雪英,欧阳斌. 2004 年印度海运政策草案及修订[R].
[4] 印度海运年报[R]. 2005 ~2006.

[5] 印度海运年报[R].2004~2005.
[6] 印度公路年报[R].2005~2006.
[7] 印度公路年报[R].2004~2005.
[8] 印度航运,公路和高速公路部,民航部,铁道部等官方网站.

后　记

《国外交通行政管理体制》一书，系根据国家行政管理体制改革的形势需要，在继承以往相关研究成果并考察最新发展变化的基础上，经综合分析研究编纂而成，希望能为广大读者研究国外交通行政架构与运行机制等情况提供参考与借鉴。

本书国外交通管理体制综述部分由杨雪英、樊东方执笔；美国部分由梁晓杰、张宏波执笔；日本部分由樊东方、张宏波执笔；法国部分由张亚、周紫君、张宏波执笔；英国部分由宋苏执笔；俄罗斯部分由刘洋执笔；澳大利亚由陈盈执笔；印度部分由王晓静、杨雪英执笔。全书由王先进、杨雪英统稿、审核。曹园园、尚文豪等同志为书稿顺利完成做了大量的基础工作。

本书的编撰得到了人民交通出版社杨文银社长的悉心指导，得到了交通部科学研究院石友服、方伟民、王海清等资深专家的大力帮助，得到了李扬、徐萍、李忠奎、王辉等同志的鼎力支持，在此一并表示衷心感谢！

编者

2008 年 3 月 15 日